张道平 著
ZHANG DAOPING ZHU

县城发展微观察

佐启荣 题

河海大学出版社
HOHAI UNIVERSITY PRESS
·南京·

图书在版编目(CIP)数据

县域发展微观察 / 张道平著. -- 南京：河海大学出版社，2024.9. -- ISBN 978-7-5630-9281-9

Ⅰ.F127—53

中国国家版本馆 CIP 数据核字第 20244FC558 号

书　　名	县域发展微观察
	XIANYU FAZHAN WEIGUANCHA
书　　号	ISBN 978-7-5630-9281-9
责任编辑	李蕴瑾
特约校对	李骐含
封面题签	张启荣
封面设计	孙小宇
出版发行	河海大学出版社
地　　址	南京市西康路1号(邮编：210098)
电　　话	(025)83737852(总编室)　(025)83787107(编辑室)
	(025)83722833(营销部)
经　　销	江苏省新华发行集团有限公司
排　　版	南京布克文化发展有限公司
印　　刷	南京新世纪联盟印务有限公司
开　　本	787毫米×960毫米　1/16
印　　张	37.75
字　　数	699千字
版　　次	2024年9月第1版
印　　次	2024年9月第1次印刷
定　　价	168.00元

贺道平同志县域发展微观察一书付梓

奋笔耕耘数十年,南来北往谱新篇。
成才敢闯精神爽,筑梦苍穹笑语妍。

袁立峰——江苏淮南政协原副主席

贺道平兄县域发展微观察一书付梓

九万里芒鞋踏破，
二十年妙笔留存。

陆顺真——中华诗词学会、北京楹联学会会员

前 言

与道平的缘分始于2016年那个春意盎然的四月,在江苏扬中市举办的"四千四万"岛园经济活动中。彼时,殷强社长热情地向我介绍了道平,言辞中满是对道平工作能力的赞赏。道平,这位优秀且勤奋的一线记者,数年如一日地坚守在新闻岗位上,用他的笔和镜头记录着江苏大地的点滴变化。我深感敬佩,也因此与道平结下了不解之缘。

转眼间,已近十年。这十年间,我们共同见证了中国社会的巨大变革,也见证了江苏经济的快速腾飞。而道平,作为这一历史进程的见证者和记录者,他的作品集便是最好的证明。无论是消息、通讯,还是评论,每一篇作品都凝聚着他的心血和智慧,都在诉说着江苏乃至中国的发展故事。

在道平的作品中,我们可以看到国家的重大政策如何在江苏落地生根,如何激发出这片土地上的生机与活力;可以看到改革开放以来,江苏人民在以习近平同志为核心的党中央领导下,携手并进,共创辉煌。这些作品不仅是时代的记录,更是历史的见证,它们向我们展示了江苏非凡的发展成就,也展现了一位新时代新闻人的责任和担当。

记者,是时代的瞭望者,是社会的良心。道平就是这样一位记者,他始终坚守着新闻人的初心和使命,以建设者的姿态和新闻人的良知,自觉担当着社会责任。他深入基层、体察民情,用沾满泥土的笔触和充满露珠的文字,纡民困、解民忧、暖民心。他的诸多作品都充满了人文关怀和深刻思考,让人读后深受感悟、深为震撼和深切感动。

如今,道平的作品集即将出版,这是他多年努力的结晶,也是他新闻生涯的一个重要里程碑。我衷心祝愿道平能够继续保持这份热情和执着,不断书写更多更好的新闻作品。我相信,在未来的日子里,他一定会以更加饱满的热情和更加深厚的功力,为我们呈现更多精彩丰盛的新闻盛宴。

翟惠生
中华全国新闻工作者协会原党组书记、常务副主席、书记处书记
2024年6月3日于北京

序

自豪的新闻人

道平出版作品集，我不意外，做了一辈子新闻，这是很多人的选择。何况，道平做得不错，作为道平的同事，我完全可以证明。

打开这本溢着墨香的《县域发展微观察》，浏览目录，依篇而读，虽大都是"旧面孔""熟悉文"，却有新的感受。我想，这应该就是沾泥土、带露珠的作品的感染力，是接地气、冒热气的作品的渗透力，是有温度、有深度的作品的影响力。

这是一部记录一个新闻人新闻工作经历的合集。书稿通过 211 篇新闻作品展现了道平从事新闻工作以来勤奋耕耘的成果和对新闻事业的追求。每一篇作品，字里行间都传递着作者的责任意识和为县域发展服务的主题思想。

这是一部记录时代的新闻作品集。每一篇都呈现出时代的特征，如南北挂钩、转型升级、沿海发展等，都是作者经历过的重大历史事件，有些采访活动还是我们共同经历的。中国共产党成立 90 周年之际，我们《中国县域经济报》策划了大型主题采访活动"追寻新中国第一任县委书记"，产生了广泛的社会影响，在上级部门的指示安排下，中央各大媒体均对此做了深入报道。道平作为主力队员，带领一个小组奔赴大江南北，追寻新中国第一任县委书记的足迹，挖掘他们的事迹，他们的采访镜头上了中央电视台新闻联播，那些生动的画面至今还留在我的记忆深处。

道平以记者的敏感、职业的执着，撰写了大量江苏农村改革发展中真实的故事，从多个层面反映了中国特色社会主义建设过程中江苏各地的经济社会发展情况，这些作品在真实客观地记录新闻事件和新闻人物时，展示了他独特的视角，表达了他特有的感受。翻阅书稿，我们可以感到他紧跟时代步伐、为新生事物鼓与呼的责任担当。

2001年11月2日，江苏省委、省政府在徐州召开苏北发展协调小组第一次会议，南北挂钩这项重大战略决策就此"出炉"。从此，该项工作迅速推进，热潮迭起，《"自由结合"更利发展》等作品翔实地记录下这一进程中的新探索、新亮点和新成就。

2009年，国务院批准印发《江苏沿海地区发展规划》，江苏沿海地区发展也由此上升为国家战略。毋庸置疑，沿海开发战略不仅成为江苏经济发展的新起点，也肩负着孕育中国东部经济新增长极的重任。道平又投身沿海开发的记录热潮，写下了《港口转型升级"三部曲"》等作品，再后来，产业转型升级、乡村振兴……每一项新政策出台，第一个新举措落地，道平都在用自己的视角、自己的笔触、自己的感悟进行记录。

"追寻新中国第一任县委书记"的活动开展于2011年。2011年是建党90周年。当时我主持《中国县域经济报》工作。在谋划建党90周年宣传报道的时候，我们确定了"追寻新中国第一任县委书记"这样一个主题。我用一个晚上起草了《中国县域经济报社关于开展"追寻新中国第一任县委书记"大型主题采访活动的决定》，并在报纸头版头条刊发。中央领导同志在报纸上作出批示。那次大型主题采访活动，共写出、刊发39篇稿件，其中21篇为道平带队采写。

道平是江苏灌南人，即使工作十分忙碌，也始终关注着家乡灌南的发展，他先后采编了《灌南开发 灌南经济的腾飞之梦》《灌南医改核心在"控费"》等关于灌南的新闻报道百余篇。

有人说，新闻是易碎品，很快就变成旧闻了。我觉得不是新闻变旧闻，而是变成历史了。新闻人作为历史的记录者，应该是很自豪的。每次听道平讲起过去采访的经历和感受，我感觉，他是。

中央党校（国家行政学院）研究员、博士生导师，学习时报社原社长　许宝健
2024年5月26日于北京

道平和他的视界

当提及道平同志这位优秀的新闻工作者时,我们好多同仁都充满自豪和亲切。作为经济日报报业集团所属中国县域经济报社的前社长助理和驻江苏记者站站长,他以卓越的新闻才华和深厚的专业素养,在新闻界留下了浓墨重彩的一笔。

多年来,道平同志以独到的新闻眼光和敏锐的社会洞察力,始终站在时代的前沿,关注着经济发展的脉搏、民生福祉的改善以及乡村振兴的壮丽画卷。他的报道作品聚焦发展所需、改革所急、基层所盼、民心所向,将党的主张与人民心声紧密相连,为江苏乃至更大范围内的经济社会发展贡献了宝贵的媒体力量。

作为一位优秀的新闻人,道平同志数十年来怀揣新闻理想、秉持新闻情怀,深入基层、贴近群众,用细腻的笔触和严谨的态度,记录着时代的变迁和社会的进步。无论是乡村的田间地头、农户的家中,还是企业的生产线、行业的调研现场,他都能迅速融入其中,挖掘出真实而动人的故事。

在他的笔下,我们看到了江苏乃至全国经济社会发展的辉煌成就,也感受到了人民生活的巨大变化。他的报道作品不仅具有深度和广度,更充满了对社会万象的深刻洞察和对人民生活的真切关怀。

值此道平同志"新闻作品选"出版之际,衷心祝贺他取得的丰硕成果,并期待他继续创作出更多优秀的作品,用新闻报道服务地方经济发展,为社会进步贡献更大的力量。他的坚守与付出,将在新闻事业的历史长河中留下一朵朵值得记忆的浪花。

经济日报社原副社长　林跃然
2024 年 5 月 10 日于北京

"笔"不会退休

——与道平同志及新闻同仁共勉

时光荏苒，前年夏天，我与妻共赴南京，入住的宾馆与玄武湖仅一墙之隔。那湖光山色，如诗如画，令人心驰神往。午后，我们信步湖畔，沉醉于这自然的馈赠，随手捕捉的每一帧画面，都仿佛是大自然精心绘制的杰作。我兴致勃勃地将这些美景分享至朋友圈，未曾想，这竟成了我与道平重逢的契机。

当日下午，一通来自道平的电话打破了午后的宁静。他惊喜地询问我："你来南京了？"原来，是我发的朋友圈暴露了行踪。第二日晚，道平携夫人设宴款待，席间他半是埋怨半是玩笑地说："你来南京为何不提前告知我？"我解释因疫情和行程匆忙，不便打扰。他却认真地说："朋友之间，就该相互打扰，否则还叫什么朋友？"这就是道平，一位古道热肠的朋友。

我与道平，虽身处不同报社，但同为新闻工作者，同属"三农"报道领域，可谓"同行中的同行"。我们或因会议，或因采访，或因朋友聚会而相聚，久而久之，便成了挚友。

道平同志即将出版他的新闻作品集，邀我为其写几句话。我深感荣幸，首先祝贺他大作问世。作品是记者心血的结晶，是智慧的火花。然而，我更想谈谈道平的"诗外功夫"。

他古道热肠，为人豪爽仗义，乐于助人，因此朋友遍天下。他对家乡的热爱更是深沉而真挚。他长期扎根于家乡，熟悉每一寸土地、每一份风情。他多次策划家乡的采访活动，邀请中央媒体记者前来，为家乡的发展鼓与呼。当家乡遇到困难时，他更是义不容辞，挺身而出，帮助解决问题。因此，他在家乡人民心中有着很高的声望。

此外，道平还是一位"复合型人才"。他不仅有深厚的新闻功底，还具备出色的经营和管理能力。这得益于他早期在企业的工作经历，使他更加务实、接地气。他的岗位也要求他不仅要写稿子、搞报道，还要负责发行、协调各方关系。这些经历使他成了一个广交朋友、广结善缘的"社会活动家"，热心公益事业和公众事务，关注百姓冷暖和社会变迁。

如今，我也已步入退休生活，整理了自己的作品并出版了小书。道平笑称是受我启发，但实则我们都怀揣着对新闻事业的热爱和执着。退休并不是写作的终点，只要我们保持对社会的关注、对生活的热爱、对问题的敏锐洞察力，我们的"笔"就永远不会"退休"。退去的只是"记者"的头衔，而我们的思想和热情将永远活跃在纸笔之间。

在这个自媒体空前发达的时代，"人人都是记者"。但我相信，真正的记者精神永远不会过时。希望道平同志退休后依然能保持这份热情和执着，继续为新闻事业贡献自己的力量。

人民日报研究室原主任　夏珺

2024年5月17日于京郊

"新闻是跑出来的"

道平同志退休以后，花费了很大精力准备编纂一本自己的新闻作品集。作为一起共事多年的老伙计，得知后我表示理解并且支持。近日他又邀我给正式命名的《县域发展微观察》写几句，明知能力有所不及，但还是恭敬不如从命了。

道平同志在中国县域经济报社服务20余年，堪称一位资深新闻工作者。其新闻生涯经历了多个重要历史时期，从改革开放春风荡漾，到新时代浪潮澎湃。的确，在新闻的广阔天地里，每一个时代都回荡着其独特的声响，而每一位新闻工作者都是这个时代的见证者与记录者。当我们将目光聚焦在道平同志的累累新闻成果时，不难发现，这些文字不仅是记录了一个个鲜活的瞬间，更展现了一名新闻工作者对时代变迁的敏锐感觉，以及对社会责任的坚守。

道平同志给我留下的突出印象，就是勤奋，这是新闻工作者所必须具备的基本素质。《中国县域经济报》作为国家级媒体，一份直达社会最基层的权威报纸，更是要求所有记者能够把最接地气的新闻及时捕捉到、采写好。从道平同志的大量新闻作品就可以直观感受到，他热爱新闻工作而未有惜力，勤奋努力而不辱使命。记得道平同志说过："新闻是跑出来。"他对新闻的这个理解，在一定程度上是对的。事实也是如此，在他负责江苏记者站工作期间，他的足迹遍布了全省每个县市区、每个乡镇街道，这一点从他跑坏的汽车以及行驶总里程可见一斑。惜力，跑不出这么多里程；不勤奋，更写不出这么多稿子。

《县域发展微观察》是道平同志多年新闻实践的结晶，也是他对新闻事业的一份贡献。他用他朴实无华的笔触，记录了中国社会从改革开放到新时代的波澜壮阔，也记录了无数个发生在社会最基层的精彩片段。《县域发展微观察》精选的作品，表现出了他对新闻工作的专注，更展现了他的社会责任感。通过阅读这些作品，可以更好地了解社会、了解人性，也可以更好地认识我们自己。同时，这个集子不能仅仅看作是他对自己所热爱工作的总结，而是更应该了解，这是他对新闻工作者职责和使命的又一次深情致敬。

新时代的媒体革命正风起云涌，新闻工作者的责任更加重大。新时代需要更多像道平同志这样执着、真挚的新闻工作者，用他们的笔触记录时代变迁，用他们的声音传递社会正能量。希望《县域发展微观察》能够激励更多的新闻工作者，包括自媒体人，为社会的进步与发展贡献自己的力量。

最后，作为一个有 30 余年新闻从业经历的同道，我对《县域发展微观察》的成功编纂表示祝贺，并致敬意。

中国县域经济报社原社长 殷强

2024 年 5 月 22 日于北京

目录

江苏省

江苏省全省

高端访谈:江苏制造要向江苏创造提升 /002
江苏全面小康指标达标大半 /004
统筹城乡发展　江苏县域经济发力 /006
保增长促转型,做强工业是关键 /008
江苏促农增收招招硬 /011
特色产业为江苏县城"撑腰" /014
县域经济发展"强引擎" /017
经济大省的振农之路 /020
一座大桥对苏沪经济的战略意义 /023
让科技引领农业转型升级 /025
江苏再次布局苏中苏北发展 /028
城乡一体化的"江苏探索" /031
城镇化率63%之后 /034
江苏开启新一轮综改探索 /037
江苏:6.3亿专项资金助力农业科技自主创新 /039
精准扶贫的江苏实践 /041

农科系统

农科系统的"老母鸡" /043

地级市

地级市

淮安把创新作为"靶心" /048

产业化扶贫摘"穷帽" /051
既有位又有为 /054
南通打造"江海休闲港湾" /057
江苏连云港加快建设区域性物流中心 /059
江苏全域旅游看宿迁 /061

南北挂钩
"联姻后"的幸福生活 /065
"南北挂钩"助力"灌南速度" /068
昆沭联手打造"南北合作样板区" /071
三问"南北挂钩"之于淮阴 /074
丰县人眼中的"南北挂钩" /077
邳州：发展要走自己的路 /080
"南北挂钩"激发新沂活力 /083
把合作的"触角"伸到上海 /086
"自由结合"更利发展 /089

转型升级
传统产业转型升级进行时 /092
把企业优势转化为产业优势 /096
科技创新带动转型发展 /100
抓机遇促发展　新一轮转型再升级 /104
转型升级动力在哪 /107

南京市

溧水区
后发快进看溧水 /112

江宁区
江苏再添"一条龙" /115

苏州市

常熟市
常熟品牌战略　"搅活"民营经济 /118

昆山市
小康昆山　富民优先 /121

小额贷款助推昆山"富民"大车 /124
　　昆山经济转型再次升级 /127
　　创新才能大发展 /129
　　水乡周庄 /133
　　昆山开发区IT产业逆势腾跃 /135
太仓市
　　现代农业看太仓 /140
　　德商为何选太仓 /143
　　太仓港：苏南转型发展的"出海口" /145
吴江区
　　从"草根经济"到"大树经济" /148
　　借智转型　借力升级 /151
张家港市
　　"三化"化解"三农"难题 /154
　　"文明张家港"再获新殊荣 /157

无锡市

滨湖区
　　江苏无锡滨湖楼宇经济写"神话" /160
惠山区
　　惠山布局高端制造业集聚发展 /163
　　2017"智能制造与工业互联网"高峰论坛在无锡惠山举行 /165
　　江苏无锡惠山区：文体惠民让获得感更充实 /167
　　无锡新农村建设的三个亮点 /170
　　无锡惠山区唱响村级经济"三部曲" /174
　　惠山缩小城乡差别有实招 /176
　　塑造"阳山"强势品牌　推进产业更好发展 /178
　　水蜜桃旅游产业致富阳山人 /180
　　惠山经济：攻"弱项"补"短板" /182
江阴市
　　还绿色一点空间　换百姓一个笑脸 /184
无锡新区
　　无锡鸿山街道务虚会究竟务出了什么？ /187

宜兴市
　　"群众的呼声是第一信号" /189

常州市

溧阳市
　　小村巨变牵出致富路 /192
武进区
　　武进失地农民喜领保障金 /194

南通市

海安市
　　幸福科技产业化落户江苏海安 /198
海门区
　　江海联动　海门新生四大增长极 /200
崇川区
　　积聚土地资源　重构乡村空间 /203
启东市
　　启东:做好黄金海岸开发的排头兵 /207
　　沿海崛起吕四港 /210
如皋市
　　如皋靠江"吃"江 /213

扬州市

江都区
　　发展现代物流　振兴县域经济 /216
仪征市
　　他们是经济发展的"突击队" /220

徐州市

丰县
　　丰县"大手大脚"改善民生 /224
　　丰县食用菌产业强县富民 /227
　　"丰县模式"引领高效农业成长 /229

产业化之路助"农"富 /231
县委书记五下矿井 /234
丰县电动三轮车产业在长壮 /236
小镇里的和谐大文章 /238

贾汪区
徐州市贾汪区综合治税显成效 /242
文化兴村路　越走越宽阔 /245

沛县
沛县四招让民生工作落到实处 /248
倡导"好人文化"　创建"好人沛县" /251
"好人"汇聚道德力量 /253
"三好""两孤"导向　托起幸福新生活 /256

邳州市
"林下经济"圆了农民发财梦 /260
重民生民意　让群众满意 /263
从"闭塞村"到"村中镇" /265
邳州农业现代化的"突围战" /267
政务装进"大篷车"　服务群众心连心 /270
邳州绘就民生幸福画卷 /273

睢宁县
"百姓有好收成，干部才有好答卷" /276
党代会里的"特殊"代表团 /278
"舞动乡村"舞出了什么？ /280
睢宁：农业发展"加速度"靠科技服务 /283

铜山区
为"安全"导航　靠创新扬帆 /285

新沂市
"壮士断腕"倒逼产业新生 /288
让集体资产发挥民生效应 /290
高效农业扎根新沂 /293
破解"人走项目丢"难题 /296
开展电商拓市　搭建电商平台 /300

盐城市

滨海县

江苏滨海加速推进健康惠民工程　　　　　　　　　　/306
滨海四大产业撑起工业经济脊梁　　　　　　　　　　/307
在快增快转中阔步前行　　　　　　　　　　　　　　/309
江苏滨海：小康进程在加快　　　　　　　　　　　　/312

阜宁县

阜宁给民营经济唱大戏搭好台　　　　　　　　　　　/315
阜宁"风""光"产业更风光　　　　　　　　　　　　/318
阜宁特色产业昂起头　　　　　　　　　　　　　　　/320

建湖县

创新叩开建湖转型门　　　　　　　　　　　　　　　/322
共饮一杯水　　　　　　　　　　　　　　　　　　　/324
三台"大戏"唱转型　　　　　　　　　　　　　　　　/327
营造"强磁场"　打造"梦工厂"　　　　　　　　　　 /330

射阳县

田野上奏响富民三重奏　　　　　　　　　　　　　　/333

响水县

响水：灌河边崛起产业高地　　　　　　　　　　　　/335
响水：将农民健康需求送到"床头"　　　　　　　　　/338

泰州市

姜堰区

姜堰启动年轻公务员成长计划　　　　　　　　　　　/342

靖江市

又好又快：看靖江如何发展沿江经济　　　　　　　　/344

泰兴市

内外资何以"跨海过江"　　　　　　　　　　　　　　/346

淮安市

洪泽区

看洪泽如何唱活资源经济　　　　　　　　　　　　　/350

金湖县
金湖奋力冲刺"三城同创"目标 /352
江苏金湖的产业升级之路 /354

涟水县
江苏涟水公共财政向"民生"倾斜 /357

盱眙县
办龙虾节 兴山水城 建工业区 /359
小龙虾蹚出县域经济发展"大路" /362

镇江市

句容市
句容开放型经济再提速 /366
句容农业合作社"以农富农" /369

扬中市
江苏扬中 "四千四万"破题新农村建设 /371
扬中全力转变发展模式 /374
江苏扬中：多元融合显张力 /376
再绘江岛新奇迹 "四千四万"又出发 /379

宿迁市

沭阳县
沭阳"三来一加"节地又富民 /384
向问题叫板 让人民叫好 /386
沭阳：政府热线顺民意解民忧 /389

泗洪县
关口前移 为干部增强"免疫力" /391
江苏泗洪：民声成为县委主题报告"风向标" /393
"面子""里子"同样精彩 /395
小小篮球赛 赛出"两省三县"一家亲 /398
城乡面貌脱胎换骨 /400
"兄弟俩"的对接 /403
凝神聚力补"短板" /406

泗阳县

天更蓝了 秸秆也成"金"了	/409
看泗阳如何脱贫攻坚	/411
多彩文化"映"泗阳	/414
田间地头书写民生答卷	/416
"三新"推进泗阳春季绿化造林	/418
泗阳"一棵树"长成"百亿级"产业	/421
绿色发展的"泗阳实践"	/424

宿城区

江苏宿迁耿车镇:新农村里新事多	/427
宿城发展之道:不比总量比质量	/429

宿豫区

宿豫:"扶贫先扶富"的新模式	/433
宿豫区:"产城融合"打造生产性服务业集聚中心	/436
江苏宿迁宿豫以电子商务倒逼农业产业融合发展	/438
种好文化"小盆景" 长出惠民"大风景"	/440

连云港市

东海县

东海驼峰农民农忙"花样"新	/444

赣榆区

发展特色产业 培养农民创业意识	/446
赣榆借"海"发力 上演"崛起"大戏	/448

灌南县

灌南法院推行"四公开一监督"	/451
人间自有真情在	/452
灌南商业总公司市场竞争力加强	/453
灌南交警二中队作风建设见成效	/454
为了全县75万人的平安	/455
灌河开发 灌南经济的腾飞之梦	/459
灌南医改核心在"控费"	/461
临港产业成发展"主心骨"	/464
"带着感情来,不带遗憾走"	/467

江苏灌南掀起化工园区整改风暴 /469
江苏:"小额贷"助农户吃上生态饭 /471
江苏省委推出"最美基层共产党员"邵中国 /472
他有一颗红亮的心 /474
江苏灌南:返乡创业带动家门口就业 /477
江苏灌南迈向"两争一前列"目标 /478

灌云县

和谐电力　服务城乡 /481
灌云县千名打工者回乡办实体 /483
灌云人打的就是"灌云牌" /486
燕尾港起锚远航 /489
灌云发展重在品质 /492
江苏灌云"第一书记"待得住干得好 /495
江苏灌云发展家庭农场提升农业品质 /497
绿色发展在灌云 /499
用绣花功夫谋脱贫之策 /502
守住我们内心的"开山岛" /504

海州区

海州:创新思路发展都市农业 /506

江苏汤沟两相和酒业有限公司

江苏汤沟酒厂　狠抓"双基"教育　提高企业素质 /509
汤沟酒厂产值、利税创历史最高纪录 /510
汤沟酒厂完成全年主要经济指标 /511
汤沟酒厂节能成效显著 /512
汤沟酒厂产值销售双超亿 /513
江苏汤沟酒厂　自办销售半年　利润增加近三成 /514
职工教育为汤沟酒厂添后劲 /515
质量才是消费者心中的金牌 /517
向质量管理要"金牌" /519

综合

酸甜与苦辣 /522
江苏强县扩权缘何"单边突破" /524

新型农村合作医疗筹资为什么这样难？ /527
论微博对传统媒体新闻评论的影响 /529
从"有什么了不起"说起 /535
那年的追寻是我永恒的记忆 /537
永远不变是对党的信念 /540
六个月的任期 六十年的记忆 /544
"两灌"人民的骄傲 /548
听老部长讲老书记的故事 /552
舍"小"家保"大"家的革命者 /555
点点滴滴都是革命的足迹 /558
没有为亲属开过一次后门 /562
日晒夜露石为伴 /565
他是一座不朽的丰碑 /568
"他就是我们心中的焦裕禄" /571

后记 /579

江苏省

江苏省全省

高端访谈：江苏制造要向江苏创造提升
——中共江苏省委书记梁保华谈经济转型升级

在前不久召开的江苏省两会上，省委书记梁保华回顾了2009年江苏的发展情况，并就江苏新一轮发展提出了新的思路。2009年，江苏全省经济平稳较快发展，实现地区生产总值34 061亿元，增长12.4%，人均GDP达到4.4万元，相当于6 475美元；同口径财政收入8 405亿元（不含海关税收815亿元），地方财政一般预算收入3 229亿元，增长18.2%；城镇居民人均可支配收入达到20 552元，农民人均纯收入8 004元。全省综合实力再上新台阶，改革开放迈出新步伐，人民生活得到进一步改善，各项社会事业全面进步，和谐稳定、政通人和的良好局面进一步巩固和发展。

梁保华说，江苏正处于经济转型升级的重要阶段，转变经济发展方式是刻不容缓的战略任务，我们要把这项工作抓得更紧更实、更有成效，坚定不移调整结构，更大力度抓创新，脚踏实地促转变，以结构调整培育新的增长点，以自主创新占领制高点，以集约发展增强竞争力，推动经济发展由资源依赖向创新驱动转变、粗放经营向集约发展转变，更多的江苏制造向江苏创造提升。

坚持调高调优调强的基本取向，加快产业优化升级。着力发展壮大战略性新兴产业，把新兴产业发展与自主创新结合起来，推动新能源和智能电网、新材料、生物技术和新医药、节能环保、软件和服务外包、物联网等产业发展新突破，使新兴产业成为江苏经济的主要增长点。

加快发展服务业，促进现代服务企业与先进制造业有机融合、互动发展。大规模改造提升传统产业、提高产品附加值和产业竞争力。

进一步加大科技投入，围绕重点产业，突破一批关键核心技术，做大做强一批科技型企业，建设一批功能完善、高水平的创新载体和服务平台，使自主创新成为推动转型升级的主要动力。

积极推进开发园区转型升级，在更大范围整合和优化资源配置，促进企业集聚、产业集群、资源集约利用。深入实施科教兴省、人才强省战略，坚持教育优先发展、优先投入，把人才队伍建设放在更加突出的位置，深化教育改革，加强素质教育，优化教育结构，提高办学水平，提高教学水平，提高科研创新能力。采取更加优惠政策，形成更具吸引力的创新创业环境，大量引进高层次领军人才、拔尖人才和创新团队，以人才优势抢占发展制高点、提高综合竞争能力。

经济转型升级，体制机制必须创新。围绕强化科学发展的工作导向、政策导向、考核导向，大力推进体制机制创新，促进发展方式转变。

积极推进城乡联动改革，打破城乡二元结构，加快城乡规划、产业布局、基础设施、公共服务、劳动就业"五个一体化"的进程，以联动改革推进城乡协调发展。深入推进行政管理机制、财税金融机制、医疗卫生机制、文化体制、资源性产品价格和环保收费改革，深化干部人事制度改革，继续调整和优化所有制结构，大力发展民营经济，积极构建更加健全、充满活力的制度体系。推动开放型经济转型升级，调整出口产品结构，促进外贸进出口加快回升；把引进外资和优化产业结构结合起来，更高水平"引进来"，提高利用外资水平；鼓励有条件的企业到国外投资、开拓市场，更大步伐"走出去"，全面提升开放型经济的竞争力和抗风险能力。

梁保华强调，江苏省应把推进城市现代化与建设新农村结合起来，加快传统农业向现代农业转变，大力发展现代高效农业，推进农业适度规模经营，提升农业产业化经营水平，进一步扎实"三农"基础。把加快推进城市化作为扩大内需的战略重点，坚持以大城市为依托、中小城市为骨干，促进大中小城市和小城镇协调发展。更高层次推动区域共同发展。抓住长三角一体化发展和沿海开发上升为国家战略的机遇。要以沿海开发为重点，江海联动，南北互应，带动三大区域各展所长、互动并进。今年沿海地区要在产业发展、滩涂开发、港口和基础设施建设等方面取得突破性进展，加快培育新的经济增长点。把加快苏南经济转型升级、苏北新型工业化和苏中经济国际化进程结合起来，继续推进产业、财政、科技、劳动力"四项转移"和南北共建开发园区，促进苏北加快振兴、苏南加快提升、苏中加快崛起。

（原文刊于 2010 年 3 月 1 日《中国县域经济报》）

江苏全面小康指标达标大半

近日，江苏省政府举行新闻发布会，正式通报 2006 年全省全面建设小康社会进程检测结果。对照江苏省全面小康四大类 18 项 25 个指标目标值，全省 2006 年已有 18 个指标达标，比 2005 年增加 6 个，其他尚未达标的 7 个指标按照时序进度，也在逐步向达标标准靠近。至此，江苏省已有 3 个省辖市和 9 个县级市（区）达到了全面小康指标。

全面小康指标达标大半

党的十六大以后，江苏省根据中央要求和自身实际，提出"两个率先"的发展目标并制定了《江苏省全面建设小康社会主要指标》。全面小康体系主要指标分四大类，共 18 小项，25 个单一指标。"四大类"分别是经济发展、生活水平、社会发展和生态环境，也是全面小康社会的 4 个核心部分。按照分类指导的原则，江苏还确定了全省和各个区域的实现时序进度。在尚无一个全国性的可以量化的全面小康指标体系情况下，这个体系的出台，对全国全面建设小康社会的标准评定具有示范意义。

在 2005 年，江苏省包括人均地区生产总值在内的 12 个指标达标，首次让该省全面小康达标率接近 50％。而在 2006 年，江苏省又新增了 6 个达标指标，总体达标数目达到 18 个，25 个全面小康指标由此达标大半。江苏省统计局局长汤以伦介绍，在 2006 年达标的 18 个指标中，除 2005 年已达标的人均地区生产总值等 12 个指标继续达标外，农村人均钢筋砖木结构住房面积、恩格尔系数、R&D 经费支出占 GDP 比重、卫生服务体系健全率、城市绿化覆盖率以及环境质量综合指数等成为新增的达标指标。

据了解，尚未达标的 7 个指标分别为城市化水平、城镇居民人均可支配收入、农村居民人均纯收入、百户家庭电脑拥有量、居民文教娱乐服务支出占家庭消费支出比重、高中阶段教育毛入学率、森林覆盖率。对此，汤以伦表示，尽管目前还剩 7 项尚未达标，但按照达标时序进度看，只有农村居民人均收入、居民文教娱乐服务支出占家庭消费支出比重两个未达要求。

标准具体到县级市

据介绍，2005 年，苏州、无锡 2 个省辖市以及昆山、张家港、常熟、吴江、太仓、江阴 6 个县级市全面小康建设相继达标。对照全面小康指标的目标值，结合民意调查结果，经评估认定：2006 年，省辖市常州和宜兴、武进、扬中 3 个县级市（区）也总体上达到了江苏省全面小康指标。

"我们提出全面小康的标准并不仅仅是针对省辖市而言，更要具体到下面的每个县级市。"江苏省政府相关负责人表示。

据了解，全面小康核心指标中，常州及 3 个县级市（区）在人均 GDP、城镇居民人均可支配收入、农村居民人均纯收入方面均达到或高于目标值。如常州市人均 GDP 达 37 210 元，宜兴市、武进区、扬中市人均 GDP 达 35 472 元、43 508 元和 39 696 元，分别相当于目标值的 1.55 倍、1.48 倍、1.81 倍和 1.65 倍。常州、宜兴、武进、扬中的城镇居民人均可支配收入分别为 16 650 元、16 089 元、17 321 元和 16 209 元，均超过 16 000 元的目标值要求。

（原文刊于 2007 年 5 月 21 日《中国县域经济报》）

统筹城乡发展　江苏县域经济发力

日前,记者从江苏省2008年度农村工作会议上获悉,江苏县域经济将切实增强"三化"带"三农"的能力,优化国土开发格局,转变经济增长方式,坚持走新型工业化道路,在县域范围要合理配置各种发展资源和生产要素,有效集成各项强农惠农政策和富民措施,搭建好工业反哺农业、城市支持农村的平台和舞台。农垦企业和所在区域发展联系紧密,经济社会发展规划、功能区建设和强农惠农政策要统筹考虑和安排,充分发挥其在发展现代农业和建设新农村中的示范带动作用。

针对目前情况,江苏将在创业带动就业、就地就近转移、提高劳务输出质量和层次,农民工合法权益保护等多方面,坚定不移地推进农村劳动力多渠道转移就业。2007年,江苏省城镇新增就业104万人,下岗失业人员再就业44.12万人。这是江苏省继2005年新增就业100.10万人,2006年新增就业110.20万人之后,连续第三年新增就业人数超过100万。今年,江苏将通过发展多功能农业、农产品精深加工业和现代流通业、农村服务业以及各类工商企业,吸纳更多的劳动力就业,增加经营性和财产性收入。加快小企业创业基地建设,开展创业辅导,降低创业成本,为农民提供廉价的创业场所。大力推进就业扶持政策、就业公共服务体系延伸到农村、覆盖到农民,建立城乡劳动者平等的就业制度。认真组织实施"农村关爱工程",解除农民外出就业的后顾之忧。建立完善农民工工资正常增长和支付保障制度,积极做好农民工社会保障工作,多渠道改善农民工生活条件,扩大对农民工的公共服务,维护农民工的合法权益。

江苏还将研究制定3~5年内基本消除绝对贫困现象的实施规划,组织好贫困人口较多地区的脱贫攻坚工程,使农村有劳动能力的低收入户人均纯收入达到2500元。据调查,全省农村469.7万低收入人口中,约有286.5万人的纯收入低于2 500元,扶贫开发的任务十分艰巨而繁重。积极推进乡村医疗卫生机构基础设施建设,2007年该省扶持300个乡镇卫生院、3 000个村卫生室基础设施建设,实行城乡医疗卫生机构挂钩帮扶,加快培养和充实乡村医疗卫生人员队伍,提高综合卫生服务能力。

江苏省在巩固和发展新型农村合作医疗工作中,将进一步提高人口覆盖率,各辖市农民参合率力争达到95%以上,所有县人均筹资水平都要达到100元以上,并逐步提高参合农民实际补偿比。落实农村居民最低生活保障标准自然增长机制,逐步缩小城乡低保水平的差距。在全部免除学杂费的基础上,从2008年起,农村义务教育阶段学生全部免费提供教科书,进一步扩大家庭经济困难的学生资助覆盖面。坚持"流入地政府负责、全日制公办中小学接纳为主",保障进城务工人员子女平等接受义务教育。完善农村义务教育经费保障机制,将农村义务教育全面纳入公共财政保障范围,提高农村中小学公用经费保障标准,改善办学条件。增加财政对教育的投入,确保今年全部化解农村义务教育债务。从2008年起用3年时间解决1 200万农村居民安全饮水问题;全年建设和改造农村公路8 000公里、桥梁1 200座;全年完成疏浚县乡河道土方2亿立方米,疏浚整治村庄河塘土方1.5亿立方米的目标任务。

(原文刊于2008年2月18日《中国县域经济报》)

保增长促转型，做强工业是关键
——江苏应对挑战促县域经济发展侧记

保持经济平稳较快发展，重中之重是确保工业平稳较快发展。而县域工业是县域经济发展的主导力量，决定着县域经济的发展状况，同时也决定着县域经济的发展地位。由此可见，县域工业发展水平代表着县域经济的发达程度。日前，江苏省工业会议召开，与会代表达成共识——江苏必须在应对挑战中加快工业结构调整和优化升级，努力实现从工业大省向工业强省的跨越。

鼓励有条件的企业"走出去"

受国际金融危机冲击，江苏省工业企业生产经营困难加剧，工业增速出现较大幅度回落，工业结构和企业自身存在的不足与问题集中暴露，工业经济保增长与调结构的任务艰巨而紧迫，县域经济发展也受到制约。

金融危机下，县域工业受到的冲击最大。从江苏省经济主管部门负责人到各县市领导都深切地感受到，虽然部分行业经济指标已开始回暖，但县域工业面临的挑战依然严峻。

江苏省经贸委主任张吉生对记者表示，作为保增长的主体，企业要通过内外并举拓展市场、创新方式搞活融资、强化管理降本增效三种途径保增长。组织钢铁、建材、装备制造等生产企业与重大建设工程、重点建设项目开展配套对接。引导企业下大力气调整产品结构和市场结构。努力稳定传统出口市场，积极开拓新兴出口市场。鼓励有条件的企业加快"走出去"步伐。

江苏沙钢集团位于张家港市，是一家大型企业。总经理刘俭说："面对困难，沙钢的战略重点转向与国外矿山结成战略关系，紧紧抓住危机后国外矿山开发成本低的机遇,通过3~5年的努力,使矿石自供能力达到40%~50%,目前公司已拥有10亿吨的矿山资源。"

江阴市市长王锡南对记者说:"今年,我市社会固定资产投入将超500亿元,为历年最高。已有203个超千万元项目开工建设,其中单体投资量最大的江阴贝卡尔特超硬复合新材料项目投资额达15亿元。预计一季度,工业投入将增长25%以上。"

当前政策和市场机遇难得

危机既是挑战,更蕴藏着机遇。无论是适应性调整还是战略性调整,目前都面临难得的政策机遇和市场机遇。

目前,对有条件的企业来说,需要加快向产业链高端攀升、加快技术改造和技术进步、加快企业兼并重组和做强、做大、加快品牌建设和提升核心竞争力,都面临着难得的政策机遇和市场机遇。

"省里酝酿制定的12个产业调整和振兴规划,对老工业基地徐州的振兴,机遇难得。"徐州市副市长李坚说,徐州倾力打造的工程机械、光伏、旅游商贸、农产品食品加工等4个千亿元产业,都和省里的规划相衔接。在此基础上,每个县也将加快培育一两个重点产业。

江阴兴澄特钢副总经理侯德根说:"我们既要适应当前需求调整产品结构,也要考虑长远发展。公司正在进行的总投资100亿元的3期工程将形成新的增长点,是企业投资最多、规模最大、技术含量最高的战略性工程。"

主导产业"做强",新兴产业"做大",传统产业"做精"。苏州市市长阎立对记者说,苏州将利用倒逼机制来推动制造业向高端发展,组织实施1 000个科技项目,其中自主创新重点扶持项目100个,优先支持有利于产业结构调整、关系下一轮发展的重大研发与科技成果转化项目。

无锡市市长毛小平用"三个注重"来概括加快改善工业投资结构方面的动作:注重技术改造为主的提升性投入,发挥市级财政1.2亿元技改专项资金的杠杆作用;注重企业研发为主的创新性投入;注重先进装备为主的高效性投入。

应对挑战自主创新为根本之策

江苏省工业系统将围绕工业经济保增长、调结构、促发展的各项任务,进一步创新服务思路、创新服务政策、创新服务机制。切实加强经济政策、经济法规的宣传贯彻,指导企业用足用好各种优惠政策。

全面落实省政府《关于促进中小企业平稳健康发展的意见》,加快建设中小企业融资服务平台、技术服务平台和产权交易平台,切实帮助企业减负解困。加强行业协会建设,充分发挥行业协会等中介组织在行业管理和行业发展等方面的服务功能。努力转变作风,扎实工作,不断提高服务发展、服务基层、服务企业的能力和水平,为推动该省工业经济又好又快发展做出应有的贡献。

把推进自主创新作为应对挑战的根本之策。因为,没有创新,就没有江苏省县域工业经济的未来,工业强县也就无从谈起。

(原文刊于2009年4月13日《中国县域经济报》)

江苏促农增收招招硬

江苏的农民收入基数高,一直排在全国前列。2009年以来,江苏认真贯彻执行党中央、国务院关于加强农业、农村工作的一系列方针政策,坚持以产业化提升农业、工业化致富农民、城市化带动农村,克服国际金融危机影响,连续第6年保持粮食增产、农业增效、农民增收、农村稳定好势头。农民收入在连续5年保持两位数增长的基础上,2009年将突破8 000元,提前一年实现省定小康目标任务。

促进农民持续较快增收,是夯实农业基础的中心目标。为此,江苏省采取了一系列有效的政策措施,以扎扎实实的行动保障工作的有序推进。

挖掘增收潜力

粮食高产增效促增收。全省新建高标准农田150万亩[①],深入推进粮食高产增效创建活动,大力发展粮食规模经营,全面提高农业机械化水平;开展育秧、机插、植保等专业化服务,开展主推品种、技术、配方肥、农药"四主推"推介发布。

高效农业规模化促增收。以发展设施农业为重点提升蔬菜园艺业,以规模养殖为重点发展现代畜牧业,加快发展休闲观光农业,加快海峡两岸农业合作"二区三园"建设,大力提升农业效益。

科技创新推广促增收。联合开展农业关键技术攻关,大力发展种子种苗产业。实施挂县强农富民工程,促进农科教产学研结合。建设"五有"乡镇农技综合服务中心,实施农业科技入户工程,加快科技成果转化应用。

---

① 1亩≈666.67平方米。

拓宽增收渠道

积极扩大农民就业。大力发展"一乡一业""一村一品",引导农民兴修水利、整治土地、植树造林,参与农业农村基础设施建设,支持农民发展运输、加工和营销,兴办农业服务业,促进农民充分就业。

大力扶持农民创业。全面落实农民创业扶持政策,支持各地建立农民创业园和大学生村官创业园,对农民创业用地、用电、用水、贷款、税收等方面给予优惠扶持。

全面开展农民培训。立足"当好农民",以运用先进适用技术为重点,大力开展农业职业技能培训,培育新型农民。立足"农转非农",以提高农民转移就业创业能力为重点,大力开展农村劳动力转移培训,促进农民向非农产业和城镇转移。

激发增收活力

大力发展农民新型合作组织。全面开展农民专业合作社、土地股份合作社、社区股份合作社依法登记,开展"五好"合作社创建活动,引导发展合作联社和行业协会。

积极推进农业适度规模经营。加快发展土地集中型、合作经营型和统一服务型农业适度规模经营,对单宗面积1 000亩以上的土地流转或组建300亩以上的土地股份合作社,省财政给予流出方每亩100元的一次性奖励补贴。

加快推进农村金融制度改革。积极发展村镇银行、小额贷款公司、农村资金互助社等新型金融机构。在巩固完善水稻、小麦等主要农作物保险的基础上,大力开展养殖业和设施农业保险。

强化增收保障

以建立农业投入稳定增长机制为重点,积极引导市县各级加大对农业投入力度,规范财政支农投入统计口径,确保公共财政惠及广大农民。以健全农业补贴制度为重点,进一步扩大良种补贴范围和标准,扩大农机具购置补贴规模和机型,鼓励有条件的地方建立水稻价外补贴政策。

以推进城乡基本公共服务均等化为重点,继续实施农村人才、为农服务、农村环境等农村六件实事工程,健全农村养老、合作医疗、低保和被征地农民基本生活"四道保障线",不断提高农民保障性收入。

今年,江苏省将紧紧围绕"两个千方百计、两个努力确保",按照省委、省政府部署,广泛开辟农民增收渠道,确保农民收入增长9%以上。

(原文刊于2010年1月25日《中国县域经济报》)

特色产业为江苏县城"撑腰"

日前,在无锡召开的江苏省加快转变经济发展方式工作会议上,江苏省委书记梁保华强调,要在加快建设特色产业基地、提升集约发展水平上下功夫,推动优势产业规模化、集约化、专业化发展;以"新"抢先、以"特"显优、以"高"制胜。

以特色产业基地建设为依托,加快自主创新和集成创新,是近年来江苏寻求突破的重点领域。这些特色产业基地的建立,成了推动县域经济发展的载体,成了提升区域整体经济竞争力的重要途径。数据显示,各地围绕本地特色,坚持做大主导产业,加快培育新兴产业,大力推动特色产业基地的产业集聚和技术创新,涌现出了一大批规模大、技术新、效益好的特色产业基地。截至2010年4月底,江苏省具有一定规模和市场竞争力的特色产业集群已超过100个。

特色农业成新增长极

依托本地资源,高起点、高定位、高标准制定产业规划,大力发展特色农业,是近年来江苏各县的农业发展之路。各地充分利用自身优势,借助各种平台大力推进农业招商引资,按照"设施现代化、技术更新化、生产标准化、经营产业化、营销品牌化、产出高效化"等"六化"要求,加大农业科技研发投入,鼓励扶持农业龙头企业研究开发新品种、新技术、新产品,加快科技研发和成果转化进程。

提到特色农业,丰县县委书记赵保华说,长期以来,丰县始终将打造"江苏特色农业第一县"作为主要工作来抓,紧紧围绕"富民强县"的总体目标,以农业增效、农民增收为中心,积极探索财政贫困县农业投入新机制,努力破解制约高效农业发展的资金瓶颈,初步形成了以财政投入为引导,民间投入、金融投入、工商投入为主体的多元化农业投入新格局,为全国种鸭养殖、蒜薹种植、洋葱种植第一县。

2009年,丰县新成立农业园区化生产类公司17家,规模以上农产品加工企业达到136家,市级以上农业产业化龙头企业发展到20家。农业新技术得到广泛推广,良种覆盖率达到98%以上,粮食总产量达4.94亿公斤[①],增长12.6%。蔬菜复种面积新扩10万亩;食用菌发展迅猛,总产量增长30.7%;洋葱和蒜薹种植规模稳居全国县级前列。

发展现代特色农业,灌南县花园乡[②]也有自己的特色。位于灌南县城东南部的花园乡,充分利用县现代农业示范园在辖区内的优势,成为灌南县名副其实的"后花园"。目前已形成设施蔬菜、食用菌、淮山药、花卉苗木、中药材等特色产业基地,规模达23 000亩,是全市闻名的蔬菜之乡、蘑菇之乡、淮山药之乡,拥有淮牌韭菜、蘑菇、淮山药等三个省级无公害农业产品品牌,特色农业成为农民增收致富的新的增长极。

特色制造推进产业升级

江苏制造业在全国居于领先地位,增加值占全国比重超过15%,占全球比重约2%,总体规模优势明显。但"大而不强"仍然是困扰江苏制造业的最大难题。江苏省敏锐意识到,要解决这一问题,必须着眼长远,以特色产业基地建设为依托,加快自主创新和集成创新,创新生产模式和产业组织形式,实现制造业现代化水平的新提升。

在这一目标的指引下,江苏各地坚持以"新"抢先,加快培育新兴产业基地;以"特"显优,发展壮大优势产业基地;以"高"制胜,提升产业自主创新能力。一大批特色制造业基地如雨后春笋般涌现,成为增强江苏制造业创新能力、促进江苏制造业组织变革、推进江苏制造业产业升级的重要力量。

纺织机械行业是盐城市支柱产业之一。在"将盐城建成江苏省乃至全国的'纺机之城'"的口号声中,盐城市不断加强传统装备业的升级步伐,通过引进相关项目和产品,行业整体竞争力得到了提高,进一步增强了产业的集聚辐射力。该市现拥有骨干企业24家,配件生产企业100多家,其中高新技术企业16家,实施国家、省火炬计划24项。拥有纺织机械专利技术190多项,国家级高新技术产品7个,江苏省高新技术产品19个,形成了包括前纺、织造、后整理、化纤、

---

① 1公斤等于1千克。
② 2013年灌南县行政区划调整,撤销花园乡、新集乡,将原花园乡、新集乡所辖区域合并,设立新集镇。

无纺布等设备制造齐全的产业链,全省50%的纺机企业都集中于此。

盐城市纺织工业协会会长朱如华告诉记者,2010年该市将进一步发挥政府职能,采取优惠政策扶持一些高新技术企业,加快企业自主品牌建设,推进产业结构调整和优化升级,以推动纺机产业的特色化发展步伐。

高新技术产业独占鳌头

随着"科技兴省"战略的逐步实施,江苏高新技术产业有了较快的发展,以航空航天器制造业、专用科学仪器设备制造业、电器机械及设备制造业、电子及通信设备制造业、医药制造业、新材料产业、计算机及办公设备制造业等为代表的高新技术产业蓬勃兴起。世博会期间,泰州中国医药城、苏州光电产业园、无锡国家传感网创新示范区、扬州"绿色新能源基地"等新锐特色产业基地集体亮相江苏馆,向全世界展示着江苏的亮丽风采。

在无锡,2009年高新技术产业实现产值4 750亿元,高新技术产业增加值占全市规模以上工业增加值比重达到43.6%。

电子信息产业是昆山的第一支柱产业。去年,昆山市电子信息产业完成产值3 254亿元,同比增长26.6%,增幅高出该市增加值增幅10个百分点,实现产值占全市规模以上工业企业产值的60.2%。

目前,昆山已形成拥有600多家电子信息类企业的大集群,成为全球笔记本电脑、液晶面板、液晶显示器、数码相机、手机、GPS等IT产品的重要生产基地。2009年,在金融危机影响下,昆山的笔记本电脑产量仍突破了6 500万台,占全球总量的50%,成为全球最大的笔记本电脑生产基地。

"全球最大的笔记本电脑生产基地不是我们追求的目标。"昆山市委书记张国华说,进行技术创新和结构调整、形成自主技术产品是昆山市制造业的新要求。目前,国内首条经国家正式批准的高世代液晶面板(TFT-LCD)项目在昆山光电产业园开工建设。该项目意味着中国大尺寸平板显示技术产业化发展将借此得以实现根本性突破,中国产业也将在此领域拥有自主知识话语权。

记者在采访中体会到,无论是丰县和灌南的农业、盐城的纺织机械业,还是昆山的电子信息业,虽然各属不同产业,发展路径也各不相同,但在发展方式上都无一例外地坚持以"新"抢先、以"特"显优、以"高"制胜。这些地方特色产业重科学、求创新、谋发展、促增长,成为县域经济腾飞的重要推手。

(原文刊于2010年5月17日《中国县域经济报》)

县域经济发展"强引擎"

——江苏民营企业发展形势透视

户均规模位列全国第一

在全国工商联8月底公布的"中国民营企业500强"名单中,江苏省129家民企上榜,位列全国第二。

在"中国民企500强"榜单中,排名前100家的企业中,江苏有35家,江苏沙钢集团有限公司以1 463.13亿元的营业收入连续位居榜首,苏宁电器集团以营业收入1 170.03亿元从上年的排名第三跃至第二,雨润集团排名第七。全国前三强,江苏独占两席。

记者注意到,在营业收入和资产总额这两项指标中,江苏上榜企业的营业总收入高达14 913亿元,占500家企业营业总收入的31.5%;资产总额达到10 393亿元,占500家企业资产总额的26.7%。这两项指标的绝对值和占比,都是全国第一。

新兴产业已现崛起势头

从行业分布上看,此次民营企业500强集中在开放较好、竞争较充分的行业领域,其中钢铁、房地产、汽车制造纺织等传统行业依然占据了大多数。

记者注意到,在此次发布的民营企业服务业前20家中,江苏有8家企业入围,位居全国之首。其中苏宁电器、三胞集团和红星家具分别位列第一、第五和第七。这说明江苏民企除了在一、二产业上继续保持优势外,更多地向现代服务业等第三产业拓展,符合江苏加快发展服务业的总体结构调整方向。

作为江苏新能源产业的突出代表,常州天合光能此次以61.9亿元的营业收入,首次进入排行榜的第234位,这是一个非常可喜的现象。

"练内功"激发创造力

在省委、省政府调结构、抓创新、促转型等一系列政策措施指引下,江苏民企更加注重结构调整,更加注重转型升级,更加注重技术创新,更加注重品牌建设,更加注重人才建设,更加注重发展战略性新兴产业。此次进榜的不少企业都是这方面的标杆,如兼并重组、不断调整升级的沙钢集团,加大信息化建设坚持连锁扩张的苏宁电器集团,注重品牌建设的阳光集团、红豆集团、波司登集团等等。

蝉联"冠军"的沙钢集团董事局主席、总裁沈文荣表示,沙钢之所以能够在应对危机中逆势而上,主要是多年来坚持科技领航,持续创新,贴近市场需求,加速结构调整,推进并购重组,深化节能减排,促进传统产业的转型升级。

不少江苏规模民企与沙钢集团一样,都是企业转型路上的标杆,如坚持连锁扩张的苏宁电器集团,注重品牌建设的阳光集团、红豆集团和波司登集团等。正是在这样一批龙头企业的带动之下,许多中小企业纷纷迈开了转型升级的步伐,江苏民营经济也才踏上了强势推进之路。

县域经济的强拉力

据悉,2009年江苏省民营企业全年经济增加值占全省GDP的52.6%;私营企业工商注册数超过90万户,连续9年位居全国前列。

从今年5月出炉的2009年度江苏省百强企业和百强民企名单及相关数据中,记者看到江苏超百亿企业有近四成是民营企业,已成为江苏县域经济的"强引擎"。

比如在纳税方面,苏宁电器集团以纳税总额39亿元位列第一,沙钢集团以纳税33亿元位居第六;在就业方面,苏宁电器以11.4万员工位列第二,雨润集团以6万员工就业排名第六,南通三建、江都建工、南通二建分别以5.6万、5.2万、5.1万员工就业位居第八、九、十位。

记者在采访中了解到,2009年常熟市民营经济累计注册资本达到597.4亿元,连续8年位列全省各县、市首位,成为常熟市名副其实的"第一富民"产业;今年上半年,南通市通州区民营工业实现总产值526.48亿元,其中规模工业实现产值354.89亿元,占全区规模工业产值的61.69%,成为通州工业经济重要的增长极。

(原文刊于2010年9月6日《中国县域经济报》)

经济大省的振农之路

曾几何时,不少人曾担忧鱼米之乡的江苏,因为工业化、城市化的进程演化而挤压农业空间,影响粮食安全。然而,由江苏省农委提供的数字显示,作为发达的经济大省,近年来江苏"三农"工作不但没有弱化,反而得到了强化,农业总体水平和位次在全国继续前移。2010年,江苏粮食生产首次"七连增",达到323.5亿公斤,居全国第四;农业增加值达到2500亿元,居全国第三位;全省农民年人均纯收入达8980元,比上年增长12%,首次超过城镇居民。

"内植"工业思维

从传统农业到现代农业,犹如从毛毛虫到蝴蝶的蜕变。江苏将先进的工业思维、技术和装备"内植"于农业,突破传统的工农界限,推动资源优化配置,从而大幅提升了农业产业水平。

睢宁县庆安镇杨圩村,老支书黄广义在今年春天做了一个惊人的决定:将全村5000亩土地全部"托管"给大自然粮食生产专业合作社。"根据去年的试验,统一采购良种和无公害农药,实行大规模、集约化的管理,不仅耕种管理效率提高了数十倍,作物产量还可增加10%以上。"合作社负责人黄海波说。

在江苏众多的现代农业项目中,先进的工业技术正得到更为普遍的应用。江苏省农委主任吴沛良说,江苏省坚持用工业化思维谋划农业,把农业的种养、加工、销售等环节看作工业化生产的一道道工序,坚持发展土地集约型、资本密集型、科技创新型、生态循环型、适度规模型、功能多样型农业。

在射阳县耦耕镇友爱农业示范园,农民郑友谊承包的16个大棚,种植了反季节蔬菜,亩均纯收入近8000元。这个占地2000亩的示范园由客商崇庆尧投资建设，并全部承包给当地农户，每年亩租金1000元，5年后大棚无偿送给承包户。这是当地政府为解决资金、技术、加工、销售难题而采取的方法之一。而企业投资效益，则由政府进行多种形式补贴。

从1998年起，江苏已经成功召开了十二届农业国际合作洽谈会，目前，共有82个国家与地区的客商在江苏投资农业项目，江苏农产品出口到140多个国家与地区。

工商资本竞相投入农业

常言道，无农不稳。如果一个地方的发展是一个完整的塔，那么农业就是这座塔的根基。江苏由于人多地少，农业发展面临着更大的难题，幸运的是，江苏找到了一条捷径——这就是吸引工商资本竞相投入农业。

全球最大毛纺生产企业江苏阳光集团，2002年出手3亿元开发农林产业，去年实现销售收入2.2亿元，利润1.2亿元。在江苏红豆工业园区，记者看到被称为"黄金树"的红豆杉，在这里已繁殖、培育出1700万株，加上深加工附加值，一亩地可产出2~3辆桑塔纳小汽车。日本株式会社向山兰园在无锡投资发展高科技设施农业，生产的高档兰花创造出亩均产值600多万元的高效农业奇迹。昆山市国家农业综合开发现代化示范区集土地综合利用、农业科技研发、普及、推广、农业结构调整引导和吸入内外资滚动开发为一体，合同利用内、外资15亿元，培训农民4万多人次，辐射面积20万亩。农民在这些园区，成了拿月薪的农业工人。

把县市干部和农业绑在一起

走访江苏农村，记者对地方干部抓农业的精细程度印象深刻。

在沛县张寨镇的"江苏省高产增效创建万亩示范片"，麦田边的标志牌上注明，这个示范片由徐州市分管副市长漆冠山担任行政总指挥，徐州市和沛县各级分管干部为成员，产量目标是每亩500公斤。

这是江苏在全省范围内实施农业发展指标控制体系的缩影。根据现代农业内涵和江苏实际，江苏制定的农业基本现代化指标体系，把粮食生产、高标准农田比重、农民收入等作为政绩考核核心指标，并通过监测评价适当公布。

江苏在全国率先出台的这个可操作性农业现代化指标体系，让每个县市都可以对照测算结果，查找自己的差距和不足。如果干得好，便能够享受"政治上有荣誉,财政上得实惠",不仅可以评先进,还可以拿到以奖代补资金,把地方干部有效地"绑"在了农业这辆"战车"上。

用科技"盯牢"田间地头

只有用科技"盯牢"田间地头,农业的最终成效才有保障。江苏的这一实践,收到了显著的效果。

海门市德胜镇李彬村[①]村民高和兵去年通过葡萄等作物的间套夹种,并得到当地农技人员和合作社的帮扶,其3亩地收入达6万元,今年又通过土地流转扩种了5亩。村支书王元南告诉记者,间套夹种等高效新型的农业生产方法主要由政府牵头并无偿提供技术指导。

据海门市农林局介绍,海门通过县、乡、村三级农业技术推广网络,大大提升了农业生产的科技含量,近3年先后推广新品种60个、新技术20项、高效立体间套作种植模式30种,为农业增效和农民增收做出了积极贡献。

江苏省委常委、副省长黄莉新说,江苏人均耕地不足1亩,必须依靠科技、人才、资本的优势,创新农业发展模式,大力发展土地集约型、科技密集型、资本密集型农业,走出一条集约型农业发展道路,促进农业可持续发展。

据了解,江苏省近年来还大力推进产学研、农科教结合,组织34家涉农高校、科研院所与38个县(市、区)挂钩对接,选派逾千名科技特派员进驻进行科技指导。每年完成农业实用技术培训200万人、职业技术培训30万人、创业培训10万人。

(原文刊于2011年10月10日《中国县域经济报》)

---

① 2012年末,撤销原德胜镇、三星镇;李彬村现为江苏省南通市海门区三星镇下辖村。

一座大桥对苏沪经济的战略意义

12月24日,连接江苏启东和上海崇明的崇启大桥在历时三年半的施工后,正式通车。自此,上海通往江苏的"北大门"被打开,崇启大桥成为长江两岸共享、苏沪两地共惠的新载体。

启东:融入上海"1小时经济圈"

崇启大桥开通,第一个受益者自然是启东市。

启东地处苏中,是江苏日出最早的地方,隔江相望,上海不过在短短50公里外。然而,受制于长江天堑的阻隔,联通两地的交通并不便利。在20世纪90年代,从启东坐船到黄浦江要7个多小时;汽渡通了以后,也要近5个小时;苏通大桥通车后,时间缩短为近两小时;而有了崇启大桥,从启东出发只要45分钟便能到达浦东。

近日,有媒体报道称,崇启大桥通车仅仅3天,启东相对低廉的楼价及不限购政策便吸引了众多上海购房者,有的楼盘上海人的购买份额达到了40%。

距离的拉近,更为启东产业经济带来了一个质的飞跃。启东市委书记孙建华表示,启东从此纳入到了上海"1小时经济圈",而由此带来的人流、物流等成本优势,将使启东迅速成为承接上海产业转移的重要腹地。

据悉,在启东市距离崇启大桥10分钟车程的辐射区域,已经有300多家企业落户,其中上海企业超过45%。专家预测,大桥通车后,启东的七大战略性新兴产业以及其本身的电动工具制造业将会得到裂变式的发展。今年以来,启东已有80个亿元以上企业开工投产,其中5亿元以上17个,10亿元以上9个。

江苏沿海：步入"黄金发展期"

纵观全国经济形势，最发达的地区几乎都在东部沿海。然而在江苏，情况恰恰相反。江苏沿海地区包括苏中的南通市及苏北的盐城、连云港两市，三市总面积达3.25万平方公里，占江苏总面积的近四成，人口2000多万，约占江苏总人口的1/4。但是，三市经济总量仅占江苏经济总量的17%。

其实，苏南能够异军突起，很大一部分原因要归结为20世纪90年代沪宁高速公路开通后为这一区域带来的对接上海的机会。如今，崇启大桥将苏北、苏中直接拉到了上海对面，这些沿海地区的成本优势无疑将进一步凸显，成为要素迅速集聚的洼地。

江苏省社会科学院世界经济研究所所长田伯平认为，崇启大桥建成后，江苏沿海地区将迎来发展的黄金10年。一方面，可以更好地承接上海转移出来的制造业，另一方面也能够获得一个庞大的消费市场，从而使江苏沿海地区成为江苏新的经济增长极。

据了解，目前南通已经有一批产业园获得了上海外迁企业的青睐，盐城则全面实施了"开发沿海、接轨上海、借船出海"三大战略，而随着与上海研发和金融贸易集聚区——上海浦东新区距离的拉近，连云港也加快了"主动融入长三角"的步伐。

上海："走出去"迎来崭新机遇

当然，崇启大桥开通后，受益的不只是江苏，还有大桥的另一头——上海。

上海产业、人口密集而空间有限，要想加快转型，必须同周边区域加强合作，获取广阔的腹地资源。在崇启大桥没通之前，上海开了通向浙江的南大门和通向苏锡常的西大门，唯独没有打开通往苏中、苏北的北大门。有了崇启大桥，上海实现了完全和真正意义上的"走出去"，势必获得新的拓展机遇。

事实上，不少上海企业早已开始行动。2008年，上海外高桥集团在启东开发了占地约5平方公里的启东产业园，目前，该项目一期已建成4万多平方米的标准厂房，二期基础设施建设也已全面展开。今年3月，上海城投与江苏沿海开发集团合作，将在启东打造占地39平方公里的江海产业经济园，致力于构建一个2000亿级沪苏合作、接轨上海、面向国际的战略性新兴产业高地和生态新区。

（原文刊于2011年12月29日《中国县域经济报》）

让科技引领农业转型升级
——江苏省农业科学院科技支农纪实

农业历来被认为是安天下、稳民心的战略产业。十八大报告强调,解决好农业农村农民问题是全党工作的重中之重。今年,中央和江苏省委一号文件都将加快推进农业科技创新列为重要主题。作为江苏省农业科研的主力军,江苏省农科院是我国最早建立的现代农业科研机构之一。80年间,江苏农科院承担起发展江苏农业科技的历史重任,对江苏乃至全国的农业发展做出了杰出贡献。

科技创新提升农业发展水平

2011年,江苏下发《关于实施农业现代化工程的意见》,把"农业现代化工程"作为实现"两个率先"的重要内容。

在工程实施的第一年里,江苏便收获了一份漂亮的成绩单:粮食总产量661.6亿斤[1],保持全国第四位;高效设施农业面积总量及占耕地面积比重分别居全国第三和第一;绿色食品、有机农产品数量、农民专业合作社等居全国首位;其他诸如休闲观光农业景点、现代农业示范区、畜牧规模养殖水平等均在全国领先。

尤其值得关注的是,江苏农业的科技贡献率达到61.2%,居全国第一。江苏省农业科学院院长严少华说:"人口在增加,土地在减少,如果不是靠科技进步,提高单产水平,很难有今天这样丰富的农产品供应。包括品种、栽培技术、养殖技术,都是农业科技的体现。"

---

[1] 1千克等于2斤。

江苏省的主要农产品是水稻，3 000多万亩水稻的平均产量在550公斤以上。严少华表示，水稻亩产550公斤并不罕见，但像江苏这样3 000多万亩的大面积水稻产量能达到550～600公斤的，还是少有的，可以说江苏水稻育种和栽培技术在国际上都是领先的。

自江苏省农科院建院以来，相继研究推出了"沤改旱、旱改水"耕作技术、水稻"三黄三黑"高产稳产栽培技术、水稻褐飞虱综合防治技术、水体污染生物治理技术，徐薯18、扬麦5号、扬麦158、两优培九、南粳46等一批重大科技成果，极大地促进了江苏农业发展。

科研转型适应农业发展需求

推进科研工作转型升级，是近年来江苏省农科院的工作方针。

对于原因，严少华表示，随着改革开放以来的巨大进步，过去包产到户、一家一户的农业种植方法不再适应社会发展进步。以水稻、小麦等作物的种植为例，一家一户几亩地不算成本的话，一年只有几千元收入，根本无法满足农民的基本生活需求。因此，不论种植，还是养殖，都开始逐步向规模化方向发展，而一旦上升到规模化，就要求技术体系要跟上，种植、养殖以及管理技术都必须提高。正是这些产业形态的变化和经济形势发展，决定了农业科研工作转型的必要性。

如何转型？过去，温饱问题是首要难题，因此江苏农科院的主要学科都集中在水稻、小麦、棉花、生猪养殖等传统领域。近20年来，随着江苏粮食生产水平和质量的提高，怎么用更好的品种、更好的生产经营方式来提高技术的稳定性成为该院的重点。因此，江苏省农科院首先在学科设置上做了重大调整，目前有超过50%以上的科学力量集中在高效农业和环境保护、农产品加工上。

除了学科结构上的调整，江苏省农科院还积极调整研究方向。严少华说，农业上的科学问题，不仅仅是某一个方面，好比一个品种出来要有好的方法栽培，同时还要有好的经营体制，要形成一个体系。过去农科院的研究多是一个一个的课题组，现在农科院将科研力量进行了整合，在科研的管理体系上进行转变和调整。

此外，随着农业生产方式的变化，江苏省农科院在服务对象上，也开始由农民大众向农业合作社、农业龙头企业、种田大户、养殖大户等转变。

科技示范推动创新成果转化

在苏州"南粳46"生产基地现场,刚进门,一阵稻米的清香便扑面而来。据江苏省农科院粮食作物研究所所长王才林介绍,针对江苏水稻食味品质不突出、优质与高产和抗性矛盾等问题,江苏省农科院粮作所开展食味品质育种攻关,改良现有粳稻品种的品质与抗性,成功育成江苏第一个最好吃的大米"南粳46"。

据介绍,"南粳46"不仅食味品质优秀,同时具有抗性好、产量高的特点,在去年的"第六届全国粳稻米大会"上,该品种还被评为"金奖大米"。近3年里,"南粳46"在江苏省累计种植173万亩,极大促进了农业增效、农民增收,经济和社会效益非常显著。

而在江苏省泗阳县天元畜牧有限公司[①],记者看到,猪舍干净整洁,没有一点难闻气味。"我们的猪从饲养到卖出从没打过一针。"天元畜牧有限公司总经理周晓云自豪地向记者介绍,"而且口感非常好。"

这同样要得益于江苏省农科院推广的发酵床养猪技术。配套经济实用型猪舍和沼气设施,发酵床养猪技术不仅改变了传统养猪脏乱差的环境,还实现生态养猪提前半个月以上出栏。而且,这一技术还能够提高生猪的免疫力,减少生猪生病概率,减少用药成本,从而提高猪肉品质。

目前,江苏省农科院已经组建了拥有100多人的专职科技服务队伍,科技服务足迹遍布江苏省55个县(市、区)、60多个农业园区、80多家农业龙头企业、100多个行政村,示范推广由该院自主创新的新品种100多个,新技术、新模式80多项,累计应用面积超过3亿亩。

(原文刊于2012年12月3日《中国县域经济报》)

---

① 今泗阳县天蓬畜牧有限公司。

江苏再次布局苏中苏北发展

苏中新一轮发展将分"两步走"

近日,江苏省委、省政府发布的《关于推进苏中融合发展特色发展提高整体发展水平的意见》(以下简称《意见》)中,提出了苏中新一轮发展"两步走"的目标:第一步,用5年左右时间整体达到江苏省新定的全面小康指标要求,人均地区生产总值力争赶上全省平均水平;第二步,在此基础上再经过5年到10年的努力,全面融入苏南,总体上达到长三角核心区发展水平,从而在全省区域格局中更好地发挥承南启北、辐射带动的作用。

面对着苏南现代化建设示范区上升为国家战略、苏北振兴跨越发展的强劲势头,苏中发展该往哪里去?《意见》首先提出,2017年苏中要整体达到江苏省新定的全面小康指标。据悉,今年5月28日,江苏发布了新版的全面小康指标体系,由2003年发布的四大类18项25个指标扩展到五大类22项36个指标。达到新定小康指标,是对苏中近5年发展的新要求。

对于苏中近5至15年的整体发展方向,《意见》赋予了"苏中崛起"新内涵、新动力——全面落实"五位一体"总体布局,坚持"四化"同步推进,以提高经济增长质量和效益为中心,深化跨江融合、江海联动,提高苏中整体发展水平。

推进苏中与苏南和长三角核心区的融合发展,有利于在江苏南北区域之间形成一个强有力的传导带,促进省域范围内的协调发展,这是苏中未来发展的战略取向,也是进一步促进苏中崛起的根本之计。《意见》提出,规划建设以轨道交通为重点的城际交通网,促进城市交通与区域交通无障碍对接,进一步缩短苏中与苏南的时空距离,促进宁镇扬同城化和锡常泰、苏通经济圈建设。

同时,《意见》还提出,鼓励苏南苏中共建产业园区,通过产业互动进一步促进融合发展。《意见》明确,对除苏中与苏北结合部经济相对薄弱地区外的苏中其他县(市)及由县成建制改成的区,每家扶持一个合作共建园区,由省财政连续三年给予以奖代补,还继续执行对苏中开发区平台提升奖励政策,支持苏中产业转型升级,增强造血功能。

对于与苏北接壤的兴化、高邮、宝应等经济相对薄弱地区,在江苏省政府今年年初一系列政策支持的基础上,《意见》釜底再加薪,提出加大对这些地区的扶持力度。例如,2013—2015年,对这些地区的交通、农田水利和区域供水、垃圾处理等城乡基础建设项目,适当提高省级补助标准。

此外,《意见》还从加快构建区域现代产业新体系、推进城镇化建设、发展惠民等方面,提出了苏中的具体发展方向。《意见》指出,苏中的新能源、新材料、生物技术和新医药、新能源汽车、海洋工程装备等战略性新兴产业具有相对优势,传统产业已形成一批特色产业集群,要进一步细化定位,向专业化、特色化发展,向产业链、价值链高端攀升;推进新型城镇化过程中,要避免"摊大饼"、减少城市病,要推动大中小城市、小城镇科学布局、合理分工、集约发展,提升中心城市产业支撑、辐射带动和整体竞争力,促进各类城镇差别化发展;今后每年将针对苏中办一批民生实事,确保城乡居民收入分别年均实际增长10%以上。

苏北六大关键工程确保全面小康

7月8日下午,江苏省省长李学勇主持召开省政府常务会议,审议并原则通过《关于支持苏北地区跨越发展实现全面小康的意见》(以下简称《意见》),提出在已有政策的基础上,进一步加大对苏北发展的支持力度,通过实施六大关键工程,重点解决苏北发展的薄弱环节,确保2015年苏北实现2003年全省提出的全面小康目标。

近年来,苏北经济社会发展成绩显著,主要经济指标增速连续7年高于全国和江苏省平均水平。但从江苏全省状况来看,苏北始终是全面小康建设的难点和重点。《意见》重点从推进新一轮产业转移、提升共建园区发展水平、加快新型城镇化步伐、推动农业现代化建设、强化基础设施建设、加大人才和科技支持力度、提高金融服务能力、切实保障和改善民生、加强环境保护和生态建设等10个方面,提出了27条具体支持措施,既加大政策支持又注重增强内生动力,推进苏北"四化同步"进程,确保如期建成全面小康。

此外,《意见》还重点围绕制约苏北经济薄弱地区和贫困人口的难点,以及实现全面小康目标的薄弱环节,提出实施六大关键工程,具体包括脱贫奔小康重点片区帮扶、黄河故道现代农业综合开发、重点中心镇建设、苏北铁路建设、区域供水与污水处理、科技与人才支撑等方面。会议强调,新政策的目的是通过加大投入力度,向经济薄弱的宿迁西南岗地区、成子湖周边地区、徐宿的黄墩湖滞洪区、连云港的石梁河库区、淮安的刘老庄地区和盐淮的灌溉总渠以北地区等六个重点片区倾斜,向贫困人口和困难群众倾斜,在苏北如期建成老百姓认可、人民群众得到更多实惠的全面小康。

(原文刊于 2013 年 7 月 15 日《中国县域经济报》)

城乡一体化的"江苏探索"

日前,江苏省政府办公厅下发关于实施城乡住户调查一体化改革的通知,首次在居民收入和消费的统计上打破城乡二元结构,实施统一调查。这标志着,江苏在推进城乡一体化进程中又迈出了重要一步。江苏的城乡一体化起步于2000年,经过多年探索,在城乡面貌改善、城乡基本公共服务均等化、城乡改革联动等方面积累了大量经验。

1 100亿元扮靓20万个村庄

在去年12月中旬落下帷幕的江苏最美乡村评选中,常熟市支塘镇蒋巷村脱颖而出,获得"江苏最美乡村"称号。漫步在这个苏南村庄,竹林密布、绿荫夹道、雀鸟盘旋。有人甚至给出了这样的比喻:学校像花园,工厂像公园,村前宅后像果园,全村像个天然大公园。

值得注意的是,这次榜上有名的最美乡村,不仅有富庶的苏南典型农村,更有不少体现发展之美的苏北村落。随着活动的开展,人们不仅关注哪些村子更美,也更多地关注和思考在现代化和城市化浪潮中如何让农村更加美丽宜居。

2011年9月,江苏省作出一项重大决策部署:投入1 100亿元,用3至5年时间,对近20万个自然村进行环境整治,到2015年全省村庄面貌实现根本改观。记者了解到,截至目前,江苏已有6.4万个村庄环境焕然一新,所有行政村公路、公交、自来水、电、电话、有线电视、宽带都接通,实现了"七通"。

家住宿迁市宿豫区顺河镇①林苗圃村的老支书钱丙钊告诉记者,多年来自

---

① 2014年,撤销顺河镇,以原顺河镇部分村居设立顺河街道。

己一直有晨练的习惯,不过一年以前这还是一个看老天爷脸色才能如愿的事情。"一下雨,路就坏了,深一脚浅一脚都是泥水,别说跑步了,连出门都难。"钱丙钊说,"现在水泥路修到了家门口,跑步都方便了。"

城乡基本公共服务均等化

医疗保险、养老保险参保率100%;50%的家庭有私家轿车;65%接了宽带;自来水、太阳能热水器、医务室、篮球场、健身场、老年大学堂一应俱全……江苏10多年的城乡一体化探索,浓缩在宜兴市善卷村村民的幸福生活中。

为了让城乡居民享受均等的基本公共服务,从2003年起,江苏省先后实施了三轮农村实事工程,省级累计投入800多亿元,实现农民出门坐公交、就医有村卫生室、义务教育优质均衡,成为江苏省加快"三农"发展的特色做法。目前,江苏所有行政村均实现了义务教育阶段学杂费、教科书和作业本全免费,农家书屋实现了行政村全覆盖,"零差率"基本药物制度实现基层全覆盖,"15分钟健康服务圈"基本形成,近600万农民参加就业技能培训,建成了"15分钟公共就业服务网"。

此外,江苏省覆盖城乡的终身教育体系、就业服务体系、社会保障体系、基本医药卫生体系、住房保障体系、养老服务体系等"六大体系"建设也已经全面展开,农村最低生活保障实现了应保尽保,新农合参保率达到了98%以上。新农保实现全面覆盖,江苏比全国规定时间提前了整整10年。

数据显示,近10年来,江苏城市化率提高了17.2个百分点,2011年达到61.9%,高出全国10.6个百分点。今年,江苏省又启动了新一轮农村实事工程,涵盖农村饮水安全、教育培训、卫生健康、交通出行、环境整治、文化建设、社会保障、脱贫奔小康等八个方面,仅今年,省级以上的资金投入将达184亿元。

突破分治实现改革联动

突破城乡分治,坚持城乡改革联动,构建有利于一体化发展的体制机制,这是江苏省推进城乡一体化发展的又一重要探索。

2010年,南通市在全国率先提出,把在市区工作并缴纳社会保险的优秀农民工、在市区工作且在市区连续缴纳社会保险达10年以上的外来务工人员纳入住房保障范畴,并规定每年拿出经济适用房总量的15%配置给优秀农民工。2011年10月,南京出台《南京市公共租赁住房管理办法》,规定外来务工人员可申请公共租赁房。去年,南京市又宣布,外来务工人员可申购保障限价房。几年间,江苏率先建立了城乡统一管理的户籍制度和外来人口居住证制度,适度放宽特大城市和大城市落户条件,逐步降低中小城市落户标准,每年有50万名左右的农民到城镇安家落户。

同时,为了冲破二元壁垒,实现要素自由流动,江苏省开展城乡建设用地增减挂钩,健全土地承包经营流转市场,并建立了被征地农民基本生活保障制度,变失地农民一次性补偿为长久性保障。据悉,江苏省440多万被征地农民,已有200多万被纳入城镇社保体系。

(原文刊于2013年7月18日《中国县域经济报》)

城镇化率63%之后
——解读江苏省新型城镇化建设新路径

改革开放以来,江苏的城镇化先后经历了以苏南乡镇工业驱动的小城镇快速发展阶段,以开发区建设和外向型经济驱动的大中城市加快发展阶段,以及以城乡发展一体化为引领、全面提升城乡建设水平的发展阶段。截至2012年底,江苏城镇化率已经达到63%,远高于全国52.57%的平均水平。

未来几年江苏城镇化道路将如何走?透过去年年底出台的《江苏省城镇体系规划(2012—2030)》,和江苏省政府2013年下发的《关于扎实推进城镇化促进城乡发展一体化的意见》(苏政发〔2013〕1号),我们可以看到,一条"以人为本、因地制宜、城乡共赢"的新型城镇化道路正在江苏全面铺开。

以人为本:实现农民身份,待遇同时转变

新型城镇化最本质、最核心内涵是"人"的城镇化。2003年以来,虽然江苏多次推进户籍制度改革,但是传统城镇化的"夹生饭"仍然使得农民离开土地进城就业相对容易,但变身为"市民"的过程却要艰难得多。目前,涌进江苏城市打拼的农民工有1 000多万,但他们大多数仍然是既无市民身份,又无市民待遇。

在新的规划中,江苏提出,统筹考虑各地经济社会发展水平和城市综合承载能力,根据大中小城市不同情况,稳妥有序推进户籍制度改革,实现农业转移人口市民化目标。具体而言,在小城市和小城镇,只要有合法稳定职业和合法稳定住所,将"进一步"放开落户限制;在大城市和中等城市,尽快推开居住证制度,建立完善以就业年限、居住年限和城镇社会保险参加年限为基准的积分制落户政策;特大城市则在推进居住证制度的同时,通过优化产业结构、合理划分城市功能等措施,合

理控制人口总规模,确保城市人口总数与资源环境承载能力相适应。

当然,推进新型城镇化的目的,不仅仅是把农民从农村转移到城镇,实现简单的"身份"转变,而是让农民能享受到和市民同样的公共服务,这主要包括两个方面的内容:一是同城均等,实现城镇基本公共服务常住人口全覆盖;二是城乡均等,推进城乡基本公共服务均等化。另外,强调方便可靠,乡村居民能就近享受到优质便捷的公共服务。目前,一系列推动基础设施、公共服务向农村延伸的目标和举措已经在江苏制订、实施。比如,实施农村饮水健康工程,2015年城乡统筹区域供水乡镇覆盖率提高到85%。又如,健全城乡一体公共服务体系,让大量农村人口享受到良好的教育、医疗等公共服务。再如,完善覆盖城乡的综合交通运输体系,在城市优先发展公共交通之外,农村要围绕发展镇村公交实施公路提档改善,到2015年,全省50%的乡镇开通镇村公交。

因地制宜:引导不同区域差别化发展

如果说,之前江苏城镇化发展的步调快速而急促,那么,在新一轮发展中,江苏的城镇化将更加体现出又好又快的特点。

由于自然禀赋的不同、历史机遇的差异等因素,江苏存在明显的经济梯度和文化差异,地区之间的差距较大,地区之间的城镇化水平也存在明显的差距。就苏南、苏中和苏北三大从地理位置上划分的区域而言,它们在社会、经济发展等方面就表现出了明显的层次性,城镇化水平也各有高低,"因地制宜、区域发展差别化"由此而生。

在新版规划中,江苏将以区域统筹、集聚集约、因地制宜、低碳生态为原则,引导全省空间结构优化。总体上,全省将形成两大空间格局:以沿江、沿海和沿东陇海地区为城镇重点集聚空间,和以苏北水乡湿地地区、苏南丘陵山地地区为城镇点状发展空间。具体来说,将形成"一带二轴,三圈一极"的空间格局:一带,即沿江城市带;二轴,即沿海城镇轴和沿东陇海城镇轴;三圈,即保留原有的南京、徐州和苏锡常三个都市圈;一极,则是江苏省首次提出的淮安增长极。

遵循差别化发展模式,这些区域在未来发展中不仅产业布局上将有所差别,设施、文化等方面也均有所差别。"一带"地区将以特大、大城市为主体,以产业提升和现代服务业发展为重点;"二轴"将建设成为以中心城市为主体、推动新型工业化为重点的地区;"三圈"将在规划引导下进一步集聚,产业进一步升级,大力发展服务业和高新技术产业;苏北水乡湿地、苏南丘陵山地则优先发展现代农业、特色手工业等无污染工业和休闲度假旅游等现代服务业。

同时,为优化空间结构,江苏提出:对苏南地区城市加强城市用地增量管理,鼓励城市转型升级和内涵发展,摆脱"摊大饼"式的发展模式;苏中苏北城市则要集约用地,城市新区和开发区强调"紧凑建设"。

城乡共赢:促进不同规模城市协调发展

推进新型城镇化,讲究的是大中小城镇的相互协调、互动并进,以求城乡共赢。大城市是统筹城乡发展、建立区域城镇体系的总枢纽,在引领城乡一体化的区域经济发展中起"龙头"作用,必须得到应有发展;小城镇则是"城尾乡首",不仅进镇的门槛低、对农民吸引力强,而且它们是联结城乡要素所必需的经济网络节点,是建设城镇体系的纽带。江苏以往的城镇化过程中存在过分强调中心城市发展而忽略县域、中心镇和农村的倾向,因此,造成大量农民异地转移、进城务工经商,给城市带来了道路拥堵、看病拥挤、环境压力大等"城市病"。

在今后城镇化发展中,江苏强调,要走大中小城市和小城镇、城市群科学布局、合理分工、集约发展之路。对于中心城市,重点提升其综合功能;中小城市要提升产业承载能力,发挥对内辐射带动作用;小城镇则要围绕周边居民生产生活需要,着力解决服务"三农"、商贸流通、基本公共服务能力等方面存在的问题。

而且,根据区域差别,苏南、苏中、苏北城市的发展目标也不尽相同:围绕三大都市圈建设,苏南的目标是加快南京都市圈和宁镇扬同城化建设,提高苏锡常都市圈联动发展水平,加强与上海的产业和空间资源互补,成为具有国际竞争力的长江三角洲城市群核心地带;苏中地区深化沿江开发,加快沿江城市建设步伐,强化中心城市功能,实施江海联动、跨江发展;苏北要加快新型工业化和城镇化进程,实施沿海开发战略,促进沿海城镇轴和沿东陇海城镇轴集聚发展,提升徐州都市圈核心城市综合功能。

此外,择优培育小城镇,是江苏促进城乡发展共赢的一项新举措。江苏提出,将重点培育一批区位条件优、经济基础好、发展潜力大的省级重点中心镇,有条件的要发展成为集聚10万人以上的现代新型小城市。为此,江苏将加大省级城镇基础设施建设引导资金对重点中心镇建设的投入,优先保障重点中心镇新增建设用地计划。发展新型小城市,也是江苏本省首次提出,专家认为此举可以提高小城镇对农村人口的吸引力,吸纳农业人口就近、就地城镇化,有效带动周边农村地区发展。

(原文刊于2013年9月9日《中国县域经济报》)

江苏开启新一轮综改探索

改革开放 36 年来，沿海经济大省江苏的改革之路一直遥遥领先，从"三来一补"到兴办乡镇企业，从股份制改造到创办工业园，改革为江苏赢得了发展先机，也争得了开放红利。去年，江苏 GDP 已近 6 万亿元，规模相当于世界排名前 10 多位的国家。

不过，江苏发展所面对的形势并不乐观。江苏省政府参事室主任宋林飞分析认为，江苏目前处于结构调整阵痛期、增长速度换挡期和中等收入陷阱攻坚期"三期叠加"阶段，特别是去年以来，国内外两个市场罕见"双下滑"，雾霾频出呼唤更大力度"去产能"。

稳的压力增加，调的难度上升，爬坡过坎的唯一路径仍然是改革。党的十八届三中全会后，江苏各地再次发力，开启新一轮的综合改革探索。

今年 4 月中旬，南通市市长张国华再次带队赴上海考察。自去年上海自贸区设立后，他的目光始终没有离开过这里。"自贸区是现代市场化改革的前沿，南通紧靠上海，深化改革不能等，我们的目标是上海自贸区的经验率先在南通复制。"张国华说。不仅是南通，与上海接壤的苏州去年以来也已经派出多组人员到自贸区蹲点学习，甚至苏北的盐城、连云港、淮安都将自贸区改革当成自己的发展机遇，主动对接。

近日，宿迁楚霸体育器材公司用"创新券"兑现了财政奖励的 5 万元。公司经理张永说："这代表了政府对创新的支持，公司已投入 50 万元，与山东理工大学合建实验室，引入无污染电镀工艺。"一年间，宿迁上千家小微企业领取了创新补贴。记者了解到，去年以来，宿迁市审批权限缩减七成，"创新券""地票制"等极富改革理念的做法推陈出新。宿迁这个既不靠江靠海，又无产业、人才优势的内陆市，自设立以来，总选择"难啃的骨头"，也赢得了"改革之乡"的美誉。

拥有 53 所高校的南京市，却长期走不出"分散、封闭、重复、低效"的科研怪圈。5 年前被确定为国家科技体制综合改革试点后，南京发起了一场"科技革命"，通过设立人才特区、科创特区，鼓励科技人员创业，职务发明收益挂钩科技人员等一系列撞破"南墙"的革新，让科技成果活起来、动起来。今年，南京市又酝酿从政府采购破题，推进新一轮科技改革。

党的十八大后，江苏立即针对战略性、关键性、前瞻性问题，以及教育、就业、收入、社保、医疗、住房等民生问题，启动专项调研，为新一轮改革提供更好的决策依据。十八届三中全会召开后，江苏省委提出 64 项具体目标任务，对全省改革作总体部署。

就在不久前，一次大规模的农村调查在江苏展开，13 个工作组历时一年走访 280 个村庄，访谈 600 多位农民，为"以人为核心"的新型城镇化做调研。在江苏省住建厅厅长周岚看来，新型城镇化正是本轮改革的重头戏。目前，江苏全省 18 个部门组成的新型城镇化领导小组已经成立，正在为加紧推进"城镇布局""城镇品质提升""城乡统筹""节约型城镇建设"等"四项工程"做好对接准备。

在江苏，压缩"三公"经费、下放审批权限、增加民生支出、教育医疗卫生文化等改革相继推出，全面深化改革破冰前行。13 个省辖市主动策应省委、省政府部署，亮出各具特色的改革"名片"：南京科技体制综合改革、苏州城乡发展一体化改革、南通陆海统筹发展综合配套改革、宿迁区域协调发展综合改革……

基层探索已经全面开始。4 个月前，无锡市惠山区桃园村成立了江苏省首单土地流转信托，这是江苏农村"土地财产权"的最新试验。一年来，江苏出现农村产权交易所、农地流转补助基金、"一权一房"抵押等改革探索，一个城乡一体化的大市场渐行渐近。

看似无路却走出新路，改革创新已成为江苏的发展基因。江苏省委书记罗志军说："今年的困难局面超过以往，解决突出问题根本出路在改革创新。改革需要'归零'意识，成绩留在昨天，找准新的起跑点、起跳板，比以前跑得更好，跳得更远。"

（原文刊于 2014 年 4 月 24 日《中国县域经济报》）

江苏:6.3亿专项资金助力农业科技自主创新

近日,记者从江苏省农业科学院获悉,2014年江苏省农业科技自主创新专项投入资金由2007年的1500万元增加到1.45亿元,累计投入达6.3亿元。

近年来,中央一号文件中连续提出了建设农业科技创新体系的要求,明确提出要依托具有明显优势的省级农业科研单位和高等院校,建设区域性的农业科研中心。农业科技自主创新资金是2007年江苏省为加强农业科技创新工作,提升农业科技创新水平而设立的专项资金,由江苏省财政厅、省农科院共同组织实施。

据悉,农业科技自主创新资金设立7年来,围绕江苏省农业和农村经济发展中的重大科技问题,江苏省农业科学院在重大公益技术、产业共性技术方面开展研究和攻关,集成示范了一批新品种、新技术、新模式,有力地支撑了江苏省现代农业产业的发展。资金支持领域逐渐覆盖了蔬菜、农作物、畜牧兽医、资源环境、农产品加工安全等12个农业领域范围。7年来,全省累计共有107个单位获得了专项资助,吸纳了包括中科院植物研究所、江苏省林科院、江苏省家禽所、江苏省淡水所、南京农业大学等一大批江苏省内主要涉农研究院所和高校,以及苏果超市、雨润集团等大型科技企业的优势科研力量,并积极引导常熟、海门、泰兴、东台、张家港等县(区、市)农业科技资源鼎力加盟,努力使宿迁市三县两区的科技资源发展壮大,有效地拓展了创新空间,打造了创新市场,形成了具有江苏特色的产业技术自主创新体系。

此外,专项资金扶持的项目类别也呈现出明显的递进发展态势。从设立之初主要支持高效设施农业领域,逐渐转向"单项技术突破和多项技术集成攻关"同步发展的局面,延伸出了品种创新、技术创新、模式创新和探索性项目等多种项目类别。同时,针对江苏省委、省政府提出的实施农业"五大工程、十大计划",吸收国家产业技术体系类项目管理经验,在原有项目类型基础上增设产业技术类项目,最终形成了产业技术体系类、关键技术类(品种创新和技术创新)、应用示范类(模式创新)、自由探索类和平台建设类五大类项目。

通过专项的实施,目前江苏已培育出一批具有自主知识产权的农作物新品种,为粮油安全和设施农业发展提供了品种支撑,在重点支持的兽用生物制品、植物病虫防治、循环农业技术、农产品安全技术等领域也获得丰硕成果,完成体系初建,并已跨入国家支持序列,体现了较强的竞争实力和产业支撑能力。同时,通过兴建适应不同技术应用主体和成果示范方式的模式创新基地,有力推动了科技成果产业化进程。

截至2013年10月底,江苏省农业科技自主创新专项资金资助单位共培育出省级以上审定或鉴定农作物新品种222个,其中农作物75个,蔬菜作物100个,果树31个,花卉苗木16个;获得品种权62个;获得国家发明专利450件,其中授权专利235件;获得软件著作权32项;获得农兽药证书17项;制定标准251项;鉴定科技成果52项;研发新产品42个;发表论文1 119篇,其中SCI论文175篇;建立42个成果展示和示范基地,成果累计应用面积超过2.6亿亩,新增综合效益300亿元以上。

(原文刊于2014年10月23日《中国县域经济报》)

精准扶贫的江苏实践

——江苏省新一轮脱贫致富奔小康工程两周年巡礼

近日,一部以精准扶贫为主题的电影《扶情》广泛传播。这部由江苏省委驻灌南县帮扶工作队队员和灌南县机关干部本色出演的影片,讲述了帮扶队员和当地干部群众一道为打赢脱贫攻坚战而发生的故事。电影正是江苏全面开展的新一轮脱贫攻坚战的生动缩影。

和全国扶贫开发有所不同,江苏的扶贫标准更高。到2015年底,江苏已实现"到2020年贫困人口人均收入大约4 000元"的全国扶贫目标,并于"十三五"开启以人均年收入6 000元为标准的新一轮脱贫致富奔小康工程,主要帮扶对象是全省乡村6%左右的低收入人口、6%左右的经济薄弱村、苏北6个重点片区和黄桥茅山革命老区,涉及农村低收入人口300万左右。

大河有水小河满,大河无水小河干。只有村集体经济发展了,贫困群众的生活水平才能提高。因此,在江苏新一轮攻坚战中,经济薄弱村是帮扶的主攻方向,而经济相对薄弱的苏北地区则仍是重点区域。两年间通过外部支持和内生发展,苏北一些贫困村的面貌正发生着根本性变化。

在新一轮扶贫工作中,江苏继续派驻帮扶工作队进村入户,并对省定经济薄弱村派驻"第一书记"实行全覆盖,派人单位包村帮扶。灌南县三口镇何庄村曾是出了名的穷村,2016年以来,在江苏省委驻灌南帮扶工作队后方单位的帮扶下,该村建起粮食烘干中心,日可烘干粮食120吨、创收7 000~8 000元,去年烘干中心运行23天,仅水稻一季就为村集体创收32万余元。灌云县24个省定经济薄弱村在江苏省委驻灌云帮扶工作队的支持下,投入3 300万元实施太阳能光伏扶贫项目,去年6月已建成并网发电,每村每年可收入10万元左右。

从"要我脱贫"到"我要脱贫",经济薄弱村的脱贫内生动力也在不断增强,脱贫之路各有特色。丰县赵庄镇王庄村、顺河镇岳庄村实施整村搬迁,村集体利用土地流转服务、资源招股服务、经济信息服务等方式,提取相应服务费用,增加集体收入;泗阳县张家圩镇小史集村筹资建设两栋 1 000 平方米标准化厂房租给服饰公司经营,村集体每年可获租金 10 万元,还解决了 30 多个村民的就业问题。

村级经济发展了,贫困户的致富路子也更广了。三个月前,睢宁县官山镇龙山社区低收入户洪海峰在镇里动员下承包了镇上"农光互补"扶贫项目里的一座"菇房"。一个月时间,菇床上就长出了密密麻麻的双孢菇。"目前还没到高产期,一天产量在七八百斤左右,第一茬应该能达 8 000 斤。"洪海峰笑着说,"找到了路子,脱贫真不难!"

在推进"十三五"扶贫开发中,江苏继续坚持"点穴式"精准扶贫、"五方挂钩"帮扶、强村富民互动并进、扶贫开发和社会保障有效衔接等政策举措,并在此基础上不断创新思路、政策、机制。在扶贫工作成效的考核上,引入扶贫开发成效第三方评估机制,确保脱贫措施靠实、收入靠实、农民认可。

不仅是经济上的帮扶,江苏精准扶贫的内涵也在逐步丰富,健康扶贫、文化扶贫等新理念、新做法不断涌现。针对低收入户因病致贫、返贫现象,盐城市响水县在全县建起了四级网格健康扶贫服务体系,提供精准化医疗服务;徐州市铜山区大力推进文化扶贫,坚持经济造血与文明乡村构建并重,英山村建设大型农村婚丧议事堂推行新型婚丧嫁娶办法,并组建起一个集购物、民俗、医疗、文化于一身的村庄文化中心,2019 年即可投入使用。

(原文刊于 2018 年 1 月 15 日《中国县域经济报》)

农科系统

农科系统的"老母鸡"
——记江苏省劳动模范、著名农学专家赵亚夫

"要致富,找亚夫,找到亚夫准能富。"这句话在江苏句容丘陵山区50万农民中已流传了20多年。

20多年来,共产党员、镇江市农科所原所长赵亚夫18次远赴日本,不仅引进了草莓、葡萄、水蜜桃、"越光"水稻等先进品种及栽培技术,还学来了建设现代农业的新理念;从培养示范户到组建农村专业经济合作组织,再到有机农业整村推进,他步步开风气之先,带领当地百万农民成功探索出一条丘陵山区发展现代农业的道路。

20棵草莓的蹒跚起步

今年66岁的赵亚夫,当年从宜兴农林学院毕业后来到镇江农科所,从事农技推广工作一干就是47年。1982年,赵亚夫被派往日本研修。第一次到日本,他惊奇地发现,日本爱知县的渥美半岛到处郁郁葱葱,山上有林,山坡有果,两小时车程内处处可见连片的果园,农民靠种水果过上了富足的生活。然而差不多的气候,相似的丘陵地貌,镇江的山区为什么大多还是荒山秃岭呢?

由此,赵亚夫萌生了一个理想:要让茅山老区像日本渥美半岛一样,满山的果树,满坡的蔬菜,满岗的鲜花,满地的财富。虽然当时他已经年近40岁,可是他却不辞辛苦地开始学习日语,拿着字典逐字逐句研究资料。原本学稻麦的他,把大部分的时间放在钻研草莓、无花果、葡萄等水果栽培技术上。回国时,他带回了整整13箱农业科技书籍和20棵珍贵的露天草莓苗。

回国后,赵亚夫整日在草莓田里转圈,就像照看自己的孩子那样悉心呵护,

生怕有一点闪失。他知道,这块试验田维系着许多农民致富的渴望和梦想。功夫不负有心人,草莓一次试种成功,产量达到500多公斤,效益600多元,这是当时常规农作物效益的2倍多。农民看到了种植草莓带来的收益,纷纷在自己的责任田里种植。到1987年仅白兔镇露天草莓就种了7 000多亩,草莓立即成为当地农民增收的项目。其后,赵亚夫又在此基础上研究反季节大棚草莓,他运用新技术研发出可以在冬季生长的草莓,使草莓的收获期延长到8个月。大棚草莓由于产量高、品质好、时段好,每亩收入达到1万元,目前,仅句容市草莓种植面积就超过1万亩,效益1亿多元。

把失败留在园区,将成功教给农民

在其后的十年里,赵亚夫又引进了水蜜桃、葡萄等许多项目。为了让更多的人种上这些好的品种,并形成规模种植,赵亚夫决定改变方式——租一块地,专门种给农民看。让科技人员直接到农村、到产地,搞科技示范园。赵亚夫给示范园起了一个非常有诗意的名字:万山红遍。之后,他又先后建起了后白、磨盘等5个农业园区,形成了绵延十多公里的3万多亩高效优质应时鲜果产业带。

"将失败留给园区,将成功教给农民。"赵亚夫制定的这个方针,有效缩短了成果转化周期,加快了农业产业结构调整步伐。就这样,赵亚夫领军的农科所,同时驱动示范窗口和科技培训两个"轮子",带动周边地区乃至全省丘陵地区应时鲜果的发展,累计推广应用面积达180万亩。

赵亚夫在省农科系统中被称为"老母鸡",因为在他的影响和带动下,镇江农科所成为全省知名的应时鲜果专家培养基地。他直接带的科技人员潘耀平、李国平、芮东明等,已成为省内外知名的草莓、葡萄、梨、桃、出口花卉、蔬菜种子栽培技术专家。

赵亚夫的魅力,还吸引了一批批国际友人为中国的兴农富民服务。日本农业专家自费参与制定句容农业发展规划,并深入农户田头现场示范指导,从而使句容应时鲜果技术与品质整体上处于全国领先水平,并与国际先进水平的差距越来越小。

乡村里的"理想国"

为了让更多的农民享受到他的农业研究成果,真正实现共同富裕,赵亚夫走遍了茅山老区的村村寨寨、山山水水。他有一个愿望:在退休之前,帮助贫困村的农民找到有效的发展模式,让他们都过上富裕的生活。

戴庄村位于溧阳、溧水和句容三县(市)交界处,是典型的茅山贫困老区。为了帮助戴庄村农民尽快实现小康,赵亚夫选择有机的立体农业作为突破口,开始了"戴庄模式"的试点:除了培养先进户之外,不断宣传"合作、组织起来共同富裕"的理念。记者在戴庄实地看到:山坪里有生态林;山坡上有果园、茶园;果树下有木草;园区内养鸡养鹅;水田里种有机水稻、有机蔬菜,一派欣欣向荣、热火朝天的景象。这样土壤越种越肥、生态越来越好、环境污染越来越轻,产品也就越受城乡消费者的欢迎。

这个曾是茅山革命老区中最贫穷的村庄,去年人均收入达到6 000元。"今年预计接近人均1 000美元的标准线,到明年将是实打实地达到小康线。"村支书李家斌介绍,"对比前后,真是天翻地覆之变!"在该村,农业统一生产、统一管理、统一销售,社员不仅能享受到合作社的二次分配,还能民主管理参与决策社内外任何事情。赵亚夫说:"从目前的情况来看,已经取得了阶段性的成果,下一个五年,农民收入再翻一番,达到2 000美元,这还是有可能的。"

(原文刊于2008年4月3日《中国县域经济报》)

地级市

地级市

淮安把创新作为"靶心"

作为一个农村人口占比80%以上的农业大市,江苏省淮安市把加快镇村经济发展、促进农民持续增收为主攻目标,努力实现全市农村经济社会又好又快发展。2007年,该市实现农业增加值131亿元,增长5%;农民人均纯收入增长13%,连续4年保持两位数增长。在淮安新农村建设中,"创新"成了关键词。

高效农业挖掘增收新潜力

近年来,淮安把发展规模高效农业作为"富民强乡"的重要抓手,高效农业真正成为农民增收新的增长极。2008年,该市继续围绕蔬菜园艺业、规模畜禽业和特色水产业三大重点高效产业,按照已确立的10亿元优势主导产业,以重点项目工程为抓手,全面推进全市高效农业规模化。

发展高效农业,最重要的是要有农业龙头企业带动。有了龙头企业,农民种的、养的就不愁销路,而且能卖出好价钱。采访的过程中,一位农民在田间给记者算了一笔账:以前他种粮食,每亩每年最多收入600元,就混了个肚子饱。现在依靠一家蔬菜加工龙头企业,不仅在技术上培训他们,使他们掌握了无公害种植技术,更重要的是蔬菜价格上去了。"我家种了4亩蔬菜,一年纯利润有1.3万元,比到外地打工收入还高,没想到地里真能刨出金来!"

今年,该市要新增年销售超亿元龙头企业4户、市级以上龙头企业10户。各地将瞄准境内外知名的大企业大集团,力争引进一批科技含量高、带动能力强的龙头加工项目。此外,淮安市财政将安排1000万元资金用于奖励扶持优势主导产业,突出打造县(区)11个年销售十亿元农业主导产业,加快建设一批规模大、水平高、带动力强的高效农业基地,确保全市新增高效种植业面积35万亩、高效渔业面积8万亩,畜禽规模养殖比重提高8个百分点。高效农业增强了

"经营农业"的市场意识,搞活了农产品流通,是农民增加收入的重要手段。

乡镇工业拓宽增收新空间

走入淮安的农村,你会发现乡镇工业集中区日渐增多,农民也"转业"拿起了工资。近年来,淮安市加快建设乡镇工业区,大力发展非农产业,农民离土不离乡、进厂不进城就能得到更多的劳务报酬和经营收入,实现富余劳动力的内部转化。

淮安市市长樊金龙在指导"三农"工作时说,无工不富是不争的事实。加快镇村经济发展,必须走新型工业化道路,全力提高工业经济贡献份额。发展乡镇工业,壮大乡镇实力,要加强载体建设,强化招商引资,以工业化提升农业、致富农民。

2007年,该市91个乡镇工业集中区共完成基础设施投入3.8亿元,建成标准厂房116万平方米,完成工业固定资产投入53.4亿元,均超额完成年度目标;共实施工业项目510个,平均单个项目投资额达1 050万元;全年区内企业共实现工业销售8.6亿元,入库税收1.8亿元,安置劳动力5.5万人,分别比2006年增长39.4%、50%、68%。今年淮安市乡镇工业集中区要完成工业固定资产投入80亿元,建设标准厂房100万平方米,集中区企业实现销售收入突破100亿元。

乡镇企业使得农村城市化、农民市民化,更为农民"转业"当"老板"创造了积极条件,农民增收有了新空间。

创新机制实现持续增收

在全国两会期间,"三农"和"流动性过剩"成为热点话题,全国人大代表、淮安市市长樊金龙巧妙地把这两个话题联系起来,建议政府出台有针对性的政策措施,把市场上过剩的资金吸引到真正需要资金的农村。这一建议的提出正是总结了淮安市长期坚持把改革创新作为"三农"工作的根本动力、探索城乡协调发展的体制机制,促进各类优势资源、要素流向农村的经验。

今年,淮安将进一步深化农村综合改革,加快乡镇政府职能转变,提高服务水平;引导农民依法自愿有偿流转土地,探索建立土地承包经营权流转市场,鼓励农民以土地承包经营权入股,组建土地股份合作社,发展适度规模经营。深入推进"乡财县管乡用"财政管理方式改革,建立村级组织运转经费保障机制。同时，淮安还将加快农村金融体制改革，加大支农力度，确保全年新增农业贷款5亿元。鼓励农村金融产品和服务创新，推广农户小额信用贷款、农户联保贷款，创新担保方式，逐步建立政府支持、企业和银行多方参与的农村信贷担保机制，确保全年新增中小企业贷款8亿元。积极培育以小额信贷为主的多种所有制金融机构，开展小额贷款公司试点，加快江苏银行淮安分行向县延伸，年内全面设立分支机构。

此外，淮安还将大力发展农民专业合作经济组织。进一步完善和落实激励措施，鼓励各类市场主体领办合作经济组织，今年淮安市农民专业合作经济组织计划发展到860个，参加农户占全市农户22%以上。深入开展"四有"合作组织创建活动，建立市县部门挂钩制度，力争年内培育年销售额500万元以上合作经济组织30个。建立市县财政扶持逐年增长机制，重点扶持带动高效农业发展、农民增收明显的合作经济组织。

（原文刊于2008年4月10日《中国县域经济报》）

产业化扶贫摘"穷帽"

——江苏徐州百万农民脱贫记

今年春节期间,江苏省徐州市铜山县①三堡镇台上村4 000多亩草莓园里,每天有四五千游人进园采摘草莓,路上的小车把乡间公路排得满满的。村支部书记丁长福说,前几年台上村还是个贫困村,是产业化扶贫让家家搞起休闲采摘项目,户户走上了脱贫致富路。

2008年启动脱贫攻坚工程以来,徐州市始终坚持产业化扶贫,把发展高效农业作为贫困农户增收主渠道,各级累计投入扶贫资金38.37亿元,发放扶贫小额贷款19.21亿元,实施产业项目3 556个,基本形成了"一村一品""几村一品"的产业化扶贫新格局,全市百万农民终于摆脱贫困,走上了富裕之路。

用产业激活内生动力

标准化的猪舍,电子监控设备实时监控,消毒池、洗浴室、兽医室一应俱全,微生物发酵技术处理排泄物……若非亲眼所见,很难想象在这样偏僻的苏北小村,竟有如此现代化的养殖基地。

这个位于睢宁县姚集镇湖口村的养殖场,名为福丰一清生态牧业,目前存栏种猪2 200多头,母猪5 000头。养殖场解决了村里40多人的就业问题,每人每月保底工资1 850元。"明年,母猪开始产崽之后,还有绩效工资,每人每月可拿到3 500多元。另外,养殖场每年交给村里10万多元的场地租金和土地流转费。"企业负责人陈一清语气中透出自豪。

---

① 今徐州市铜山区,下同。

一个项目,让湖口村一举摘掉戴了多年的"穷帽"。这正是徐州市委、市政府产业化扶贫的一个缩影。

2008年初,徐州市提出百万农民脱贫攻坚工程五年任务四年完成的奋斗目标。扶贫攻坚工作在各县市迅速展开。人派来了,钱拿来了,扶贫工作怎么开展?如果采取"撒胡椒面"的方式,很可能出现"给贫困户送两只种羊,年底杀了做年夜饭"的问题。授人以鱼,不如授人以渔。经济薄弱村一般农业比重相对较大,贫困户务农为主,分散经营和传统种养导致效益低下,但年龄偏大、文化偏低者向非农产业转移又很困难。现实出路就在于根据当地资源条件和市场需求,发展高效农业,用产业激活贫困户的内生动力,实行产业化扶贫,这样扶贫的成果才能持续。

为此,徐州市锁定贫困户,咬住薄弱村,坚持推进产业扶贫。据统计,4年来,全市建档立卡贫困农民人均年收入由2007年的1 403元增长到2011年的3 213元,年均增长23%;全市219个村集体经济总收入由2007年的143万元,增长到2011年的1 945万元,年均增长92%,最高的村已达到220万元。

"扶上马"十"送一程"

龙头企业把脉市场,互助基金辅助贷款,农民种养心中无忧。在徐州,在"保利合同"的"保驾护航"下,"合同鸡""合同鸭""合同鱼"等一大批贴有"保利"标签的农副产品,为百万贫困农民培植了一个又一个"放心钱柜"。这是徐州对贫困农民"扶上马"十"送一程"的"杰作"。

"俺这茬刚出栏的3 500只肉鸡,每斤3元,全部卖给龙大公司,纯利润1万多元!"睢宁县古邳镇农民陈维权激动地说。与他签订"保利合同"的,是当地规模最大的一家家禽育种公司——龙大公司。公司提供种鸡和技术扶持,养殖户负责养殖,待鸡出栏时,按照合同签订的价格收购,确保农民每只肉鸡至少赚2元,而市场造成的利润波动则由公司来承担。这就是贫困农户常说的"保利合同"。在古邳镇,"保利合同"已让他们累计收益400多万元。

而在铜山县,还有许多与"保利合同"异曲同工的"公司十基地十农户"经营模式。以当地的徐州精艺成食品有限公司为例,公司和农户签订合同,免费提供鸭苗和饲料,让农户养殖,在50天左右养成,然后全部回收。只要精心养殖,农户就不会亏本。单是2007年徐州精艺成食品有限公司一家,就为当地农民创收5 000余万元,带动了周边3 000余户农民走上养殖致富的道路。"保利合同",正逐步成为徐州贫困农民的"放心钱柜"。

4年来,全市龙头企业共投入资金5 002万元,举办培训班2 536期,培训贫困人口11.1万人,实现了培训一人、就业一人、脱贫一户的目标。

留下"不走的扶贫工作队"

前年,睢宁扶贫工作队全年投资120万元,建起了21座日光能温室大棚。大棚建起来了,谁来教农民种植技术?扶贫工作队看中了镇里的大学生村官,先把他们培养起来,然后由他们做给农民看,领着农民干,最后帮着农民赚,这样,这些大学生村官就成了一支"不走的扶贫工作队"。

"产业化扶贫,其实质就是在组织实施好扶贫项目的基础上,让农民和市场对接。因此,扶贫队的工作,最重要的就是一手抓项目落实到位,一手在农民和市场之间搭建一座桥梁,让贫困农民持续受益增收。"江苏省农委副主任、扶贫工作队队长徐惠中说。

在王集镇田河村,有100多个日光能蔬菜大棚,是以前一个外地的承包人建的,经营不善,承包人撤出,但本村农民也不愿承包,大棚基本闲置了。扶贫工作队牵线搭桥,引进了江苏润果农业发展有限公司。润果公司做了6个示范棚,一茬下来,每个棚收益4万元左右。现在,全村180多个大棚,每个大棚的年均收益都在4.8万元以上,有一些大棚甚至超过7万元。一个大棚,就让一个贫困户脱了贫。

"经历了市场洗礼的农民,对于市场经济的理解也更深了。这其实也是产业化扶贫的一个重要成果。"睢宁县委常委、常务副县长赵李说。

(原文刊于2012年2月16日《中国县域经济报》)

既有位又有为
——走近江苏省徐州市大学生村官

2012年11月9日上午胡锦涛参加十八大江苏代表团讨论时，江苏代表团最年轻的代表，来自南京市栖霞区栖霞街道的西华村社区党支部书记、大学生村官石磊发言汇报了自己的工作经历。胡锦涛听后与他交谈起来。胡锦涛对石磊说："基层是最锻炼人、也是最能成长人的地方，特别是你又赶上了一个好时代，是我们国家全面建成小康社会、基本实现现代化这样一个历史时代，因此，可以大有作为。祝你在现在的岗位上干出成绩来，也祝愿你在实践当中更好、更快地成长。"

2007年7月，随着江苏省大学生村官计划的启动，徐州市迎来了首批219名大学生村官。从摸着石头过河开始，徐州市科学谋划、创新举措、统筹推进，努力让大学生村官有位置、有作为。今年，徐州市被江苏省委组织部评为"大学生村官工作先进集体"。

压担子，勤帮扶，让大学生村官下得去

对于大学生村官的培养，徐州市委常委、组织部部长戚锡生有自己的看法：开展大学生村官工作的目的，就是在基层一线和艰苦环境中培养他们，让他们体味基层甘苦，增进与基层群众的感情，提高做群众工作的本领，为高素质干部队伍建设提供源头活水。因此，培养大学生村官切不可拔苗助长，一定要放心、放手、放权让他们参与分工，给他们压担子，让他们实实在在参与村级重大事项决策，在磨炼中积累实践经验。

为此，徐州本着"干什么学什么、缺什么补什么"原则，逐步建立起"学用一

致、按需施教"的培训机制。把大学生村官培训工作纳入全市大规模培训干部规划,每年在市委党校举办一期培训班,县(市、区)每年至少举办两期培训班。同时,还建立起了县区机关干部指导、乡镇干部帮扶、村组干部帮带、致富能手联系、新老村干部结对的"五方"结对帮带体系。

2009年,23岁的陆婧楠远离家乡来到徐州市铜山区农村任职。"有过动摇,也流过眼泪。"陆婧楠说,"不过,大家的关心和帮助,让我坚定了信念。知道我不能吃辣,食堂特意给我准备清淡的菜,知道我喜欢吃米饭,就专门给我做。工作中有什么不懂的,村干部和上级领导们也总是热情地给予我指导。"

如今,陆婧楠已经是铜山区汉王镇南望村的党支部书记,村务工作开展得有声有色。今年,她又续签了3年的聘任合同,决心要在农村闯出一片"天地"。

建基地,筹资金,让大学生村官干得好

在徐州市铜山区房村镇尚王村,一条4400米长的"幸福路",让村民们告别了多年的泥土路。

带头出资修建这条路的,是尚王村党支部书记、大学生村官——刘尊龙。不过,刘尊龙给村民带来的"幸福",还远不止这些。

2009年到村任职大学生村官后,刘尊龙就创办了"铜山尊龙肉牛养殖专业合作社",联合肉牛养殖大户创建了肉牛养殖基地,并形成了"大学生村官＋养殖大户＋专业合作社＋农户"的养殖形式。

目前,在刘尊龙的养殖合作社里,已经有会员120余户,资产达300多万元,带动80多户村民发展养殖。

记者在采访中欣喜地发现,在徐州,像刘尊龙这样的大学生村官还有很多,他们在自己当上"老板"的同时,更成了农民致富的领头人。

为了让大学生村官更好地创业富民,徐州选择了35家农业龙头企业、46家小型加工企业和18个高效农业示范区,作为大学生村官创业实践基地,集全社会之力帮助他们谋业发展。

据介绍,目前徐州市大学生村官共有780人参与创业,创办、合办各种项目578个,吸纳资金4.2亿元,提供就业岗位2万多个,带动了2万多户农民致富。

提待遇,拓渠道,让大学生村官流得动

过去,村干部很难走出村子到村外任职。现在,这个瓶颈正在被打破。

距离上次见到大学生村官张群，已经将近两年时间。眼前这个举止大方、谈吐得体的姑娘，已经不见了当初的青涩与腼腆。去年底，经过公开选拔，26岁的张群从一名大学生村官成为铜山区马坡镇镇长，也是徐州市最年轻的镇长。

"我是公推公选的最大受益者。"张群说。自2007年7月作为首批大学生村官来到铜山区后，三次公推公选让张群从村主任助理、村党支部书记、镇党委委员、副镇长，一路做到了镇长。

让能者上，庸者下。戚锡生说："选聘大学生村官，一方面是为了给新农村建设提供'新鲜血液'，另一方面，也是为了培养更多受过基层锻炼的后备干部人才。因此，必须解放思想、打破常规，破除按部就班、论资排辈的陈旧观念。"

目前，徐州在岗的大学生村官中，担任村"两委"副职以上的有868人，占77%，20名大学生村官担任村"两委"正职，50人走上科级领导岗位，其中正科级2人。

正是这些探索，让徐州大学生村官的流动渠道不断拓宽，留任村干部、考录公务员、自主创业、另行择业、继续学习深造等"5条出路"条条畅通。

（原文刊于2012年11月12日《中国县域经济报》）

南通打造"江海休闲港湾"

6月21日,在江苏省南通市滨江公园,游人如织,其中不乏来自外市、外省的大型旅行团。虽然很累,但南通康辉旅行社负责人季东心里却乐开了花。他告诉记者,过去旅行社的业务以组团"走出去"为主,如今变成了接团"迎进来"。

这种从"客源地"到"目的地"的转变,是南通市放大江风海韵优势,实现旅游业精彩转型的缩影。作为中国除上海外唯一一个既有长江黄金水道,又有沿海港口的城市,南通市正抢抓"休闲时代"来临新机遇,全力打造长三角最佳"江海休闲港湾",争当全国旅游"后起之秀"。

旅游转型,规划先行。在刚刚出炉的南通旅游发展规划蓝本中,记者注意到,一个最显著的变化是,南通不再与周边城市比拼传统的山水园林,而是以更敏锐的眼光捕捉人们出游脚步的变化、以更广阔的视野审视自身独特的江海"线路",在新兴休闲旅游版图上抢先布局。就在不久前召开的全市旅游业发展大会上,南通市市长张国华几乎句句不离"休闲",明确提出要以"追江赶海"的新思路做好"休闲"文章,把南通建设成为我国独具特色的江海旅游门户城市和长三角新兴休闲旅游目的地。

理念的转变,盘活了旅游空间布局。据南通市副市长单晓鸣介绍,南通新的旅游版图以张謇规划的一城三镇"近代第一城"市区为核心,以沿江沿海两条特色旅游风光带为纽带,以沿江沿海5个特色城镇组团为节点,整体联动,串珠成线,打造集长寿养生体验、自然生态度假、江海河三鲜美食等特色于一体的"休闲港湾",争取在5年内把南通打造成为国内一流休闲旅游首选目的地,旅游年度总收入达到700亿元以上。

当然,有了"江海休闲港湾"的新颖规划理念,还少不了夺人眼球的特色看点。据悉,位于长江、黄海、东海交汇处的启东圆陀角旅游度假区,总投资100亿元的恒大海上威尼斯会展、健康、饮食、娱乐、商业等七大中心已进入装修阶段，一个融生态观光、运动休闲、科普教育、度假人居等于一体的中国江风海韵体验基地、长江入海口生态度假基地已然崛起。此外，总投资 150 亿元、朝着国家级生态旅游度假区目标打造的如东"国际黄金理疗温泉城"也正在火热建设中，一期建成的世界珍稀鸟类迁徙地、亚洲最大的风电场等特色休闲旅游带已开门迎客，今年预计将接待游客 120 万人（次），实现旅游收入 25 亿元。今年，南通排定的亿元以上旅游重点龙头项目达到 31 个。

南通市旅游局[①]局长戴平告诉记者，目前南通的休闲线路已与全国乃至海外 100 多条著名旅游热线无缝对接。通过"迎进来"和"走出去"两条路，南通休闲旅游线路正越走越长。一方面，连续 11 年举办的"国际江海旅游节"已成为吸引海内外游客的金字招牌；另一方面，"走出去"营销的脚步走遍全国，先后与 2 000 多家旅行社建立了合作关系，其中仅上海旅游热线联盟一家每年为南通输送的客源就超过 10 万人（次）。数据显示，在各地旅游业普遍不景气的大背景下，南通接待游客和实现旅游总收入连续多年保持 20% 以上增速，其中接待入境游人数更是升至江苏省第四。

一个个充满江海风情的休闲景区的建设，让游客大饱眼福的同时，也提升了市民的幸福指数。在南通市通吕运河与长江交汇处，一个与中心城区濠河 5A 级"第一生态圈"相呼应的"第二生态圈"已经启动建设，将打造成为国内最长的城市滨水漫步系统。对此，南通市市长张国华说："把'休闲港湾'建设融入城市形象提升和生态环境美化中，南通正在实现休闲旅游满意度和人居环境舒适度双提升。"

（原文刊于 2014 年 6 月 30 日《中国县域经济报》）

---

① 今南通市文化广电和旅游局，下同。

江苏连云港加快建设区域性物流中心

今天的江苏省连云港市不再是一个以传统产业为主的苏北小城,正在成为世界经济的一环,参与国际化竞争。今年1至6月份,连云港市在建港口码头项目15个,计划总投资176.5亿元,完成投资28.2亿元,同比增长42.1%。而近5年来,连云港累计投入港口建设资金130亿元,建成30万吨级航道一期工程,赣榆港区、徐圩港区开港运营,拉开"一体两翼"组合大港框架,货物吞吐量、集装箱运量突破2亿吨和500万标箱,有力支撑了港口加快转型升级和服务"一带一路"建设的能力。

连云港市委书记杨省世说,物流合作在"一带一路"建设中发挥着重要的基础和先导作用。作为新亚欧大陆桥国际经济合作走廊的东方起点、中哈物流中转基地、上合组织出海基地、江苏"一带一路"交汇点建设的核心区和先导区,连云港正在按照目标定位要求,认真抓好推进落实,将连云港打造成为"一带一路"沿线国家、地区和企业实现共赢发展的优质平台。

连云港是中亚国家最便捷的出海口,也是日韩货物进入中亚乃至欧洲的最佳中转地,陆上辟有国际班列,海上开通60多条近远洋航线,区位优势突出,自然成为江苏落实"一带一路"倡议的先导区。

贯穿"一带一路"沿线国家和地区的新亚欧大陆桥海铁联运,是连云港叫响全国的品牌,过境运输占全国的60%,连云港发展多式联运具有先天的条件。

海铁联运,即货物到港及出港时,货轮与铁路间直接实现装卸,并最终运输到目的地,中途无须公路中转,运量大、中间环节少,受恶劣天气影响小,大大提升了物流效率。以连云港港为例,通过开展海铁联运业务,使我国中西部和中亚地区也有了更加经济、便捷的出海通道。从连云港港运至霍尔果斯的国际集装箱,采用海铁联运比从水路转公路的方式节约物流成本15%至20%。

凭借与港口的无缝对接，中哈物流基地打造出"前港后站、一体运作"的海铁联运模式，对内带动西安、郑州、乌鲁木齐等"一带一路"节点城市，对外辐射日韩、中亚、欧洲等国家和地区，贯通亚欧、联通世界的多式联运物流网络正在形成。

连云港海关设立多式联运监管中心后，将具备国际仓储、转运、分拨、集疏、拆拼箱等多种功能，把现行转关、出口、过境等模式整合为多式联运监管模式。多式联运监管中心的设立，可一举满足连云港市海、陆、空、铁等不同运输方式间自由转换和多程运输的需求，也满足海关、检验检疫等口岸单位共享监管设施、实施联合执法的需求，进一步简化通关流程，提高通关效率。

多式联运海关监管中心运行后，海关同检验检疫部门将逐步实现"一次申报、一次查验、一次放行"的"三个一"通关模式，为企业提供一站式通关服务。

从目前来看，连云港具有发展物流产业的战略、港口、区位、载体优势。一系列国家战略规划，强化了连云港的东方桥头堡地位。自身的港口条件，使得连云港在物流发展、过境运输方面拥有沿海其他港口难以比拟的价格优势、服务优势。连云港已经成为陆桥沿线地区和中西部最便捷的出海口。

在国家战略机遇的指引下，连云港可以立足自身区位优势和资源禀赋，以港口为龙头、以城市为依托、以园区为载体，不断深化国际国内物流合作。

从区位上来看，连云港处在"一带一路"建设的交汇点，在沟通东西、连接南北、汇聚海陆、融合中外中发挥着重要作用。随着沿海铁路和连淮扬镇铁路的加快建设，将形成海、河、陆、空四通八达的立体化交通网络，具备较强的物流承载和运输能力，为物流业发展提供了便利的交通条件，连云港已成为国际物流链的重要节点和中国对外开放的重要门户。

面对新形势、新任务，连云港正在抢抓"一带一路"建设的战略机遇，积极服务国际国内物流发展，加快建设"一带一路"区域性物流中心。

（原文刊于 2015 年 10 月 12 日《中国县域经济报》）

江苏全域旅游看宿迁

江苏宿迁历史悠久,人文荟萃,素有"华夏文明之脉、江苏文明之根、楚汉文化之魂"的美誉。建市 21 年来,宿迁经济社会发展取得了长足的进步,旅游业逐渐成为新的经济增长点。对宿迁而言,旅游业可谓白手起家,经多年的不懈努力,如今已蒸蒸日上、欣欣向荣。近年来,市委、市政府高度重视旅游业发展,将旅游业作为生态经济发展的新引擎进行培育壮大,大力实施"旅游+""生态+"行动计划,旅游业发展质态得到了进一步提升。全市现有国家 A 级旅游景区 49 家,省级旅游度假区 4 家。全市游客接待量、旅游总收入等指标持续攀升,2017 年,全市接待游客 2 220.1 万人次,同比增长 15.3%;旅游总收入 255.6 亿元,同比增长 18.2%。

三台山森林公园成功跻身"国家队",成为宿迁首个国家森林公园,园中的衲田风情小镇入选省首批 13 家旅游风情小镇创建名单;骆马湖旅游度假区入选国家全域旅游示范区创建名单;洪泽湖湿地景区通过国家 5A 级旅游景区创建景观质量评审,洪泽湖生态旅游区创建国家级生态旅游示范区通过考核验收待批复;双沟酒文化旅游区创成国家 4A 级旅游景区;宿迁在全省游客满意度综合评价中得分连续 6 个季度超过 80 分,稳居"满意"档次;2017 年 9 月,宿迁被新华网评为"2017 最美中国生态、自然旅游城市"。

全景化描绘生态公园蓝图

在宿迁市委、市政府出台的《关于建设生态经济示范区的实施意见》《宿迁市特色风情旅游景点建设实施方案》中,将生态旅游列入推进生态经济示范区建设十大重点工程来抓,计划到 2020 年全市建成 108 个特色风情旅游景点,其中 A

级景区不低于40个,乡村旅游区不低于40个,新业态项目不低于20个,进一步丰富江苏生态大公园内涵实质。大力打造生态度假产品,稳步推进骆马湖全域旅游示范区创建;指导沭阳古栗林旅游度假区创建省级旅游度假区。实施"旅游+"行动计划,在旅游+工业方面,加快洋河梦之蓝中央酒区建设进度,推进好彩头食品、箭鹿集团、苏丝丝绸等企业争创省级工业旅游点;在旅游+文化方面,推进新盛街、项王故里三期等重点历史文化街区建设;在旅游+体育方面,依托三台山森林公园时尚体育运动基地、骆马湖水上运动基地、洪泽湖国际垂钓运动基地等载体,固化骆马湖生态四项赛、洪泽湖湿地国际垂钓邀请赛等一批国内知名体育赛事品牌。同时,开发古黄河水上游、戴场岛水上航线、大河云天自驾游房车基地、衲田花海秀场和百合堂等一批旅游新产品,迎合了旅游消费新需求。

创造性激发市场主体活力

宿迁充分发挥全省旅游综合改革试点市优势,全面深化旅游改革。坚持政府规划引导,吸引社会主体参与项目建设,沭阳古栗林旅游度假区、新盛街、泗阳成子湖旅游度假区、洋河郑楼玫瑰小镇、宿豫"梨园湾—杉荷园"等项目先后与社会资本进行PPP模式合作建设,探索旅游项目多元投入开发新机制。将旅行社经营审批、出境旅游团队名单审核、游客不文明行为记录等事项的办事流程纳入宿迁市行政权力一张网建设,实现网上全流程办理。在全省率先在旅行社监管中使用第三方信用评价,研究出台《在市区旅行社加强信用产品推广应用的实施方案(试行)》,对市区42家旅行社进行信用评价,并在旅行社行业监管工作中充分运用评价结果。开展骆马湖旅游度假区相对集中行政处罚权试点工作,从根本上解决旅游市场监管中"看见管不了"和"能管看不见"的现象,推动旅游监管水平提升。

年轻态口号推介旅游品牌

瞄准年轻消费人群,本着易记难忘原则,设计了浪漫、清新的宿迁旅游新口号——"心宿宿 情迁迁"。一经推出反响热烈,全国160余家媒体发布及转载,"畅游宿迁"微信号"五一"当周综合点击率跃升至全国第九、省第一。在巩固省内、上海、安徽、山东及河南等市场的基础上,成功开拓北京、湖北等中远程客源市场,旅游市场半径加速延伸,市场辐射半径从300公里延伸到500公里以外。继续推出"二日游"旅游团队联票,升级发行"畅游宿迁"电子旅游年卡,推出50元"霸气红包",促进自驾和自助游散客市场发展。牵头组织重点景区参加南京国际休闲度假展、北京旅展、高雄旅展以及昆明旅博会、"水韵江苏"旅博会等旅游展会,举办沪杭宿迁旅游推介会,先后在上海、郑州、徐州、南通等7个城市启动万人游宿迁系列活动,广受游客青睐。抢抓"五一""十一"、寒暑假等重要节点,2017"花漾宿迁"生态休闲旅游季、2017"狂欢一夏 悦享精彩"等活动,在"十一"期间举办三台山衲田花海音乐会和亚洲青年微电影展,进一步集聚了人气,受到央视等国内主流媒体关注直播,网络在线观看和后期点击覆盖人群超2 000万人次,越来越多的游客慕名前来畅游宿迁。

规范化服务优化游客体验

宿迁坚持"生态、精致、时尚,充满人文关怀"的精细化城市管理理念,城市的生态宜居宜游度越来越高。出台《宿迁市中心城市景区(点)道路交通指引标志布局规划》,投入专项资金用于交通标识标牌改造提升。设立景区景点免费WiFi全覆盖奖补资金,引导市区11家重点景区和乡村旅游点实现免费WiFi全覆盖。持续推进"旅游厕所革命",新建、改建旅游厕所129座、第三卫生间59个,增设母婴休息室、ATM取款机等便民服务功能,得到国家旅游局[①]高度认可。先后开发"项府家宴""三台山鲜花宴"等特色餐饮品牌。挂牌成立市旅游咨询(集散)中心,完成"智游宿迁"智慧旅游平台建设。继途牛网、同程网宿迁旅游旗舰店上线后,牵手携程网推出了第3家"宿迁旅游网上旗舰店"。建立工商、旅游、公安、交通、物价、药监等部门联动执法机制,每季度开展"双随机"旅游执法检查和"一日游""出境游"专项整治,重点打击"低价游"和超范围经营行为。将游客满意度评价考核工作列入市委、市政府对各县区的年度目标考核,将考核涉及的38项要素指标对应的整改提升任务分解到各县区和18个市直部门和单位。借助微信微博网友见面会、宿迁电视台"政民互动""网上宿迁·在线访谈"等活动,及时解决游客诉求,提升游客对宿迁旅游的认同感和满意度。

发展全域旅游,建设江苏生态大公园是宿迁旅游领域的新长征,使命光荣,任重道远。立足新的起点,全市旅游行业将紧紧围绕把宿迁建成"国内知名旅游目的地城市"的目标地位,充分发挥旅游业引擎作用,推动"旅游+"融合发展,着

---

① 2018年,撤销国家旅游局,设中华人民共和国文化和旅游部,下同。

力打造"西楚文化之都、河湖体验之都、白酒品鉴之都、生态休闲之都"四大旅游名片。在精品服务、差别化体验、旅游政务环境上下功夫,把宿迁打造成为"乐游"城市,不断提高游客的满意度和认同感,让"水韵江苏"版图中的这块生态宝地真正成为国内外游客"心宿情迁"之地,到了这里,就心念宿迁,心泊宿迁;到了这里,就情迁宿迁,情不自禁爱上宿迁,流连忘返。

(原文刊于 2018 年 3 月 5 日《中国县域经济报》)

南北挂钩

"联姻后"的幸福生活

一个是江苏经济实力最强的苏州,一个是经济发展较为滞后的宿迁,"南北挂钩"的红线将它俩的命运联系在一起。自2001年苏州市承担对口帮扶宿迁市的任务之后,吴中就与宿城迅速"组建家庭",它们始终按照"政府推动、市场运作、优势互补、共同发展"的原则,不断加大南北挂钩合作的工作力度,开展多种形式的对口帮扶活动,稳步推进南北产业转移。这对身份悬殊的"夫妻",经过几年的共同奋斗,究竟取得了什么成绩?带着好奇,记者走进了吴中和宿城的幸福生活。

共同努力筹建工业园

幸福的生活不能没有一个温馨的家,吴中和宿城携手之后立马着手建立起它们共同的"家园"。

2006年12月,吴中区政府和宿城区政府认真贯彻落实江苏省委、省政府"南北挂钩促进区域共同发展"的战略精神,签订共建吴中宿城工业园协议,由两区共建的经济开发区具体承建。2007年4月,成立中共江苏吴中宿城工业园工作委员会和江苏吴中宿城工业园管理委员会,同时注册成立江苏省吴中宿城工业园开发有限公司。管委会和开发公司合署办公,内设机构为"一办三部",分别为办公室、招商服务部、行政后勤部和规划建设部。吴中宿城工业园由两区政府分别派员参与管理。园区于2007年5月开工建设,2008年9月正式获批为省级开发区。

江苏吴中宿城工业园管委会规划面积1.53平方公里,园区开发公司注册资金5 000万元。目前,园区内已建成投产项目6个,正在建设项目5个,总投资额近40亿元,注册资金4亿元,一期开发任务基本完成。2010年,吴中宿城工业园实现业务总收入18.36亿元,地方一般预算收入1 639万元。

围绕机械电子和纺织服装的产业规划定位,吴宿工业园集中精力、财力、人力抓好招商引资工作。几年来,共接待客商100余批500多人次,已签订合同项目18家,其中完成注册12家,已投产企业6家。

苏北主动,苏南重视,吴中给力,宿城努力。南北挂钩就像是一块敲开苏北取道发达的砖,在吴中和宿城的携手努力下迎来了一个又一个的开门红。

宿城种起吴中粮

宿城和吴中通过南北挂钩,以新形式催生新成果,效益可人。

2008年6月,由吴中区发改局带队,苏州市省级龙头企业、苏州市吴中区粮食储运公司总经理邱建林到宿城区耿车镇进行考察。经过实地考察,最终选择红卫村作为"村企挂钩"结对帮扶对象,并与之确立长期帮扶合作关系。

此次帮扶重点是扶持该村种植大棚蔬菜,按照"企业出资、村里提供土地、技术与劳动力"的模式运行,所得收益一部分用于支付土地流转费、种植技术人员及农民工资,旨在提高农民收入,改善其生活工作环境,另一部分用于大棚种植的二次投入,从而实现"输血"与"造血"的完美结合。

随着产业的发展,宿城区和吴中区决定将合作形式由单一的给钱给物向项目合作层次推进。苏州由于土地结构的根本性调整,由产粮区变成销粮区,粮食供应安全存在问题,于是宿迁就出现了25.5万亩"苏州良田",为苏州提供充实货源,而宿城正是组成"苏州良田"的不可缺少的一员大将。

粮食生产基地的出现,孕育出了南北挂钩合作的新领域。

产业转移 壮大"恒力"

幸福生活需要共同创造,有时候还需有远大的谋略和过人的胆识。吴中和宿城的南北产业转移成就了江苏省最大的南北产业转移项目——恒力(宿迁)工业园。

围绕机械电子和纺织服装的产业规划定位,恒力(宿迁)工业园在抓好基础设施建设的同时,集中精力抓好招商引资工作。

3年多来,共接待客商100余批500多人次,已签订合同项目18家,其中完成注册12家,已投产企业6家。完美的发展定位可谓"谋才多略",与民营企业合作共建工业园,敢走产业转移之路又不得不赞其"勇"。作为其中最引人瞩目的恒力集团,它将纺织产业生产基地转移到宿迁,大手笔建设集纺丝、织造、染整、新型纺织品研发于一体的恒力(宿迁)工业园。产业转移使恒力集团成为全球最大的超亮光丝和工业丝生产企业之一。

投资建设恒力(宿迁)工业园,恒力集团得以转型升级,发展水平上了新台阶。同时,也大大推动了宿迁经济发展。仅江苏德顺纺织一家企业对宿城区规模以上工业增长的贡献率就达到49.1%,拉动全区工业增长11.8个百分点。德华纺织、德力化纤两个项目全部建成投产后,恒力(宿迁)工业园将直接吸纳1.2万人就业。

恒力工业园的大部分工人是宿迁本地人,有百分之五十是近两年来返乡务工的。他们告诉记者:"如今守家在地,收入也不错,这些都得益于'南北挂钩'带来的幸福生活。"

(原文刊于2011年4月7日《中国县域经济报》)

"南北挂钩"助力"灌南速度"

2002年,根据江苏省委、省政府"南北挂钩"战略的安排,太仓市与灌南县开始对接合作。那时的灌南,从当地的一句俗话可见一斑:一瓶酒财政。意思是一个汤沟酒厂[①]撑起了全县财政的半壁江山。据灌南县委书记阮冰介绍,直到2002年,灌南全县仍没有一个工业项目区,连续几年工业用地为零,除汤沟酒厂以外的工业税收也只有1 000多万元。不要说建设、发展,连保证干部群众的工资按标准发放都十分困难。

短短的几年后,灌南这个苏北的"经济锅底"却因为经济的迅速发展而收获了"灌南现象""灌南速度""灌南模式""洼地崛起"等一个个响亮的名字。灌南巨变的背后,"南北挂钩"扮演了一个什么样的角色?

跻身苏北第一方阵

记者走访灌南,适逢春节刚过,无论是灌河半岛新区、经济开发区繁忙的生产情景,还是大街上林立的高楼和熙攘的人群,都让人对舆论的那句评价深信不疑:最具活力是灌南。

如今的灌南也确实今非昔比。连续五年荣膺全国最具投资潜力百强县,连续七年荣获全省财政收入上台阶先进县,勇夺全市综合目标考核"八连冠",综合实力挺进苏北第一方阵。

今年1月24日召开的灌南县委九届七次全体(扩大)会议上公布的一组数据更加直观地阐释了这一变化:2010年,全县实现地区生产总值140亿元,财政

---

① 今江苏汤沟两相和酒业有限公司,下同。

总收入达到44.34亿元,城镇居民人均可支配收入13 952元,农民人均纯收入达6 199元。

"'南北挂钩'功不可没"

在采访中,灌南县发改委的一位领导讲过一句话:"'灌南速度'也好,'灌南现象'也罢,灌南的崛起,'南北挂钩'功不可没!在我们苦苦寻找经济发展路径的时候,'南北挂钩'适时展开,它带给我们的不只是资金,更是前进的方向和信念。"

自2002年太仓市与灌南县跨江结对后,太仓市的挂钩扶贫项目迅速抢滩。县经济开发区通过产业转移,成功引进泰昌电子、祥禾制衣等一大批企业。2007年,合作双方又在江苏连云港化工产业园区内兴建了"太仓港港口开发区·灌南化工园",据悉,园区规划面积1.12平方公里,一期工程已经完成,引进企业12家,总投资7.2亿元,二期开发目前正在全面展开,预计2012年全面建成。

太仓市这些"输血式"与"造血式"帮扶,大大激发了灌南经济的内生动力,也让灌南人坚定了必须抓好工业这个"穷根子"的决心。近几年来,通过大力实施"工业立县"战略,灌南工业经济在短时间内得到大幅提升。拿2010年来说,灌南县工业增加值达58.9亿元,工业对经济增长的贡献率达到54.5%。冶金特钢、船舶物流、化工医药、机械电子、酿酒食品、纺织服装等主导产业日益壮大。

曾在苏南挂过职的灌南干部宋兰玲表达了自己的见解:"苏南经济之所以发展得如此快,良好的工业基础固然重要,但苏南干部那种脚踏实地、雷厉风行、讲究效率的工作作风确实也让我们深受启发。"太仓与灌南互派干部挂职、组织干部交流的做法,让不少参与过的干部都有着与宋兰铃一样的感慨。

此外,为实现互惠共赢,太仓与灌南建立了"点对点"长期劳动力供求协作机制,太仓的企业每年都会定期到灌南开展"大招工"和"订单培训"等活动,不仅吸纳了灌南的剩余劳动力,也极大地满足了太仓企业的用工需求。

2010年12月17日,太仓-灌南南北挂钩又有新进展:太仓农村商业银行灌南支行在灌南核心区新时代广场开业,双方发展跨入了又一崭新的领域——金融业。阮冰表示,这必将进一步优化灌南金融业发展格局,为灌南金融业发展注入新鲜的血液。

亮出"幸福"牌

在经济发达的国家、城市,百姓的幸福感早已成为衡量政府执政能力最重要的标准。就拿江苏来说,经济走在前列的苏南地区已经率先迈出了第一步。2006年6月,无锡江阴市提出实施"幸福江阴"工程,并在随后形成了"幸福江阴"综合指标体系。苏州市沧浪区[①]也于2007年7月推出了《幸福社区——和谐社会的基石》一书,详细介绍创设幸福社区指标考核体系的内容与应用,并据此来尝试给居民幸福感打分。

经济提上来了,灌南也紧跟苏南建设的步伐,新的问题被提上日程:如何提高公民的幸福感。在该县今年的"两会"上,明确将"推动科学发展,建设幸福灌南"确立为"十二五"时期的主题。

阮冰表示,建设幸福灌南,不仅是基于现实的考量,也是时代发展的呼唤和执政为民的体现。灌南未来工作将坚持以推进民生工程为宗旨,从解决群众最关心的热点难点问题入手,进一步提高社会事业发展水平,不断扩大公共产品和服务供给。

据了解,今年年初灌南在均衡发展教育事业、加快发展医疗卫生事业、统筹发展文广体事业上都提出了明确的做法和目标,努力让百姓共享更多的发展成果。

(原文刊于2011年4月11日《中国县域经济报》)

[①] 2012年,经国务院批准,撤销苏州市沧浪区、平江区、金阊区,设立苏州市姑苏区。

昆沭联手打造"南北合作样板区"

从 2006 年开始,"南北挂钩"战略在江苏有了新的内容,挂钩双方政府开始共建工业园区,加强合作力度。据了解,截至 2010 年底,江苏省的共建园区已经有 25 个。

2002 年,"南北挂钩"战略让全国人口大县沭阳县与全国县域经济百强县之首的昆山市结缘。2007 年 9 月,双方政府共同出资,正式成立了昆山(沭阳)工业园。将昆沭工业园打造成"南北合作样板区",是昆沭双方的工作目标。为此,昆山、沭阳两地政府在园区运作机制上进行了不断探索。

高水准建设标准化厂房

昆山(沭阳)工业园采取的是"融合性、非封闭式"的独特模式,即在现有的沭阳经济开发区中,明确一个区域,共同开发建设。当时,在园区的选址上,沭阳县可谓精挑细选,最终选定沭阳经济开发区内设施配套和项目基础最好的地块作为昆山(沭阳)工业园建设用地,规划面积 2 平方公里。

昆沭工业园区管委会代理主任吴杰告诉记者,高标准厂房是南北共建园区,是承载新型工业项目的重要载体,也是园区吸引项目来沭阳投资的一张亮丽名片。昆山市政府每年都会无偿投入资金用于园区标准化厂房建设。总面积 3 万平方米的一期标准化厂房已于 2009 年 7 月全面竣工;2009 年 10 月,投资约 4 500 万元建设的总面积 5 万平方米的二期标准化厂房也已分别出让给景茂针织(沭阳)有限公司、江苏煜博科技有限公司[①];目前昆沭工业园 8 万平方米的三

---

① 已于 2015 年注销。

期标准化厂房主体已经完工。

"我们工业园的标准化厂房实用性非常强，功能也很齐全，厂房分为三层，出售时既可分也可合。往往厂房还在建设中，就已经被企业老板看中并出让。有产业才能造血，目前，我们园区已入驻企业34家，主要集中在电子、轻纺、机械等产业，去年的营业收入超过了10亿元！"吴杰说。

来自昆山，目前挂职沭阳县委副书记、任职昆山（沭阳）工业园管委会党工委书记的江雪龙讲述了这样一个故事：2007年，苏州景茂针织开始酝酿扩产和转移，可先后考察了十多个苏北城市都没有中意的对象；2009年，昆山（沭阳）工业园闯进了他们的视野，这个投资1.2亿美元的特大型项目，从第一次接触谈判到入驻昆沭工业园，前后只有一个月不到时间。"景茂针织的迅速落户成为江苏省南北产业转移的经典案例，原因正是他们一眼就看中了我们的标准化厂房。"江雪龙笑着说。

为进一步提升共建园区的配套水平，2009年以来，昆沭双方又在园区原有地块的东侧新建了规划面积0.8平方公里拓展区，主要用来承载电子、生物工程等资本、技术密集型项目，到2009年底，昆沭工业园已经增加到了5平方公里。

成立公司进行市场化经营

2009年10月，昆山、沭阳两地着眼于进一步加大南北共建力度，共同出资1.2亿元成立了江苏昆沭工业园投资开发有限公司，以市场化方式独立经营昆山（沭阳）工业园。

吴杰告诉记者："根据江苏省委有关精神，共建园区在园区收益上，双方10年内不拿走一分钱，全部用于滚动发展，10年后再按一定比例分成。当时定的是昆山获得收益的51%，沭阳49%，但昆山方明确表示'10年以后，也不从沭阳拿走一分钱'。"

"一定要善于灵活经营。"吴杰强调说，"根据公司成立之初的协议规定，昆山方每年将投入不少于800万元用于园区标准化厂房的建设，800万元数目是不小，但回头想想，却也做不了什么大事。于是我们与昆山方进行了多次协商，最后昆山同意将3年的扶持资金2 400万元一起付给沭阳，正是利用这些资金，园区的一期标准化厂房得以在短时间内建成并投入使用。而由此获得的收益慢慢累积、滚动，直接促成了后期厂房建设的迅速跟进。"

另外，昆沭工业园还积极与昆山农村商业银行进行合作，进驻园区购买厂房的企业可以优先贷款。银行先替企业将购买厂房的钱交付园区，产生的利息则由企业承担。这样一来,既有效解决了企业的资金瓶颈问题,也保证了园区资金的正常运转。

2010年,昆沭工业园在江苏省南北共建园区发展建设情况综合考核中取得第4名,获得了省财政每年1500万元的资金扶持和每年500亩的土地指标及环保指标。

(原文刊于2011年4月14日《中国县域经济报》)

三问"南北挂钩"之于淮阴

在"南北挂钩"这根红线的牵引下,南京市江宁区与淮安市淮阴区于2002年"喜结良缘"。具体负责"南北挂钩"工作的江苏省委驻淮阴区扶贫工作队副队长丁来喜正是江宁人,去年来到淮阴。说起江宁区帮扶工作的思路,他表示:"不能只是琢磨我们应该给淮阴带来些什么,关键得考虑我们要为他们留下些什么。"那么9年来,"南北挂钩"究竟给淮阴带来什么?又留下些什么?双方的合作还缺少哪些东西?

带来了遍地开花的工业经济

丁来喜说:"苏北的工业经济欠发达,干部观念比较落后,要想扭转这种状况,最好的途径就是先打造一个样本,由我们做个示范给他们看。"

这个样本正是江宁和淮阴双方于2006年开始共建的江宁开发区淮阴工业园,总体规划面积10平方公里。目前,启动区3平方公里已经建成,基础设施建设累计投入3亿多元,全部实现了"七通一平"。在园区运作上,江宁区发挥自身优势,将先进的管理机制引进来。由双方出资组建江宁开发区淮阴工业园有限开发公司,负责开发建设、招商引资、资金管理等工作。尤其是在招商引资方面,效仿江宁开发区,成立了专业招商队伍,不求最多,但求最优,严格按照投资强度、科技含量、环境保护等标准选商择资。截至2010年11月,江宁开发区淮阴工业园入园企业总数已达38个,总投资超过44亿元,项目涉及新材料、汽车零部件、新型食品等多个行业。

借鉴江宁开发区淮阴工业园这个模板,工业之花开遍了淮阴的每一个乡镇。在江宁区的资金扶持下,淮阴各乡镇都建起了乡镇工业园,通过建造标准化厂房,吸引企业入驻,让农民通过就业来实现脱贫致富。据悉,这些标房的产权归镇政府所有,租金归贫困村所有,就业优先照顾贫困户有劳动能力的农民,实现镇政府得税金,贫困村得租金,贫困户得薪金。目前淮阴区20个乡镇全都建成了自己的工业集中区,其中还有5个被评为市重点工业园。

留下了镇域经济的发展理念

在淮阴三树镇,有一个江宁三树工业园位于集镇的正南方,正是由江宁区与三树镇共同投资建设。园区内道路、路灯、水电等基本设施全部到位,四栋标准化厂房已投入使用,还有两栋正在施工当中。据三树镇镇长井晓军介绍,工业园投资140万元,一期规划300亩,2010年5月才正式启动,目前已经完成了100亩的建设,江惠科技、淮远电子等企业成功入驻,转移劳动力400多人。他说:"工程进展得如此迅速,离不开江宁区的资金扶持。去年,江宁区为我们提供了110万元用于标准化厂房建设,光靠镇里自己的财力是远远不够的。"

三树镇党委书记顾学武也表示,江宁区无论是在思路,还是物质上,对淮阴的帮助都很大。"苏北与苏南相比,穷在了什么地方?不是城市,而是乡镇、农村。苏南的乡镇、农村很富有,而苏北则恰恰相反。"顾学武说,"乡镇、农村发展起来了,才能从根本上改变苏北的贫穷面貌。而发展镇域经济上,苏南一直走在前端,靠的正是工业化之路。"

效仿苏南的工业化理念,苏北的乡镇开始动起了脑筋。拿三树镇来讲,依托已经建好的工业园,通过创新机制,加大招商引资力度。镇里规定:三套班子领导全部交纳一定数额保证金,完成招商任务便退还保证金,并予以奖励;完不成任务就扣除相应的保证金。以此来自我加压,调动干部工作积极性,服务镇域经济发展。对于入驻乡镇的企业,分别与一名乡镇领导挂钩,由其负责包办一切相关手续、解决企业入驻后的难题。

而淮阴确实也吸引着苏南人的眼光。位于三树镇的金秀时装有限公司由南通市华伟集团投资,去年10月才开工建设,短短两三个月时间,6 000平方米的厂房就已经投入使用,今年1月12日投产。公司曾经理告诉记者,之所以会选择淮阴三树镇,正是看好了这里良好的工业环境以及丰富的劳动力资源,目前公司已经吸纳劳动力200多人,全部是当地农民,后期建设跟进后,将承载劳动力600人。

顾学武表示,尽管目前三树镇的工业处于刚刚起步阶段,入驻的也都是一些中小项目,但是随着园区基础设施的逐步完善和企业的不断积聚,这里必将成为一个较大的工业集中区。工业发展不仅提升了镇域经济,更有利于实现劳动力就地转移。农民返乡就业,既方便他们照顾家庭,也能带动地方消费,好处是方方面面的。

仍需要更大力度的政策倾斜

对于"南北挂钩"开展起来的困难,丁来喜表示,首先是土地指标比较少。他说:"我们外出招商,费尽周折,好不容易跟企业谈好了,但土地却迟迟批不下来,导致好多项目无法落地。"着眼于提升苏北经济,丁来喜建议省委、省政府能够在土地、用水、用电、资金等方面加大政策倾斜力度,同时引进奖励机制,增加奖励力度,将苏北各地发展经济的积极性调动起来。

其次就是人才引进方面。丁来喜表示,帮扶苏北,大量的、重要的工作是在农村,迫切需要有经验的干部和人才,而苏北相对较差的条件,很难留住人才并让他们以百分之百的热情沉下去。

在采访中,记者也了解到,对于来苏北扶贫的干部,当地流传着这样一句话:苦了老婆,误了孩子,少了票子,丢了位子。如何激发这些扶贫干部的工作激情,除了硬性考核外,恐怕还得需要政策的倾斜。

(原文刊于 2011 年 4 月 18 日《中国县域经济报》)

丰县人眼中的"南北挂钩"

无锡市锡山区和徐州市丰县的挂钩始于2007年。几年来,双方合作领域逐步拓宽,成效也逐步显著。

在2011年度无锡锡山和丰县挂钩合作协议上,记者看到,协议共分为交流合作、园区共建、劳动力转移和帮扶三方面共八项内容,详细规定了双方的合作和分工事宜。

采访中,丰县县委书记赵保华对锡山和丰县的挂钩共建给予了高度评价,认为双方的合作非常成功。此外,丰县不少干部、企业负责人等也纷纷表达了自己对"南北挂钩"战略的看法和感受。

"把苏南先进的理念植入丰县"

2010年3月1日,滕文杰作为锡山区选派干部踏入了丰县,这个偏远县城的贫困,滕文杰已有耳闻,因此,对于此次挂职丰县县长助理,滕文杰并不乐观。

"结果却完全出乎我的意料,来到丰县的第一天,县里大大小小的领导全都前来相迎,才一来就被这里的热情打动了,也很快就融入了进来。"滕文杰笑着告诉记者。

滕文杰深深感受到,丰县人渴望发展、渴望进步。"但是,光有渴望还不行,关键要找到科学的发展道路。来到这里,就要把苏南先进的理念植入丰县。"滕文杰说。

作为锡山、丰县共建园区——锡丰工业园管委会的副主任,滕文杰表示,虽然丰县起步迟,但正是这样,可以借鉴苏南发展的先进经验,也可以避开不少弯路。工业园区的建设必须具有超前意识,保证园区20年不落后。

为此，锡丰工业园多次组织管理干部前往张家港、锡山等先进园区进行参观、交流，学习他们先进的建设、管理经验和招商引资理念。

据滕文杰介绍，锡丰工业园首期开发的2平方公里的启动区已经全面建成，所有的基础设施都坚持高标准配套。面积7.7平方公里的拓展区主干道也已经修建完毕，目前其他基础设施正在紧张建设之中。园区累计投资项目43个，总投资58.6亿元，2010年实现业务总收入达13亿元。

"提前介入的政府服务很给力"

2007年，无锡益多集团响应"南北挂钩，振兴苏北经济"的号召，在无锡锡山区政府的牵线下，来丰县考察。丰县拥有着丰富的岩盐资源却没能做成产业的现状令益多集团坚定了投资的决心。

2008年，益多集团注册3.5亿元在丰县成立徐州丰成盐化工有限公司，并迅速投建。目前，整体土建工程已经基本结束，今年6月将进入全面投产运营阶段，预计年销售额不低于25亿元，实现税收不低于1.5亿元，并可提供近2 000个工作岗位。

丰成盐化工有限公司副总经理惠俊哲对丰县政府的服务意识大加赞赏，他告诉记者："公司尚未投建，丰县政府已经将相关手续、许可证送到了公司，为公司免去了到窗口办理的复杂程序，工程建设得以迅速展开。而且每个星期，县委书记赵保华都会亲自到施工现场察看建设进度，第一时间了解企业遇到的问题，并立即召集相关部门到现场及时予以解决。"

惠俊哲清楚地记得，去年，公司在建设中遇到了供水不足的问题，县水利部门得知情况后自己筹资，以最快的速度将临近的河水引进了施工现场，保证工程进展。"这种提前介入的政府服务很给力!"惠俊哲如是评价。

"服务'三农'是我们的宗旨"

作为无锡锡山和丰县挂钩的一个重要举措，无锡农村商业银行第三家异地支行——丰县支行于2010年11月30日成立。

"服务'三农'是我们的宗旨，我们的主要服务对象是中小企业，通过加大信贷投入力度，促进中小企业做大做强。另外一个重点是社区居民，为居民提供贴身服务。"丰县支行某领导说。

据该领导介绍，为鼓励农民创业、促进当地种植业发展，无锡农村商业银行丰县支行于近期推出了"阳光信贷"计划,只要几个人申请联保贷款,经审核合格后,确保三日内放贷。

尽管成立时间不久,截至今年2月24日,丰县支行已经吸收存款7 600万元,发放贷款5 400万。

"受益匪浅,期待合作更加深入"

丰县宣传部部长刘志曾于2006年在无锡某乡镇挂职副镇长。"苏南人眼界广、思路宽,办事效率常常令我们觉得不可思议。"这是他最深的感慨。

刘志指着办公室桌上的一堆报纸告诉记者:"之前我很少关注财经类的东西,但去了苏南后,受他们的熏陶,逐渐开始关注起经济来,订了好多财经类的报纸和杂志,并推荐同事们多看多学。苏南人对经济的关注和商机的把握非常值得我们学习。在我看来,项目引进不可少,但智力和思想的引进更为重要。"

"在无锡挂职令我受益匪浅!"刘志告诉记者。但与此同时,他也指出,丰县目前的状况,还有很多东西是学不来的。比如,丰县交通欠发达,配套条件不具备,企业入驻困难,先进的经验是学来了,但没有企业这个载体,也用不上。

刘志表达了自己的愿望:"期待无锡和丰县的合作能够更加深入,力度能够更大!"

(原文刊于2011年4月21日《中国县域经济报》)

邳州：发展要走自己的路

近日，围绕"南北挂钩"，记者走访了江苏省邳州市。谈起南北挂钩，几乎所有接受采访的领导干部都极力肯定其重要性和必要性。而从他们的嘴里，我们也了解到，"南北挂钩"并未给当地带来多少实际成效。尽管经过多年的探索、发展，邳州已位列苏北县市前列，但他们仍然表达出了"希望苏南老大哥能帮一把"的心愿。

穷在了哪儿？

苏北五市是江苏的欠发达地区，与苏南相比，相差甚远。苏北穷在了哪儿？邳州市发展改革与经济贸易委员会某领导将原因归结为四个方面。

"首先，苏南人的思维比较活跃，视野开阔，而苏北人则不同，相对比较保守，放不开，无法跳出苏北看世界。思路决定出路，只有思想解放了，经济才能随之好转。其次呢，就是交通，和区位优越、交通便捷的苏南相比，苏北欠发达的交通状况，也大大制约着经济的发展。"

产业结构单一、产业层次较低是苏北经济发展缓慢的第三个原因。该领导说道："就拿邳州来说，一直以来我们的主导产业集中在传统的农业种植，如大蒜、银杏，以及板材加工等较为粗放的产业上。论板材储量，邳州在全国领先，然而长期以来，我们仅仅停留在板材的粗加工上，附加值极低，丰富的自然资源未能实现最大的经济效益。"

"最后就是人才、技术以及资金上的缺乏。"该领导表示。相对贫困的经济条件为苏北人才、技术的引进工作带来了诸多困境。

牵手缘何成效不大？

2006年，响应江苏省委、省政府"南北挂钩"的号召，无锡滨湖区与邳州市签订了南北共建协议，开始牵手合作。2008年10月，两地共建园区——无锡滨湖邳州工业园开工。

按理说，苏北穷在了资金、人才、观念和技术上，"南北挂钩"后，苏南恰巧可以在这些方面出力帮扶。然而，邳州的相关领导却透露，近两年来，滨湖区与邳州市的交流、合作并不多，成效也不大。

至于原因，"一个巴掌拍不响，南北共建是合作双方的事，当时省委、省政府提出'南北挂钩'战略，也并不是强制性的"。邳州某官员告诉记者。

其他相关领导也诉说了"南北挂钩"中确实存在的一些矛盾："产业转移与劳动力转移是'南北挂钩'战略的两个重要方面。然而，事实是，尽管苏北地区工业起步晚，但正是这种晚，让我们意识到，先前所谓'村村点火，家家冒烟''先污染后治理''高投入、高消耗、高排放、低效益、难循环'的经济增长老路是绝对不能再走的。""还有就是劳动力转移问题。如今并不是说向苏南输送劳动力，随着邳州工业经济的壮大，我们也同样面临着用工荒的问题。"

在邳州高新技术产业园，记者也确实看到，几乎每个路口、企业门口都贴有招工启事。园区所在的炮车镇镇长张云告诉记者，用工问题的确困扰着当地的企业发展，政府只能利用节假日组织召开专场招聘会，鼓励当地农民返乡就业。

出路在哪儿？

"苏南发展得早，也发展得快，他们那里，不只有资金，更有许多宝贵的理念和经验，这些都是我们苏北发展经济所渴望的。我们非常希望苏南老大哥可以帮我们一把，也希望能够将省委、省政府'南北挂钩'战略的精神落到实处。"张云镇长表达了自己的期望。

邳州市发改经贸委主任钟雷声表示："外部帮扶固然不错，但内生动力才更为重要，邳州发展要走自己的路。当前，邳州经济正处在工业化初级阶段，企业多以资源初加工为主，先进制造业相对缺乏，必须加快经济发展方式的转变，对经济结构进行调整和优化。"

2010年，邳州对全市产业进行重新定位，确立了板材家具、机械制造、环保化工三大主导产业，食品医药、纺织服装、石膏建材、精细冶金、电力能源、港口物流六大特色产业,以及新能源、新材料、生物技术、节能环保四大新兴产业。

在产业布局上,邳州市理顺开发区管理体制,形成环保化工和板材家具产业园、高新技术产业园"一区两园"发展格局,并因地制宜确立了16个工业主导型镇和9个农业主导型镇。张云镇长告诉记者,市里对工业、农业主导型镇有不同的考核标准,以保证每个乡镇都在同一起跑线上。

据了解,2010年,邳州市GDP达365.4亿元,增长14.7%;一般预算收入达到23.1亿元,增长20.2%;城乡居民收入分别增长了13.7%和12%。

(原文刊于2011年4月25日《中国县域经济报》)

"南北挂钩"激发新沂活力

提到"南北挂钩",江苏省新沂市副市长邓泉明欣喜地说:"就在今天,江苏省发改委评选出了 24 个'低碳经济'试点,包括 4 个城市、10 个园区、10 家企业。我们无锡—新沂工业园成功入选。值得一提的是,10 个园区当中,只有无锡—新沂工业园是南北挂钩共建园区。这不仅是对我们园区的褒扬和肯定,更是对我们的激励!"

"南北共建"成绩卓越

无锡-新沂工业园作为南北共建园区,是江苏省委、省政府优选苏南实力强、发展快、经验足的国家级高新区——无锡新区,选配苏北基础好、潜力大、前景广的江北唯一的三级一类中心城市——新沂市,在省级开发区——江苏新沂经济开发区的平台上,实现的强强联合。两地政府于 2006 年 10 月 14 日在徐州签署合作协议,12 月 21 日举行揭牌仪式。总用地面积 33.4 平方公里,其中启动区面积为 2 平方公里。

"十一五"以来,新沂的经济社会发展取得了令人瞩目的成绩,尤其是锡新工业园。2010 年 1～12 月份,工业园实现业务总收入 38.62 亿元,财政收入 5.60 亿元,其中一般预算收入 7 550 万元;园区共引进项目 31 家,其中完成注册手续的 25 家,总投资 69 亿元,注册资金 3.5 亿元,2 平方公里启动区基本填满;1～12 月份共完成基础设施建设投资 4.2 亿元,累计完成基础设施投资 11.2 亿元。

新沂摆脱了"路径依赖"

在新锡工业园的运作中，无锡新区、新沂双方形成"合作共建""南北共赢"的"我我共进"而非传统的"以强扶弱"模式。合作双方地位平等，在园区建设的大局中拧成一股绳。新沂真正摆脱了在经济发展过程中的"路径依赖"。

着眼于"打造南北共建第一园"的目标，无锡新区和新沂双方全面落实"封闭管理、市场运作"，明确事权，科学分工，建立了"优势互补、分工明确、运转高效、合作共赢"的管理模式，让"新区经验"与"新沂精神"完美结合，融为一体。无锡-新沂工业园管委会由无锡新区的9人和新沂市的8人组成。其中，以无锡高新区方为主管理，全权负责工业园的开发建设、招商引资、财政财务和投融资管理，新沂方面则专门负责工业园拆迁安置和社会公共事务管理。

邓泉明表示，新沂有着独特的地理环境优势，其公、铁、水、航"四位一体"的交通格局，可谓"承东启西、呼南应北"；气候宜人、土地价格低廉、劳动力资源充足，具有先天优越的投资环境。而作为"苏南模式"发源地的无锡，经济实力雄厚，拥有先进的发展理念和成熟的发展模式，"南北共建"让二者实现了优势互补。

不只办一个园，更要造一座城

为了改善投资环境，新沂正在全力以赴为无锡-新沂工业园打造良好的政策环境、服务环境、人文环境和社会环境，对投资项目开辟"绿色通道"。投资政策更加优惠灵活、开放宽松，努力成为外商投资兴业的"政策洼地"。

高起点做好规划。"不只办一个园，更要造一座城"，为了把工业园建设成当地的"沭东新城"，无锡-新沂工业园聘请了新加坡邦城设计顾问公司进行规划设计。园区按照"先规划、后建设；先地下、后地上"的原则，规划为都市生活、商贸配套、教育科研、高新技术产业、现代物流、生态绿地等六大功能板块。凭借无锡-新沂工业园这个平台，新沂充分发掘了自身的发展潜力，力求将新沂打造为东陇海线上"第三大城市""第三大工业城市"。

高品位打造基础设施。园区努力完善功能配套业，划分工业、商住、教育研发、物流、生态休闲等五大板块。工业园已经注入3.2亿元的基础设施投资，在323省道出入口上，3万平方米的景观绿地、5万平方米的标准厂房主体工程已于2007年全部建成。目前，采用"中水回用"技术的日处理8万吨的污水处理厂也已完工。

高水平布局产业，邓泉明强调："不仅要发展先进制造业，而且要引进高端服务业"。为此，无锡-新沂工业园将着力打造电子信息、机械制造、生物医药、轻型纺织、物流加工五大产业集群。

（原文刊于 2011 年 4 月 28 日《中国县域经济报》）

把合作的"触角"伸到上海

当很多苏南城市为项目用地苦恼时,广阔的海岸线每年都为苏北盐城"长出"2万多亩滩涂。大丰市[①]作为盐城地区的唯一出海口,凭借独特的区位优势和丰富的土地资源,在"南北挂钩"中一马当先,大丰与常州高新区合作共建的常州高新区大丰工业园,成为"南北挂钩"中的典型。同时,大丰"另辟蹊径",在"南北挂钩"的优势条件助推下,大丰更多地把目光投向了上海,通过不懈努力,如今与上海的合作可谓"瓜熟蒂落"。

到常州高新区大丰工业园采访,恰逢常州高新区大丰工业园召开2010年度政策兑现暨总结表彰大会。据了解,2010年,该园区新签约亿元以上项目15个,总投资35亿元;新开工亿元以上项目11个,完成固定资产投资9.4亿元,注册外资实际到账2 000万美元;实现财政一般预算收入4 136万元,完成工业销售3.7亿元。

走在园区,看得出来工业园区的标房形成了一定规模,基础设施建设推进速度较快。大丰市政府党组成员、常州高新区大丰工业园管委会主任曹卜成告诉记者,由于硬件设施跟得上,企业入园率较高,招商引资项目建设取得了明显成效。"我们的招商大军分赴各个招商阵地,主动出击'攻克'项目;项目服务人员全部进驻一线,帮助企业排忧解难。"

抢攻招商引资,提供优质服务保障

园区发展得怎样,关键看落户的企业和带来的项目。在招商引资方面,园区

[①] 2015年,撤销县级大丰市,设立盐城市大丰区,下同。

班子成员明确分工,抽调精兵强将,突击招商引资,在吸引苏南企业的同时,将集中精力主攻在谈的上海杨浦第二批转移项目和新加坡科技产业园项目。同时对照给各招商分局、各招商站点、各专业招商人员的目标任务,进行督查考核,采取倒逼机制,力促早出成果。在此基础上,园区广泛发动社会力量助推招商引资。一方面,利用园区与入园企业已形成的良好合作关系,并在优惠政策、服务保障措施上进一步加大力度,动员企业挖掘各自的人脉资源,或产业链前延后伸、做粗做长,主动参与到园区的招商引资工作中来。另一方面,继续巩固好与常州高新区、上海杨浦区的战略伙伴关系,力争更多的合作项目落户园区。

在这种招商理念的指引下,一批企业先后入驻园区。"项目来了,我们还得跟得上配套服务,不然不可能留得住人家。"曹卜成说。因此园区对已签约的亿元项目,建立快捷高效的"绿色通道",做到项目推进到哪里,服务就跟进到哪里,像建兴电子、阿帕奇电动车、豪臣机械制造[①]等企业及多晶硅拉棒等项目就是在完成签约后,不到3个月的工夫就实施开工。

抢来的"园中园"

在常州高新区大丰工业园中,还有一个"园中园",这就是上海杨浦区大丰工业园。作为杨浦区产业项目转移基地,园区规划面积5平方公里,首期开发建设2 000亩,主要承接电子、机电、新材料等产业转移项目。园区将以每1 000亩为单位,实现滚动发展,连片开发。工业园按照优势互补、利益共享、集约开发、合作双赢的原则开发建设,入园企业享有江苏苏南、苏北共建园区的所有优惠政策和服务。

说起这个园中园,大丰市发改局的夏主任笑着说:"想一想真不容易,我们能把'触角'延伸到上海。这个和上海杨浦合作的机会是我们'抢'过来的。"原来,杨浦区在最先与盐城地区的合作意向中,计划合作的县市并不是大丰,而是盐城的海安。可当时任职常州高新区大丰工业园的领导听到这个消息后,连夜启程,直奔上海杨浦,通过恳切地长谈以及展示大丰的独特优势,终于在最后一刻使得杨浦区选择了大丰。

对于上海杨浦区而言,创建异地工业园,是走出杨浦、走出上海、融入长三角发展战略、进行跨省合作开发的一次新探索,也是杨浦拓展飞地发展的新思路、新模式;对于大丰而言,通过与杨浦跨地域联手,双方将在园区规划、开发模式、

---

① 今江苏豪臣工业科技有限公司。

管理方式等方面进行积极探索,这将为两地促进资源合理配置、调整产业结构、优化产业布局、推动产业集聚注入新的活力。这种多层次、多渠道、多领域、全方位的交流与合作,在互融互补、互动互促中不断为双方的发展注入新动力、争创新优势。

"南北挂钩"出路几何？

大丰在发展县域经济的过程中既打好了"南北挂钩"这张"牌",又利用这一模式衍生出了新的跨省合作模式。在谈到对"南北挂钩"的看法时,园区管委会主任曹卜成道出了自己的心声,"南北挂钩"不仅是经济合作的平台,更是干部交流的平台,推动了组织部门的交流。作为锻炼干部的平台,这有利于年轻干部开阔视野,提升思想水平以及素质。

"我觉得应该从国家层面出台一系列的政策扶持。如果是长期运作这样的模式,就要考虑如何兼顾发达地区的积极性。在园区的用地、税收方面上有所支持和政策倾斜。要对南北共建出台更优惠的政策。"曹卜成说。

谈到"南北挂钩"这种平衡区域经济发展的模式时,曹卜成向记者道出了自己的观点:"经济利益的返还暂时看不出来,这种共建属于产业结构的调整,是梯度转移产业。大丰在发展过程中应更多考虑对接上海的企业,使得上海成为招商引资的主战场。我们从建园起的10年之内,税收上是不讲分成的,收入都会留给大丰。可是在后续发展过程中,这种园区合作的模式还要不要保留？保留的话,又该以什么方式合作？我常在思考,在园区成熟,达到一定规模后,我们常州过来的工作班子是彻底撤离,把园区留给大丰还是两地继续合作？如果长期合作下去,是按股份制运作还是维持现有模式？"看来,尽管园区如今的经济效益不错,可作为从苏南来挂职的干部,除了招商引资、发展经济外,似乎还有许多东西需要老曹去思考。

(原文刊于2011年5月5日《中国县域经济报》)

"自由结合"更利发展

响水县地处江苏省盐城市最北端，经济基础相对薄弱。而今，这里一改之前贫穷落后的面貌，变化可谓翻天覆地。放眼望去，高楼林立，道路宽阔，环境清新，一派欣欣向荣的景象。

采访中我们了解到，响水历任领导班子都积极响应省委省政府提出的南北挂钩战略，以先富带动后富，带领响水人民扭转了昔日的贫困局面。

"自由恋爱"硕果丰

响水经济开发区与上海南汇工业区于2007年5月21日举行友好共建签字仪式。从那时起，双方合作的序幕正式拉开了。

提起与南汇区的合作，响水经济开发区主任王飞颇为感慨，他说："根据江苏省委省政府'南北挂钩'战略的安排，响水本来是与常州市钟楼区挂钩的，属'包办婚姻'，但是因为钟楼区的特长是商业而非工业，所以对我们的扶持力度比较欠缺，这段'恋情'最终没能开花结果，响水经过几番周折，在盐城市的积极争取下，与上海南汇区'自由恋爱'，建立了深厚情谊。"

王飞回忆：去年，双方合作之前，上海金桥出口加工区管委会副主任、南汇工业园区工资发展有限公司董事长奚志忠曾经带领上海南汇工业园区学习考察团来响水进行实地考察，在听了响水县委书记潘道津对响水区位优势、经济社会发展情况、沿海、沿灌河开发情况以及产业优势的介绍后，深深被响水吸引了。奚志忠当即表示将不遗余力地宣传、推介响水，引荐更多的客商来响水考察、投资，为实现两个园区更好更快的发展做一点努力。

自从响水县和上海南汇区共同携手以来，响水经济发展迈上了新的台阶。

2009年，双方共同成立了响水县南汇工业园投资开发有限公司。共建园区位于响陈路以南，宣圩河以东，城南大道以北，开放大道以西，总体规划1平方公里，首期启动800亩。在启动区内建6.3万平方米标准厂房，共30幢，12幢已投入使用。建立之初，双方共同注资5 000万元，自2009年4月该公司上市以来，园区已有18家企业成功落户，协议投资额10.8亿元，其中亿元以上的项目有4家。

王飞说："2010年，双方为进一步深入合作层次，南汇要求响水单独提供1 000亩土地，自己建设，自己规划。"这1 000亩土地分为产业功能区和生产服务区。产业功能区主要提供新能源、先进装备制造业的大企业进驻；生产型服务区主要是为生产企业提供服务的办公楼，后勤服务区。同年，"上海南汇工业园区响水光电之星科技港"已由上海南汇工业园区出资200万元，委托上海东瑞建筑规划设计有限公司做规划。

对于自身的不足，王飞并不避讳，他说："跟南汇接触以后，确实感觉到我们目光不够长远，管理方式需要调整，更要在基础设施建设方面舍得投资。"鉴于此，响水县积极组织优秀年轻干部到先进地方挂职锻炼，长知识、增才干。一大批青年干部已经在市场打拼中成熟起来。

合作共建寄厚望

响水经济开发区系江苏省省级开发区，以纺织制衣、生物医药、新型建材等产业优势和丰实的土地和劳动力优势，成功吸引了上海南汇工业园区与之建立友好合作关系。另外，江苏省也出台鼓励苏沪两地共建园区的扶持政策和优惠措施。对于响水来说，这是一次不可多得的机遇。

响水县委书记潘道津这样说道："响水经济开发区要以园区合作共建为契机，加快园区建设，加快产业集聚、产业集群，合力创建一流园区。我县各相关部门要集中精力，进一步优化服务环境，提升服务质量和水平，竭诚为客商提供开明开放的政策环境、规范严明的法制环境、诚实守信的人文环境、优质高效的服务环境、和谐优美的人居环境。只有这样，才能吸引更多的客户。"

盐城市副市长曹友琥也表示，他希望南汇工业园区和响水县能够进行多方位、深层次的交流，把南汇工业园区响水合作园建成全市接轨上海、南北共建的示范点和亮点。他说："响水要以此为新的起点，充分实现资源共享，不断提升合作发展水平，努力开创双赢新局面。同时响水还要紧扣主导产业、特色产业，多引进新兴产业、先进制造业和现代高科技产业，为县域经济发展做出更大贡献。"

另外，王飞还说，响水的生产服务业发展空间极大,将进一步进行完善。响水经贸委的傅主任也强调,响水的经济经受了后经济危机时代的严峻考验,但园区勇挑重担,骨干企业支撑明显。响水县"十二五"工作的重点将放在经济转型上面,坚持以点带面、政策激励、创新驱动的发展思路,努力实现园区又好又快的发展。

(原文刊于2011年5月16日《中国县域经济报》)

转型升级

传统产业转型升级进行时

如果没有全面改革的突破,要实现可持续增长很困难。在党的十八届三中全会上,一系列顶层设计为切实转变经济发展方式提供了难得的历史机遇。

近年来,江苏县域经济坚持转型发展,在产业转型、城市转型等方面进行了一系列的探索,取得了一定的成绩,并始终走在全国前列。

本报记者通过深入江苏苏州、南通、盐城、连云港、宿迁、徐州等部分县市区,试图向读者呈现这些地区是如何探索出适合自身发展的转型之路。以期为其他地区的经济转型发展提供经验,给区域经济转型发展带来启示。

"转型升级是当下发展经济必须直面的命题,没有哪个地方哪个产业能置身事外。南通的传统产业,必须通过转型升级来发展壮大。"江苏南通市委书记丁大卫说。

转型,是传统产业持续发展的唯一出路。南通历来提倡实业兴城,其传统产业如纺织、船舶制造、钢铁等,在国内有重要地位。转型之路,如何走?

苦练内功熬过"紧日子"

作为国内实力最强的海工装备建造企业,南通中远海运船务工程有限公司将全国近 50% 的大型海工装备订单"收入囊中",现有订单能保证公司 2015 年上半年前"有饭吃",今年产值有望突破 100 亿元。

"最近新接订单增多,适当安排加班才能保证按时交付。"南通中远船务公司副总经理王志峰一边准备次日的会议材料,一边向记者介绍企业情况,"南通和启东两大基地在建的海工项目有 14 个。"

"目前能接到订单的船企有 3 类,一是有银行支持、实力雄厚的央企,二是有管理、成本优势的民企,三是自认为受伤不严重还能撑一段时间的船企。"扬子江船业集团董事长任元林分析，新订单向优势企业集聚的态势很明显，船舶业正在出现"二八定律"——20%的企业吃下80%的订单。

尽管订单回升，但利润比最高点时回落不少，何时走出价低利薄的"紧日子"？多位船企负责人预测出"时间表"：2015年前后。"基于3点判断，一是运价、船价已跌至谷底，随着产能优化整合，船价将回升；二是全球经济出现复苏迹象，国内老旧船舶更新增加需求；三是新接订单价格有所回升，2015年开始集中交付。"镇江船厂董事长郭琰分析说，届时企业利润有望回升到合理水平。

熬过"紧日子"不是硬撑，得凭内功说话。在全国造船业，扬子江是一家让"民企羡慕、央企佩服"的企业，最近两年的利润占到全国80家重点船企利润总和的50%。何以如此悬殊？透露三个看似简单实则需花大精力才能做到的"秘诀"：经营策略得当，保证高价船"零撤单"；内部管控到位，杜绝因生产原因造成的延期交船；新产品研发快人一步，更容易得到订单、稳定船价。

看来，船企只有掌握了主动权，才能在"紧日子"中抓住机遇，把日子越过越红火。坚定不移地推进转型升级，做到"人无我有，人有我优"，正是掌握主动权的方式。具体来说，造船企业首先须改变过去以跟随为主的研发方式，主动深入地了解船东需求，超前开发引领世界潮流的船型，向"人无我有"进发。其次要把好每一个环节、每一道工序、每一个中间产品的"质量关"，这样才能以优质产品吸引优质订单。

"我们要做实力派"

"以转型升级为核心，创新经济发展路径，我们要做实力派。"沙钢集团诠释的就是做精做优钢铁主业，强势推进物流产业，用自己的实际行动奋力转型。

沙钢集团总裁龚盛说："从我们企业来讲，就是要进一步把企业做强做精做优，在我们国内同行，甚至全球钢铁企业中间，产品是不是有竞争力。"

去年以来，围绕做精做优主业，沙钢集团在技术创新上下足了功夫。在宽厚板生产车间，公司正在组织生产新研发地震带用的抗大变形X80钢板，这种钢板应用于国家西气东输三线工程，打破了长期以来我国需要进口的局面，填补了国内空白，同时也为沙钢宽厚板进入高端市场奠定了坚实的基础。

除了抗大变形X80钢板，2013年以来，沙钢充分发挥工艺装备、科研人才和钢铁研究院等优势，先后投入3 000多万元用于技术创新和新产品研发，共开发了22大系列、50多个高科技含量、高附加值产品。

在非钢产业上，玖隆钢铁物流园为沙钢增添了新的利润增长极。龚盛说："目前整个园区已经集聚了700多家商贸企业，延伸加工企业，这个项目是沙钢转型升级的重要项目，这个项目建成后对张家港市产业的转型升级起到非常重要的作用。张家港的产业比重，以钢铁冶金为主，权重比较重，怎么来由重变轻，发展物流等第三方产业是一个切入点。"

龚盛说："我们提出了建设第二个世界500强企业，那么也就是说沙钢是第一个以钢铁为主业的世界500强，第二个是以钢铁物流，或者相关产业为主的世界500强企业，在钢铁物流中间，我们不仅做物流，可能还是以物流为中心，包括钢铁产品的延伸加工，包括贸易、物流、金融等相关的产业，共同发展，这样使主业突出，相关的产业又能紧密衔接大型企业集团，从而使沙钢真正做到名副其实的世界500强企业。"

未雨绸缪　主动出击抗风险

位于如皋城西的南通泰尔佳针织制衣有限公司，以生产针织服装为主。传统的针织服装，面临被高级市场淘汰的危机，泰尔佳引入先进的面料改进服装材质，创新设计理念和制作方法，生产出符合现在中高档服装产品市场需求的针织服装。这些自主开发的新产品是企业的主打产品。这些新产品与市场同类商品相比，具有明显的比较优势。

与之类似，作为一家有着20年历史的针织服装企业，紧盯市场、主动出击是泰慕士在行业内持续保持领先的制胜法宝之一。早在2009年，该企业就在如皋市科技局等部门的协助下建立了省级针织高档面料工程技术研究中心，逐步转型到创意、设计、市场推广、品牌生产的完整生产模式。尽管当前国内纺织服装企业面临日益激烈的竞争环境，但先行一步的泰慕士通过引进国际先进技术设备，打造了一个具有国际顶级装备的针织服装完整生产链，赢得了更广阔的市场空间，其产品畅销韩国、日本、欧盟等国家和地区，受到消费者的广泛好评，多次获得"中国纺织服装企业竞争力500强企业""中国服装行业百强企业""江苏省服装行业五十强"等荣誉称号。

近年来，如皋市坚持新兴产业与传统产业统筹发展、共同跨越。通过为纺织服装、花木盆景产业、食品加工三大传统产业注入科技创新、政策扶持、科学规划因子，全市三大传统产业规模得以放大，层次得以提升。

目前，如皋经济开发区纺织服装产业园集聚了泰尔特服装、如兴纺织等重点企业，其中骨干企业30多家，已形成麻纺、棉纺、织造、印染、后整理、服装设计、加工等完整的产业链。园区规划面积2.2平方公里,是该市重要的传统特色产业园区,规划服装加工区、纺织织造区、印染加工及纺织服装机械制造区和纺织服装创意、展示中心"三区一中心",基础设施及功能配套齐全,拥有省市级工程研发中心6家,具备承载重大纺织服装项目的能力。

(原文刊于2014年2月10日《中国县域经济报》)

把企业优势转化为产业优势

提到江苏邳州的经济发展，自然离不开板材产业。邳州市作为全国四大板材产地之一，是江苏最大的板材加工基地，被誉为"中国板材之乡"，其板材产业为其地区三大产业之一。

但是，面对国内外复杂多变的经济形势，近年来邳州市逐步从"一业独大"向"多业并举"转型，向科技要空间要资源，向创新要质量要效益，向发展方式转变要核心竞争力，传统产业转型升级，新兴产业高歌猛进，不断孕育工业发展新希望。

"一块板"引发的转型

板材产业是邳州重要的支柱产业，也是江苏省重要的产业集群，为推进板材产业更好应对行业竞争，逐渐丧失原料和劳动力成本优势的邳州板材产业，近些年一直在寻求突破，转型升级步伐加快。

走进位于邳州的徐州盛和木业有限公司，看不到木粉飞扬，闻不到胶漆异味，"盘踞"在厂房天花板上的错综复杂的管网格外吸引记者的目光。公司销售部经理朱亚告诉记者，这些管网连接着最先进的脉冲除尘器，节能环保，生产效率大幅提高。

当前，板材业面临着日渐严峻的"绿色壁垒"考验，提升产品质量，顺利拿到出口国的"绿卡"，是企业的头等大事。

"盛和木业在工艺改造、质量提升、产业升级等方面，可以说是板材业的排头兵。"官湖镇副镇长朱成坤表示。盛和木业主攻欧、美市场，目前之所以能产销两旺，是因为获得了欧美经销商在产品质量和环保要求等方面的认可，而这在很大程度上归功于位于邳州的国家木制家具及人造板质量监督检验中心。

作为江苏省中小企业公共技术服务平台,国家木制家具及人造板质量监督检验中心自成立以来,凭借自身优势,成功引导盛和木业公司与南京林业大学合作申报江苏省企业技术中心,企业技术能力大幅提高,产品远销海内外。

"板材业竞争早已跳出价格战和质量竞争,未来谁占领了健康环保这个'高地',谁就能掌握产业的技术标准,左右产业发展方向。"在规模优势的基础上,邳州板材业从业者将目光瞄准了远方。朱亚告诉记者,盛和木业公司通过设备引进和工艺改进,满足世界上最严苛的 CARB 法规要求。在国家木检中心的帮助下,邳州数十家板材企业建立了美国的 CARB 认证,邳州胶合板质量由此通过了欧美"环保门槛"。

在企业看来,国家木制家具及人造板质量监督检验中心就像"旗舰",把邳州板材企业凝聚在一起,形成所向披靡的"舰队"。目前,邳州有 249 家板材家具企业建有市级研发中心,3 家企业建成省级研发中心,板材企业形成"抱团"谋发展的良好态势。邳州也在争创全国优质人造板生产示范区和全国知名区域品牌,塑造人造板"品牌之都"新形象。

传统产业转型,新兴产业崛起

在江苏沂州煤焦化有限公司的上千平方米合成氨生产线上,却见不到几名工人。据公司行政主任曾昭东介绍,为适应现代化生产需要,整个生产流程采取 DCS 自动化集散控制系统进行远程控制,比起过去的手工操作,更加精准有效。今年 5 月份落成投产的合成氨项目,是沂州煤焦化运营循环经济模式的一个典范。这个项目通过变废为宝,有效控制了生产成本,实现了企业效益最大化。

作为健身器材的领军企业,徐州军霞健身器材有限公司[①]通过引进德国悬挂式喷淋自动涂装线,把汽车生产的先进工艺全面导入健身器材生产,通过采用日本松下及 OTC 公司焊接机器人实现了焊接的全自动化,既提高了生产效率,又保证了产品质量,促进企业全面转型升级。作为该市三大主导产业之一的板材家具产业也在进一步推动技术革新,加快由粗放的板材加工向中高档板式家具转型。通过科技创新,邳州市传统产业逐步实现从劳动密集型向技术密集型产业转变。

传统产业转型升级正酣,四大战略性新兴产业也在高歌猛进,不断实现量的

---

① 今江苏康力源健身器材有限公司,下同。

扩张和质的飞跃。徐州博康信息化学品有限公司研发生产的光刻胶单体,在国外市场可以卖到上万元1公斤,主要销往美、日、韩,并通过了英特尔、三星等电子企业的合作认证。由上海博康精细化工有限公司自主研发的光刻胶单体生产技术,在邳州市成功应用于规模化生产,填补了国内空白,也使得徐州博康信息化学品有限公司成为国内唯一一家投入规模生产的光刻胶企业,对中国微电子光刻技术产业链的建立和发展具有重要的战略意义。

与此同时,深圳能源光伏发电、光大能源、三仪生物、富山医疗等一批新能源、新材料、生物技术和新医药项目成为邳州市"四大新兴产业"崛起的代表。

园区建设有规划

对照先进地区的发展经验,邳州市工业园区空间如何更好布局,产业的规划定位和发展路径如何更加科学,体制机制创新如何加速推进?

邳州市发改委工业科科长杨梅介绍,在2013年11月召开的邳州市开发区工作会议上,确立了"两主三特四重"九大板块的园区发展新格局,对原有的13个工业园区(开发区、高新园、11个镇工业集中区)进行了一次较大的调整。提出在经济开发区、高新区建立特别机制,实行特别政策,加快创建国家级经济开发区、省级高新技术产业开发区。这也标志着邳州开发区和高新技术园区建设进入了一个崭新的发展时期,邳州市新型工业化开启了一个崭新的航程。

位于邳州市高新技术产业园的军霞体育产业园是纳入江苏省体育产业"十二五"规划的第一家体育产业园区,也是徐州市和邳州市的重大产业项目。邳州市高新技术产业开发区招商局局长陈雷说,该产业园是徐州军霞健身器材有限公司与苏州高新创业投资集团合作的项目,总投资8.3亿元,建筑面积7万平方米,全面投产后可年产健身器材100万套,实现年销售收入20亿元,创利税2亿元。企业通过转型升级,提升了公司软硬件水平,大幅度提高了产品质量和工作效率。他希望企业继续做好新产品的技术研发、产品推广和品牌宣传工作,更好地开拓国内和国际市场,早日摘下"中国驰名商标"和"国家级研发中心"两个金字招牌。

煤化工产业园是邳州市强化产业配套、做优载体、形成产业集聚的典型代表。邳州经济开发区政协工委主任张朝鸿介绍,作为煤化工产业链项目,总投资15亿元的考伯斯一体化项目,预计今年4月份建成投产,投产后可年产煤焦油30万吨、针状焦6万吨、炭黑5万吨,可实现年产值24.5亿元,税收2.2亿元。同时,园区重点发展煤焦油产业链、粗苯产业链及甲醇产业链。依托260万吨焦化项目,拉长增粗甲醇、煤焦油、粗苯三大产业链,促进上下游产品紧密结合、配套发展,增强整体竞争力,突出发展精细化工,在产业链上挑选优质项目。

集聚区是发展现代服务业的主阵地,也是推进产业集聚、加快转型升级的重要载体。近年来,邳州市加强现代服务业集聚区培育建设,围绕主导产业和特色产业,重点培育建设中央商贸、现代物流、科技创业、创意产业、商务服务、产品市场和旅游度假等形态的现代服务业集聚区,使之成为推动全市现代服务业发展的产业新高地和经济增长新亮点。

(原文刊于2014年2月13日《中国县域经济报》)

科技创新带动转型发展

江苏太仓,一座独具风韵的江南小城。它有着以现代化农业为支撑的大片良田和古典园林式的城市景观,长江经济带与沿海开放带在这里交织。作为一座新兴城市,近20年里,太仓充分发挥沿海、沿江、沿沪的区位优势和亲商、惠商、安商的投资环境,不仅吸引了大批德国企业投资落户,还促使太仓港发展成为江苏外贸第一大港,地区生产总值保持年均增长17.6%的水平。

太仓坚持在稳增长中促转型,在求创新中增动力,不断做大经济总量、提升发展质量,加快打造太仓经济升级版,生物医药、电子信息、新材料、新能源、重大装备等五大重点产业得到迅猛发展,形成了集聚效应,也吸引了更多的投资项目。

党的十八届三中全会释放出强烈的改革信号,激发发展活力。那么,作为一个已经从传统农业小县,发展成为综合实力位居全国前列、成为改革开放前沿地区的太仓,有哪些经验可以借鉴,又可以提供哪些发展的新思路?

转型:盈利时考虑转型储备

太仓香塘集团创始人顾建平被认为是成功实现民营资本进入科技创新领域的一个典范。十多年前,做拖鞋起家的顾建平遇到他事业发展的十字路口,作为传统的手工制造业主,顾建平的拖鞋出口日本,年产值4 000万美元,日子也很好过。但这位面相朴实的农民企业家眼光独特又久远,低技术含量、劳动密集型的手工业在他看来肯定行走不远,需要新的行业来替代。

2002年,顾建平经人介绍后投资3 000万元于生物医药领域,他对合作者称:"我借你们的脑袋来发展,你们借我的资金来发展,达到双赢。"

以后的事实证明顾建平当年的率性投资是正确的,顾建平投资的生物医药企业在几年内实现产值利润翻番,更重要的是,这位昔日的拖鞋老板的举动带动了太仓当地生物医药产业的链式反应。以沙溪镇香塘集团为核心,已形成昭衍、中美冠科、雅本化学、致君万庆等 20 多家研发创新能力强、科技含量高、发展潜力巨大的规模生物医药企业。

　　太仓市生物医药产业园管委会主任芮萌说:"生物医药属于高产值、高技术含量的行业。能积聚高端人才,产业附加值高,未来生物医药行业是重要的产业发展框架。"2012 年,太仓生物医药产业总产值达 60 亿元,而目前新投入 50 多亿元,园区扩大到 400~500 亩,计划打造一个"生物硅谷"。

　　已经功成名就的顾建平并未在生物医药领域全身而退,仍是以不断投入扶持力度,成立金融担保公司、典当行等,以企业的资信为科创人才项目不遗余力提供各种资金支持。

　　而在通过自己发展壮大的生物医药企业中,顾建平坚持只持有 30% 的股份,以融合更多资本,放手让外来精英主动创新经营。

　　香塘集团副总经理王志方说:"顾总的一个理念是,要在盈利时考虑转型储备。"农民出身的顾建平看准的生物医药产业,如今成为太仓排名第一致力发展的领域。的确,人才(项目)怎样跟民营资本相嫁接,值得政府去思考和引导。

发展:筑巢方能引凤来

　　应对经济国际化需要,产业必须转型升级,其中的关键还是转变观念,吸引人才,提高企业的含金量,加快推进企业信息化的发展。

　　对真正有志于创业的科技人才和跨国资本来说,一个陌生的地方政府,官员是否具有亲和力不甚重要,安家费有多少、当地招才引智政策有无足够的诱惑力也不是关键,重要的是当地是否有适合其长远发展的载体,立足此地创新创业有没长远的前景。

　　专家韩蓝青当初来太仓前也有类似的犹豫。2010 年,时任太仓市委副书记、现任太仓市委书记王剑锋带队考察广州时,向在广州创业的韩蓝青、韩蓝田两兄弟伸出橄榄枝,邀请他们来太仓发展。韩氏兄弟都是领军人才,韩蓝青的工作涉及电子、精密仪器等领域,而韩蓝田,拥有哈佛大学学士学位、麻省理工博士学位,任芝加哥大学终身教授、霍华德·休斯医学研究所研究员。

　　太仓方面与韩氏兄弟进行了多次磋商,给出了减免三年租金、代建实验室等优惠政策,最大程度上对两兄弟的研究项目给予了支持。初到太仓考察时,韩蓝青有意外的惊喜,在他去的这个南方小城,已有中美冠科、昭衍、金盟等生物医药企业,这些从事临床前动物试验和生物制药研发的企业与自己研究领域属上下游关联,他的赛业生物公司入驻后,恰好能实现这一产业链的完美对接。

如果说把韩蓝青迎入生物医药园怀抱有自然契合的意味,那么因势利导搭建专业载体,吸引人才在此生根发芽则是政府主动之举。太仓官员认为唯有如此,才能让合适的海内外英才找到适合自己发展的创业平台,真正留心留人。

筑巢引凤,这样的载体平台如今在太仓可谓遍地开花。在江苏县域创意园中,太仓大学科技园很有新意,该科技园依托太仓当地健雄职业技术学院,联合同济大学、江南大学、南京航空航天大学、苏州大学等八所高校的科技资源成立健雄联合研究院,吸引高校人才围绕物联网、云计算等新兴信息技术孵化成果。作为产学研重点创新载体,太仓大学科技园也吸引了中科院计算所、技物所在太仓成立分所,实现文化创意项目产业化落地。

根据不同的产业基础和人才环境,太仓还分门别类地梳理了太仓创意产业园、张江信息产业园、生命科学检验检测产业园、科技信息产业园二期四大园区和合生创展太仓港2.5产业园项目等十大科技创新项目建设;太仓港则计划投资3亿元建设一个占地250亩的生物港,吸引生物医药、医疗器械等科技产业集聚于此。

升级:发挥市场的决定性作用

在不久前闭幕的太仓市委十二届七次全体(扩大)会议强调,要坚持以打造苏南现代化建设示范区"太仓样本"为目标,加快转型升级步伐,抢抓机遇做大经济总量、推进结构调整,努力实现更有质量、更有效益、更可持续的发展,不断增强经济综合实力。在部署的明年六大方面工作中,第一项就是"突出转型升级,不断提升经济发展质效"。

"升级"怎么升?不能走老路。太仓领导层思路明确,必须发挥市场在资源配置中的决定性作用,依托太仓港及国开区、中德合作平台等载体,构建更高水平的现代产业体系、开放型经济体系,持续做大经济总量、提高经济质量、增强发展后劲。

一块巨幅LED显示屏上快速滚动着山羊绒、玉米、热卷板、螺纹钢等大商品最新报价、卖价、买价等相关信息,这是渤海商品交易所太仓中心的一个现实场景。该项目去年6月试运营,充分发挥太仓港铁矿石、煤炭、有色金属等大宗生产资料的集疏运优势,建设太仓港大宗生产资料电子商务平台和华东现代物流服务中心，将成为渤海商品交易所在苏、锡、常、通等地区具有重要影响力的大宗商品交易、交割中心和渤海商品交易所商品银行太仓分行。在这些龙头项目的带动下，太仓港口物流、服务外包等产业快速发展。

服务业倍增、新兴产业提速、科技创新攀高、传统产业优化、工业经济翻番……太仓正沿着转型升级的航标"扬帆起航"。下一步，太仓将持续加大对实体经济的扶持力度，大力实施"千企升级""超百亿企业培育"等行动计划，加快向产业链和价值链高端攀升，实现经济发展量质齐升。

（原文刊于 2014 年 2 月 20 日《中国县域经济报》）

抓机遇促发展　新一轮转型再升级

近日,江苏省省长李学勇在省政府工作会议上指出,新阶段的沿海开发,要在已有的政策和工作基础上,突出沿海特色,突出提质增效,突出工作重点,集中力量组织实施港口功能提升、沿海产业升级、临海城镇培育、滩涂开发利用、沿海环境保护、重大载体建设"六项行动",解决一批重大关键问题。如今,盐城市作为江苏省重要的沿海发展地区,面对新一轮的沿海转型升级,是机遇也是挑战。

看准优势再谋发展

自江苏沿海发展被纳入国家发展战略,盐城市委、市政府制定了三年实施计划,针对盐城的种种优势,从不同方面改进建设规划,这对盐城沿海经济和全市的发展将是巨大的推动力。那么,盐城自身的优势在哪儿?

从经济区位上看,盐城位于江苏沿海地带与新长铁路东延线的交会区,隔海与日、韩两国相望,是距离日、韩两国最近的沿海城市之一;南依长三角都市圈的核心区域,与上海联系十分便捷,具有对接上海、融入长三角的综合区位和地缘经济优势。

丰富的土地资源是盐城发展沿海经济的另一大优势。全市海岸线582公里,拥有大丰港、滨海港、陈家港、射阳港等天然优良港口,具备建设3万~5万吨级、甚至10万吨级深水泊位条件。

在整合各项优势后,如何正确定位,尤为紧迫。盐城市加强利用沿海优势,依托深水港资源,优先发展煤电、石化、造船等临港产业;在现有基础上做大做强汽车、装备制造、纺织服装、化工等优势产业;紧紧抓住有利发展机遇,培育壮大新能源、电动汽车、节能环保、海洋生物、电子信息等战略性新兴产业;切实转变发展方式,推进传统产业的全面升级,建设具有较强市场竞争力的新型工业基地。

"三个转变"推动转型

转型升级是当前的发展主题,更是现实的难题。盐城市委书记朱克江认为,改革是转型升级题中之义,也是加快产业优化升级、把盐城建成国家可持续发展实验区的总抓手。"改革,重在释放企业活力,创新转型升级的动力机制。"就工业发展而言,盐城的沿海工业基础还算薄弱,工业化水平较低,产业内发展不足,产业结构不太合理。面对如此挑战,能否成功走出一条具有盐城特色的沿海发展之路?着眼于长远,盐城市探索改革路径,重点实施"三项改革",实现"三个转变"。

第一变,改革产业合作方式,由被动承接外来产业转移,向双方产业链、价值链融合发展转变,带动本土产业集群规模转型升级。最典型的东风悦达起亚汽车公司[①],同全市200多家企业合作,实现从整车、零部件、汽车服务等全产业链合作。今年还将新增100多家韩资汽车配套企业。走进曾经破产的盐城机床厂,如今却能听到轰隆隆的加工声,自从同陕西秦川机床集团重组后,该公司从原来生产简单的老机床,到如今生产、出口每台上百万元的数控机床,进而成为江苏机床出口大户,靠的就是借壳转型、融合升级。

第二变,改革产业扶持方式,由政府点对点帮扶,依靠科技人才引领转型升级。2013年全市拿出2亿元,支持企业创建省级以上技术研发中心。395家大中型企业建立了自主研发机构,其中省和国家级研发中心及院士工作站97个。东风悦达起亚汽车副总经理解子胜告诉记者:"今年新招募的300多人研发团队,日夜攻关,研制出10台自主品牌电动汽车,在当地示范运行良好,还上了工信部产品目录。"

第三变,改革产业培植方式,让市场选择企业,企业可持续转型升级。市经信委主任薛盛堂告诉记者:"信息化改造后的传统企业,老树同样发新枝。"前身为新四军三师机械修理所的盐城机械厂,同重庆东银集团重组为江淮动力股份公司后,开发了节能环保系列农机新品,汽油机、割草机畅销美国。在盐城市,像这样"老树发新枝"的还有江苏悦达纺织集团,近年来通过国际化内引外联,企业已成为集纺织、印染、家纺、服装、产业面料于一体的"江苏纺织十强"。集团董事

---

① 今江苏悦达起亚汽车有限公司,下同。

长朱如华认为,企业的成功转变,得益于市委、市政府"千百十工程"的分类实施,以及转型升级带来的差异化竞争。

转型成果惠及百姓

为了探究盐城沿海转型是否落到实处,我们来到城郊的丰收大地现代农业示范区,来到了盐城市大丰市。大丰市拥有中国沿海农业转型升级的新探索——"三创农业"。何谓"三创农业",即创意农业、创新农业和创优农业。来到示范区,眼前的景象让人不敢相信,头顶上的绿萝、吊竹梅,身边围绕的金冬草藤蔓条等竟是生长在原先毫无生机的盐地里。53岁的刘伟告诉我们,2011年他承包了20亩滩涂种植海水蔬菜,当年实现纯收益5万多元。"咸土能种菜,海水能灌溉。这在以前是想都不敢想的事情,如今都已成现实了。真没想到盐土荒地上能种出'金子'来。"园区负责人邵正林说,"普通蔬菜每公斤也就卖个3~5元,而我们的海水蔬菜每公斤能卖到25元,还供不应求!"目前大丰海水蔬菜种植先后培育了耐海水蔬菜12个品种,其中海芦笋、海英菜两个品种已被国家认定为有机产品和AA级绿色食品,有效填补了盐碱土地种植业的空白,为沿海滩涂农业开发走出一条科学发展新途径。

来到滨海港,宽阔的街道,美丽、整洁的乡村新格局,让人难以和原有印象里的港口相联系。据了解,滨海港经济区把推进美丽乡村建设作为全面加速小康进程的基础性工作来抓。正如省长李学勇所说:"要进一步提高人民生活水平,让开发建设成果更多更公平惠及沿海人民。"

提升人民生活水平,基础设施建设、环境卫生建设显得尤为重要。居住在滨海港多年的68岁王大爷告诉记者:"现在的环境好了,让我们老人家都能好好享受晚年生活了。"

(原文刊于2014年2月27日《中国县域经济报》)

转型升级动力在哪

转型升级是老话题，又是新课题。在去年召开的党的十八届三中全会上，一系列的顶层设计为切实转变经济发展方式提供难得的历史机遇。日前，在江苏省经济工作会议上，省委书记罗志军提出了做好今后一段时期经济工作要答好的"五道题"，第一道题就是如何在转型升级中把经济增长稳定在合理区间。

增速"换挡"是"调速"，而不能"失速"，这道辩证题考验着政府和企业的智慧，核心是要在转型中发展。江苏省经济工作会议给出方向：经济转型升级的关键是优化产业结构，深度调整制造业，加快发展服务业，构建现代产业体系。这个过程中，既要优化增量，发展新兴产业和现代服务业；又要调整存量，改造传统产业和化解过剩产能；更要发挥创新驱动的倍增效应。

科技创新驱动转型

作为经济强省，江苏明确提出，要以自主创新为中心环节加快经济转型升级。2013年上半年，江苏高新技术产业产值达到2.15万亿元，其中具有自主知识产权的内资企业实现高新技术产值比重达51.6%，首次突破"半壁江山"。

经济越是面临转型，自主知识产权越是显示出强大生命力。2013年上半年，江苏新材料、生物医药产业产值增幅在29%左右，电子通信、仪器仪表、电气设备等产业的增幅达20%~40%。在江苏十大战略性新兴产业领域，拥有自主知识产权的产品明显多于其他领域。

江苏为做好转型升级这一时代课题，给其赋予了更多"江苏元素"。从先进制造业和现代服务业"双轮驱动"到实施新兴产业倍增、服务业提速、传统产业升级"三大计划"，从13个产业振兴规划到明确转型升级工程为"八项工程"的首要工程,从制造业的万企升级行动计划、百项千亿技改工程到促进现代服务业发展的一系列政策意见出台,江苏瞄准产业优化升级的主方向,加快把经济增长转移到创新驱动的轨道上来。

在区域经济协调发展过程中,江苏创新发展模式,在苏北五市实施经济社会发展的"一市一策",苏北各市在转型升级中保持了经济平稳较快增长,成为江苏经济新的增长极。

转型升级优化创新,发展中是政府多发力,还是市场多给力?前几年常州为调控印染产业,规划了一个产业园,结果出现产能过剩发展不下去。倒是政府平时关注不多的一些纺织服装企业,利税连续两年居全市前列。"市场需求是第一信号,企业成为创新发展的主体不应成为挂在嘴边却不落实的空话,只有这样才能在新一轮产业革命中赢得先发优势。"江苏省经信委副主任戴跃强坦言。

划清界限,不"缺位"、不"越位",已成为各界迫切呼吁。此次中央经济工作会议也明确:在一般性产业中,发展哪些行业或选择何种技术路线由企业决定,政府不要大包大揽。政府要做的、能做的,就是集中力量抓好少数战略性、全局性、前瞻性的重大创新项目,做好知识产权保护、完善促进企业创新的税收政策等工作,建立主要由市场评价技术创新成果的机制,打破阻碍技术成果转化的瓶颈。

"蓝色引擎"加速转型

2013年4月份,在江苏沿海开发上升为国家战略将满4周年之际,苏南现代化建设示范区又上升为国家战略;同年6月份,江苏省委、省政府作出决策,要在新起点上促进苏中崛起。那么,作为基础性、先导性、服务性的交通运输行业该如何发力,促进这些战略的顺利实施?

"苏中、苏南可以利用长江这一黄金水道的优势,承接重大项目布局,承接高新技术、新型工业化产业转移,承接推动城镇化建设。"江苏省发改委副主任樊海宏一语中的。记者近日在南京、南通、苏州等地,领略了江苏沿江沿海港口建设带来的巨大变化,深深感受到港口物流发展的巨大优势,以及港口在促进区域产业经济转型升级中发挥的重要作用。

以港口为依托,目前江苏省沿江地区集聚了59个省级开发区、39个国家级开发区、出口加工区和物流园区,其中近60%集中在临江的市县,实现了约25%的地区生产总值和40%的工业总产值。

江苏第一外贸大港太仓港的直接经济腹地太仓港经济技术开发区,打造了石油化工、电力能源、轻工造纸三个超百亿级的传统支柱产业基地,培育了新能源、新材料、新装备三大新兴支柱产业,形成了三大特色企业集群,集聚了26家世界500强投资项目、24家央企投资项目和14家美资企业。2012年新兴产业占比达49%,高新技术产业占比23.5%,临江工业产业转型升级步伐明显加快。

港口的对外开放性,对地方经济的资源配置优化发挥着重要作用。江苏沿江地区以占全省47%的面积,完成了占全省80%的地区生产总值和96%的进出口总额。正是有了现代港口群,沿江地区才日益成为江苏创新驱动要素的集聚地,也因此成为全省经济转型升级的先导区。

"腾笼换鸟"推进转型

加速发展现代服务业,提高产业附加值,降低资源能源消耗,提高新增投资的轻质化比例,是产业结构调整的必由之路。高端服务业的发展对服务经济转型起着关键作用,而在高端服务业体系中,创投、科技金融是具有明显特征的典型之一。

在常熟森特集团董事长陈黎芳看来,发展现代服务业要把握两点:一是与制造业融合,二是用互联网思维,抓住新业态、新模式。2012年以前,森特已在精品钢行业发展10年,在与客户合作过程中发现国内重工业领域缺乏高效的流通交易平台,产供销信息不对称的现象比较严重。去年5月,集团整合线下资源,成立了全球首家重工业交易平台"金赢网",从传统钢产品加工生产转向为产业链客户提供优质服务,成为企业转型的重要突破口。目前,"金赢网"在线交易客户近22万家,去年交易额突破200亿元,广大企业库存降低,运营效率显著提升。

"现代服务业出现了许多新动向,特别是互联网经济、平台经济的迅猛发展,不仅创造了巨大效益,也直接影响到制造业的发展格局。"江苏省发改委主任陈震宁分析,从全省看,商贸流通等生活性服务业已有良好的市场推动机制,但服务于工业制造的生产性服务业仍是"短板"。

"提升制造业则要增量和存量'双管齐下',强化创新驱动。"戴跃强说。既支持高端装备制造、新一代移动通信等新兴产业发展,促进光伏、软件等产业健康发展,还要通过技术改造提升传统产业竞争力。

加快发展现代服务业是培育新经济增长点重要而有效的途径。全面转变发展方式,把传统型、人员多、成本高、门槛低、粗放式经营的服务业"腾出来",换进去优质高效、质量与效益协调发展的现代新型服务业这只"好鸟"。

(原文刊于2014年3月24日《中国县域经济报》)

南京市

溧水区

后发快进看溧水

位于江苏省西南角的溧水县①,长期以来,多项主要经济指标排名在南京市及江苏省处于靠后位置。近几年,溧水县域经济突飞猛进,以财政一般预算收入为例,年均增长达40.9%,增幅一度跃升至江苏省第三。

转型升级中形成产业链

在溧水经济开发区,创维、长安、喜之郎、旺旺等家喻户晓的企业纷纷"安家"。20年间,溧水经济开发区完成了从单个企业到完整产业链、再到规模化园区的三个跳跃性发展,成为溧水县跨越发展的一个"缩影"。

据开发区行政服务中心主任朱骏介绍,早在1992年开发区形成之初,区内便聚集了包括汽车、医药、机械电子、食品、服装等众多产业在内的企业。从最初的几家企业到2000年初的100多家、再到如今包括外资企业在内的500多家企业,溧水开发区在发展中不断壮大规模。

然而,入园的企业再多终究也是分散的,鉴于此,开发区进行统一规划,以几大龙头企业为起点,重点打造支柱性产业链。"经过十年左右的累积,如今开发区已形成了五大支柱性产业链。"朱骏告诉记者。这"五大支柱产业"分别是食品医药、汽车及零部件、机械电子、新型材料及开发区现在正在大力发展的现代服务业。

以汽车及零部件这条产业链为例,溧水县是南京市重要的汽配业制造基地,在溧水及周边地区有规模较大的整车生产企业十多家。依托地域优势,以重庆长安集团在溧水建立汽车生产加工基地、福特汽车在江宁建立汽车生产基地为

---

① 2013年,撤销溧水县,设立南京市溧水区,下同。

两大契机,溧水开发区专门规划了汽车配套加工区。

在位于溧水开发区北区的秦川汽车公司基地内,记者了解到,这家公司于2008年投产,主要生产汽车灯具、排气管、线塑等微型面包车零部件。"我们主要为开发区内的长安汽车公司做配套,从零部件装车到长安生产基地卸货,最多不过15分钟。"该公司负责人说。

秦川汽车公司只是开发区内整条汽车产业链条上的一环。"开发区内还分布着大大小小十几家类似的汽配公司,形成了一种集群效应,不断支撑和壮大整个产业链。"朱骏说。

规模发展中明确定位

溧水经济开发区总面积为118平方公里,其中规划面积60平方公里,建成面积32平方公里。下辖11个行政村、3个居委会和1个果园,总人口5.39万人。这样的面积与人口,如何对开发区进行再开发与功能定位,成了一个难题。

启动"二次创业"工程,不断提升产业层次,以新市区的标准增强城市功能,将溧水经济开发区建成一个宜商、宜居、宜工的现代化新城区,并集研发区、生产区、生活区为一体。这便是溧水的解决之道。

宜商、宜工,便是做好新一轮的招商引资工作。长安汽车发动机、创维液晶电视、南京唯度现代物流等新一批项目前期已准备就绪,土地指标大多落实。在"早开工、早投产、早达效"这一原则指导下,大部分企业结构调查成效显著,如南京喜之郎公司实现开票销售收入12.5亿元,同比增长21.28%。

宜居,便是按照城市功能配套要求,完善提升生活性服务业与公共服务业的匹配,实施区域同步规划、建设、发展战略。"我们以新市区的标准进行规划,重点发展住宅、酒店、文化娱乐、休闲购物以及现代服务业,增强开发区城市功能。"开发区行政服务中心一陶姓科长向记者解释。

错位发展中寻找机会

今年一季度,溧水经济开发区完成财政收入2.57亿元,同比增长69.2%,接近溧水县总量的40%。"在各种内外形势不理想的情况下,成绩还是很不错的。"朱骏说,"但与相邻的南京市江宁经济开发区相比,我们还有很多不足之处。"

位于南京市东南郊的江宁经济开发区,由于紧邻南京、起步早,在汽车零部件、精密电子、航空机械等产业上具有极大优势。鉴于此，溧水经济开发区决定扬长避短，在这些产业上进行自主研发创新，开发新产品，集中优势力量在高端产品这一领域，并避开航空机械产业等领域，实现错位发展；另外，溧水开发区还充分发挥创维电器等民族品牌的带动作用，在研发、生产、销售、服务的整合上开拓发展新空间。

"江宁经济开发区有一级海关办事处，周边县（市）也大多有三级海关办事处，我们的目标是让一个二级海关办事处入驻，目前还在洽谈中。"朱骏告诉记者，"建立二级海关办事处后，企业的机械采购、原材料进出、产品进出等相关业务便可直接在开发区内办理，可以为企业省去诸多程序和时间。"

（原文刊于 2012 年 6 月 4 日《中国县域经济报》）

江宁区

江苏再添"一条龙"

在江苏省的县域经济版图上,有着"苏南四小龙"之称的昆山、江阴、张家港、常熟一直傲视群雄,将对手远远地甩在身后。

不过,最新数据显示,2011年南京江宁区一般预算收入位列江苏县市区第五,仅以7亿多元的差距直逼常熟市。同时,江宁开发区跻身江苏省开发区五强,生产总值、财政收入、实际利用外资等增速均高于苏州几个市县,工业投入445亿元,位列江苏第一。无疑,南京江宁区成了江苏县域经济版图上又一条快速腾飞的"龙"。

模仿实现发展

作为江宁经济的领头人,区委书记周谦曾长期在无锡工作,对苏南的发展之道有着自己的独到见解,龙头老大——昆山正是江宁的发展"标杆"。

借鉴昆山,江宁布局了功能错位、专业运营的"3+3"园区:江宁开发区、高新园(科学园)、汤山温泉度假区3个国家级开发区,东山新市区、滨江开发区和禄口空港城3个省级开发区。在产业上,江宁主攻"2+2+2"的集群:巩固汽车和电子信息两大"千亿级"支柱产业,壮大智能电网、软件及未来网络两大新兴产业,培育生命科学和航空两个未来优势产业。

然而,不管是园区建设,还是产业发展,都少不了资金投入。为它们提供支撑的,正是江宁区借鉴苏州而组建的城建、交通、商贸、物流等净资产达250亿元的六大国资集团。

2011年,江宁区战略性新兴产业实现产值675亿元、增长36%,其中智能电网产业产值达380亿元,被科技部评为国家智能电网特色产业基地,无线谷一期建成交付,未来网络谷项目签约落户。汽车、电子信息产业产值分别达480亿元和 490 亿元,开发区被工信部授予国家新型工业化产业示范基地。

创新谋划超越

江宁区深知:"移植"只能"跟随","只有创新才能超越。科技成为江宁区谋划超越的第一大"武器"。

江宁背靠南京,高校众多,仅区内的大学城就有 15 所高校。为搭建科技平台,江宁一年来建设了面积 110 万平方米的 3 个科技特别社区、1 个国际研发园,建成江苏省首个大学科教创新园。江宁的新一代未来通讯和苏州纳米、泰州医药并列科技部、江苏省"部省共建"三大创新基地。在今年春节前广州"留交会"上,江宁开发区综合得分位列江苏省第一,成为国家级开发区和人才特区的"双料冠军"。

2011 年,江宁引进海归创业领军人才 45 名,省"双创计划"人才(团队)累计达 25 人,107 位教授、博士与企业创新需求紧密对接,人才工作迈入江苏省"第一方阵"。与此同时,为促进科技与金融紧密对接,江宁成立了江苏首家"双创计划"江宁创投中心,全区新增创投机构 5 家,实现 3 家科技企业上市。

不过,一个高科技、国际化的新城还不是江宁区的终极目标。周谦表示,江宁还要建设成为一个幸福乐居的生态品质新城。

在冲刺基本现代化过程中,江宁区调整考核体系,探索不同街道根据各自的资源禀赋进行个性化发展模式。抓住一个"宜"字,江宁建起了五个现代农业园区和乡村旅游"五朵金花"、南京首个国家生态区。而受益最多的,还是农民。2011 年,江宁区乡村旅游收入达 65 亿元,农民人均纯收入达 13 321 元,同比增长 18%,增幅高出"苏南四小龙"4 至 5 个百分点。

其实,江宁的优势是不言而喻的:这里有亚洲最大的高铁站,华东最大的物流机场,众多的港口,数量众多的大学和旅游景点。在未来江苏省的县域经济发展中,"苏南四小龙"必将迎来一个新伙伴。

(原文刊于 2012 年 1 月 20 日《中国县域经济报》)

苏州市

常熟市

常熟品牌战略 "搅活"民营经济

享有"吴中福地"美誉的江苏常熟,在实践"民营经济腾飞计划"的时代征程中,励精图治,力争上游。如今的常熟,民营经济爆发式增长,创业人才云集竞翔,沿江板块悄然崛起,名品名牌流光溢彩。

2006年,常熟市实现人均 GDP 9 859 美元,位居江苏省第五位。城镇居民人均可支配收入和农民人均纯收入分别为 19 308 元和 9 293 元,均居江苏省第三位,金融机构存款余额 880 亿元,高居全省榜首。民营经济注册资本在全省率先突破 400 亿元,自营出口超过 1 亿美元,亦居江苏省首位。

民资、外资"双轮驱动"

为推动民营经济健康发展,常熟市委、市政府已连续 7 年在每年年初召开民营经济表彰大会,树立先进典型,放大激励效应,广泛宣传钱月宝、高德康、常德盛等一批德才兼备的企业带头人;还于 2004 年出台"民营经济腾飞计划",鼓励民营企业通过上市融资等多种途径,形成规模化的产业集群、区域化的产业基地、专业化的产业巨人。常熟市主要领导连续 7 年,坚持在春节后上班的第一天,带领四套班子成员,为民营企业开工奠基剪彩。常熟市的民营经济呈爆发式增长,累计注册资本、平均注册资本、工业年销售额、上缴税金、外贸出口、专利总数与几年前相比都实现了"六个倍增",民营经济规模从 2001 年苏州第四位跃居江苏省首位。

为配合沿江开发战略,该市克服困难,在沿江建成国家级常熟经济开发区,调整乡镇区划和产业布局,推出现代化滨江新城区建设规划。一批高标准、高产出的企业纷至沓来。在沿江开发区引进的项目中,欧美项目占到一半以上,从而形成了沿江经济的崛起之势。

民营企业踏上名牌之路

在顺应产业与市场互动规律的过程中,常熟人敏锐地意识到:当地的纺织服装产业与市场"硬"在人丁兴旺、交易量大上,"软"在档次不高、品质不高上。该市专门成立名牌战略领导小组,大力实施品牌战略,制订名牌产品培育计划,每年排出候选品牌重点培育扶持;设立名牌奖励基金,对各类获奖品牌、商标实施重奖。全市重点乡镇都推出创牌计划,企业进行自主创牌。梦兰集团在全国同行业创出了"梦兰"这一最具影响力的品牌,其品牌价值在全国家纺行业入选品牌中排名第一。

常熟市委、市政府着力将招商城打造成本地名牌产品的"孵化器",为众多企业和商标的成长提供良好的交易平台。一大批个体经营户在商城完成原始积累后,实现了从小店铺到大公司的飞跃。同时,常熟人还着力将招商城培育成国内和世界服装品牌的集聚区,目前,入驻商城的国内外著名品牌已有110多个。这几年,招商城不仅投入巨资实施硬件升级改造工程,而且开始注重向无形市场渗透和拓展,精心打造面向全球的服装服饰门户,世界服装网即将开通,为商城地区近2万经营户提供通往全球各地的纺织服装网络通道。

从"城市品牌"到"品牌城市"

以名牌集聚提升市场、以市场孕育壮大名牌,常熟市也因此实现了"办一个市场、兴一方产业、活一片经济、富一地百姓"的目标,大大提升了区域发展的知名度。

名牌产品群、企业群乃至知名企业家群体大大提高了常熟的城市知名度,使得他们正在实现着由"城市品牌"向"品牌城市"的跨越。通过历史文化的发掘和重建以及一系列文化品牌的精心打造,在经济全球化的大潮中,常熟勇于向世界推介自己,在全国县级市中率先办起了国际性大型文化活动——尚湖国际文化节;以发展服务业为突破口,大力发展旅游业,促进服务业质态提升,常熟突破"中国休闲服装名城"的概念,正在打造"中国休闲名城"。

为了擦亮名城的招牌,该市加快建设以诚信政府为先导、诚信企业为重点、诚信市民为基础的社会信用体系。政府做诚信之表率,办事有章,服务有效,言必信,行必果,不做朝令夕改、暗箱操作的事;企业珍视诚信形象,以德经营,文明生财，致力打造诚信的百年企业；市民不仅"独善其身"，更能"兼善天下"，诚迎八方来客，礼聘天下贤才，不断提升诚信素质和诚信境界。可以说，"诚信"已经成为常熟最大的品牌，常熟也因之成为中外客商普遍看好的地方。

（原文刊于2007年9月17日《中国县域经济报》）

昆山市

小康昆山　富民优先

构建社会主义和谐社会是党的十六届六中全会提出的重大战略决策。我们要构建的社会主义和谐社会是人民的权益得到切实尊重和保障,家庭财产普遍增加,人民过上更加富足的生活,覆盖城乡居民的社会保障体系基本建立,和谐人际关系进一步形成的社会。昆山市在构建和谐社会、全面建设小康社会的实践中,和谐发展,富民优先,为我们提供了宝贵的经验和启示。

刚刚蝉联全国百强县(市)榜首的昆山,不但有深厚的文化底蕴、醉人的城市魅力,更有强劲的经济活力。2005年底,昆山率先实现江苏省全面建设小康社会四大类18项25条指标体系,被江苏省委、省政府宣布为基本达到全面小康社会水平的县级市。

富不富农民心里最清楚

统计农民收入是最有难度的一项工作。按照统计惯例,一般由统计局得出。但为了获得更能令人信服的数字,昆山市采用了大胆的尝试,将衡量的标准交给了农民。让全市农民群众自行申报收入情况,自己衡量是否达到小康标准。

于是一场关于农民收入的调查,从2005年6月开始在全市展开。在这次为期一个月的调查中,全市近11万户农民参加,所有申报资料经农民签字认可后全部存档。农民申报显示,2004年昆山农民实际人均纯收入8 922元,2005年预计人均纯收入9 496元,其中人均纯收入超过8 000元的家庭占56.3%,人均纯收入在5 000~8 000元的家庭占34.5%。

全面建设小康社会的实践及理论思考课题组成员、南京农业大学副校长曲福田的评价是"藏富于民"。他说,这说明老百姓的实际收入更高。

让农民自报收入,不仅仅是统计方法的变更,它折射的是以人为本的思想。

更加充分验证昆山的小康是一个不含水分、人民群众满意、老百姓认可的全面小康。

走进农村感受农民富裕

走进玉山泾河村，如果没人提醒，很难判断出这是一个农民新村。全是整齐划一的别墅，每户面积 270 平方米。小区里老年活动中心、社区卫生服务站、便民服务办公室、体育健身点一应俱全。

千灯镇大唐村 59 岁的王关根掰着手指算了一笔账：全家一年总收入 8 万元，比 2004 年翻一番；加上村里富民合作社的入股分红，年底能分红 3 500 元。王关根说："我现在每月可以在镇社保所领取 500 元的养老金，养老基本没问题，不需要儿女负担，我们也享受到和城里人一样的待遇。"

解读昆山富民优先

富民优先，是昆山建设不含水分、人民群众满意、老百姓认可的小康社会的核心内涵。昆山在工业化、城市化进程中始终坚持以城带乡、以工哺农，把农村发展纳入区域发展的全局统筹规划，把农民增收作为全面小康的第一要务统筹促进，初步展现了城乡共荣的社会主义新农村的美好景象。为了提高农民的收入，解除农民后顾之忧，昆山在全市大力实施"三有工程"，全面构筑"五道保障"。

"三有工程"即"人人有技能、个个有工作、家家有物业"。安排好农民就业和加快经济发展是相辅相成的，制约农民就业的因素不是缺乏就业岗位，而是农民缺少就业的技能。昆山市政府每年拨出 2 000 万元的专项资金，为农民技能培训"买单"，到目前为止，昆山市已完成农村劳动力培训 1 万多人，其中已获得国家职业资格证书或特殊工种岗位证书的 4 325 人；已实现农村富余劳动力就业 1.14 万人，其中农村大龄劳动力就业 4 563 人；已新增农村家庭物业户 1.12 万户，其中经营性物业户 3 496 户。昆山积极开辟就业新空间，努力做到"个个有工作"，在大力发展经济的同时，积极开发公益性岗位，充分吸纳农村富余劳动力，重点安置"4050"人员和失地农民。

"五道保障"就是通过加大财政转移支付力度，建立起以低保、养老保险、医疗保险、拆迁补偿、征地补偿为主体的农村保障体系。近 3 年昆山市财政每年拿出近 6 亿元反哺农民，用于建立健全农村社会保障体系，为农民撑起了一把遮风挡雨的社保"大伞"。全市近 10 万名女满 55 周岁、男满 60 周岁的农民不用缴一分钱,"无门槛"直接被纳入最低生活保障范围,每人每月发放养老金100至130元。昆山农村基本医疗保障水平在全国也是比较高的,每人每年筹资标准为200元,其中农民个人只需交50元,就能像城镇职工一样"刷卡"看病。小病无忧,大病不愁。

如今,昆山的农民已基本实现"业有所就、老有所养、病有所医、弱有所扶、贫有所济"。

(原文刊于2006年11月2日《中国县域经济报》)

小额贷款助推昆山"富民"大车

2006年江苏昆山市农民人均纯收入突破万元大关,同比增长14%,农民收入增幅首次高于城镇居民。是什么力量推动农民收入快速增长呢?记者赶赴昆山探询原因。

小额贷款改变农民传统的收入结构,建立"造血"型增收长效机制

"小额贷款虽然不多,但关键时候能起大作用。"提起农民小额贷款,邱鹏峰深有感触地告诉记者。

邱鹏峰是淀山湖镇金岛包装纸箱厂的老板,两年前他筹资建厂,却因缺乏周转资金,没钱上设备而被迫停了下来。"那日子真不好过,一头是客户催交货,一头是供应商堵着门要钱。明明手头有订单,可偏偏没钱买设备。"在他焦头烂额之际,正是小额贷款雪中送炭,为他送来了使企业复活的4万元钱。就靠这4万元,他增添了一台关键的模切机,从此接单、进料、生产、交货、收钱、付账,资金链全盘皆活。去年,工厂销售额达400万元,利润50万元,缴税28万元,解决农民就业30人。

花桥镇集善村许龙一家靠卖菜为生,2004年5口人均年收入只有5000元,在昆山是低收入阶层。为了脱贫致富,他咬牙办起龙兴五金厂,给外企配套。厂小,设备少,人辛苦,都不是问题,问题是必须自己带料,而且加工费到交货后3个月才能结。严峻的现实摆在他的面前:要么退回去继续卖菜受穷,要么想办法搞到资金。关键时刻又是靠农民小额贷款,家庭小工厂活下来了,并渐渐有了起色,2006年全家人均收入上升到1万元。

正是借着农民小额贷款的"东风",邱鹏峰、许龙这些地道的农民才会在富民之路上越走越远。2006年,昆山全市农民人均纯收入10 508元,突破万元大关,比上年增长14%,农民收入增幅首次高于城镇居民收入增幅。不难看出,小额贷款正在改变农民传统的收入结构,创业性收入正成为昆山农民持续增收的"新引擎"。

共同富裕是构建和谐社会的必由之路。农民的收入低、创收途径少,如何让农民增收,突破农民增收瓶颈是实现共同富裕的关键。党的十六大以来,昆山市委、市政府始终把农民持续增收、建设小康社会放在突出的位置,先后实施了"富民工程"、"三有工程"、"基石工程"和富民行动计划。在向农民"输血"的同时,加快建立"造血"型农民增收的长效机制。

昆山在对全市10.6万户农民进行收入结构摸底调查时发现:工资性收入比重过高,占66%,创业性收入(经营、投资、资产)占26%,政策性收入占8%,大多数农民还在依靠打工为生。打工收入增长的空间不会很大,而政策性收入也是有限的,要让昆山农民持续增收,实现共同富裕,就得让更多的人从就业转向创业,鼓励农民搞经营、搞投资,实现从对农民"输血"到"造血"的转变。

建立担保中心,农民贷款政府贴利息

然而,农民创业谈何容易,首先资金就是拦路虎。

为扶持农民创业,2005年6月,昆山在淀山湖、花桥2个镇先行试点,推行农民小额贷款。在别处,农民小额贷款的利息是按同期同档国家规定计算的,但在昆山,贷款利息却是由政府来贴息的。同时,昆山市还创造性地建立了小额贷款担保中心、社区管理服务中心、农民创业指导(服务)中心。把农民小额贷款作为"富民优先"政策的一环在全市范围内推开,由市、镇两级服务机构规范运作和跟踪管理。

小额贷款担保中心的成立,大大简化了农民小额贷款的申贷手续。第一趟递交申请资料,第二趟就能直接到农村商业银行领取贷款,而且市农村商业银行安排专人办理小额贷款,保证农民及时、方便拿到贷款,这样就大大激发了农民申请小额贷款的热情。去年底,农民小额贷款累计发放522户,贷款额2 514.8万元。

今年33岁的丁建辉就是小额贷款担保的受益者。丁建辉原本是个农民,1998年他凑了10万元钱买了2台印刷机,挂靠在别人厂里搞起了"小作坊"生产。经过几年的发展,去年5月,为摆脱"寄人篱下"的日子,丁建辉领了工商执照,当上了老板。可是由于缺乏购买新设备的资金,到今年年初,企业逐渐陷入困境。正在此时,千灯镇农民创业小额贷款担保中心启动,在镇"三有办"的帮助下,他贷到了10万元,其中5万元是农民创业小额贷款。用这笔贷款,丁建辉购买了一台双色胶印机,自此,他再也不用担心因为设备的原因,不得不让许多上门生意"飞走"。丁建辉说,农民创业小额贷款担保中心让他心生两种感动:一是没想到像他这样的小企业,也能受到政府的关心;二是这种关心很贴心,5万元贷款全部由政府贴息。

现在,依托资本的杠杆,许多原本只能停留在以劳务收入为主要收入来源的昆山农民圆了老板梦,成功实现从"打工族"向"老板族"跨越的创业农民,不仅个人和家庭增加了收入,还向国家多贡献了税金,也为更多农民提供了就业岗位。据统计,目前昆山农民收入构成中,工资性收入从66%下降到45.5%;而经营性、资产性、投资性等创业性收入则从26%上升到39.8%;政策性收入则从2003年的8%增加到14.7%。昆山农民年人均收入从2003年的7 386元,增加到2006年的10 508元。农民小额贷款正在激发更多农民投身创业大潮。

(原文刊于2007年5月28日《中国县域经济报》)

昆山经济转型再次升级

建于20世纪80年代初的江苏省昆山经济技术开发区,是我国第一个自筹资金兴办的开发区,依靠艰苦奋斗、开拓创新,走出了"昆山之路"。目前,它已成为我国最大的电子资讯产业生产基地、台资高度集聚地。区内集聚着注册资本113亿美元的1 240家境外投资企业和注册资本51.8亿元的4 137家民营企业。去年,该开发区生产的笔记本电脑达到2 560万台,数码相机达到750万台,分别占全球市场份额的1/4和1/8。

今年以来,江苏昆山为保持经济社会又好又快的发展势头,把加快经济转型升级作为转变发展方式的根本路径,突出经济转型再次升级,加快向率先基本实现现代化目标迈进。

该市在实施产业升级转型战略中,先进制造业与现代服务业正在成为经济增长的新引擎。上半年,该市开发区完成工业总产值1 120亿元,同比增长23.6%;完成进出口总额189亿美元,其中出口116亿美元,同比分别增长21.9%和28.7%;实现全口径财政收入38.12亿元,其中地方一般预算收入15.07亿元,增长26.4%。

采访中记者了解到,昆山立足扩大开放条件下的自主创新,以昆山开发区、省级高新区等重点园区、产业基地为主要载体,推进主导产业高端化、新兴产业基地化,推进境外投资企业本土化、民营企业国际化,走大项目带动大产业发展、大企业支撑大基地建设的路子,加快实现了"昆山制造"向"昆山创造"的转变。另一方面,昆山还坚持制造业立市、服务业强市的战略,以花桥国际商务城等服务业集聚区为主要载体,加快现代服务业特别是服务外包的跨越发展,打造"昆山服务""昆山办公"的新高地、新品牌。

昆山的产业升级转型战略影响着昆山的产业发展轨迹,目前已由电子资讯产业向高端核心技术领域拓展，积极发展光电产业。

在连云港、沭阳建立起工业园，实施产业梯度转移战略，引导制造业向研发、销售两端延伸，加速现代服务业的发展。8月份，昆山经济技术开发区集体资产经营有限公司和龙腾光电（控股）有限公司共同出资9亿美元成立了龙腾光电股份有限公司。围绕着龙腾光电，开发区规划建立了光电产业园，首期开发3平方公里，同时，针对其上下游配套项目，实施产业链招商，一个企业带起了一个产业的发展。

光电产业园区功能日臻完善，至今已完成10亿元投资。两个专为园区提供科技研发、教育培训、生活配套等便利服务的综合服务区相继建成；高标准工业污水处理厂、输变电站、大宗气体和特种气体集中供应站等基础设施建设也陆续完成；一批总投资23亿美元的光电配套项目已在园区集聚。

截至今年8月底，昆山开发区累计已有315个境外投资服务业项目落户，现代物流服务业发展生机勃勃。一个按照保税仓库要求建设的3.8万平方米的物流仓储库房，已经建成并投入使用；即将新建的20万平方米，正在进行土地规划和招商；总投资超1.5亿美元的20家物流企业已先后进驻。

目前正在建设的华东世贸商城、国际会展中心、企业科技园、水上公园以及夏驾河景观带等，都为开发区发展现代服务业提供了良好的基础。据介绍，企业科技园10栋研发大楼10月份将全面开工建设。开发区将通过不断拓展发展空间，全力推进现代服务业的发展，加快产业转型步伐。

昆山开发区管委会副主任顾剑玉告诉记者："开发区将牢固树立以人为本、开放发展的理念，突出'转型、升级、创新'这根主线，加大产业结构调整和科技创新力度，大力发展高新技术产业和现代服务业，增强开发区的龙头带动作用，保持昆山开发区在国家级开发区中的领先地位。同时，大力发展现代物流、软件开发、金融数据加工等服务外包业，争取到2010年全区拥有100家服务外包企业。"

（原文刊于2007年10月8日《中国县域经济报》）

创新才能大发展

——昆山开发区产业集群攻坚克难争创发展新优势

72亿元内销市场　出口代工华丽转身

境内关外的出口加工区,即使流出一台笔记本电脑的一只配件,其性质无异于"走私"。而今年昆山出口加工区内企业成立的3家内销总部公司,内销货值72亿元。这是中国出口加工区对外贸易政策的一次突破。昆山出口加工区率先迈出的这一步,争取并促成了一项涉外贸易新政。

对此,昆山市委书记、昆山开发区党工委书记张国华说:"'昆山就是开发区,开发区就是昆山'的意义和内涵已经发生了深刻变化。"现在,突出这一理念的根本目的是为了适应新一轮产业转移和区域布局调整,大力推进昆山各重点园区的功能叠加、资源整合和政策共享,增创开放发展的竞争新优势,在昆山新一轮科学发展、和谐发展中,进一步发挥开发区的龙头带动作用。

2008年上半年,全球原油价格持续上扬,外汇汇率起伏不定,人民币小幅升值,信贷趋紧;"入世"后对外开放不断深化的中国,实施了一系列接轨国际的税收新政、环保新政和劳动保障新政。昆山开发区的出口代工企业,面临了前所未有的发展压力。

72亿元的市场无疑是雪中送炭。昆山台协会常务副会长孙德聪说:"这一市场的开放是雪中送炭,帮助了一大批出口代工企业摆脱了困难。"

昆山出口加工区内的彩晶光电科技(昆山)有限公司是受惠企业之一。2001年建厂投产的彩晶光电,一度是全球品牌数码相机的ODM(原始设计制造商)合作伙伴,拥有原始设计和制造能力的彩晶,高峰期年代工出口量超过

800万台。

组建研发团队,掌控芯片核心技术,再向上下游的技术延伸,彩晶光电开发出了具有自主知识产权的数码相机,同时创立了自己的品牌。

从单一的出口代工到自创品牌,从昆山制造到昆山创造,这是一次艰难的转轨。今年初,彩晶光电的转型经历了短暂的阵痛,7条生产线上流淌出七款彩晶自己的数码相机。从出口代工、出口加工到直销祖国大陆市场,彩晶光电的转型有如凤凰浴火重生。

凡事预则立,不预则废。引导和支持制造企业转型,为开发区IT业制造企业提升了抵御国际市场风险能力。昆山开发区IT制造企业的转型潮生潮涌:过去生产电脑主板的微盟电子,组建了一支拥有700余人的研发团队,开发出拥有自主知识产权和自主品牌的笔记本电脑;生产自动交换机的四海电子,也成为笔记本电脑生产厂家……

7.2亿元贴牌销售 聚合"2.5产业"潜力

一双鞋,在半年时间"跑"出了7.2亿元贴牌销售的业务量,一家从代工制造剥离出来的合资销售公司,积极构筑自己的销售网络,一年间在祖国大陆布下3 000余家门店网点。

中国台湾宝成集团旗下的昆山裕程鞋业[①],一度只为英国一家品牌运动鞋代工生产。昆山台协会常务副会长孙德聪说:"裕程替世界品牌运动鞋研发、设计和生产,又成为这些品牌运动鞋在大中华区的全权销售代理商,创下了台资企业转型的'裕程模式'。裕程做OEM,也就是贴牌代工制造,利润可以达到10%;做ODM,也就是做原始设计、研发和制造,利润可大幅提高;裕程兼做市场销售,拥有了更大的利润空间。"

2007年6月,裕程依托集团旗下宝胜国际,在香港成功上市,当年9月以后的3个月,裕程创下的销售业绩超过1亿元。在世界品牌运动鞋帽和服装的销售领域,裕程悄然进军全国最大销售商地位,2008年,裕程销售公司的目标是建立1万个网点,在中等城市逐步建立专营世界品牌运动商品的"运动城"……

裕程鞋业从"贴牌代工"向"贴牌销售"转型,工业研发和设计能力是必要的支撑。为生产企业提供工业设计、研发、保税物流、金融、营销、售后等各类服务的产业,在开发区决策者的理念中,这些是"2.5产业"。"2.5产业"是昆山开发

---

① 现已注销。

区立足于昆山制造业优势大力发展现代服务业、用行动凝聚而成的一种理论。

昆山出口加工区"扩容",拓展保税物流功能,建设企业科技园,与太仓联动建设"虚拟港口",是昆山开发区主动承接"2.5产业"发展的新载体。

昆山出口加工区是全国首家封关运作的加工区,加工区拓展保税物流功能,也是经国务院批准的全国首批试点单位。在加工区保税物流园区,海关、检验检疫监管机构、物流及加工区工业企业等系统全部实现联网运作,16家物流企业入驻,其中7家企业开展了保税物流业务,今年上半年保税物流业务货值123亿美元,相当于上一年的总和。

"2.5产业"打通区域经脉,激活了区内经济。目前,开发区累计已承接400个境外投资服务业项目落户。其中,三成为区内制造企业扩大经营范围,增加分销业务;三成为区内企业设立的研发机构;其余为主营业务与区内制造业关系密切的贸易型企业,以及会展中心、商城等服务业项目。

15.6亿美元国际资本　打造光电产业的奇迹

在昆山开发区决策者的理念中,政策和时局的变化,困难与危机的出现,对于有准备的人而言,都会是难得的发展机遇。原昆山开发区主任宣炳龙说过:"有些事,早了,做不成;晚了,没你份!"

龙腾光电项目曾是一个梦:昆山IT产业链中一直缺一个环节——高端平板显示器产业,开发区要补上这一环。开发区决策者对一笔账算了无数次:昆山年产笔记本电脑4 000万台,占全球四成。年产笔记本电脑配件2 000多件,电脑配件95%在昆山生产;而剩下的5%,主要是液晶面板、芯片、存储器,这三件恰恰占了笔记本电脑价值的七成,而面板又占其中六成。开发区自筹4 000多万美元,从日本买来了TFT-LCD的核心技术,再以"四两拨千斤"的智慧和胆识,联手国际投资者,启动了龙腾光电项目的建设,目前掌握了51%的股权。

上半年,龙腾增资发展。国家发改委签发的"0001号"批复,就是龙腾增资8.7亿美元项目。到6月,龙腾厂房的新车间已静候"新人"入住;7月,先行采购的新设备进入安装。昆山人创造出的"并联"审批等举措支撑了这个奇迹。龙腾光电通过并购建立了自己的软件研发机构,成立江苏省新型平板显示技术研究院,推进完整的LCD产业链在江苏形成,带动江苏乃至全国新型平板显示产业快速升级,这一项目获得江苏1 000万元科技扶持资金。7月15日,龙腾谋划借壳上市取得突破进展,业内人士称,龙腾光电激活的股票有望成为深市的指标股。在销售链的架构方面,开发区组织国内外上游的供应企业和下游的品牌电脑和电视机制造企业、模组生产企业登陆昆山,与龙腾相互参股,把龙腾的客户和市场"搬"到了家门口。

依托龙腾光电,开发区积极谋划引进世界最先进的 TFT-LCD 7.5 代线核心技术,这个项目的总投资超过 30 亿美元。昆山光电产业力争用 3~5 年时间实现千万台以上液晶平板电视机生产能力,形成一个产业链最完整的一流平板显示器产业基地。

梦想,对于创业者常常是勇往直前的动力。今年上半年,两岸关系步入了一个新起点,"三通"洽谈在即。昆山开发区的决策者未雨绸缪,抢抓机遇,积极筹划在昆山建设更加灵活的两岸商贸合作区,启动建设"虚拟港口",主动携手太仓港联动发展,又积极奔走,力推太仓港尽早进入两岸港口直航洽谈的议事日程。有分析人士称:如果太仓港入围两岸宜航港口谈判,就是昆山人促成了一个"5+1"的奇迹。

(原文刊于 2008 年 8 月 14 日《中国县域经济报》)

水乡周庄
——古镇新貌

江苏苏州周庄,是我国江南一个具有 900 多年历史的水乡古镇,素有"上有天堂,下有苏杭,中间有个周庄"的说法。20 世纪 80 年代末,求发展、盼富裕的周庄人将"苦"镇的草字头拿掉,做起了"古"镇的文章,形成了"以古镇旅游产业"为主导的发展格局,成功打造了"中国第一水乡"的旅游品牌。2008 年该镇 10 个行政村全部通过了江苏省省级生态村考核验收,又被国家环保总局[①]授予"中华环境奖"。

环境全面优化

一直以来,周庄坚持"保护古镇、建设新区、开辟旅游、发展经济"十六字总体方针,先后投入资金 10 多亿元用于古镇的保护与环境建设。20 多家工厂企业相继搬出古镇,从城镇布局上保留了完整的古镇;花巨资率先完成覆盖古镇的水环境改造工程和"三线入地"工程,并按计划完善了镇村供水、道路、电力、照明、消防、绿化等系统工程,实现古镇村落原生态文化与现代文明的和谐共存。

素质显著提高

周庄的古镇保护和旅游开发对地区文化的推广和民众素质的提高起到了巨大作用。一方面,环境、旅游、民众三者间的利益关系更为密切,"保护与发展并

---

① 今中华人民共和国生态环境部。

举"已经深入人心,周庄镇民已成为保护周庄自然和文化遗产的主体;另一方面,周庄每年超过300万的海内外游客带来了外部新鲜的文化与理念,在长期的互动交流中,周庄人开阔了眼界、更新了观念、掌握了本领、改善了生活。除此之外,旅游产业的蓬勃发展提高了镇民的素质,旅游产业的不断升级更激发了周庄人完善自我的渴求。

产业蓬勃发展

新农村建设环境是基础,核心是经济,关键是增加农民收入。旅游业是一个高就业、高效益、低能耗、绿色、朝阳、综合性产业,是实现一、二、三产相互融合,各尽所能、共同发展的有效平台和载体。旅游经济"一业兴、百业旺"的产业特征在周庄催生了大批的新产品和新行业,创造了大量的就业岗位和创业平台。大批农民走出了田间地头,大量优质项目和资本走进周庄,围绕"食、住、行、游、购、娱"六大旅游要素发展起了庞大的三产服务业,包括云亭山庄、云海度假村在内的近10家高档次宾馆,待建或在建的四星级以上宾馆有4家,个体经营户1590家。如今的周庄,百姓有着很高的创业热情和创新能力,经营性收入已占农民总收入的52%。

为避免同质化、单一化、低俗化,当江南古镇群起形成"同质竞争"时,周庄通过提高区位价值、市场价值和品牌价值,不断提高附加值和竞争力,并做到几个结合:科学管理与规范市场的结合;强大宣传与促销攻势相结合;历史题材与特色旅游的结合;开发保护和利用并举的结合;旅游与文化有机结合;节庆活动与国际旅游的结合。

目前,周庄已荣获中国环境优美镇、国家卫生镇、中国首批历史文化名镇、迪拜国际改善居住环境最佳范例奖、联合国教科文组织亚太地区世界文化遗产保护成就奖等多项殊荣,如今的周庄还是"国家火炬计划昆山传感器产业基地"和"国家高技术研究发展计划'863'成果转化基地"。

(原文刊于2009年1月1日《中国县域经济报》)

昆山开发区 IT 产业逆势腾跃

江苏昆山开发区 300 多家电子信息类企业,2008 年完成产值 2 303.6 亿元,增长 41%,并有 15 家 IT 企业跻身江苏出口百强企业。在发展中突破金融危机影响,成为昆山外向型经济的新课题。

电子信息产业,是昆山外向型经济的先导及主导产业之一,是台商在昆创业绩效的温度计,更是国际市场竞争和经济形势变幻的晴雨表。危机影响之下,昆山开发区 IT 企业因势而动,出口和内销"两条腿"蹚出一条新路子,自主创新、自创品牌辟出一片新天地。

急单送来需求"春消息" "世界基地"产业链全线而动

金融危机寒潮影响下的 2008 年度,昆山开发区 IT 龙头代工企业普遍遭遇新财政年长线订单减少问题。然而,以代工笔记本电脑为主业的仁宝系列企业,春节前短线订单骤至,紧急招工;随后,四海电子、纬创资通、富士康等笔记本电脑龙头生产企业及供应链上的配套企业,订单也骤至春节前后,昆山 IT 企业急需新增的生产线员工将超过 2 万人,一两个月内交货的短线订单剧增。春节前的昆山,给数十家 IT 企业出了个新难题的同时,也让业界看到了市场回暖的信心。

长线订单减少、短线急单的剧增传递出世界消费市场一定量的刚性需求,也反映了品牌公司和终端销售"通路"企业最大程度上为控减库存努力,相关市场正在悄然发生变化。1 月 20 日,昆山开发区精成科技集团的元崧电子科技有限公司,总经理阮喜哲先生身着防尘服走出车间时满脸从容。实行"不裁员、不欠薪、不缺年终奖"的元崧电子,只是昆山 IT 产业链上一家"代工不代料"配套企业,除了供应昆山本地企业外,元崧去年创下3 600万美元代工出口收入;同为精成科技麾下的元茂电子从事柔性线路板的研发和生产,去年创下出口1.1亿美元的良好业绩。

　　一台笔记本电脑,除CPU以外的2 569个零部件,都可以在昆山生产,或在半径50公里的区域里拥有配套生产厂商。危机影响之下的2008年,昆山开发区300多家IT产业链上的企业,完成产值2 303.6亿元,增长了41%,占开发区工业总产值的70%多。其中,光电产业完成产值220.3亿元,增长20.4%,电路板产业完成产值148.8亿元,增长16.5%。昆山16家跻身2008年度江苏省出口百强的企业,除日资牧田(昆山)有限公司外,均为IT企业。阮喜哲说:"昆山IT产业既有的集群优势、完善的产业链优势,实际已确立了世界制造基地的地位。消费有需求,昆山的IT企业应会有市场,有市场应会有昆山IT产业的生存和发展空间。"

　　阮喜哲表示,这次市场动荡,将让昆山IT产业面临一次大"洗牌",市场将淘汰低价抢单的企业。春节期间,元茂和元崧两家企业都将安排生产。2009年精成科技携手昆山龙腾光电,麾下企业将新增4 500万美元业务,其中超过1 000万美元的业务依靠龙腾。元茂电子总经理林大明先生则表示,长线订单减少几乎是全球IT生产企业面临的新问题,而短线订单剧增的背后,既体现了市场的刚性需求,同时也对生产企业的管理和运营能力提出更高要求。IT生产企业的新一轮竞争,除了技术革新、产品升级外,物流运营效率和管理效能将成为重要因素。

　　新的短线订单剧增,企业缺员成为昆山出口加工区IT龙头企业老总们的最大担忧。昆山开发区管委会工委副书记、昆山出口加工区管委会主任陆宗元表示:"物流成本持续降低,大进大出、快进快出的成熟通关运营机制、监管机制,在昆山均具有其他任何地方难以比拟的优势。"

　　丰田工业(昆山)有限公司总经理成漱贤次先生说:"昆山已不再是20世纪90年代靠'低劳动成本、低用地价格'见长的投资场所,资本密集、技术密集的IT产业,在这里结成了产业链优势。从IT产业到精密机械和汽车工业,基于'昆山创造'技术的'昆山制造',都将可以在美欧市场与美、日商品同场竞争。"

自有品牌领军市场　　自主创新植入IT"昆山制造"

　　1月20日,微盟电子(昆山)有限公司高级主管陈骏斌先生在对春节长假和生产进行有条不紊的安排。在返台过节前,他要完成新宿舍和仓库的扩建规划。

微盟电子是笔记本电脑主机板的主要生产厂商，同时兼为世界品牌笔记本电脑 OEM 合作商。尽管七成的研发力量仍然在我国台湾地区，但是去年，位于昆山开发区的微盟组建起了一支超过 1 000 人的研发队伍，开发制造自主品牌的微星笔记本电脑。2008 年微盟电子完成进出口额 20.5 亿美元，销售 92.5 亿元，270 万台笔记本电脑的产量中，自主品牌占据近一半份额。

自主品牌领军欧盟市场，陈骏斌先生谦虚地说："微星笔记本电脑在欧盟市场的销售通路仍在进一步完善中。公司 2008 年的销售，内销业绩几乎可以忽略不计。"但是，数款产自昆山的微星超微型笔记本电脑，已悄然"登陆"昆山及附近沪、宁、苏等城市的五星电器大卖场。

陈骏斌在接受记者采访时表示：2009 年微盟笔记本电脑的生产计划将超过 450 万台，自主品牌将占六成份额。其中一款 13 英寸的超薄、超微型、单功能"小笔电"，已经明确了"大陆定位"的市场价，将成为微盟今年的主打产品，正在蓄势撬动内销市场。他说，虽然市场竞争将更加激烈，但祖国大陆庞大的市场潜力巨大。目前，公司研发力量在昆、台两地的配备为三七开，今年昆山公司的研发力量将进一步加大，不仅如此，微盟为拓展内销市场正在重构祖国大陆市场的营销机构。

从 OEM 到 ODM 再到自创品牌，将自主创新植入"昆山制造"的 IT 企业，正在开辟一片新天地。位于昆山出口加工区的彩晶光电，相继开发出自主品牌的数码相机和全球第一台具有卫星定位功能的数码照相机，掌握影像传感核心技术和产品创新能力的彩晶，还为长虹、TCL 生产具有摄像功能的手机模组。

2008 年，彩晶光电这家昔日的单一代工型企业跻身江苏出口百强企业的第 43 位，也拉动了昆山数码相机产品倍增发展，仅昆山开发区去年创下 1 620 万台产销量，其中，具有卫星定位功能的数码相机 466 万台。目前，彩晶光电仍处于满负荷生产状态。

近半产能服务内销　两大市场托举配套生产企业

"月亮走，我也走；我走，月亮走。"在沪士电子股份有限公司党组织和工会"一肩挑"的陈惠芬，这样形容她对公司新一年发展战略转变的感受。

20 世纪 90 年代初，沪士电子是昆山引进的最大台资企业、最大线路板生产企业。在昆山开发区创业 16 年，沪士电子曾在全国率先为不同户籍的员工办理住房公积金，从一家企业扩张为拥有 5 家分公司的集团，成为昆山最大的线路板专业研发制造企业之一。2008 年沪士创下进出口额 2.3 亿美元，产销 26.9 亿元,利税3.06亿元。

但自去年10月份以后,沪士电子也面临国际长线订单迟迟不到的困境。实施出口和内销两条腿走路的营销战略,成为沪士电子的新出路。去年12月,沪士电子与华为和中兴两家国内最大通信企业集团正式达成了合作协议,2009年沪士获得的内销订单量跃居集团年产能的45%。内、外销"两条腿走路",近半产能服务内销市场,不仅销售物流成本大幅降减,也提升了沪士在电子国际市场上的话语权。沪士电子(昆山)有限公司副总经理李明贵先生表示:大陆拥有通信、桌上型和笔记本电脑巨大市场,是电子信息产业配套企业进一步做大做强的支撑。

2008年9月以来,昆山和开发区均设立了专项资金,对重点企业开拓内销市场进行引导、扶持和服务。两岸"三通"实现了历史性突破,昆山正在积极筹建两岸综合贸易区,在昆山出口加工区和昆山商厦开辟台湾和台资企业商品展销区,进一步利用昆山的资源优势,借助大陆企业销售平台,加强台资和外资企业与大陆大企业的营销合作,帮助企业打通内销渠道,不断扩大台资和外资企业的内销比例。2008年,开发区全区实现内销416亿元,出口加工区IT代工企业的内销实现较大突破,创下内销总额174亿元。昆山出口加工区内的沪铼光电,年产占全球可刻录光盘总量的一成,今年1月在手订单已达6 000万元,比去年同期增长10%,其中内销达到1 500万元,增长30%左右。

结盟民族品牌企业　昆山光电打造业界龙头地位

在电子信息产业的价值链上,TFT-LCD(液晶面板)项目是仅次于CPU(处理器)的产业。昆山龙腾光电是我国液晶面板业界的"三巨头"之一。

作为国内唯一由国资控股并在笔记本电脑面板生产领域拥有自主知识产权的厂商,龙腾光电能够生产从17英寸、19英寸宽屏桌上型液晶显示器面板,到14.1英寸宽屏、15.4英寸宽屏、15.6英寸宽屏笔记本电脑显示面板。2008年10月龙腾光电成功研制出47英寸液晶电视面板,标志着国内在TFT-LCD大尺寸电视面板的生产方面,拥有了更大的自主创新能力。当年,昆山开发区光电产业实现产值220.3亿元,增长20.4%。

但是,日元升值、韩元贬值、欧美市场的波动,自2008年10月以来也影响了昆山龙腾光电的盈利能力。尽管国际市场与中国光电产业仍然唇齿相依,但中国光电产业的出路,显然已不再完全在于笔记本电脑的境外市场的消费。中国大陆的液晶电视机、民族品牌的电脑具有庞大的消费市场,将成为世界液晶面板最大的消费市场和支撑点之一。

　　以龙腾光电为龙头,昆山开发区积极引进并发展上下游战略合作伙伴企业,在维持国际市场现有客户的基础上,把民族企业编织到产业链中。龙腾光电投入运营第二年,已吸引康佳电子等一批龙头项目进驻昆山光电产业园发展;上下游配套的厚声光电、奈普光电、国力真空电器[①]等企业也先后进区创业,一批光显示、光照明、光能源项目纷纷落户。

　　昆山开发区进一步创新产业链的组织方式,运用市场主导和政府引导"两只手"的力量,发展龙头项目和拥有自主知识产权的先进技术,不断优化产业链。目前,昆山光电产业园正在积极引入电脑、手机产品的民族工业企业,致力打造中国光电产业的龙头地位。昆山开发区积极筹建中国大陆第一条7.5代薄膜晶体管液晶显示器件(TFT-LCD)项目,全部建成后将形成投资100亿美元、产出2 000亿元的产业群。2009年,国家将全面推进彩电产业的转型升级发展,液晶面板产业的发展将作为其中的重要组成部分。

　　经历市场的优胜劣汰,经历了逆势腾跃,作为世界制造基地的昆山IT产业有理由让"风景这边更好"!

(原文刊于2009年2月9日《中国县域经济报》)

[①] 今昆山国力电子科技股份有限公司,下同。

太仓市

现代农业看太仓

锦绣江南金太仓，自古以来旱涝保收、种啥啥好。春秋战国时期，吴王看好这块宝地，在此设立粮仓，由此得名"太仓"。江苏太仓全境地势平坦，四季分明，气候温和，雨水充沛，日照充足，耕层土壤以沙夹垅型为主，肥力状况较好，水利基础设施配套完善，农机、农艺等社会化服务体系健全，农业发展具有得天独厚的优越条件。

传统农业　一马当先

在粮棉传统农业发展方面，太仓一直保持江苏省领先水平。沙溪丰产方、浏河丰产方水稻平均亩产先后夺得"苏州第一方"称号。太仓农技人员选育的苏棉8号等棉花良种在长江中下游产棉区推广。同时，太仓还是江苏省优秀种蚕基地，全省种蚕大多来自太仓。

改革开放初期，太仓发挥人少地多的资源优势和紧邻上海、苏州的地理优势，创造出"七种八养九行当"的农业发展模式，把传统的精耕细作和家庭小规模养殖发挥到了极致。"长浮牌"中华绒螯蟹、"太仓白蒜"、"梅山猪"、"板桥西瓜"、"南郊香葱"、"岳王茄子"等远近闻名，有的甚至享誉国内外。

现代农业　显现特色

20世纪90年代，随着工业化和城市化进程的加快，全国农业发展都面临着何去何从的问题。此时，太仓创造性地推出了"三资农业"，即率先鼓励境外投资、民资、工商资本投入农业，形成农业投资多元化格局，把工业化、市场化经营管理理念导入农业。太仓"三资"农业的探索，得到了省、市领导大力支持。

21世纪初,随着现代农业理念的逐渐明晰,太仓农业又开始在产业化、外向化、生态化等方面做文章。今年5月18日,省农林厅刘立仁厅长在太仓调研后,对太仓现代农业的探索和尝试给予了高度评价:"现代农业看太仓。"

产业化经营　欣欣向荣

太仓市农业产业化经营的收入占到农民人均收入的20.1%,其中20多家龙头企业今年上半年销售收入总值就超过了12亿元。太仓广东温氏家禽有限公司肉鸡上市量达到3 600万羽,带动2 500农户进行养殖,这些户年均收入3.3万元。太仓双凤镇兴隆肉鸭生产合作社,去年上市肉鸭800万羽,实现销售收入1.2亿元,带动基地养鸭农户170户,户年均收入6.4万元。太仓金星獭兔公司,是江苏省农业产业化龙头企业,也是全国獭兔种业3A级企业和国家星火实施项目单位。他们通过种兔、技术、管理模式和品牌输出,在省内及中西部地区建立多个合作基地,示范带动全国农户共4 800户。

生态农业　迅速崛起

生态、绿色是现今农业发展的主旋律。为此太仓高度重视农产品质量建设,先后制定了绿色、无公害农产品种植规程,申报认证了绿色(有机)食品22种和无公害农产品27种。由工商企业家顾建忠投资7 000多万元兴建的顺风休闲农业观光园,占地600多亩,经过5年建设,首期400多亩的生态型观光农业园基本建成。

外向农业　硕果累累

迄今为止,全市"三资"投入农业项目294个,其中境外投资投入农业项目62个。除了上海梅林(太仓)食品公司、坂田种苗(苏州)公司、苏州美林蓓园艺公司等种子种苗、水生园艺、农产品加工企业以外,苏州朝阳木业公司、苏州鸿仁窗饰、苏州金渝鬃刷制造公司和苏州上好佳食品有限公司等一大批具有鲜明特色的农业外贸企业先后扎根太仓,苏州众华国际马业文化发展有限公司也已经获得省政府批准,在苏州工商局注册。此外,具有国际先进经营管理理念的太仓许果[①]、艳阳集团等一批现代化三资农业项目也纷至沓来。

都市农业　初显端倪

都市农业是把农业与旅游业相结合，利用田园景观、自然生态及环境资源，结合农林牧渔生产、农业经营活动、农村文化及农家生活，为人们提供休闲旅游和体验农业、了解农村等机会的新型农业生产经营形态。

太仓地处长三角，紧邻上海，发展都市农业所具备的优越条件不言而喻。太仓正以现代农业园区为平台大力推进都市农业建设，规划建设园区总面积3.5万亩，包括涉农加工贸易区、特色农业创新示范区、农业产业孵化区和生态农业休闲观光区等，将在3~5年内把园区建设成国家级现代农业科技示范园区。目前，园区一期基础设施建设基本完成，农业项目也正快速集聚，已经有16个种植和加工项目进入园区。

为了发展好都市农业，搞好现代农业园区建设，太仓积极联系上海市农委、上海交大农学系、上海农科院等部门院校，聘请有关教授专家组成智囊团，为太仓农业发展出谋划策。除此以外，太仓还积极实施"引进来""走出去"的农业招商措施，先后引来多家企业集团来太仓投资、考察、洽谈项目，多次与上海孙桥现代农业园区等多家兄弟农业园区联系，借鉴他们的先发优势，为太仓现代农业园区建设提供参考。

（原文刊于2005年11月21日《中国县域经济报》）

[①] 已于2007年吊销。

德商为何选太仓

江苏太仓,一座人口 45 万的县级城市,有超过 100 家德国企业,有将近 400 个德国人在那儿工作,几乎每一千个人里就有一个德国人。到底太仓有何吸引力,使一向以一丝不苟的精神享誉世界的德国人,纷纷选择在太仓落户?

据当地人介绍,德国企业家青睐太仓的原因,可以说既是偶然,更是必然。首先,作为长三角腹地城市的太仓具有酷似"德国小城"的特色——优良的水陆交通、紧邻上海的区位、合适的城市规模和优雅的城市气氛;其次,认识到德企的特性和其自身特点有很多吻合之处,太仓在招商引资时对招商对象进行了系统规划,重点引入德资。

从 1993 年第一家德资企业——全球闻名的钢丝弹簧企业克恩-里伯斯公司落户至今,已吸引了来自德国的 120 多家德国企业前来投资创业。太仓也由此成为全省乃至全国德资企业最密集的地区之一,成为德国企业投资中国的首选地,被誉为"中国的德企之乡"。而入驻太仓的德企绝大部分都是同行业中的佼佼者,例如拜耳、西门子更是世界 500 强企业。

有德商说,在太仓投资,有静、情、亲的感觉。太仓新区为德资企业服务富有人情味,他们对德企作出的承诺,从来没有不兑现的。有一家德企要求填土,开发区认为填土只是把地填平,其实德方的要求是像筑路样结实的填平,这与预先理解的不同,但既然已答应,太仓开发区宁可损失一些经济利益,也要信守当初的承诺,最终按照德方要求去完成。

太仓新区自创办起就定位为发展高新技术产业,当德资企业在新区稍成气候时,太仓的有关领导就敏锐地发觉,德资企业具有用地少、产值高、环保好、效益高、人性化管理技术含量高的特点,符合科学发展和可持续发展,同时与太仓市的整体发展策略高度贴合。于是,他们就把培植发展德资工业小区作为新区发展的重中之重,在政策上加以引导,在工作上重点扶持,为德资企业营造优良的发展环境。难怪德国《对话》杂志曾评论:"太仓是中国大上海边上最理想的德国投资地。"

有德商这样评价太仓:太仓很小,太仓又很大。"很小"是指太仓城市小,这是事实;"很大"是指太仓的城市功能很全面,企业发展所需的城市硬件、软件功能都很配套齐全。太仓新区多年来一贯坚持科学发展,诚信为本,精心打造投资环境,使德商在太仓投资有宾至如归的感觉。

(原文刊于 2008 年 10 月 30 日《中国县域经济报》)

太仓港：苏南转型发展的"出海口"

太仓港位于江苏省太仓市，古称刘家港，是著名航海家郑和七下西洋的起锚地。1992年，太仓浏河、七丫港区被列为江苏省重点开发建设的港口和大型基础工业区之一，拉开了太仓港开发建设的帷幕。1995年底，国务院批准太仓港为国家一类口岸，次年底开始对外籍船舶开放。2005年11月，崭新的太仓港管理体制出台后，太仓港生产建设更是实现了爆发式增长。"十一五"期间，太仓港实现了从喂给港到支线港的跨越，取得了集装箱干线港的重大突破，成为苏州加快转型发展的新亮点。

港口生产快速增长

2005年太仓港的货物和集装箱吞吐量分别为1 511万吨和25.2万标箱，生产量相对较小。到2009年，货物吞吐量已跨上了5 000万吨台阶，是2005年货物吞吐量的3.4倍。集装箱吞吐量也越过150万标箱关口，是2005年集装箱吞吐量的6倍。4年间，太仓港的集装箱吞吐量先后超过南通港、张家港港和南京港，并在2007年成为长江集装箱运输第一大港。

尤为可喜的是，2009年太仓港货物和集装箱吞吐量继续保持爆发式增长的好势头，特别是集装箱吞吐量，月突破20万标箱，创历史最好水平。2010年，太仓港完成集装箱吞吐量230万标箱，货物吞吐量7 000万吨，将再次跨上一个新的台阶。

功能水平加快提升

近4年来，太仓港港口基础设施建设累计完成投资101亿元，是2005年前投资总和的7倍。2005年,太仓港有码头泊位26个,万吨级码头泊位12个,集装箱码头泊位2个;现在,码头泊位数增加到56个,万吨级码头和集装箱码头泊位数也分别增加到28个和10个。港口设计吞吐能力达到9780万吨、435万标箱,与2005年相比,吞吐能力翻了三番,集装箱吞吐能力增加了近9倍,港口吞吐能力一举迈入国内先进港口行列。2005年太仓港航线数仅有19条,现在的航线数增加到81条,其中外贸航线11条。尤其是2010年4月开辟了太仓至美国西海岸的远洋航线,使太仓港成为中国港口中第10个开辟远洋航线的港口。

此外,建成并已投运的保税物流中心(B型)、太仓港国际客运站、长三角唯一的国家级进口木材检疫除害处理区等配套工程,基本形成了辐射苏南和苏中地区的集疏运网络体系,成为集散杂货、件杂货、石化及集装箱运输的综合性港口。

现代港城悄然崛起

如今,依托太仓港,按照"一心、两轴、三廊、四区"总体布局和"港口物流、工业开发、生活居住、配套服务、旅游观光"功能定位的新港城已初具规模。先进制造、现代物流和生态宜居三大功能加速完备。

临江产业集聚区初步形成了物流、石化、光伏等"一区多园"产业布局,在已完成开发建设的20平方公里土地上,每平方公里创税超亿元,工业产出占太仓市30%,财政收入约占太仓市20%。近5年来,港区地区生产总值、工业总产值、财政收入等主要经济指标连续保持20%以上的增幅。据悉,太仓港的建设目标是建成现代化的滨江新港城和品牌化的先进制造业基地、国际化的港口物流基地、特色化的休闲度假基地。

品牌影响崭露头角

近5年来,太仓港由"江港"转身为"海港",为苏南转型发展提供最近的"出海口",港口生产主要指标增速远远高于国内港口,在国内外的影响力迅速扩大。

2006年至2009年,太仓港集装箱吞吐量和货物吞吐量的平均增速分别达到56.5%和36.0%,分别高于全国港口集装箱吞吐量、货物吞吐量平均增速近44个百分点和24个百分点。特别是2009年,在国内主要港口生产出现负增长的情况下,太仓港的集装箱和货物吞吐量增势依旧明显,分别增长了4.32%和28.97%。国际权威机构的2009年世界集装箱港口百强排名中,太仓港居第

56位。目前,为太仓港服务的物流公司(货代)和船代公司已达130多家,从太仓港走货的苏州企业已达2 600多家,在太仓港开发区投资的企业已达630多家,总投资额约1 100多亿元,已有世界500强企业7家、中央企业20家。

(原文刊于2011年1月17日《中国县域经济报》)

吴江区

从"草根经济"到"大树经济"
——江苏吴江民营企业发展探析

经过改革开放 30 多年的发展,曾被吴江籍著名社会学家费孝通先生称为"草根经济"的吴江市[①]民营经济已经今非昔比。正如吴江市委书记徐明所言,"草根经济"已经成长为"大树经济"。如今,境外投资企业和民营企业各占吴江半壁江山,成为拉动吴江县域经济的两驾马车。

成绩固然吸引人,但成绩的取得更加耐人寻味。吴江民企发展究竟有何法宝?

产业集聚谋发展

记者从吴江有关部门了解到,截至 4 月底,该市民营企业总数达 19 087 户、注册资本近 564.6 亿元。其中恒力集团、亨通集团、盛虹集团 3 家企业年销售超百亿,入围中国企业 500 强,7 家企业入围全国民营企业 500 强,5 家企业成功上市,4 家企业被评为苏州级地标性企业,年销售收入超 10 亿元的规模民营企业多达 28 家。

注重产业集聚,用规模化经营带动利益最大化是吴江民营企业发展的一大特色和亮点。目前,吴江有丝绸纺织业生产企业 2 000 多家,真丝绸年产销量占全国 1/6,纺织品出口量接近全国 1/8,超细纤维占国际市场 60% 以上;光电缆业有相关企业 110 多家,生产能力占全国总量的 1/4;装备制造业连续 5 年保持 30% 以上增幅,其中电梯产量约占全国总量的 1/4,缝纫机零部件约占全国市场 1/6 份额。

[①] 2012 年,撤销吴江市,设立苏州市吴江区,下同。

科技创新求发展

科技创新为吴江民营企业发展插上了腾飞的翅膀。2009年,吴江民营高新技术企业实现销售超过470亿元,拥有"中国驰名商标"41件,"中国名牌产品"15个,引进国外先进设备5 000多台(套),完成技改投入100多亿元,今年以来就淘汰了落后印染装备124台(套)。

目前,吴江已建成中小企业公共服务平台10家、国省级企业技术中心8家、企业院士工作站4家、博士后科研工作(分)站12家,50%以上的民营企业设立独立技术中心或新产品研发部门,1 000多家规模以上民企拥有核心技术和专利,在吴江2009年位居江苏省第一的1.5万件专利申请量中,约有九成来自民营企业的申请。

优质服务保发展

民营企业的健康快速发展,与政府的贴心服务,特别是金融支持息息相关。截至今年4月,吴江金融机构本外币贷款余额达1 158.58亿元,比年初增加101.27亿元,创新推出的中小企业集合信托、企业商业承兑汇票融资等金融服务项目,2009年就让中小企业贷款新增139.3亿元,占全市贷款总量的50%以上,位列江苏省第一。

目前,吴江共有4家小额贷款公司,另有两家正在审批中,小额贷款余额总数超过13亿元,贷款公司总家数、注册总资本、贷款余额均列江苏省第一。

同时,吴江在江苏省建立了第一项1亿元中小企业再担保专项资金,其中8 000万元用于对商业担保贷款再担保,可新增8亿元信贷额度,另外设立的2亿元市级创业投资引导基金和1 000万元创投风险补偿资金,成功构建了创业投资与融资项目的对接服务平台。

转型升级促发展

"当下,调结构、促转型是全国经济的主旋律,吴江的民营经济亦是如此。"吴江市市长温祥华说。目前,吴江正在实施"4+4+1"产业调整振兴和提升发展计划,主题就是加快推进电子资讯、丝绸纺织、装备制造和光电缆四大支柱产业的调整振兴计划,加快新材料、新能源、生物及医药、食品加工等四个产业的培育工作,全面推进现代服务业的发展,向着"乐居吴江"的战略目标迈进。

今年3月24日,国务院常务会议决定,要进一步拓宽民间投资的领域和范围,推动民营企业加强自主创新和转型升级,鼓励民营企业参与国有企业改制重组等。这些政策的出台,让吴江的民营企业看到了新的春天。"应该说在不久的将来,吴江的民企将会发展得更好更快。"徐明满怀信心地告诉记者。

(原文刊于2010年6月21日《中国县域经济报》)

借智转型　借力升级
——江苏吴江抢占智能制造高地，发展方向瞄准"工业4.0"

"工业4.0"是当前制造业发展的热词，以大数据为主导的第四次工业革命浪潮已经在全球掀起。今年的全国两会上政府工作报告提出，要实施"中国制造2025"计划，推动产业结构迈向中高端。该计划也被称为"中国版工业4.0规划"。在这样的大背景下，如何站对"风口"，抢占未来经济发展的"制高点"？坚持走制造业强区道路的江苏省苏州市吴江区已经开始了他们的探索。

经过多年的发展，江苏省苏州市吴江区凭借纺织化纤、电子信息、光电缆、装备制造等四大主导产业，新材料、新能源、新型食品、生物医药等四大新兴产业，年工业总产值已超3 800亿元，其中，纺织化纤与电子信息两大产业已达到千亿能级。在新常态下，吴江来到了传统产业怎样转型提升更有效、新兴产业如何做强更科学的"风口"。因此，未来吴江制造业的发展瞄向了"工业4.0"。

主导产业"落子"智能化

在"工业3.0"时代，吴江电子信息产业发展迅速，85％以上境外投资企业从事IT生产制造，自我配套率达九成以上，千亿级的年销售规模让电子信息成为吴江首屈一指的主导产业。然而，近年来，吴江的电子信息产业以每年5％的速度递减，与此同时，高端装备制造业正以每年30％～40％的速度递增，形成了年销售超200亿元的规模，成为吴江第三大支柱产业，民生产品产业在近几年起步后，也呈现出黑马赶超之势。

智能化同样体现在吴江的另一个千亿能级主导产业——纺织化纤产业。吴江棉纺行业年产量200万锭，如果按照传统生产方式，万锭用工达300人以上。

吴江棉纺企业通过引进国际一流设备,提高自动化程度,万锭用工仅需 14 人,不仅提高了盈利能力,更增强了行业整体竞争力。

智能制造渗透全产业链

在通鼎光电的供应链管理、康力电梯的智能产品和装备、福华织造的企业资源计划和管理中,智能制造已渗透到设计、研发、生产、管理、销售的全产业链。吴江区经信委统计显示,吴江全区 1 500 家规上工业企业中,试水智能设计、智能制造、智能装备(产品)、企业资源计划管理、供应链管理、生产性电商等智能工业六大环节的企业占 90% 以上。

该区经信委主任张建华说,围绕智能工业六大环节,将通过典型企业示范推广,实施技术创新和改造,强化装备引进和研发,推动先进制造业、新兴产业与"互联网+"融合,培育壮大新兴产业,全面提升吴江先进制造业智能化水平。

从智能制造迈向制造智能

据初步估算,吴江区智能装备企业总产值已达 140 亿元。

博众精工,是一家专业从事自动化设备、自动化生产线、机器人及软件等产品研发和制造的创新型高科技企业,客户均是微软、谷歌、联想、华为等知名公司。2014 年,博众精工逆势增长 66.39%,实现销售收入 10 亿元。公司总经理吕绍林说,多年来,他们致力于制造智能的出发点,就是如何突破国际技术壁垒。如今,在"工业 4.0"的时代背景下,大量机械工业和装备工业需要依靠自动化来提升发展空间,博众精工将着重于智能工厂的研发和推广,让更多更好的机器人在"机器换人"的大潮中发挥作用。

再造千亿"发展极"

"工业 4.0"主要包括"智能工厂"和"智能生产"两大主题。吴江前瞻性地将智能装备产业列为今后发展重点,并从去年开始着手规划实施智能装备产业园、苏州湾软件园与纺织循环经济产业园建设,支撑工业经济智能化发展。

智能装备产业园位于吴江开发区,规划占地 2 平方公里,将建立比较完善的 3D 打印和智能机器人产业发展环境和服务体系;位于吴江太湖新城的苏州湾软件园,占地 1 917 亩,将重点发展云计算、物联网及移动互联网技术,为吴江智能工业发展提供信息化支撑;坐落于吴江高新区的纺织循环经济产业园,集印染、污水污泥处置、生态建设于一体,将为吴江传统纺织企业提档升级注入动力。

根据规划,到2020年,吴江全区装备制造业规模将达1 000亿元;智能机器人使用达1 000台(套);引进培育100家智能装备产品企业,智能装备占制造业装备量的40%以上;全区省级以上"两化融合"示范企业10家以上,试点企业100家以上。同时,大力培育物联网、供应链管理、企业信息管理、云计算等新兴产业,新兴产业力争突破2 000亿元。

(原文刊于2015年6月11日《中国县域经济报》)

张家港市

"三化"化解"三农"难题
——张家港市南丰镇永联村新农村建设侧记

30年前,这里刚从长江江湾里围垦而出,遇雨就淹,交通闭塞,是苏南地区最小最穷的村落之一。如今,这里楼宇成群堪比城市,群众生活富裕安康,成为名闻神州大地的"华夏第一钢村",走在了全国新农村建设的前列。

改革开放30年来,江苏省张家港市南丰镇永联村以农业产业化、居住城镇化、生活社区化、收入多元化和组织管理自治化,破解"三农"难题,实现了撼动命运的华美转身。

农业形成产业化

1978年底,永联村年人均收入只有68元,而集体负债却高达6万余元。就在这一年,随改革开放的春风,永联村现任党委书记吴栋材作为工作组组长和第五任党支部负责人来到永联。他首先要做的就是改变永联村农业生产的状况。他坚信"富不是天生,穷不会生根",带领群众因地制宜,将80亩低洼地挖成池塘,将取出的土垫高土地种粮。第二年,田里粮食获得了丰收,养鱼也获得了2 000多元的收入。

农民的根在土地,如何立足土地,促进农业增效、农民增收,永联村一直在进行着探索。20世纪80年代,全国推广种植经济植物,永联村大面积种植了苎麻、棉花。1998年前后,苏南地区大力推进农业产业结构调整,永联村探索以发展梅花鹿保健品产业为支撑,上游发展牧草种植,下游发展保健品产业,将全村传统的粮食种植调整为牧草种植,完成了全村第一次产业化实践。此后,该村又出台了一系列"以工补农"措施,为全村造就了一大批养猪、养鸡、养鸽及蘑菇种植大户，使一大批农民发家致富。

随着集体经济实力的壮大，永联村逐渐强化了农业产业化经营。2000年，村里成立了"永联苗木公司"，将全村4 700亩可耕地全部实行流转，由苗木公司统一经营运作。这一措施，被永联村民称作"富民福民工程"，获得了巨大的经济和社会效益，村民每年由此增收600多万元。

居住实现城镇化

随着经济的发展，永联村群众改变落后居住环境的愿望日益强烈。但是如果仅仅依靠村民自发建设，不但投入不足，思路也不统一。通过实践，永联村走出了一条"村委主导，集体投入，统一规划，借势发展"的城镇化建设新路。

1995年，永联村兼并了邻近的永南、永新两个扶贫村，面积一下子扩大到5.4平方公里。并村后，永联村聘请清华大学规划设计院的设计人员对集镇建设进行了整体规划，先后投入3亿元，建设了一大批高标准的基础设施，全村面貌自此焕然一新。

2002年，永钢集团建设百万吨炼钢项目，648家农户需要拆迁。拆迁之前，村党委对农民住宅新村按新型集镇的标准进行统一规划。一年后，百万吨炼钢项目建成了，而一座街道整洁、商铺林立的永联新村也"应势而生"。

2006年，该村又借新农村建设东风，率先成为全国"集镇建设用地增加与农村建设用地减少挂钩"试点单位，投资10多亿元建设"钢村嘉园"。"钢村嘉园"建成之后，全村8 000名村民将全部住进公寓，还可节约住宅用地800多亩。

新农村建设不能仅停留在改善居住条件的层面，还要让村民生活有与之相应的新改变。早在1997年，永联村就率先将城市才有的社区服务引入了农村，设立了永联社区服务中心，建立了由42个服务小组和176名志愿者组成的社区服务网络。

2005年，他们又投资1 000多万元，设立了一站式服务大厅和1890服务热线，村民遇到难事、急事或麻烦事，都能在服务大厅或通过服务热线得到很好解决。

管理进入自治化

"拿工资、获分红、得奖金、享福利"，这些早已不是城市居民的专利，在永联村已经是村民的正常待遇。

"经济发展起来后,我们没有简单、直接地把钱发给村民,因为担心那样会养出一批'懒人'。"永联村党委书记吴栋材告诉记者,"我们将钱用来设基金,发奖金,作福利,作补贴,使它发挥扶助弱势群体、促进精神文明建设、激励先进的作用。"

现在,永联村民的收入呈现出多元化的特点。在企业工作的村民有工资性收入,拥有店面房或闲置房的村民通过出租方式获得财产性收入,具有土地承包经营权的村民每亩每年获得1 200元以上的土地流转性收入,还有老年人每月400元、老党员每年2 400元、在校学生每年2 000元的补助性收入。多元化的收入方式和渠道,使永联村民收入节节增高。2007年,包括后并入的村民在内,永联村村民人均可支配收入达15 801元。

随着经济发展和村民自主意识的增强,特别是实行集中居住,打破了村民小组的格局,原有的组织形式不再适应现代农村的管理要求。永联村的对策是,强化自治管理。村委干部因势利导,引入城市社区组织管理体制,将全村调整为14个园区,园区下设若干个楼道,按照《中华人民共和国村民委员会组织法》等规定,选举产生社区居民楼道长、小组长、园区长,并赋予相应职责。2007年10月,永联组织本村8 025名具有选举权的村民,采取直接提名选举方式,规范有序地选举产生了第八届村民委员会主任及成员,还定期召开村民代表大会,研究讨论属于村民自治的各项事宜,仅去年以来就先后研究通过了《关于建设社会主义现代化新永联的决议》等十多个规章制度。

(原文刊于2008年7月7日《中国县域经济报》)

"文明张家港"再获新殊荣

近日,记者从张家港市委宣传部获悉,在2011年12月20日召开的全国精神文明建设工作表彰大会上,江苏省张家港市以高分通过测评,蝉联第三届全国文明城市,成为全国县级市中率先实现全国文明城市"三连冠"的城市。

1995年,张家港市就曾因两个文明协调发展而名扬全国,"一把手抓两手""两手抓两手都要硬"的创建特色和发展经验被推向了全国。2005年,张家港成为首个获得全国文明城市称号的县级市。16年来,张家港的文明建设在不断创新中推进:20世纪90年代初,重在解决脏乱差、创建卫生城;1995年后,注重两个文明协调发展;进入新世纪,则主要致力于不断缩小城乡文明差距,推进城乡一体文明建设。

以城市的标准建农村、以市民的理念育农民,是张家港城乡一体文明建设的核心。张家港将全市26个乡镇合并为8个乡镇和1个现代农业示范区,统筹规划、统筹发展,投入36亿元打造城乡一体的快捷交通,各镇至市区、镇村至一级以上公路的车程全部缩短到了15分钟以内,率先实现了村村通公交。投入9亿多元实施了农村饮用水改造和改厕工程,投入6亿多元构建了通达顺畅的河网水系。现在,张家港的空气质量优良率达94.5%,饮用水源水质达标率为100%,农村生活垃圾无害化处理率为100%。

自2006年开始,张家港在全市镇、村(社区)推行文化设施建设"八个一"标准,即镇上有:一个文体活动中心、一个综合性文化广场、一个公共图书馆、一个多功能影剧院、一个特色文化展示馆、一个老年活动中心、一个文化宣传画廊、一个儿童文化园;村(社区)里有:一个综合教育培训室、一个特殊阅览室、一个特色文化展示室、一个老年棋牌活动室、一个文艺活动(书画)室、一个健身活动室、一个文化宣传画廊、一个符合演出和放映条件的小型广场。据悉,截至2010年底,全市100%的镇和96%的村已经达标。

　　与此同时,张家港还制定了《市民素质提升工程实施计划》,编发了30万册《文明市民读本》,并对5万户家庭进行了礼仪培训。对外来的新市民,张家港于去年开展了新市民文明绿卡行动,面向20万新市民免费发放《新市民读本》,新市民可参加有关部门组织的文明知识测试,合格的发放新市民文明绿卡,在就业、邮政及指定场所享受优惠待遇。

　　张家港将城乡一体文明建设的经验总结为三条:文明建设要注重内需拉动,走出单靠政府推动的模式;城乡文明建设要抓住"五个文明"(经济、政治、社会、精神、生态)协调可持续推进;文明城市建设要与区域现代化同步推进,最终实现人的素质的提升。

　　目前,围绕"率先基本实现现代化"目标,张家港正加紧制定《张家港市城市公共文明提升三年(2012—2014)行动计划》,通过深入实施公民素质提升工程、文化发展繁荣工程、未成年人成长工程、城市文明共建工程、文明创建示范工程、公共环境优美工程,进一步打响"文明张家港"品牌。

(原文刊于2012年1月9日《中国县域经济报》)

无锡市

滨湖区

江苏无锡滨湖楼宇经济写"神话"

一幢楼一年创造1.1亿元税收、一家企业每平方米年税收高达5 000元,这样的"神话"正在江苏省无锡市滨湖区上演。

滨湖区位于江苏无锡市西南部。作为苏南模式的发源地之一,滨湖区的乡镇企业曾经开创了农村工业化的新局面。但进入新世纪后,"高投入、高消耗、高排放、低效益"的传统模式已后继乏力,滨湖区面临着经济结构调整的挑战,而最大的瓶颈在于,该区257.89平方公里的陆地面积中1/4是山林地,可利用的土地资源非常紧缺。

滨湖区另辟蹊径,决定向"高度"掘金、向天空要土地,把占地大、产能低的传统制造型工业企业迁出园区、乡镇,引进能够在楼宇中生存的高附加值的都市型经济产业,发展楼宇经济。去年,滨湖区楼宇载体共入驻企业5 213家,实现税收总额达到15.18亿元,占全区税收比重(不含房地产)的20%。

无锡蠡园经济开发区是滨湖区楼宇经济的主要聚集区之一,开发区税收总量中有一半都来自楼宇经济。滨湖首家年税收过亿的楼宇——联创大厦就位于这里。记者从联创大厦入驻企业名单中看到,这里集聚了市政设计院、民用设计院、园林景观设计院、轨道交通设计院等一大批本土设计骨干和相配套企业。

"以工业设计、金融投资、电子商务等为主的现代服务业,是蠡园开发区楼宇经济的主要业态。"无锡蠡园经济开发区经济发展局局长许斌兵介绍说,"园区共集聚了2 000多家现代服务企业,比重近80%。"入驻联创大厦的江苏柏诚工程股份公司[①]负责人表示,公司看中的正是业态集聚给企业带来的有利发展,同在一栋楼的信息、技术、人员汇集会提高效率,政府的服务也更有针对性。

除了现代服务业,企业"车间"也被滨湖区搬进了楼宇。位于该区君创大厦

---

① 今柏诚系统科技股份有限公司。

一楼的天和电子有限公司主要从事集成电路封装。在该公司1 000平方米的空间里，既有研发设计，也有总成与测试，去年公司税收产出每平方米高达5 000元。

许斌兵表示，搬进楼宇的"车间"不同于一般的工业企业，是一种都市楼宇工业的存在状态。都市楼宇工业往往依托都市独特的信息流、物流、资金流、人才流、技术流等资源，以产品设计、技术开发、加工制造、技术服务等为主。随着科技企业的入驻，白领、蓝领共同出入将成为新看点。近几年，滨湖区新建的楼宇载体大多不再按照"写字楼"模式，而是建成"大通层"，以期接纳更多种类的"经济细胞"。对入驻企业也有较高要求，开发的产品应具备较高的技术含量，且重量轻，人均创造的产值高，同时企业的空气、噪声等污染要小。

大力引导和鼓励高质量项目加快向楼宇集聚已成为滨湖区经济发展的一股强劲动力。该区蠡湖街道首创"租税分享"机制，把街道建设的载体委托给各社区对外招商，租金分给社区用作可支配财力，税收则分给街道。"租税分享"让社区的"钱包"殷实起来，街道各社区财力增加数十万至上百万元不等，还盘活了楼宇资源，实现了跨越式发展。

滨湖区区长高佩表示，无论从滨湖区目前空置的100多万平方米政府载体去考量，从各板块实际财力运转需要去考量，从城市化发展实际去考量，还是从滨湖区未来发展出路去考量，都要大力发展楼宇经济。今年，滨湖发改、财政、工商等部门将协同合作，建立区镇共享、覆盖区域内所有重点产业园区、服务业集聚区和商务楼宇，集载体租售、企业引进、税收产出等各类信息于一体的全区重点楼宇资源信息库，继续以楼宇税源为核心，大力培育税收超5 000万元、超8 000万元和超亿元的楼宇园区。

楼宇经济符合科学发展观

伴随工业化进程的加快以及土地资源的日益紧缺，集约、高效的楼宇经济渐入人们视野，并呈现出由北上广等大都市向二、三线城市蔓延的趋势。作为以工业著称的沿海省份，经济发展和土地稀缺之间的矛盾是制约当前江苏工业发展的一大瓶颈，而楼宇经济恰好巧妙地化解了这一问题，滨湖向空间要效益的做法，正是走科学发展之路的一个缩影。

不过也应看到，虽然楼宇经济在扩展发展空间、提升产业层次方面有着无可比拟的优势，但从当前整体发展来看，我国的楼宇经济也面临着行业内同质竞争的问题。由于在楼宇建设、招商、管理等方面缺乏产业细分，进驻楼宇的产业往往在城市之间呈现一种流动状态,这就导致楼宇不得不以低廉的价格来吸引优质企业,从而将整个楼宇经济业态拖入恶性竞争的泥沼。

要想摆脱同质竞争,楼宇经济必须走出特色之路。一方面要坚持市场导向,因地制宜,使楼宇经济的产业布局与当地发展环境、产业基础相适应,引导企业走特色化发展;另一方面,各地方政府也要积极引导,做优硬环境、软环境两个服务,为楼宇经济实现专业化、特色化提供有力保障。而这应该是像滨湖这样的中小城市下一步发展楼宇经济的主要方向。

当然,就全国而言,楼宇经济想要摆脱同质化竞争,还需要一个全国范围内的产业规划,需要国家相关产业部门统筹安排、合理布局。同时,依据地方特色,加大对特色经济的扶持力度。

(原文刊于2015年7月27日《中国县域经济报》)

惠山区

惠山布局高端制造业集聚发展

第一个亿元村、第一个亿元镇……30多年前,以纺织业等劳动密集型产业为主导,江苏省无锡市惠山区在我国乡镇企业飞速发展时期,起到了领头羊的作用,也实现了区域内经济发展的第一次飞跃;如今,伴随着产业转型升级,惠山依托产业集聚和城铁商务区以及开发区和其他工业园区的建设,开始迎来区域经济发展的二次飞跃。

"产业结构高端化、产业发展集聚化、产业竞争特色化全面打造惠山产业集聚基地、工业转型高地。"惠山工业转型集聚区管委会主任刘国胜这样概括集聚区的特点。目前,集聚区首批3个总投资59亿元的高端制造业项目已签约落地。

在苏南现代化建设示范区国家战略中,惠山工业转型集聚区扮演着重要的角色。但在刘国胜看来,作为惠山工业经济升级版和重要增长极,集聚区靠的不是优惠的政策,而是新的理念。

"大家谈转型,谈创新,其实不仅仅是企业、产业转型、创新,政府也一样需要转型,需要创新工作思路。我一直强调集聚区就是一个运营商,今后的发展完全以商人的理念来规划,严格按照市场规则来执行"。刘国胜说:"唯有政府积极转变角色,才能更好地推动产业转型、发展。"

刘国胜表示,借着这种理念,集聚区将率先打破行政分割,承接各乡镇(街道)及开发区引进的重大项目,并探索建立财政收入、税费留成等利益分配机制。

"转型""集聚"两个关键词,也代表着惠山转型升级的决心和力度。而这种决心和力度其实在近年来惠山区的多数企业的发展中亦有体现。

离集聚区几公里远的江苏锦绣铝业有限公司是一家靠一台挤压机起步的劳动密集型乡镇企业,目前已是全球汽车轮毂行业小有名气的制造商,企业年上缴税收近6 000万元。

"我是从2008年经济危机开始,意识到转型升级、科学发展对企业的重要性。目前,我们在喷涂线引进了两台机器人,今后还将在一些车间实现无人作业,全部由机器人操作。"该公司董事长戴祖军说,"我们还与无锡赛利分子筛有限公司联合成立了江苏爱尔环保科技有限公司,将公司生产的铝渣通过高新技术手段研发成了时下很受市场欢迎的空气净化剂系列产品"。

江苏爱尔沃特环保科技有限公司总经理韩峰表示,以前锦绣铝业产生的铝渣需要专门请人清理,不仅污染环境,而且花费高昂,现在不仅不用多花费,还产生了较高的经济效益。

城市没有产业支撑,即便再漂亮,也只是"空城";产业没有城市依托,即便再高端,也只能"空转"。"无锡沪宁城铁惠山站区是无锡传统优势产业最为密集的区域,传统产业转型势在必行,商务区应运而生。商务区既是整合传统乡镇格局的新城,又是提升产业发展的核心功能区,未来将实现生产、生活、生态的完美融合。"无锡沪宁城铁惠山站区投资建设开发有限公司总经理王飞雁说。

今年6月26日,商务区核心产业项目无锡恒生科技园开园,作为平台载体,科技园不仅可以帮助传统企业转型升级,还能助力新兴产业快速发展,同时也标志着科技园这一从制造到智造转型升级的优质载体已步入实际运营阶段。

科技园以"产业生态、环境生态"为总体目标,形成"企业总部商务特色明显,专业生产服务功能突出,商务休闲相对集中"的现代服务业集聚园区。走进恒生科技园,记者所见所感不是冰冷的生产车间,而是小桥流水人家。王飞雁表示,恒生科技园的定位是与商务区整体规划一致的。科技园将集聚以互联网产业、总部经济、科技研发、工业设计、文化创意等为主的产业,通过整合上下游产业链条,形成完善的产业生态圈,汇聚业内核心企业、快速成长型企业、孵化型企业,打造长三角领先的互联网经济产业园。

从产到城,从城到产。江苏惠山"在转型中创新,在创新中转型"的发展战略正稳步推进,一个高端制造业名区的雏形已经呈现在我们面前。

(原文刊于2015年7月9日《中国县域经济报》)

2017"智能制造与工业互联网"高峰论坛在无锡惠山举行

今天,由德国弗劳恩霍夫应用研究促进协会、江苏省经济和信息化委员会、中国电子技术标准化研究院和中国智能制造系统解决方案供应商联盟联合主办,无锡市人民政府承办,无锡市惠山区人民政府执行的2017"智能制造与工业互联网"高峰论坛在江苏无锡隆重举行。论坛由工业和信息化部信息中心工业经济研究所所长于佳宁、工业和信息化部工业经济技术合作中心中国制造与工业4.0研究所所长王喜文主持。

立足国际视野,论坛邀请了全球领先的从业企业和知名学者共同探讨智能制造与工业互联网的前沿理念和深刻影响,聚焦全球物联网发展现状和智能制造发展趋势,分析预测物联网发展的未来趋势,最大限度地凝聚起构建物联网生态系统的广泛共识,形成以物联网和智能驱动助推传统制造业转型升级的强大合力。

论坛上,熊有伦、丁汉、杨华勇等两院院士,与云南云内动力集团有限公司总经理杨永忠、中车株洲电力机车研究所有限公司副总经理范宝林、无锡透平叶片有限公司总经理夏斯成等,进行了现场对话与互动交流。丁汉认为,推进智能制造的关键在于科技成果转换,科技成果转换又取决于机制体制创新。

得益于此,华中科技大学无锡研究院已从单纯的科研所,转化为集科研和科技服务于一体的科技服务公司。从成立至今短短三年内,公司直接服务的企业达140多家,间接服务的企业超过200家,走访和接受咨询的企业有1000多家。目前,惠山区与科研院所合作,已经成立了六大产业研究院,构建起一个完善的科技服务体系,为惠山区创建智能制造示范区奠定了坚实基础。谈及此,丁汉表示正因为惠山区的企业家进取意识强,政府敢担当,才形成了一个好的环境,让大学的科研成果与企业的研发需求实现了市场化对接,从而大幅提升了科研成果的转化率。

本次论坛受到了国内外学术界和智能制造企业的高度关注,德国弗劳恩霍夫应用研究促进协会生产设备和设计技术研究所(IPK)所长 Holger Kohl、德国先进工业科技研究院理事会主席 Thomas Nolting、IEEE 总部 2010 年颁发的机器人与自动化领域最高奖"终身成就奖"获得者福田敏男、东盟工程技术院院士 Seeram Ramakrishna、IEEE 机器人与自动化学会候任主席席宁先生、美国国家科学基金会(NSF)智能维护系统产学合作中心主任 Jay Lee 等学术专家,GE、菲尼克斯、诺基亚、戴尔、中车和华为等世界 500 强企业的高管以及来自企业、高校、各地经信部门的与会代表超过 1 000 人。

中国智能制造评估公共服务平台在此次论坛上正式上线,智能制造能力成熟度模型(试行)和工业物联网白皮书也同步发布。

论坛上,中国工程院院士、华中科技大学原校长、国家"863"先进制造及自动化领域专家委成员、中国机械工程学会副理事长李培根院士等 15 位专家学者、企业高管做了主题演讲,中国电子技术标准化研究院还与无锡市惠山区人民政府签订了战略合作协议,共同推进智能制造发展。

(原文刊于 2017 年 9 月 11 日《经济日报》)

江苏无锡惠山区：文体惠民让获得感更充实

今年以来，无锡市惠山区文体系统喜事连连，继年初该区原创的大型现代锡剧《好人俞亦斌》收到邀请书，将在10月进京参加中国戏曲文化周活动之后，由该区堰桥街道文体站创排的小锡剧《今又中秋》，又将代表江苏省参加文化和旅游部8月举办的全国地方戏曲会演，从而在全省首次创下了同一个区一年内两部原创作品获得进京会演"门票"的纪录。其实，这只是蓬勃发展的惠山区文化事业取得丰硕成果的缩影。为满足人民群众日益增长的精神文化需求，惠山区结合公共文体服务体系示范区创建，立足为群众服务、为地方社会经济事业服务，坚持创造性转化、创新性发展，居民群众幸福感、获得感持续提升，文体工作不断开启新篇章。

文体基础设施逐步完善。近几年，惠山区累计投入3亿多元用于区、镇（街道）、村（社区）各级文体活动中心、文体休闲广场和活动设施建设。建区以来投资最大的单体民生工程——区全民健身中心于今年2月正式投入使用，"天天有活动，周周有比赛"的全民健身中心已经成为展示惠山形象的重要名片和窗口。区文化馆、区图书馆经过改扩建，均被文化和旅游部评定为国家一级馆，全年无休、免费开放，为群众开展文化活动提供阵地和指导。玉祁街道投资5 000万元建设的文体活动中心建筑面积达10 000多平方米，为群众提供了功能齐全、服务优良的文化活动和全民阅读平台。各镇（街道）文体活动中心面积均已达2 000平方米以上，全区100%的村（社区）具备200平方米以上的室内文体活动用房。全区28所学校体育场地对公众免费开放，现有体育场地数量1 791个，篮球场379片，健身路径668套，健康步道29条，乒乓台680张，全区基本形成了市民群众便捷参与文化体育活动的"10分钟文体活动圈"。

群众文化品牌日渐凸显。通过"身边人讲身边事",每两年举办一次社区文化节,文化节期间组织"百姓大舞台"广场文艺、书画摄影展览等一系列缤纷绚丽的群众文化活动,"草根化、接地气"的文艺活动开展方式受到全区群众的好评和追捧。致力"一镇一品"文化内涵建设,打造洛社镇"百姓歌会"、前洲街道"锦绣中华节"系列活动、堰桥街道"吴韵西高山"民俗风情节、钱桥街道"欢乐大舞台"、阳山镇"桃缘大舞台"、长安街道"幸福万家乐"睦邻文化活动及玉祁街道"三月三"民俗文化节等群文活动品牌。有居民群众反映希望有更多的、生活化的、便捷阅读场所,根据这一诉求,惠山区全力打造"天上书阁·惠山区城市阅读联盟",将全民阅读向机关、企业、学校、家庭和商家、商场延伸,把国学、非遗、阅读等元素很好地有机结合起来,与公共图书馆系统的阅读方式形成了有益的互补,成为独具特色的惠山区全民阅读工作亮点。

群众文艺创作硕果累累。惠山区坚持立足基层,发挥地域特色,精心组织群众文艺作品的创作生产,并以此作为带动群众文艺繁荣发展的"牛鼻子",做到常抓不懈,创作出了一批具有较强时代感和鲜明地域特色的,贴近群众、贴近生活的优秀文艺作品。优选文艺作品参加无锡市"群芳奖"评奖,入围率、获奖率均位居无锡市各区之首;参加江苏省"五星工程奖"评奖,《云腾凤羽龙》《舜歌—调采茶》《桃花红》等优秀文艺作品摘金夺银,连续四届比赛均获得"五星工程奖"金奖,累计获得7金6银7铜,名列全市前茅。根据"中国好人""江苏省优秀共产党员"惠山区堰桥中学退休教师俞斌事迹创作的大型原创现代锡剧《好人俞亦斌》作为"两学一做"文化专场在无锡市巡演52场次,盛况空前,连获无锡市"五个一工程"奖、首届无锡市"文华奖"。

全民健身活动如火如荼。"有了这么好的场地,政府一定要用起来。"市民王先生在全民健身中心的跑道上如是说。体育运动的生命力在于开展活动,惠山区凭借举办三届区级运动会的成功经验,第四届区运动会于今年初在全民健身中心拉开战幕,4个组别、19个大项、47个单项比赛将横跨全年,预计有5 000余人参加各项赛事,这无疑又是一场全民狂欢的盛会。据统计,惠山区充分利用群众身边的体育组织、体育设施,每年举办面向基层、参与性强、普及面广、群众喜闻乐见的各级各类比赛活动200余次,营造了良好的全民健身氛围。阳山半程马拉松比赛、"一带一路"国际篮球3×3挑战赛、江苏省苏南地区击剑锦标赛等品牌赛事贯穿全年,赛事参与度、辐射面、影响力不断扩大;作为"全国围棋之乡",每年承办国际级、国家级围棋赛事,特别是"威孚房开杯"中国围棋棋王争霸赛,迄今已连续举办13届,是中国围棋界连续举办时间、届数最长的比赛之一。

文体服务手段不断丰富。根据文体工作服务内容的特点,开发"惠聚精彩"

"惠山区图书馆""惠山区文化馆""惠山区全民健身中心"等4个微信公众号,配套相应平台服务应用,及时推送各类文体活动信息,线上线下活动有力互补,市民群众不出家门,动动手指就能了解到最新最全的文体活动资讯,公众号影响力和辐射力稳步提升,"文体+科技"实现了新的突破。以提高工作效率和群众满意度为落脚点,惠山区大力探索依靠社会力量增强公共文体服务水平,在全民阅读推广、大型锡剧演出、体育赛事承办等活动中大力推广志愿服务,文化志愿者总队、社会体育指导员队伍日趋壮大,公共文体服务触角不断延伸,公共文体志愿服务逐步走向标准化、制度化和常态化。先后成立作家协会、书法家协会、美术家协会、摄影家协会、收藏家协会、谱牒协会等8个区级文化协会和体育总会,老年人体育协会、健身气功协会等16个区级体育协会,实现文体协会双轮驱动、持续发力。

(原文刊于2018年5月16日《经济日报》)

无锡新农村建设的三个亮点

用工业化理念建设农业产业化集群

在去无锡市采访之前,记者发现好几家无锡的网站把新农村建设"五句话"的前四句"错"贴为"经济发展、生活富裕、社会文明、社区整洁"(原文是"生产发展、生活宽裕、乡风文明、村容整洁")。

来到无锡,记者弄清了其中缘由。惠山区委农村工作办公室主任丁耀波解释说:"那是我们当地把新农村建设的目标提高了。"该市一些区县正按新目标要求,在新农村建设中做到"三集中",即农业向规模化集中,农业小企业向工业园区集中,农民从农村向城镇集中;农民实现人人有工作、家家有产业、户户有股份的"三有"目标。

无锡市之所以有足够的底气把新农村建设标准提高,是因为有强大的工业拉动。拿惠山区来说,去年全区工业总产值达到 220 多亿元,有足够的经济实力反哺农业。从 2003 年开始,该区每年投入农村的社会固定资产投资都超过 100 亿元。洛社、钱桥、玉祁 3 个乡镇①在强大的工业拉力作用下,已成为国民生产总值连续两年超过 100 亿元的"百亿强镇"。

在无锡,工业反哺农业的内涵主要有三个方面:公共财政向农村倾斜的"以工促农"、城市向农民敞开大门的"以城带乡"、构建平等和谐城乡关系的"城乡互动"。要真正做到工业反哺农业,首要的条件就是工业发达,否则就没有反哺能力。无锡市副市长黄继鹏说,无锡市已经具备了这个能力。全市农村利用市里

---

① 2007 年,钱桥镇改为钱桥街道;2009 年,玉祁镇改为玉祁街道。

的扶持资金,进一步加快农业产业化步伐,首先解决农民"经济发展"和"生活富裕"的问题。通过资金倾斜、政策激励、科学发展,无锡市现已形成南部丘陵山区高效茶果产业集群、锡东澄东经济林木产业集群、三沿(沿江、沿湖、沿河)特种水产产业集群、近郊精细蔬菜产业集群、环湖名优果品产业集群和环太湖休闲观光产业示范带等"五群一带"。也涌现出果蔬特色镇、奶牛之乡、苗木特色镇、水蜜桃之乡等特色农业镇38个,特色种养基地121个,培育出"太湖明珠"大米、"阳山水蜜桃"、"太湖翠竹"茶叶等一批省、市名牌农产品。

企业带动农民生活富裕

来到无锡日香桂绿化工程有限公司①的200多亩桂花园,就像来到世外桃源,奇树异花,令人陶醉。公司不仅销售盆景和苗木,还与江南大学食品学院合作,提取桂花浸膏、桂花香精,开发桂花系列食品,带动周边3个村的农民致富。去年,全市50家国家级、省级和市级农业龙头企业,共完成销售收入169亿元,带动100多万农民增收,人均年纯收入达到8 000多元。

江苏阳光集团2002年来在无锡市投资3亿元开发农林产业,去年实现销售收入2.2亿元,成为全国最大的由工业企业投资的苗木、花卉、种苗生产基地。公司采取"公司+农户"的模式,将松散的农民经营按照产业化方式聚合在一起,农民在企业中就业,平均每人每年增加收入8 000元。除此之外,农民的土地租给阳光集团,每亩每年还有500多元的固定租金。

黄继鹏介绍,全市的企业纷纷注入资金到农业生产之中,拓展企业产业空间的同时,也达到了带动农民致富的目的。1997年,红豆集团创始人周耀庭注意到红豆杉中的紫杉醇成分,可以制成市场看好的抗癌药,于是果断投资,如今红豆杉播种面积已近6 000亩。今年2月,红豆集团又投入8 000万元建起紫杉醇提炼厂。

这样,企业不仅可解决农民的就业,还可以把农民的土地以股份制的形式集中起来,形成规模种植,提高产值,减少农业风险,从而达到农民增收的目的。

据统计,3年来,共有23亿元工商资本注入无锡农业,改变了过去单靠政府投入的局面,农业装备、设施、管理水平迅速改观。无锡田野上出现了300多个农业企业和园区,其中投资1 000万元以上的项目达60个。阳光农林生态园、唯琼生态农庄等一批高科技农业企业,带动了农村经济发展,成为无锡新农村建设中不可缺少的一部分。

---

① 现已注销。

发展生态农业　增加农民收入

坐车穿行于无锡四通八达的乡村公路上,就像在园林中穿行一样,绿树成阴,果树成林。无锡市工业发达,但没有以牺牲环境为代价。聪敏的无锡人,把有限的土地利用起来,发展生态农业。

时下,正是无锡市惠山区阳山镇水蜜挑成熟的季节,成批量的桃子被长长的车队按订单运往火车站和码头。当地的农民纷纷拽着记者要求给他们的桃子拍照,宣传宣传他们的桃子,他们正享受着生态农业带来的幸福。镇长周九兴介绍,由于土地不多,所以走生态农业之路,既美化了环境又增加了农民收入。该镇拿出9 000亩地栽植水蜜桃,全镇水蜜桃总收入达到8 500万元,种桃农户的平均存款超过10万元。

阳山的景象只是无锡生态农业的一个镜头。如今的无锡市,城在绿地间、村在林中建。近3年,全市以各类果品经济林为主体的农业生态园林达到30.7万亩,超过前30年造林面积的总和。继太湖花卉园、竹海公园、龙寺农业生态园后,去年,该市又新增农业生态观光园、林业生态休闲区等十多个生态园,接待海内外游客超过100万人次,实现产值8 000万元。

采访札记　跳出"经验"看无锡

无锡市的新农村建设如今呈现出工业拉动、企业带动、生态富民三大亮点,自然不是短时间形成的,是多年发展工业的积淀。

采访完无锡市的新农村建设后,记者和很多到过无锡市的人一样,对那里的洁净、清爽的宜居生态环境留下了深刻的印象。所以,在和一些欠发达地区的干部探讨新农村建设的时候,记者本人总爱拿无锡做例子。可是,有人却认为,无锡的新农村建设好是好,但无法"拷贝"和效仿。按照中央关于新农村建设的相关精神,也无须"拷贝"和效仿。虽然他们的说法并没有错,但是,记者却不完全认同。

无锡市新农村建设是有其坚强的工业做后盾。无锡发展工业并没有以牺牲环境为代价;虽说农业的比重仅占GDP总量的1.8%。但是,当地不仅没有放弃农业,相反,却把农业做成了"精品";该市无论在发展工业还是在新农村建设中,始终把生态富民放在首位……这些方式方法虽然不能完全效仿,但是他们的理念和思路应该具有相当的借鉴价值。所以,欠发达地区在解读无锡市新农村建设的经验时,完全可以跳出"经验"谈经验,多多汲取该市的先进的理念和思路,因地制宜选择好适合实际的新农村建设路子。

（原文刊于2006年7月20日《中国县域经济报》）

无锡惠山区唱响村级经济"三部曲"

江苏省无锡市惠山区的一位村委会主任日前在介绍村级经济建设时幽默地说:"村委会一年的可支配收入达到半个亿呢!"他的这句"玩笑话"令记者一惊,宣传部的同志解释道,该村的集体经济收入已经连续3年超过1亿元。

这是惠山区村级经济发展的一个缩影,村主任的雄厚"底气"来源于村级经济的持续高速发展。近年来,惠山区以城市化发展为契机,唱响了土地生财、资本聚财、产业发财这一推动村级经济发展的"三部曲",全区村级经济突飞猛进。惠山区统计局提供的数据表明:到去年底,该区138个行政村当年可支配收入达到3.66亿元,平均每个村高达265万元;村集体资产总量达到24.95亿元,平均每村达到1808万元。

前些年,惠山区虽然形成了发展村级经济的共识,把发展村级经济当作农村、农业、农民的大事去抓,但是,随着企业转制、工业向园区集中和农村税费改革,村级经济增长面临着制约。与此同时,村级组织作为最基层的一级组织,环境治理、社会保障、合作医疗等一系列社会职能却日趋繁重,村级支出与日俱增。面对这样的情况,惠山人唱响了他们发展村级经济的第一部曲:土地生财。各村将盘活集体土地资源作为壮大村集体经济的一剂"良药",以物业租赁经营的方式,将土地和房屋向社会出租,从而为村级经济长期稳定发展营造了财源。堰桥镇丁塔村将土地租赁给温州客商,投资兴建木材市场,仅此一项,每年就为村里带来60多万元的收入。目前,惠山区来自土地及房屋的租金已占到村级可支配收入的60%,土地这一生产要素已名副其实成为村级经济发展的重要资源。

该区的一些村在唱响"土地生财"曲之后,又唱出了"资本聚财"的新曲。多年的集体经济积累,使该区北圩村、福山村、阳山村等一大批行政村身价不凡,聚集了大量的货币资本。如何管好、用好这些货币资本,使之产生滚动效益,该区独辟蹊径,通过引导合理投资,实现村级资产的保值增值。一些村采用投资能源建设、入股优秀企业、兴建公寓楼等投资方式,让钱生钱。这些投资不仅风险低,而且回报可观。前洲镇[①]北幢村2002年投入1000多万元,涉足电力设备投资,每年纯收入100多万元;洛社镇福山村以500万元入股华光轿车附件公司,每年获得投资额10%的利润;阳山镇阳山村投资100多万元兴建外来人员集中居住区沁韵苑,年租金收入在10万元以上。

"产业发财"是惠山区村级经济有展中唱响的"第三部曲"。近年来,该区因地制宜,鼓励各村合理开发自身资源,使潜在的资源优势转化为实实在在的经济优势,不仅村集体经济蓬勃发展,村民收入也不断增加。阳山镇各村的水蜜桃产业、玉祁镇[②]各村的特色苗木产业、钱桥镇[③]各村的茶叶产业等都成为农业"精品产业",全区的农民年均纯收入由6000多元增加到8000多元,村集体收入增长了十多个百分点。此外,一些撤村建居民区的新型社区,将发展的目光投向新型服务产业,通过为小区居民提供物业管理、生活后勤等有偿服务,取得了方便群众、增加收入的双重功效。

(原文刊于2006年7月31日《中国县域经济报》)

[①] 2009年,撤销前洲镇,设前洲街道,下同。
[②] 2009年,撤销玉祁镇,设玉祁街道,下同。
[③] 2007年,撤销钱桥镇,设钱桥街道,下同。

惠山缩小城乡差别有实招

前不久,江苏省无锡市惠山区钱桥镇舜柯村60岁的失地农民吴勤清高兴地领到了政府颁发的保障卡。如今在惠山区,所有男年满60周岁、女年满55周岁的农民不缴一分钱,就能按时领取基本养老金,基本实现了人人有保障的目标。

近年来,惠山区委、区政府始终把缩小城乡差别和解决农民的社会保障作为发展区域经济的核心工程全力打造。在政府每年为民办实事项目中和各级政府领导班子、领导干部政绩考核体系中,扩大农民社会保障面已成为雷打不动的一项硬指标;每月一份的各乡镇社会保障进展情况通报,区四套班子领导和各镇主要领导人手一份,难点、疑点问题往往在第一时间就能得到圆满解决;企业社保登记列入工商年检、地税部门依法征收社会保险费等举措的实施,更为全区社会保障工作的稳步推进提供了坚实的制度保障。

涉及人数众多、历史情况复杂、资金压力巨大是横亘在惠山农民社会保障工作面前的三座大山。据测算,仅解决失地农民基本生活保障一项,惠山区就要拿出资金36亿元。但面对百姓迫切的需求,惠山区委、区政府迎难而进,科学决策,采用先易后难、分期分批推进的策略,用5年时间就创造性地构建起由城镇职工养老保险、新型农民基本养老保险和被征地农民基本生活保障组成的较为完备的农民养老保障体系。建区伊始,该区就把职工养老保险作为推进全区社会保障工作的突破口,将农村范围内的各类企业职工全部纳入职工养老保险范畴,并率先打破农村劳动者与城镇劳动者的身份界限,在参保水平和待遇标准上实现城乡并轨。在这一政策激励下,该区基本实现了企业参保率、养老保险覆盖率、本地职工参保率3个100%的目标。在初战告捷的基础上,该区又马不停蹄地将从事农业生产的老年纯农民锁定为社会保障扩面的新一轮目标,建立起覆盖全区的新型农民基本养老保险制度。去年，11万失地农民成为该区社会保障攻克的最后堡垒，通过办理保障安置，实施一次性补助、发放，政府保养等方式，又一次性将历次被征地农民全部纳入政府基本生活保障体系，解除了失地农民的后顾之忧。

（原文刊于2007年2月5日《中国县域经济报》）

塑造"阳山"强势品牌　推进产业更好发展
——对江苏省无锡市阳山镇水蜜桃产业化经营的调研

江苏省无锡市阳山镇水蜜桃近几年来畅销市场，成为阳山"富民强镇"的拳头产品。目前，记者与省市有关部门一起对阳山水蜜桃产业化经营进行调研。在调研中了解到阳山水蜜桃产业化经营之所以能快速发展并令人瞩目，成功的因素很多，除广大桃农种植与经营桃树的积极性高外，更重要的因素是阳山镇实施了品牌工程，推出了一整套与市场经济发展规律相适应的举措。

明确园区定位，整合现有资源，创优环境塑造品牌。阳山地区自然资源较为丰富，开发潜力较大。按照塑造强势农业品牌的要求，阳山水蜜桃科技园区以"营造生态环境、致富桃农"为主要目标，以科技突破、机制创新为动力，加快水蜜桃产业向规模化、现代化农业转变的步伐。

实施标准化管理　提高种植水平

推进农业标准化，一如既往地实施水蜜桃标准化管理，推广无公害水蜜桃生产技术；调整优化水蜜桃品种结构；水蜜桃栽培肥料使用上以优质的有机肥为主，配合使用磷、钾肥和生物活性肥；挂果期间，禁止使用尿素等化学氮肥；推广应用符合无公害水蜜桃生产标准的高效低毒低残留农药，使阳山水蜜桃的品质得到显著提高。积极实施科技兴桃全方位服务，针对全区桃农种植技术水平不平衡的镇、村，通过开设培训班、进行现场技术指导、发放技术资料、播放技术指导专题录像等方式，提高广大桃农的种植水平。

突出生产环节　提升科技品牌

充分发挥桃农协会作用,大力开展技术培训,尤其是组织好近两年新增桃农的培训,提高桃农种桃技能,引导桃农精耕细作。大力推广水蜜桃优质栽培技术、全园套袋技术,推广新农药、新肥料,推广无公害、有机桃生产技术,实施好"放心桃"工程。在强化与科研院所合作的同时,注重自身科研队伍的培养提高,加大对科研活动人才和财力的投入,不断调优水蜜桃品种结构,合理配置早、中、晚熟品种比例,按需引进自动测糖、选摘、分级等先进农机,逐步实现果园生产现代化。

紧抓销售环节　强化品牌战略

大力完善销售网络,加强市场体系建设。针对水蜜桃产量大幅度增加的趋势,易地重建或扩建水蜜桃交易市场,扩大市场容量,积极拓展出口渠道。鼓励经纪人拓展市场,扩大销售范围。对桃农和经纪人生产销售中遇到的运输难、入市难等实际困难,帮助办理"菜篮子"运输专用车辆,开辟"绿色"通道,确保水蜜桃在上海等大中城市销售渠道畅通。积极开展市场促销活动,通过媒体广告、组织现场品尝会等形式加强产品宣传。利用互联网优势和作用,积极探索水蜜桃网上销售方式和有效途径。

继续重视强势品牌建设,进一步延伸产业链。尊重群众意愿,精心筹划好"一年一个主题,一年一个亮点"的阳山桃花节活动,通过政府搭台、桃农唱戏的模式,在促进农民与市场对接,扩大订单生产的同时扩大影响,提高知名度。

做好市场开发　延伸产业链条

发展水蜜桃深加工产业始终是一个解决水蜜桃销路、帮助桃农增收致富的重要途径。去年园区通过与无锡市天成酒业有限公司的多次沟通洽谈,顺利开发了阳山水蜜桃酒,不仅延伸了水蜜桃市场开发的产业链,也为桃农销售水蜜桃开辟了一个新的市场。同时,桃木制品也已由阳山镇的唐海君开发成功,桃木剑、桃花扇、桃斧头是中国人几千年来崇尚的吉祥制品,受到消费者青睐。阳山水蜜桃正在由传统农业向现代农业跨越。

(原文刊于2007年3月19日《中国县域经济报》)

水蜜桃旅游产业致富阳山人

眼下，能吃到江苏无锡市阳山水蜜桃并不算稀奇，但是如果能亲手采摘水蜜桃，那可就是新鲜事了。近日，首届"水蜜桃观光采摘游"活动在"中国水蜜桃之乡"阳山镇拉开帷幕，游客们赏阳山景、游农家乐，还能当"桃农"，亲手采摘水蜜桃。

据悉，由于越来越多的游客想亲自采摘水蜜桃，同时也为了做大做强水蜜桃这一"甜蜜产业"，主办方特地组织了此次活动。游客们走进有机水蜜桃基地，参观水蜜桃交易市场，在饱览阳山美景、领略桃园风光的同时，游览最新开发的农家乐线路。更为吸引人的是，游客们将有机会走进果园，在水蜜桃科技园区专家的指导下，亲自采摘水蜜桃，体验采摘乐趣。游客采摘的桃子由日本引进的果选机进行精选分级包装，供游客们带回。从种植水蜜桃，到如今发展水蜜桃旅游产业，阳山人正走着一条红红火火、精彩纷呈的致富之路。

备受关注的阳山农家乐休闲区也首次亮相。根据实际地形地貌、土壤条件以及经济结构特点，休闲区规划分为百果采撷园、自然生态风光区、农家之乐体验区等八大功能区，首期计划总投资3 000万元，将于2008年桃花节前初步建成并对外整体开放。

目前，惠山区拥有水蜜桃种植面积3.17万亩，盛产面积达2.8万亩，桃农1.29万户，预计水蜜桃总产量将达5万吨，总产值超3亿元。其中阳山镇现有桃林面积1.3万亩，投产林9 000亩，总产量将达到1.35万吨，总产值近亿元。阳山桃已形成早、中、晚熟品种30多个，成熟期从5月中旬到8月下旬，长达100天。

阳山水蜜桃经过广大桃农和科技人员十多年的精心培育，已成为蜚声海内外的果中极品,2006年,阳山水蜜桃被农业部①授予首届"中国名牌农产品"称号,并已通过中国绿色食品发展中心"绿色食品"的认定审核,还获得了"2008年北京奥运会推荐果品二等奖",成为驰名中外的名牌农产品。

(原文刊于2007年8月13日《中国县域经济报》)

---

① 今中华人民共和国农业农村部,下同。

惠山经济：攻"弱项"补"短板"

以传统工业起家、发家、当家的江苏省无锡市惠山区直面"软肋"，攻"弱项"，补"短板"，经济发展正迅速从加工制造模式向产业链高端"突围"。今年前5个月，该区在冶金、纺织等传统行业增幅回落的同时，高新技术产业和服务业却逆势而上，高新技术产值和服务业增加值分别达到37.5亿元和43.5亿元，同比增长47.8%和23.4%，远高于全区工业14.2%的增长速度。一个高新技术产业和现代服务业"双轮"驱动的产业发展新格局，在惠山加速形成。

曾为经济腾飞立下汗马功劳的传统工业，在赢得"乡镇工业摇篮""苏南模式发祥地"等荣耀的同时，也让惠山付出了不菲的土地、资源、环境等代价，更铸下了传统工业大而不强、服务业发展滞后、产业结构失衡等"硬伤"。今年前5个月，素有惠山经济半壁江山之称的冶金、纺织两大行业，产值增幅就比去年同期分别回落6个百分点和16.8个百分点。面对前所未有的发展困境，惠山区锐意创新。在去年服务业投入超100亿元和高新技术产品开发超100只的基础上，继续以"双百"竞赛为抓手，矢志不移地将高新技术产业和现代服务业作为支撑全区经济新一轮崛起的"支点"。

跳出加工制造的单一模式，转向更高产业发展层次的比拼，惠山经济正朝着更高、更轻、更软的方向大步迈进。依托产业和区位优势，低污染、低消耗、高效益、广就业的高端服务业脱颖而出。在4月份举行的深圳服务业重点项目推介会上，西站物流园区等25个签约项目，总投资达83亿元，其中80%以上为生产型服务业项目。作为服务业"新军"的软件服务外包产业今年也一鸣惊人，已引进服务外包项目30个，完成市下达全年任务的107%。1月到5月，服务业投入已达52亿元，成为全区固定资产投资的第一"大户"。同时，惠山高新技术产业发展也异军突起。光伏、风电、生物医药和汽车零部件四大新兴产业横空出世，已形成了较为完整的产业链。借助政府搭就的产学研这一平台,80%以上的规模企业牵手科研院校,实现了"借梯登高",创新成果层出不穷。1月到5月,该区企业已申报国家级重点新产品18项、省级高新技术产品46项、省市科技支撑项目43项。

  惠山新产业的勃兴,开始改写长期以来传统工业一统天下的经济格局。今年,随着服务业100亿元高强度投入,该区服务业占GDP的比重将达到29.4%,比去年提高2个百分点,一直是惠山经济"短腿"的服务业将得到有效"拉长"。被誉为惠山经济发展新引擎的高新技术产业,开始呈现出极强的爆发力。仅去年申报成功的60只省级以上高新技术产品,今年就将为惠山高新技术产业新增销售30亿元。以打造百亿产业为目标的光伏、风电、生物医药和汽车零部件四大新兴产业,3年内将形成400亿元产出规模,成为惠山经济发展新的顶梁柱。

(原文刊于2008年7月3日《中国县域经济报》)

江阴市

还绿色一点空间　换百姓一个笑脸
——幸福江阴说幸福

老年协会会长的幸福

一场小雨过后,初秋的早晨感觉分外凉爽。车子经过青阳镇悟空村老年活动中心门口时,院子里热闹的气氛引得我们驻足。健身、打牌,欢笑声、闲聊声,一派祥和气氛。

记者下车搭话,老人们你一言他一语地和我们交流,很是热情。但对于他们地道的无锡方言,我们几个人只能听个大概。老人们看出了我们的无奈,推荐了一个人,让我们跟他聊聊。

找到任大爷是在他家门口,已经74岁的他身体依然硬朗。

"听说您是镇上老年协会的会长?"记者问。

"是的。我刚刚从村里的老年活动中心回来,我们镇上共有3个老年活动中心,老年人文化活动丰富得很。"任大爷操着不是很熟练的普通话告诉我们。

"'幸福江阴'您听说过吗?"记者问。

"听说过啊,我还看过朱书记编的书,名字就叫《幸福江阴》。"任大爷说。

随后,任大爷跟我们聊起了他所理解的幸福江阴。他说,幸福江阴不是嘴上说说,而是实实在在的。就拿我们老年人来说吧,大家有空聚在一起,聊聊天、搓搓麻,日子过得挺舒坦。

"我很少到市里儿子家去住,每去一次都特别想念家里的绿树、农田、蓝天和白云。我们农民永远都和土地、农业分不开。现在镇里正在建设'万顷良田',真是一件大好事。"任大爷很是感慨。

任大爷的话,勾起了记者去亲眼看一看"万顷良田"的好奇心。

河南小伙要娶江阴媳妇

从青阳镇中心出发,穿过霞客大道,不到十分钟,便来到了"万顷良田"工程现场。正值晌午,入口处几名工人正顶着热辣辣的太阳挖水渠。一名工人停下来告诉我们,工程从2008年年底开始,占地2 000多亩,是由河南的一位老板承包经营的。

驱车在园区转了一圈,一望无际的农田里,整齐地栽种着果树苗,中间零星地套种着蔬菜。园区内一条大道边上摆了一个西瓜摊,一个年轻人正坐在摊前,身后是瓜田和帐篷。

说明来意,年轻人热情地请我们坐下来,给我们切起西瓜。据他讲,他是河南开封人,姓吕,去年跟随着工程老板来到江阴干活。

作为一个外乡人,他对江阴市委书记非常认可。"市委书记我不认识,也不熟悉,但他提出的这项举措非常好。'万顷良田'工程是江苏省重点工程,现在环境污染严重,政府提倡发展生态农业,是一件造福后代的大好事。而且,更重要的是,生态农业效率高、收入也高。苏南这边人多地少,农民在自己土地上辛辛苦苦种一年水稻,每亩地的收入也就几百块钱,我们在果树里套种西瓜,每亩地的收入能达到五六千。"小伙子滔滔不绝。

"老板对我们工人也很好,衣食住行样样为我们考虑,虽然这个万顷良田工程,我们和江阴政府签了18年的合同,但是我已经打算在这里安家落户了。老家太穷了,而且中原和苏南比起来,发展显得慢了很多。到了江阴发现,这边经济发展环境好,工业发达,而且真的是在工业反哺农业。我准备在这边好好干几年,将来在这里娶个媳妇,那个时候,我想会比现在还幸福。"小伙子兴奋地告诉记者他的"未来规划"。

说话的间隙,一位中年男子走了过来。"你们可以跟他聊聊,他是江阴本地人,负责整个工程的土地平整。"小伙子说。

中年男子姓张,青阳镇人。他告诉记者,自己的老房子在"万顷良田"的规划范围内,拆掉后住在农民集中安置点。没有了土地就自己出来做工程,收入还不错。"感觉很幸福",男子这样形容自己的生活。

行至园区出口,我们碰上了刚从地里回来的65岁老汉赵家钦。"我当了一辈子农民,现在变成工人了。"赵大爷笑着说,"我在这里上班,每天工作8小时,每月工资1 200元。工作呢,就是给果树除除草、施施肥。"说到收入,他扳着指头告诉我们:"我每个月的工资加上社保退休金,还有家里的4亩多土地流转后的'历保'收入,每年大约接近3万元。"赵大爷一副满足的神情。

两位妇女关于幸福的争论

沿着霞客大道前行,我们决定前往月城镇。然而,车子在拐了几个弯后,竟开到了一座山前。正打算调头,忽然看到山脚下十多个农民模样的人头戴斗笠、脚穿雨鞋,正在道路两边的草坪拔草,我们顺便跟他们聊了聊。

一位大伯告诉我们,这里叫狮子山生态园,是搞旅游的。他们都是附近南闸镇[①]的村民,农忙时在自家地里种田,农闲时就来这里打打工,每天可以拿到30块钱的工资。

远远望去,生态园山青水绿,一派宜人景象。然而,令记者感到意外的是,据大伯讲,生态园老板张建国几年前是一名采矿场主,而他的采矿场正是在我们眼前的狮子山上。

"那你们觉得是开矿山好呢,还是搞旅游好?"记者问。

"当然是开矿山好呀,赚钱多哪!钱多幸福多!"一位妇女说道。

"不对,不对,"另一位大娘急着纠正道,"开矿山对于老板来说是好,但对于我们老百姓来说,当然是搞旅游好啦。以前山上光秃秃的,我们轻易是不会过来的,看看现在的环境多好,青山绿水。生态园也不收门票,我们平时没事的时候就去山上坐坐、乘乘凉。这才是幸福!"

在狮子山生态园管委会,记者见到了生态园负责人盛主任。他说:"2004年6月,江阴禁止开山采石,91家矿山企业全部关闭。矿山关停后,废弃的采石场严重破坏了生态环境。老板张建国积极响应政府号召,进行整治复垦,投入了600多万元种植桃树、杨梅、香樟、桂花、樱花和红枫等名贵花木,如今,废弃的矿山变成了一块山绿水清的宝地。"

"过去,这里的道路尘土满天飞,农民窗户都不敢打开,更谈不上有外地人来玩了。如今环境好了,北京、上海、苏州的人都来游玩了。为了方便周围的农民晚上来乘凉,我们园区道路上还特意安装了路灯。"管委会一位工作人员说。

结束采访时,已是黄昏时候。行至山腰处,正好碰上了刚刚在山脚下锄草的老人们,他们正向山上走来。看到我们的车子,他们不停地打招呼:"欢迎你们下次再来玩啊!"热情的声音和幸福的笑容让人久久无法忘记。

(原文刊于 2010 年 10 月 14 日《中国县域经济报》)

[①] 2009 年,撤销南闸镇,设南闸街道。

无锡新区

无锡鸿山街道务虚会究竟务出了什么？

江苏无锡新区鸿山街道80余名干部于2012年12月远赴厦门开务虚会，行程4天，而会议不满5小时，花费更是高达38万元。细心的网友还算了一笔账：挤干这次开会旅游的水分，实际开会时间4个多小时，平均1小时花费9万余元，鸿山街道的这次务虚会也被冠上了"史上最贵政府会议"之名。

《人民日报》1月5日刊登了名为《无锡鸿山街道违反"八项规定"精神80余名干部飞赴厦门开务虚会》的报道，更是引发了全社会的广泛关注。

每到年底，各个政府部门，包括最基层的街道，都要召开年终总结会，将一年的工作进行梳理，这也是一项很常规的单位内部总结活动。但是，一个不到5小时的务虚短会，江苏无锡新区鸿山街道为何要花高价大老远跑到厦门去开？对此，鸿山街道方面给出的理由是，当地干部需要到沿海地区开阔视野，"希望开一个拓宽视野、解放思想的会"。

平心而论，这话若是出自中西部官员之口，还勉强说得过去，但由位处中国经济最发达的长三角地区的无锡官员说出来，多少让人觉得可笑：无锡还不算沿海地区吗？难道公款旅游就能解放思想？

事实上，相比38万元巨额公款被挥霍、被浪费，最令公众愤懑难平的，是当地官员的回应态度。鸿山街道党工委书记周荣接受采访时坦陈，确曾"花费了38万多元赴厦门召开党工委扩大会议"，并称此次集体外出活动事前经过无锡新区党工委书记许刚的审批同意。而面对舆论不满与质疑，街道宣传委员的回应却是"这样的旅游会议有何大惊小怪？"

我们不难听出，也应该看到，"借会议之名，行游山玩水之实"的并非鸿山街道一地特有，甚至可以说已成为当今官场的一大通病。就在事发前不久的2012年11月末，安徽芜湖经开区公检法赴黄山五星级酒店开联席会议之事已经被曝光并处理。可惜的是，前车之鉴并没有成为后事之师。

有评论认为，其实在这种"旅游会议"的腐败现象背后，还隐藏着一个重要原因：年底突击用钱。评论说，如果当年地方的预算没有用掉，明年就要重新定预算，会进行删减。于是，一些地方官员往往会选择在年底前将预算赶快用掉，而以开会之名到外地旅游、享受、挥霍，就成了方法之一。

党的十八大召开之后，新一届中央领导集体大力提倡改文风、会风和工作作风，再次强调密切联系群众，并于 2012 年 12 月 4 日审议通过了中央政治局关于改进工作作风、密切联系群众的"八项规定"。之后，中央高层下基层不管是视察工作还是访贫问苦，都尽量轻车简行，一切从简。在这样的大背景下，无锡鸿山街道仍然顶风花 38 万赴厦门开务虚会，这无疑给我们一个警示：改进作风仍然任重道远。

值得欣慰的是，最新消息称，《人民日报》报道一出，无锡的党政一把手两位领导分别批示，要求"迅速调查、严肃处理""查实严肃处理"。无锡市纪委会同新区党工委也迅速展开调查，查明情况基本属实，1 月 5 日对违规责任人鸿山街道党工委书记周荣作出停职检查的处理。

不过，在错误得到纠正的同时，我们更应该清楚地认识到，比严肃处理更重要的，是清理、精简那些可有可无、甚至纯属多余的务虚会、研讨会，同时加强领导干部的思想道德教育，将政府财力如老百姓所期盼的那般，用在民生上面，多办实事，赋予现代公共财政"取之于民，用之于民"的应有之义。

（原文刊于 2013 年 1 月 10 日《中国县域经济报》）

宜兴市

"群众的呼声是第一信号"
——记江苏宜兴的民生环保行动

无论何时,漫步陶都,清新空气扑面而来,涓涓清流穿城而过,四季花草铺地,欢声笑语入耳。这不仅是陶都百姓的切身感受,也是很多外来游客对宜兴的直观印象。从2010年6月1日起,江苏省宜兴市在全国率先打响民生环保战役,坚持把老百姓的呼声作为环保行动的指南。在几年的时间里,一大批困扰市民生活的民生环保问题得到有效解决。呼吸清新的空气、拥有安静的环境、喝上优质安全的放心水,在陶都大地已变成现实。

什么样的工作是群众满意的?必须以"群众的呼声"作为"第一信号"。凭着丰富的自然生态禀赋,宜兴拥有巨大的发展空间和竞争优势,但受化工、建材、陶瓷等传统产业的影响,也面临着巨大的环保压力。为此,宜兴市委、市政府审时度势,于2010年率先在全国创新性地提出了"民生环保"理念,在广泛调查研究的基础上,根据市民意见,每年确定民生环保重点内容。为确保工作落实到位,宜兴不仅每年都科学制定"民生环保"专项行动方案,还成立由市主要领导任组长的专项行动领导小组,定期听取整治工作汇报,及时研究解决工作中遇到的重大问题,形成上下同心、各司其职、齐抓共管的强大合力。

去年,宜兴全面启动污染治理"清源行动",把"民生环保"整治领域从城市向乡镇拓展,围绕"水、气、声、视觉"等方面存在的突出问题,始终保持严查严管态势,逐步实现"民生环保"整治区域的全覆盖。作为主要职能部门的市环保局,全面负责专项行动的组织、管理、协调、推进,制定整治责任分解表。各镇、园区、街道也切实担起民生环保工作第一责任主体的职责,密切配合、通力协作。2014年,全市共完成32项减排项目,实施29项节能和循环经济项目,107家企业通过能源审计和清洁生产审核。规模工业综合能源消费量、规模企业万元产值能耗实现"双下降",主要污染物排放强度等约束性指标达到目标要求。

在"民生环保"行动中,铁腕执法才能确保环保问题的有效解决。近几年来,宜兴不断加大环境管理与执法力度,把群众反映较多的各类污染源作为重点监管对象,采取区域集中检查、地毯式拉网排查、夜间和节假日交叉巡查等方式,加密巡查频次。针对2010年的缺水干旱气候,该市把确保水源地环境安全作为最大的民生环保工作来抓,从严监管横山水库水源地上游及周边企业,分批关闭对水源地存在安全隐患的工业企业,对西氿水源地也予以全方位的监督管理,用"铁腕"严肃查处各类环保违法行为,坚决杜绝工业生产废水和城乡居民生活污水直接进入饮用水源地,确保了市民的饮水安全。

为实现由"污染趋势根本扭转"向"环境质量根本好转"提升的目标,在围绕废气污染、烟尘粉尘污染、噪声污染治理等内容开展民生集中专项行动中,宜兴市如期完成了28家企业关停和60家企业限期治理工作,156家企业的254座排蜡窑全部被拆除,水泥粉磨企业的治理也全部完成。

随着"民生环保"专项行动不断推进,该市广大企业也主动参与,并取得了初步成效。宜兴化工成套设备公司[①]投入1 350万元实施技改,解决产品在生产过程中的气味污染问题,有效改善了环科园居民的生活环境;南耐集团投资千余万元建设了技改项目,不仅有效利用了水泥生产过程中的余热,还解决了当地群众反映的污染、噪声等问题。许多瓷件生产企业在专项行动中摒弃传统的热压铸生产工艺和设备,新上干压工艺设备,在源头上治理废气,提升产业档次。通过企业的主动参与,有效解决了群众普遍反映的空气污染问题。

"民生环保"不是省标,也不是国标,而是老百姓对生活满意度的标准。宜兴通过持续开展专项集中整治,全力推动民生环保向纵深推进,一大批环保问题得到了解决,宜兴市民对环境保护的满意率已超过99%。

(原文刊于2015年9月17日《中国县域经济报》)

[①] 今双盾环境科技有限公司,下同。

常州市

溧阳市

小村巨变牵出致富路
——江苏溧阳"双挂双促"结硕果

层峦叠嶂,流水潺潺,白鹭齐飞。行走在江苏省溧阳市社渚镇上蒋村,处处可见宜人景色。上蒋村是溧阳市西陲,背倚天目山余脉,与安徽省郎溪县遥相对望。一望无际的稻田一直延伸到山脚下,微风拂过,道旁的竹林沙沙作响。

近两年村里的变化,村民们看在眼里,喜在心上。60多岁的村民熊阿财说:"道路硬化了,村镇公交通到了家门口,水坝翻修了,村里的旅游资源也纳入了全市大旅游一盘棋,我们村真是越来越热闹了,我们的日子也是越过越舒坦喽!"

上蒋村的变化,源自溧阳市2012年8月启动的"双挂双促"结对帮扶行动。溧阳在全市开展了"以部门、企业与村挂钩、干部驻村挂职的方式,促进村级集体经济发展,促进农民增收致富"的帮扶3年行动。为此,该市政府每年安排1 000万元,设立村集体经济发展专项扶持基金,用于薄弱村村级经济发展项目贷款贴息和项目投入奖励等。

上蒋村是溧阳市委的联系点。农民增收路在何方?农业现代化如何加快推进?农村如何保持长治久安?溧阳市委书记盛建良多次踏田埂、进农舍、访车间、听民情、察村情,与当地干群同吃同住同劳动,共商增收计、共解发展难。

挂职干部驻村帮扶,更是常态。在上蒋村新农村生态农业园里,挂钩干部与农业园负责人陈庆成席地而坐话增收。陈庆成是浙江温州人,在上蒋村承包了4 800余亩地,主要从事瓜果茶叶种植和家禽养殖。"利用好社渚苏皖边界的地理优势,将业务扩大到临近的安徽地区,既做大本土,又扩张外地。"大家纷纷出谋划策。食品安全,自然应该慎之又慎。当挂钩干部得知社渚的上游地区安徽梅渚有两个小型化工厂时,立即与环保部门以及相关环境督查部门取得联系,经过多次协调处理,去年11月,污染水质的化工厂被勒令停产。

记者了解到,上蒋村所在的社渚镇是溧阳的工业重镇,是溧阳首个纳税销售超百亿元的乡镇,不过长期以来也存在产业结构偏重的问题,主导产业以建材、纺织服装为主。以溧阳"次中心"作为更大的发展视域定位自我,加快改变产业结构"吊单杠"的局面,成为"双挂双促"座谈会上最热门的议题。很快,一条崭新的发展脉络就被梳理了出来。

产业结构调优。社渚镇党委书记花建国介绍说,目前金峰水泥集团已经启动了新的制造业项目,率先吹响了转型的号角;宝丽丝纤维公司长期坚持与高校合作,发展蛋白纤维产品,成立全国唯一的功能纱线研发中心,成为欧洲多家高档品牌的原料供应商,并积极与韩国三星纺织集团开展多领域合作。经过几年发展,社渚镇将基本形成建材、纺织服装两大基地和新能源、新材料、汽车配件等为主导的工业经济体系。

生态旅游添绿。社渚生态资源丰厚,石屋山郁郁苍苍,鸟语花香,山上有春秋时期的欧冶子铸剑池遗址、唐代白云寺,山下还有碧波荡漾的饭塘、楼塘两座水库,并有马灯舞等国家级非物质文化遗产。"我们要打造一个溧阳版'世外桃源'。"花建国说。

特色农业增富。近年来,社渚青虾广获美誉,打出了"北有盱眙龙虾,南有社渚青虾"的旗号。青虾养殖带头人、社渚青虾协会会长官德保正在推进"青虾上山",今年全镇新增4500亩养殖面积,是江苏省内最大的青虾养殖基地之一,总养殖面积达4万余亩,预计年产值将超3亿元。

据悉,通过"双挂双促"结对帮扶行动,以社渚镇为代表,溧阳各镇区正抓紧建设一批"造血性"帮扶项目。溧城[①]、竹箦、别桥等镇积极发展物业经济、厂房经济;南渡镇全力发展电子商务,已成功注册"智慧溧阳"域名,建设2.5万平方米仓储物流园提供配套;围绕农村农业经营主体培育改革热点,溧阳还积极组建农地股份合作社,通过优质品种、名牌商标、商务平台等形式促进农民增收,促进村级集体经营性收入增加。

(原文刊于2014年12月1日《中国县域经济报》)

[①] 2020年,撤销溧城镇,设溧城街道。

武进区

武进失地农民喜领保障金

日前,江苏省常州市武进区湖塘镇30多个行政村的4.9万多名被征地农民的代表喜气洋洋地从镇政府领到保障金。据了解,这是该区第一次如此大规模地向被征地农民发放基本生活保障金。

手握刚刚领到的保障金发放卡的湖塘大墩村后虞南村民小组的虞华根老人激动地说:"今天,镇政府为我们发放了保障卡,从今以后,我们再也不用为将来的生活发愁了。"

如何确保农民的合法权益,切实安排好他们的生产和生活,让农民在失去土地后生活无忧,成为武进区委、区政府考虑的重要议题。经济发展的同时,要让广大农民也享受到改革的果实。只有把农民兄弟的权益维护好,将失地农民的后顾之忧排除掉,全区的经济才能取得更大的发展,社会也才能更加和谐。

经过广泛调查研究,并听取了广大失地农民的意见后,武进出台了《关于建立被征地农民基本生活保障制度的意见》,构建了"两级补贴、四路并进"的失地农民保障体系,即对失地农民实行区镇两级财政补贴,建立农民基本生活保障,实行农村集体经济股份合作制,加快促进农民转移就业和适度加大社会临时救助。

经测算,十多万名失地农民全部纳入保障体系,区镇两级财政共要拿出17亿元进行补贴,另外还要拿出90亿元逐年对养老保险基金进行补充。从去年4月起,武进在几个乡镇开展试点。作为试点之一的湖塘镇,近年来被征地农民数量急剧增多,各村都涉及征地问题。湖塘镇在全面实施村组农村集体资产股份合作制改革基础上,又积极开展被征地农民基本生活保障试点和推行工作,将全镇符合基本生活保障标准的被征地农民一次性全部纳入保障范围,顺利完成了4.9万人的保障任务。

在村集体土地被征用后,资源性资产变成了货币性资产。如何让农民的补偿款有效地处置并增值？武进结合实际情况，在全区推行农村集体经济股份制模式，让失地农民变成股东，有了年终分红且逐年递增，这一举措让失地农民吃了一颗"定心丸"。

武进构建的失地农民保障体系，是一项雪中送炭的惠民之举，解除了失地农民的后顾之忧。

（原文刊于2007年7月2日《中国县域经济报》）

南通市

海安市

幸福科技产业化落户江苏海安

7月11日至13日,记者在江苏省海安县①举办的第三届中国国际积极心理学大会幸福家庭论坛上获悉,美国加州大学终身教授、清华大学心理学系主任彭凯平幸福科技实验室落户海安。海安将联手清华大学,在海安经济技术开发区建立幸福科技产业园区,推进幸福科技产品从实验室走向大众化市场。

彭凯平教授介绍,幸福包括三个维度:快乐(happy)、健康(health)、和谐(harmony)。海安联手清华打造幸福科技产业园区,旨在通过生化技术、基因技术、神经技术、可穿戴技术、干预技术等,打造幸福科技云平台,汇聚全球最先进的有关健康幸福科技产品,如心压计、脑波仪和眼控-意控人机交互技术等科技产品。

记者了解到,第三届中国国际积极心理学大会幸福家庭论坛以及幸福科技产业园区之所以选择海安,是基于海安县持续多年不断创新社会治理方式维护社会公平,在社会和谐、学校教育、家庭幸福等方面取得了良好成绩。

家庭是社会的细胞,建设幸福家庭是建设幸福城市的基础。近年来,海安县陆续开展了"和谐家庭""诚信家庭""书香家庭""爱心家庭"等特色家庭评选活动,进一步弘扬和谐家庭文化,同时建立了一支580人的"老舅妈"调解员队伍,年调解婚姻家庭纠纷300多起。此外,海安还组建了千人心理健康知识宣传教育志愿者队伍,深入基层开展心理学及心理健康知识宣传教育活动,实现了心理健康"进机关、进学校、进企业、进医院、进社区、进家庭"的全覆盖,提升全民心理健康素质。

生态环境直接影响人的幸福指数。作为苏中苏北地区首家国家生态县,海安将生态环境保护放在与经济发展同等重要的位置,绿色经济、循环经济和低碳

---

① 2018年,撤销海安县,设立县级海安市,下同。

经济在该县经济结构中的比重大幅提高。去年起,海安用三年时间大力实施"清水工程",向污染宣战,其直接标准就是能不能养鱼。该县先后关停9家蓄电池生产企业、22家铅灰作坊,对全县77条主要河道进行全面疏浚。目前,海安已有1796条多等级河道80%通过整洁河验收。

心顺才能幸福。近年来,一条条畅通民意的绿色通道在海安迅速建立,使得干部真正在第一时间、第一现场倾听民意、为民解难。该县规定每周的周二和周五为党政领导信访接待日,要求全体县委常委、副县长每人每年安排6个信访接待日。县领导信访接待实行首问负责制,包案到底。在县电台开设政风行风热线,从县委书记、县长、副县长到各职能部门一把手,每周都有一名负责人走进直播室,倾听群众呼声。实施人大代表约见选民、党代表约见普通党员制度,让党代表、人大代表真正成为党员和群众的代言人。绿色通道,疏导了"民怨",更激发了民气。

此外,海安还持续创新社会治理方式,着力推进平安法治建设,大大提升了人民群众的幸福指数。截至去年,海安连续10年荣膺江苏省"平安县"称号,连续四届获评"江苏省法治县创建工作先进单位",被江苏省委、省政府表彰为2011—2014年全省社会治安综合治理先进集体、法治建设示范县。公众安全感均居江苏省、南通市第一。

民生幸福为县域经济发展提供了巨大动力。近年来,海安综合实力持续提升,城乡居民收入连续多年保持两位数增长。在全国中小城市综合实力百强县、最具投资潜力中小城市百强县、全国县域经济最具创新力50强县排名中,海安分别跃升至第32位、第11位和第5位。就在不久前,海安成为国家首批中小城市综合改革试点地区。

(原文刊于2015年7月16日《中国县域经济报》)

海门区

江海联动　海门新生四大增长极

俗话说:靠山吃山,靠水吃水。在成功打造全国最大家纺基地以及形成系列产业集群后,江苏省海门市[①]又瞄准了当地优势资源,开始谋划新的县域发展规划。苏通大桥即将通车,崇海大桥、沪通铁路快速推进,海门靠江靠海靠上海,这些地利、人和无疑给海门新规划带来便利和激励。近两年,海门开始大力实施江海联动开发战略,全力打造滨江工贸区、灵甸工业集中区、海门工业园区和滨海工业新区等"四大增长极"。

开发区:细分板块构建投资洼地

塔吊林立,一座座新厂房拔地而起,走进滨江工贸区,热火朝天的项目建设景象扑面而来:总投资10亿元的江苏上钢项目,去年5月份开工建设,今年5月份投产,年产出可达到72亿元。

开而不发是我国大部分县市开发区的现状,如何利用好开发区资源?海门市副市长、开发区管委会主任沈峻峰自有解说:"开发区只有坚持科学发展观,才能实现又好又快发展。因此,开发区要成为科学发展观的率先实践者,转变发展方式的先导区。"就海门而言,在发展方式上,开发区实现三大转型,即注重产业规划,由无序开发,向集约开发转变;注重招商选资,由单纯抓境外投资,向产业招商、集约招商转变;注重项目落地,由重招商轻建设,向招商、建设并举转变。

灵甸工业区:"三大发展模块"各显神通

在海门的江海联动发展规划中,灵甸工业集中区被视为"四大增长极"中的

[①] 2020年,撤销县级海门市,设立南通市海门区,下同。

特色专业园区,通过创造生物医学港、循环产业基地、"联姻"企业群等,海门正朝着"精品化、特色化、国际化"的生态园区大踏步迈进。

在青龙港,记者看到由江苏慧聚药业投入、占地50亩、固定资产投入超亿元的生物医药及中间体项目正在加紧施工。慧聚药业是海门具有典型服务外包型的医药产业中融研发、生产为一体的高科技、高附加值企业,公司集聚了近30位博士,专门从事医药研发。最近,该公司成功研发了创新型西药——抗生素,该药主要用于治疗区域性肺炎和妇科病,是新中国成立后的第54只创新型西药。2007年11月12日,美国Tanox公司总裁唐南珊慕名前来洽谈合作打造国际生物药企研发、生产基地。以慧聚药业为基础的国际一流生物医药港将成为灵甸工业集中区发展的一大特色模块。

工业园区:一个镇变成一座城

家纺是海门工业园区主导产业,作为全国最大的专业市场,去年成交额突破200亿,跻身全国服装鞋帽类市场前8强。

依托家纺产业优势,实现产业结构升级,做大做强产业集群是海门工业园区近两年发展的亮点。该园区大力实施"南进北扩东延"的发展方略,以市兴工,以工促市,园区经济做大做强。由一个镇变成一座城、家纺集散地变成全国家纺中心是园区发展的总要求。目前,进区企业250家,园区工业投入50亿元,产出超百亿元,培育和吸引了凯盛、罗莱、梦洁等多个中国名牌企业。

东灶港:缔造新城神话

采访中,记者了解到2006年7月,海门市委、市政府实施沿海"一城四中心"发展战略。东灶港开发以快速建设滨海工业新区为突破口,以现代深水港建设为重心,加快推进滨海工贸区、国家中心渔港综合产业区、临港工贸区的建设。

一年多来,滨海工业新区按照"昨日垦区、今日园区、明日城区"的总体要求和"打造大平台、承接大项目、实现大发展"的工作思路,全面拉开大建设、大开发框架,昨天的盐场变成了今天的一马平川的工业园区。区内道路四通八达,港西大道把滨海工业新区与海防公路、335省道联通,发展大道贯穿滨海工业新区东西。

沿海开发,使东灶港地区成为中外客商和世界级企业抢滩的腹地。目前已有15个项目办理进区注册手续,除2007年集中开工的10个总投资13亿元项目外,今年世界500强美国泰森等3个超亿元项目又相继落户,总投资4.5亿美元。

(原文刊于2008年5月15日《中国县域经济报》)

崇川区

积聚土地资源　重构乡村空间

初秋时节,在位于江苏省南通市港闸区[①]陈桥街道的安置小区仁和锦居,刚刚拿到钥匙的居民们正忙着装修,一派热闹景象。这里的 2 630 套住宅都是为港闸区"万顷良田建设工程"一期安置户准备的,预计到明年,整个"万顷良田"项目区的搬迁户可实现零过渡。

势在必"动"

据统计,南通市近八成农民不再靠田吃饭,而港闸区的这一比例高达 88%。随着外出打工农民越来越多,土地分散经营的弊端日益显现,要求规模化经营的呼声越来越高。

就港闸区而言,区内民房布局紊乱,无集中连片农田,不利于发展现代农业,不利于农田基础设施建设。许多重大项目苦于没有土地指标也难以落地,亟须通过工程实施置换建设用地指标解决。

港闸区通过"万顷良田建设工程"找到了一条积聚土地资源、统筹城乡发展的新路径。它将农村居民迁移到高品位、现代化居住小区,提升群众居住环境和生活质量;建设大面积、连片的高标准农田,优化区域土地利用布局,实现"农地集中、用地集约、效益集显"。该工程的实施,将促进城乡统筹发展,打破城乡二元结构,解决耕地分散经营、村庄布局凌乱、户均占地过大、生产方式落后、保障水平较低等问题和矛盾,盘活利用农村存量建设用地,实现保护资源和保障发展的双赢。

"农村确实已到了需要'动一动'土地的时候了,'豆腐块'式的耕作和居住方

[①] 2020 年,撤销南通市崇川区、港闸区,设立新的南通市崇川区,下同。

式势在必'动'!"港闸区委常委、常务副区长、"万顷良田"项目建设指挥部副总指挥葛锦坤分析说,"万顷良田建设工程"既可以推进城乡统筹和乡村空间的重构,又有助于解决过去农民进城却留不了城的难题。

强势推进

2010年10月15日,一个全省规划范围最大、拆迁户数最多、投资总量最大的港闸区"万顷良田建设工程",在市区第一座农民公园——五里树公园——南侧第一期安置房地块正式启动。

据介绍,港闸区"万顷良田建设工程"呈现六个主要特点。一是单体规模大。整个工程区分三期实施,规划总面积3.6万亩,涉及陈桥、幸福街道11个村,213个村民小组;一期面积1.35万亩,二期1.5万亩,三期0.75万亩,为全省单体规模最大。二是动迁户数多。工程将搬迁安置居民7 688户,安置失地农民约21 676人;涉及搬迁非居316家,其中企业101家,单体搬迁规模为全省项目之最。三是投资总量大。经测算,工程合计需资金约80亿元,其中土地整理成本1亿元,搬迁补偿迁建费60亿元,人员安置成本15亿元,贷款利息4亿元。四是保障水平高。项目区内让渡土地承包经营权的农民全部参照失地农民进保障的做法,享受基本生活保障,并与城镇职工社会保障体系接轨。五是组织程度强。区政府成立了由区长任总指挥、相关部门主要负责人参与的指挥部,统筹协调"万顷良田建设工程";从区政府相关部门和街道抽调专职人员组成驻项目区工作班子,具体负责工程的组织推进;由区财政出资,组建了实体化运作公司,为"万顷良田建设工程"提供资金保障。六是推进过程稳。自去年4月搬迁工作实施以来,一期工程仅用60天就完成了搬迁任务,二期工程从今年5月4日以来已开拆五个批次,共拆除民房2 211户,平均10天一个批次。沈红星区长表示,由于宣传到位、组织到位、保障到位,港闸区的"万顷良田建设工程"得到广大群众的支持配合,工程推进平稳有序。

惠民共赢

"'万顷良田建设工程'的出发点和落脚点就是要实现好、维护好、发展好农民权益,没有老百姓和企业主的支持,工程就无法推进,也就失去了工程实施的意义。"南通市副市长、港闸区委书记沈雷认为,"万顷良田建设工程"是一项涉及千家万户、造福人民群众、统筹城乡发展的惠民工程,企业和农民自己会算账,补偿到位了,生产和生活条件改善了,他们就会主动接受安置方案、主动参与工程实施。

在"万顷良田建设工程"集中搬迁过程中,港闸区充分运用"双置换"政策,即:用农村宅基地和住宅置换城镇住房,用农村土地承包经营权换取城镇职工社会养老保障。这种"双置换"政策,让搬迁老百姓自己算了一笔经济账:一方面,通过农村宅基地和住宅置换城镇住房,让农民原本无法上市交易的农村住宅,变成了可以直接上市交易的安置房(低价位商品房)。在港闸区,老百姓搬(拆)迁后一般每户至少可以拿两套安置房,其中一套由自己居住外,另一套可以用于租赁或者出售,实现由房屋资产到资本的转变。另一方面,通过用农村土地承包经营权换取城镇职工社会养老保障,搬迁农民被纳入到了城镇职工社会保障体系,达到退休年龄的农民可以像城镇退休职工一样按月领取退休金;未达到退休年龄的农民,除了每月领取相应的生活补贴外,还可以自谋职业。搬迁农民在房产和社会保障方面获得的收益,已经远远超出了其原有在土地上的收益,实现了群众利益的最大化。

"万顷良田建设工程"的核心在于复垦再耕种,项目实施以来,通过连片整理、规模种植,初步实现了耕地集聚和效益产出。一方面,开展连片整理。项目区一期土地整理复垦工作从去年7月份开始,经过5个月的施工,完成了697个增减挂钩图斑、550个沟塘和997个线物图斑的整理复垦,实现了从每家每户的零星耕地到集中连片的高标准优质农田的质的飞跃。目前,项目区一期建设用地经过复垦已新增耕地3 000多亩,农用地整理已新增耕地2 200多亩。经测算,项目区建设用地经复垦可以新增耕地近8 000亩,农用地经整理可以新增耕地4 200多亩。另一方面,开展规模种植。项目区一期种植面积1.2万亩现已全部种植到位,今年复垦土地已经收获一季,实现产值550多万元。目前,项目区二期已开始农业招商。

为使"万顷良田建设工程"在资源配置上发挥最大效应,港闸区通过集中建设,形成集聚发展。一方面,推动居住集中。区里在陈桥、幸福两个镇区,规划建设了两大集中安置区,预计到明年,全区万顷良田项目区的搬迁户可实现零过渡。另一方面,在优先保证农民安置区建设的同时,区里将部分富余指标用于区域范围内的重大项目建设,有效突破了"土地指标难"的发展瓶颈。2009年底,南通市港闸区和上海市闸北区合作,引进了产城一体的综合性开发项目——上海市北高新(南通)科技城。该项目总占地5.24平方公里,计划总投资达350亿元,将着力打造由高端现代生产性服务业为主的城市综合功能板块,成为拉动港闸产业发展和城市建设的新增长极。目前,园区内基础设施建设基本完成,总投资约 50 亿元的长江智谷、挪宝新能源、衣谷北极绒、智翔人才培训等 4 个项目集中开工。

可以说,正是缘于"万顷良田建设工程"的有力保障,港闸未来产业的快速发展和城市的快速崛起有了坚实的基础,资源要素得到了最大化的配置和利用。

(原文刊于 2012 年 10 月 11 日《中国县域经济报》)

启东市

启东：做好黄金海岸开发的排头兵

围海造田打造大港口

在启东吕四大洋港基础设施建设指挥部，记者随车驶上港口堤顶公路，放眼望去，柏油路开阔平坦，似乎延伸至大海深处。而半年前，这里的道路对驾乘人员还是一种考验：风大，满车尘土；雨至，泥泞坑洼。"原来的堤顶公路已经全部修缮，下半年我们将在新围垦地上修建2条接线公路，来贯通4条沿海堤顶公路。"启东市委宣传科黄科长对记者说。

登上吕四港高高的围堤凭堤眺望，远处茫茫大海似被几千米的围堤"拦腰斩断"。虽然波涛汹涌，一片苍茫，但眼前广袤的土地仍使每一个在场的人激动不已。这就是吕四港综合海运码头。码头前大型展板上的一句话更令人激奋："综合海运码头的启用，为启东的沿海开发添上了浓墨重彩的一笔，彻底结束了启东有海无港的历史。"

有海无港，曾是启东沿海开发的一个"软肋"。随着江苏沿海开发上升为国家战略，启东沿海开发得以高起点、大手笔破题。

2009年3月，吕四港一期进港航道及锚地工程通过了海事部门验收，两座5万吨级码头竣工。5月，吕四港航道正式通航，有海无港的历史在启东一去不返，江苏沿海又添一条出海大通道。围垦面积达12平方公里的新陆已经成形，投资15亿元的国家成品油储备、投资30亿元的煤炭中转及配煤等重大项目即将进驻。

短短几年，启东人"沧海变桑田"的魄力和勇气换来的是"精卫填海"的奇迹：以大洋港水利闸西堤为中心轴线，吕四中心渔港外拓工程规划从大洋港向外延伸2000米，分别向东、西拓展3000米，规划面积12平方公里，估算总投资逾

20亿元。除码头建设之外，吕四港航道建设也在快速推进，一期进港航道及锚地工程已于2009年3月通过了海事部门的专项验收。

以码头和航道建设为标志，启东的沿海口岸开放取得了突破性进展。据口岸委主任顾惠松介绍，今年5月，吕四港区获批临时开放口岸，使启东的口岸建设水平获得了新的提高。外轮停靠不再需要从上海、南通等港口中转，缩短了中转环节，降低了作业成本，为整个启东企业进一步发展奠定了基础。

临港产业汇集聚宝盆

在吕四海洋经济开发区管委会副主任黄红春的眼中，启东的临港产业将以石化产业为主导，以能源、冶金、物流产业等为重点。为充分放大临港产业效应，招商引资已经成为当务之急。临港工业园区主要围绕两大类企业开展招商活动。一是"国"字头、"中"字号的国有大型支柱企业；二是世界主要矿石、物流、煤等大宗物资供应商。

目前，启东临港产业招商已取得了阶段性成果。投资15亿元的国家成品油储备项目洽谈成功，即将进入实施阶段；投资30亿元的煤炭中转及配煤项目已经基本敲定，即将建造2个10万吨级码头，4个5万吨级码头和部分小码头。黄红春表示："随着大规模临港型企业的入驻，我市港口优势将得以充分发挥，并成为全市经济发展的核心发动机。"

"除了船壳，所有船舶内部的东西，这里都能造出来。"在启东滨海工业园，园区副主任陆静涛骄傲地对记者说。目前，该园区已初步形成了以申港螺旋桨、广成涂装、上拓船务等企业为主的船舶配套产业群。此外，以滨海铝业、远洋电缆等大型规模企业为主力军的机械制造产业，也已凸现强劲的爆发力。鸿得利机械、中曼石油等装备制造业等龙头企业的进驻，更令园区在产业结构调整、产业链条延伸上取得了新突破。

如今的滨海工业园，围绕精密机械、电子电器、船舶配件和生物医药四大支柱产业，已经形成了以先进装备制造产业、高加工度原材料工业、高新技术产业为特色的先进制造业产业区。陆静涛表示，今后两三年，滨海工业园的绩效产出能力将会出现"井喷式、爆炸式"的增长。

广阔滩涂大有作为

在滨海村外海区，圈地703亩滩涂建立起来的上海市水产研究所启东科研基地，历时2年建设起来的各项设施在茫茫的滩涂上格外醒目。启东江海滩涂资产管理委员会工作人员施玲玲告诉记者，启东自1998年开展高涂养殖以来，6万亩淤涨型高潮区滩涂已全部得到开发利用，年产虾蟹贝1万多吨。潮间带滩涂可利用面积20万亩左右，目前也均已开发利用，主要以文蛤、四角蛤、泥螺等贝类及紫菜养殖为主，年产各种贝类6万多吨，紫菜干品1 000多吨。另外，全市除养殖用滩、围堰用滩、围垦用滩外，还有旅游用滩，如位于吕四大洋港东侧的吕四风情旅游区；临海工业用滩，如位于协兴港闸北侧至滨海工业集中区外侧的市滨海工业集中区二期填海项目等。

"深水深用，浅水浅用"。岸线资源得以充分开发，并逐步向广袤的腹地开发。合理利用滩涂资源，依托科技力量，现代制造业、绿色能源产业、高效农业、旅游业等多极产业正在齐头并进。

（原文刊于2009年11月12日《中国县域经济报》）

沿海崛起吕四港
——看江苏启东驶入起飞新跑道

挺进上海"一小时经济圈"

毫无疑问，2010年整个世界的目光将锁定中国，锁定上海，锁定首次由中国举办的世界博览会。这场史上规模最大，预计7 000万人次参观，总投资达450亿元人民币的世界博览会，对于提升上海国际影响力，实现经济和产业升级，意义极其重大。

今年4月29日，国务院颁布了《关于推进上海加快发展现代服务业和先进制造业，建设国际金融中心和国际航运中心的意见》，为上海的发展彻底厘清了政策羁绊。然而，根据国际上的经验，把一个城市打造为国际航运中心，还需要周边地区协作配合。目前，上海港的国际中转能力并不突出。据统计，2008年，上海港国际中转箱量仅为5％，而新加坡则高达85％、中国香港达60％、韩国釜山达45％。从这一点上说，上海要打造为国际航运中心，必须寻找更好的周边港口的协同发展。

启东地处万里长江入海口北侧，集黄金水道、黄金海岸、黄金大通道于一身，是出江入海的重要门户。启东与上海隔江相望，距浦东直线距离仅50多公里。启东连接上海的大通道——崇启大桥建设进展顺利，已累计完成投资超过11亿元，约占总投资的30％，预计2011年建成通车。连接上海与崇明的长江隧桥于10月底正式通车后，使启东到上海的车程由3小时缩短为1小时，时空关系的转变把启东融入上海一小时经济圈，成为全国连接南北、沟通东西的重要经济枢纽。

启东的吕四港,北临黄海,南靠长江,西依苏北平原,是我国著名的六大中心渔港之一,具有突出的区位优势和优良的建港条件。实际上,吕四港不仅仅是著名渔港,更是深水海港。今年5月,交通运输部正式批复,吕四港为国家一类临时开放口岸,现在国际国内各类船舶都能在吕四港靠岸。

吕四港是上海一小时经济圈唯一拥有深水港和土地资源的港口,可作为上海产业转移的主要目标地。而在航运上,吕四港和上海之南的北仑港,将成为上海航运的南北两翼,共同为上海港分流。

对此,启东市市长徐锋在接受记者采访时信心十足地说:"吕四港是江苏沿海不可多得的深水良港,也是上海北翼最近的深水大港。作为上海北翼的辐射地,我们将加快以吕四港为龙头的启东沿海开发,加快打造上海北翼的第一深水大港,大力发展特色临港产业,尽快把启东建设成为江苏沿海的先导区、全面接轨上海的桥头堡。"

打造上海北翼第一海港

南京水科院对吕四港小庙洪航道进行了连续20年的研究,今年又和交通部[①]规划研究院一起对吕四深水海港开发进行规划研究,吕四港具备了开发建设成为深水大港的资源条件。首先,这里良好的自然条件适合建设10万～30万吨级以上深水泊位,这是吕四海域乃至长三角难得的深水港资源。小庙洪水道是一条以落潮水流控制的潮汐水道,具有微冲不淤、水深浪小的特点。稍加疏浚后,10万吨级海轮可乘潮进出。

同时,吕四港海岸滩地高而宽阔,可围垦土地达100多平方公里。借鉴河北曹妃甸的经验,围垦后,可在港区建设一批10万吨级挖入式港池,既大大增加港口资源利用率,又可以规划建设石化、钢铁、能源等大型临港产业。

吕四港的发展需要依托区域港口航运发展机遇,发挥紧邻上海国际航运中心和江海交汇的优势,抓住区域内大宗货物运输的需求,充分利用深水航道和岸线资源,以冷家沙和大洋港深水泊位开发为主体,加快港池和深水泊位建设,完善公路、铁路、内陆水运、油气管网等衔接配套的集疏运体系,将吕四港建设成为区域性的重要港口。

启东对吕四港的发展定位是:第一,上海国际航运中心北翼港口群的组成部分;第二,面向长三角区域性运输网络的重要门户节点;第三,服务临港产业和大

---

① 今中华人民共和国交通运输部,下同。

宗散货运输为主的综合性港口。

港口带动推进沿海开发

今年6月10日,国务院通过了《江苏沿海地区发展规划》,江苏沿海开发正式上升为国家战略,江苏发展的潜力在沿海,沿海的重点是港口。在沿海开发中,启东最具竞争力、最具发展潜力的就是吕四港的开发建设。

事实上,吕四港的建设已经如火如荼。

吕四港作为江苏沿海开发的重要支点,作为长江三角洲地区一个新兴港口,其开发建设必定会对启东、江苏沿海乃至长三角一体化发展产生巨大的作用。启东市委书记孙建华说,吕四港的开发建设意义重大。

第一,开发吕四港符合我国产业结构调整升级的总体方向。我国经济处于工业化中期阶段,未来一段时期,中央扩内需、保增长的政策将继续实施,能源及原材料等上游行业产品供不应求的形势仍将继续、国外进口需求量仍比较大,吕四港的开发建设将为推进沿海开发、加快重化工业发展提供重要的平台。

第二,开发吕四港有利于加快接轨上海的步伐。通过吕四港的开发建设,就可以在上海周边形成南有北仑港,北有吕四港,南北两翼共同为上海港分流的格局,成为上海国际航运中心最理想的北翼和强有力的补充,能更加有效地接受上海的辐射,并把这种辐射功能延伸到苏中、苏北地区,成为上海这个长江流域经济龙头的新翅膀。

第三,开发吕四港有利于江苏沿海港口的优化布局。把启东建成"黄金水道"与"黄金海岸"的最佳交汇点,成为江苏沿海地带新的"桥头堡"和"辐射源",将加速长江经济走廊的畅通,促进江苏南北一体的和谐发展,形成连接苏南、带动苏中、辐射苏北的发展格局;同时解决了从连云港到上海港之间长达1 000公里海岸线上的港口"断链",意义十分重大。

第四,开发吕四港有利于推动长三角北翼经济的提升和发展。吕四港的开发建设,尤其是吕四港的开航,能形成以港口为中心,江海河联运、铁路和空运相配套的江苏沿海大交通网络,我们将借此着力发展临港产业,拉长产业链,改变原有苏中、苏北地区产业结构相对偏轻的格局,从而进一步壮大长三角北翼经济体,改变长三角现有的南重北轻经济格局,促进长三角经济一体化发展和腾飞。

(原文刊于2009年12月17日《中国县域经济报》)

如皋市

如皋靠江"吃"江

江苏省如皋市近年来招商引资、项目投入、沿江开发、全民创业等重点工作全面推进,主要经济指标排名在全省县(市)中稳步上升。

如皋位居江阔水深的长江下游,距上海120公里,距南京180公里,如皋境内拥有长江岸线48公里,其中深水贴岸、微冲不淤的黄金岸线20.2公里,可建万吨级码头30多座,可通航5万吨级的巨轮。此外,如皋还拥有2万多亩滩涂和广阔的腹地,可供开发的空间很大。

如何把巨大的资源优势转化为强大的发展动力?2003年,如皋提出把沿江作为区域经济的增长极、融入苏南的桥头堡、跨越发展的突破口,坚持以"科学开发、绿色开发、生态开发、和谐开发"为主题,以优化产业结构和转变增长方式为重点,依托黄金水道、黄金岸线、黄金腹地的基础设施优势,举全市之力,集全民之智,加大港口建设力度,加大口岸开放力度,加大功能配套力度,加大项目推进力度,着力打造实力沿江,朝着"一年大变、三年突变、五年巨变"的目标迈进。

谈起如皋沿江经济5年巨变,市委书记陈惠娟兴奋地说,在江苏沿江开发的15个重点县(市)中,如皋市充分发挥后发优势,跳出如皋谋划沿江,跳出沿江统筹大开发,立足科学发展,把沿江开发作为全市经济社会协调发展的起跳板和主要突破口。开发不到5年时间,昔日的荒滩苇荡已成为全省沿江开发中引人瞩目的黄金岸线,几年前制定的"五年巨变"目标正一步步变为现实。

沿江开发主要指标持续翻番,陈惠娟道出了如皋港区5年来发展的一系列数据:完成规模工业产值61.5亿元、销售收入60.2亿元、利润2.6亿元、财政收入2亿元、一般预算收入1.1亿元,分别增长107%、168%、122%、143%和121%。主导产业迅速崛起,投资近50亿元的熔盛重工造船项目边建设边生产,首制船已正式下水,投资近40亿元的海工平台、德源高科等项目加快建设,分别投资近300亿元的沙钢物流加工项目、华电发电项目成功签约,江南重工、中铁三桥、日本森松等一批重大船舶配套项目落户港口，石油重工及精细化工等主导产业初具规模，一区三园空间布局逐步形成，有力地带动了关联产业的快速集聚，船舶配套企业已达43家，遍布全市15个镇。功能配套逐步完善，商务会所、星级酒店、便利中心、商住小区、农贸市场相继建成运营，各行政部门驻港区机构以及汽车站、医院、学校等公共服务项目陆续建设，污水集中处理、集中供热供气等基础设施建设基本到位，新开一类开放口岸年内有望获批。开发成果加快惠民，全面建立失地农民保障机制，8000人实现土地换社保；建立港区公益岗位劳务派遣制度，培训失地农民2500人次，安置就业2000多人；开工建设农民集居区100万平方米，竣工55万平方米，安置农户3700户。

在咬定沿江开发的同时，如皋市加大结构调整力度，使三次产业结构比重由13.7∶52.2∶4.1调整至11.4∶54.4∶34.2；引进先进制造业项目占制造业项目比重达到85％，轻重工业比达到39∶61；服务业发展速度加快，完成服务业增加值73.3亿元，增长16.4％，其中现代服务业增加值24.8亿元，增长22％。创新能力显著提升。

（原文刊于2008年3月27日《中国县域经济报》）

扬州市

江都区

发展现代物流　振兴县域经济
——对江苏省江都市①小纪镇物流业发展情况的调查

江都市小纪镇面积 178 平方公里,总人口 9.6 万,在江都市现行 13 个镇中区域面积第一,经济总量居二,人口规模位三。工业经济占全镇经济总量 80% 以上。现有个体私营工业企业 800 余家。其中,亿元以上的重点企业 11 家;年销售 500 万元以上规模企业 63 家;年产销 200 万元以上 500 万元以下的小规模企业 100 多家,主要以木业、机电、化工及涂装、文体及针纺、环保设备、电力金具和汽车零部件等 7 大系列产品为主。2008 年全镇实现工业产值 145 亿元,销售 140 亿元,利税 9 亿元。

一、物流业现状

1. 物流规模巨大,专业化物流服务需求初露端倪

伴随着大量的生产和消费,小纪镇物流规模不断扩大,仅列统工业产品的向外销售运费,2007 年达 6 000 万元以上,加上村组户工业和特色农产品的运费,全镇运费可达 8 000 万元到一个亿。运费率占工业销售额的 8‰ 左右。从物流方式上看,该镇物流主要以公路运输为主(原木从国外海运到江都港口除外)。物流市场专业化的物流服务需求已初露端倪,专线化物流配载相继涌现,多样化物流服务应运而生,而且正在向规模化、专业化发展,传统的运输方式已逐步向现代物流方向转变。

2. 现代物流起步,初具雏形

在小纪镇的重点企业中,一些经营理念先进的工业企业开始由传统物流向

---

① 2011 年,撤销县级江都市,设立扬州市江都区,下同。

现代物流发展,在公司内部成立相对独立的物流机构,为自身的采购、生产、销售提供物流服务。江苏快乐木业集团每年向外运输费支出近1600万元。为便于产品运输,集团成立了快乐木业集团物流配送中心,主要负责满足本集团内部运输需求,并部分承接对外业务。扬州神舟汽车内饰件有限公司固定本地运输车辆20多辆开展产品自运业务。英泰集团有限公司业务范围覆盖全国各省市,产品出口近30个国家和地区。目前,所有货物运输采用的是外包,计划1～2年内,在集团内部成立一个专业的物流中心,在保证本集团公司运输的基础上,同时承接社会上的业务,为英泰集团和地方经济发展服务。

3. 运输企业竞相发展,服务功能逐步完善

目前,小纪镇登记注册的运输配送企业8家。随着经济的发展,这些企业在竞争中求生存,在服务上谋发展,打破传统运输业货主货物单一运输的模式,采取多货主、多货物集中发运、统一分发到户的运输方式,方便客户电话采购、信用结算,节省采购费用,同时,也提高了自己运输的效益,2006年贡献地税80多万元,2007年达到100多万元。高效快捷的运输服务,促进了小纪镇商贸业、村组户工业和特色农业等的发展,为小纪镇进一步发展现代物流业打下了基础。

二、存在的问题

小纪镇的物流业随着地方经济的发展而发展,但对照真正意义上的物流业,还属于起步阶段。无论是组织结构、运作方式,还是经济效益和社会效益离现代物流业的要求和目标还有很大距离,存在着一些突出问题,主要表现在:

一是总体规模偏小,效益偏低。从事运输的企业自备营运车辆少,档次低,运力不足。运输车辆以挂靠或临时租用为主,规模相对较小。对于小纪镇丰富的农产品资源以及众多企业原辅材料、产成品外销实际所需的运力来讲,现有的运输能力难以满足需求,导致该镇运力外流现象严重,90%以上的工业企业货物运输采取物流配送专线配载或运输外包的物流方式。自身运力资源的不足造成周边地区物流行业乘虚而入,进而直接导致了潜在运输市场份额的大量流失。

二是物流单位分散,缺乏有效整合。小纪镇共计拥有载货车辆300台,吨位1200吨。其中,绝大多数属于私人所有,处于"散兵游勇"的状态。从事物流服务的8家企业规模较小,服务单一,各自为政。业务上处于电话联系、手工操作、人工装卸的低水平运作,与外地区的物流企业和专线配载在价格竞争上处于劣势。加之物流配送功能不健全,一条龙、全方位的服务难以到位,以致经济效益不高,发展速度缓慢,物流企业"小、散、弱"的现象突出。

三是重要环节缺失,未能形成完整的产业链条。物流业除了运输之外,加工、包装、整理、仓储、信息服务都是重要的环节。而小纪镇的运输企业恰恰在这些环节上都是处于空白,环节缺失,功能不全,实力难以壮大,每年业务只够维持生存,没有积累用于投入。由于未能形成完整的物流产业链,因而面对外地物流业进入时,只能处于辅助地位。

三、探索创新加快发展

加快发展物流业是大的方向,但要建成现代意义上的物流企业,不是一蹴而就的。就目前而言,还是要因地制宜、分步实施,同时在政策上给予相应的激励。具体步骤和措施是:

(一)剥离。将隶属于工业企业内部的物流中心、运输公司、运输车队等服务性机构从工业企业母体中分离出来,单独成立具有法人资格的运输企业,独立核算,按章纳税。改变过去企业三产指标合在二产指标中统计的状况。只有剥离分立,企业物流业才能做大做强。三笑物流(上海)有限公司当初就是从集团分离,实现了由内部运输公司向专业第三方物流企业的转型。经过4年的发展,目前已经成为苏中第一、服务网络覆盖全国的专业物流企业,成为"现代服务业标兵"企业。剥离需要政府引导,行政推动,部门配合,通过典型引路,逐步做大做强运输企业,达到增加服务业增加值、增加地方税收的目的。

(二)整合。对现有的运输企业资源进行集聚,形成集团运作的模式。以目前小纪镇各个运输企业的现状,无论哪一家都很难发展成为第三方物流企业。只有依靠行政的推动,进行整合集聚,成立运输集团公司,实行统一服务,统一规划,统一核算,才可能将小纪镇的物流业发展壮大,现有的运输企业才有可能避免今后被市场淘汰的风险。与此同时,对全镇的运输车辆同时进行整合、收编,壮大集团的运输实力。集团对整合单位可采用"总—分"的形式成立,也可采用股份合作的形式成立,对个体运输户采取的实物入股的形式。这样,小纪镇在物流业发展中就具有了龙头,"多、小、散、弱"的格局将彻底改变。

(三)新建。按照现代物流企业六大要素,构建物流平台,适应现代企业发展的需求。就小纪镇而言,通过剥离、整合,就可以实施新建的第三步骤。

1. 规划。可在规划客运中心建设的同时,一并规划物流中心的建设。2. 融资。可采取集团融资,老板参股的形式筹集建设资金,也可以通过招商引资、项目竞标的形式解决建设资金问题。3. 招贤。发展物流业,人才是关键。物流企业光有硬件,没有软件是不行的,而运用好软件的关键在于各类专业人才。要通过培养、引进等途径为物流企业招贤纳士,使物流中心成为各类专业人才集聚的中心。4. 嫁接。现代物流的发展,很大程度上要依赖信息平台的功能发挥。通过信息平台,实现物流产业链的一体化管理。小纪物流在发展的过程中,除了建立自身的内部信息管理系统外,还要主动在全国各地的物流企业开展合作,嫁接他人优势,弥补自己不足,避免成为"信息孤岛"。在专线运输上,也可以与外地区的专线配载公司合作,增强配载功能,增加运输点的密度和运输线的长度。5. 管理。运用现代管理理论和措施,对物流企业实施管理。可借鉴全国知名物流企业管理的先进经验,把物流企业的六大环节功能充分发挥出来,把企业内部各种要素的积极性充分发挥出来,实现管理效益的最大化。

(四)激励。制定激励政策,调动地方发展物流业的积极性。实行分税制改革后,服务业的发展将会加快,对市级财政的贡献率也将会增大。对此,为进一步激励服务业快速持久发展,建议市政府在各镇新增的地税收入中拿出60%的部分作为激励资金,其中:20%用于对镇财政进行奖励性返还;25%由镇政府建立扶持、发展服务业的专项资金;15%对相关重点纳税大户(特别是重点工业企业)进行奖励。比如,小纪镇2008年物流业营业税总收入达320万元,剔除2007年100万元的基数,新增220万元,其中:市财政拿88万元,返还镇财政44万元,55万元由小纪镇用于对物流企业的扶持、发展,33万元用于对剥离工业企业或对本镇地税贡献较大的工业企业进行奖励。如是,市级财政收入有较大的增加,镇政府、物流单位、工业企业也都有发展物流业的积极性,达到共赢的目的。

(原文刊于2009年7月6日《中国县域经济报》)

仪征市

他们是经济发展的"突击队"
——江苏仪征新集镇村镇建设管理所促建农村和谐社会侧记

舍小家顾大家

走进江苏仪征市新集镇村镇建设管理所所长周国金的办公室,细心的人会发现他的办公桌下面总有一箱"康师傅"方便面。老周家离集镇不远,为什么要在办公室吃方便面,难道是他喜欢?答案是否定的。真正的原因是,新集镇村建所的很多工作人员都会因为过于忙碌,而不得不以方便面凑合一下。一个小小的村镇建设所,怎么会有那么多工作做呢?老周说:"我们是镇党委、镇政府的直属职能部门,就像他们的胳膊和大腿,我们的工作目标只有一个:把新集镇村镇建设工作做好!"

为了搭建好招商引资平台,新集镇这几年村镇建设步伐明显加快。2003年,全镇建成区面积只有1.2平方公里,如今却已达到3平方公里,其中,道路、绿化、亮化、小游园、居民集中区等工程,都是村建所主抓的工作。

"梧桐树"栽好了,一个个投资项目像金凤凰一样飞来了。每个项目来村建所办理规划建设手续,村建所工作人员必须全程跟办。为了办理华腾项目的相关手续,村建所工作人员多次与无锡设计院联系厂房设计事宜;为了帮助赛格项目在当地落户,他们跑南京邀请省检测部门的专家来企业做检测。

这些事,手续多,程序繁杂。所长周国金根据工作笔记粗略统计了一下,去年,他一个人就参加群众代表会48次,因为部分群众白天要上班,其中30多次会是晚上开的。印象最深的是去年4月中旬该镇项目集中开工日前,老周发着高烧,他白天照常上班,晚上再抽空去卫生院输液,就这样,他带病坚持工作了

6天，为企业开工理顺了方方面面的工作。

工作不分8小时内外

在新集镇，村建所管理的事务很杂。今年7月20日，一场突如其来的暴雨让村建所的同志忙得不可开交。镇区3处严重积水，得知险情后，村建所工作人员兵分三路，立即赶到现场。小游园处，由于排水管道不通，雨水无法排掉，副所长莫宏宝带人架起3台潜水泵开始抽水；紫竹花园小区，由于工程施工导致排水不畅，新集村先锋组两户居民房受到积水威胁，雨水随时会冲进屋内。副所长王继明一边下水打围挡，一边派人找潜水泵抽水。

与此同时，所长周国金也在中心东路3家企业忙得不可开交，由于衬衫厂等3家企业所处地势较低，形成低洼，积水越积越深，最深的地方达到了60厘米，再不采取措施，厂房就有垮塌危险。周国金和其他工作人员用泥袋在厂门口筑起围挡，并找来挖掘机，挖开了一道150米长的临时排水沟，这才算彻底解决了问题。

其实，有些事情是村建所"自找"的。去年夏天，镇区经五路十字河道有一段长600米的岸埂需要整治、绿化，这是完全可以雇人去做的工作，但村建所却动员本支部21名党员上阵，从早上5:30开始干起，清除杂草，铺草皮，一直干到中午才结束，大家都觉得很累，但也过了一个很有意义的党员活动日。今年5月，镇区路灯电缆连续两次被盗，周国金就坚持在夜间骑摩托车沿路巡查，持续了一个星期。

晓之以理动之以情

村建所的工作，在很多人看来都是磨破嘴皮、跑断腿的事，他们不但要懂政策、讲方式方法，还要以理服人、以情感人。

今年7月，紫竹花园居民集中区建设工程正在紧张施工，一天，忽然来了很多村民阻挠施工。原来，村民嫌补偿过低，要求增加征地补偿金。周国金闻讯后赶到现场，一面稳定村民情绪，一面要求村民选出代表来协商解决。最后，他通过向7名村民代表做耐心细致的思想工作，使事情得到圆满解决。

去年春节刚过，新集镇要对老工业区进行改造，部分企业需要搬迁，根据镇党委、镇政府统一安排，3月20日为签订拆迁协议截止日，在此之前签订协议的企业，政府可一次性奖励2万元。为了做通一家企业的思想工作，当天村建所的同志在该企业一直忙到夜里两点,他们晓之以理,动之以情,终于和厂方谈妥条件,连夜签好了搬迁协议。

村建所处理农民群众因建房产生的矛盾,那更是"分内事",每年至少都要解决四五十起。情况也各有不同,打架、上访、跳河上吊,什么花样都有,但村建所都会想方设法让事情得到圆满解决。李云村有户洪姓人家,这家人缘不太好,盖房时要求邻居给他让地,要求被拒后,他动手打过人,跑市里上访过,村镇干部找他谈过不知多少回,但谁不帮他说话他就和谁急。到最后,他在村建所同志的说服下明确表态:"我听你们的,不再乱来了!"

一个基层站所,要想让当地群众说好,那可不是一件简单的事,不单多乱、多杂、多难的事都要做好,还要处处注意自己的言行,从细微之处树立良好形象。这其中的关键就是工作人员的严格自律。与服务对象打交道,既要服务好,又要不伸手。在新集镇村建所,班子领导带好头,办事人员管好自己,服务对象想不说好都难。

去年梅雨季节,有一个周日,长春村的两个村民家里要建房,但他们担心村建所不批,于是找到周国金。周国金问明情况后,明明白白告诉对方:"你对我们村建所还不了解,你完全符合建房条件,有什么可担心的。这样吧,你的事我记下了,星期一你到村建所找我,我给你办。"

落户在新集镇的"逸品西城"房地产开发项目,是镇党委、镇政府的招商引资项目,有关费用由政府包干,开发商有求于村建所的事情很少,但村建所"保姆式"的服务还是给项目经理刘建龙留下了深刻印象。去年中秋节,他为村建所每位工作人员送上了500元礼金表达谢意,但周国金让人把钱退了回去,他告诫大家:"人家心意我们领了,但这钱我们不能拿。钱是小钱,影响单位形象是大事!"

新集镇建设用工、用料,安排群众拆房、建房,有人为答谢村建所工作人员,给他们送点烟酒礼品的事经常有,但村建所从班子领导到普通办事员,都能在小节上严格律己,不给队伍抹黑。在新集镇,无论是服务地方经济发展,还是服务普通群众日常生活,村建所的工作团队就像一支"突击队",哪里任务艰巨,哪里最需要他们,他们就会出现在哪里。

(原文刊于2006年12月4日《中国县域经济报》)

徐州市

丰县

丰县"大手大脚"改善民生

农民喝上自来水、公交通到家门口、菜市搬到超市里、社会保障全方位、居住环境大变样针对老百姓最关心的衣食住行等问题,丰县近年来投入大量资金,连续实施了一系列让老百姓看得见、摸得着、得实惠的民心工程。

"群众利益无小事,凡是和老百姓利益密切相关的事,我们就要集中一切力量做好,让百姓尽快得到实惠。"县委书记赵保华的这番话,深刻地诠释了丰县领导干部的"民本理念"。

为群众打造"生命健康工程"

丰县部分地区水资源匮乏,浅层地下水含氟量平均超标4～6倍。3年来,丰县累计投资7600多万元打水源井52眼,铺设输水管网3100公里,受益农民涉及首羡、常店、顺河等7个镇、84个建制村、249个自然村。

"从前喝的水又苦又咸,现在甜甜的自来水一直通到院子里,用起来真方便!"丰县首羡镇史老家村史为公老人看着哗哗流淌的自来水,掩饰不住内心的喜悦。为让农民吃得起"安全水",丰县在减免各种费用、努力降低供水成本的同时,还制定了自来水成本公示、最高限价、村民会商等制度,目前农村平均水价比县城居民生活用水低44%。

除了饮用水安全工程,丰县还在全县推广医疗保险制度。丰县劳动和社会保障局负责人告诉记者,自去年8月1日启动城镇居民医疗保险制度以来,已有4.88万人参保,政府财政补贴人均超过100元,医疗保险将在丰县城乡实现全民覆盖。

为市民搭建"绿色客厅"

从去年7月起,家住韩园新村的张建忠老汉外出散步时又多了一个新去处——扩建、修葺一新的丰县凤鸣公园。作为丰县最大的公园,凤鸣公园扩建后免费开放,成为丰县城区最大的休闲"绿色客厅"。目前,丰县城区十余个公园、广场全部免费开放,成为市民休闲、娱乐、健身的最佳去处。

和许多县城一样,丰县蛛网式的小巷里弄一度环境脏乱。近年来,该县财政拿出数千万元,按照"路平、灯明、排水畅、环境美、设施全"的标准,把200多条背街小巷列入综合整治范围,覆盖了城区90%的街巷。"真没想到,政府把实事、好事做到了家门口!"家住胜利小区的董玉芬老人高兴地说,"以前小区门口的路狭窄坑洼,道板损毁严重,一脚踩下去就污水横溢;现在路面不仅拓宽了,还铺了水泥路,走在上面平稳了不说,心情也比以前舒畅多了。"

为百姓密织"社会保障网"

赵保华告诉记者,在扎实推进和谐社会建设过程中,丰县切实做好就业、再就业工作,对"零就业家庭"基本实现动态消除。2007年以来,该县城镇新增就业人员4780人,下岗再就业人员2300人,再就业培训4500人,新增农村劳动力转移1.5万人,培训农村劳动力1.05万人。

2007年以来,该县累计投入882万元用于"关爱工程"建设,全年新增床位980张,为农村五保老人提供了安逸的生活环境;投入1600万元,初步建立农村基本公共卫生服务体系,新建及改造农村卫生院1万余平方米,并为乡镇卫生院购置了75台(件)医疗仪器,进一步改善了农村医疗条件。

围绕加快推进以改善民生为重点的社会建设,丰县已织起了越来越密的城乡社会保障网,基本实现了老有所养、病有所医、困有所济、伤有所助。

为弱者撑起民生"保护伞"

在丰县河滨嘉苑住宅小区施工现场,农民工古宝清告诉记者:"在这儿干活很省心,没到月底1300元工资就打到卡上了,从来不拖不欠。"

丰县清理拖欠工程款领导小组办公室负责人说,2007年以来,该县对施工企业及在丰县施工的外地企业拖欠农民工工资及维护农民工权益"三项制度"执行情况进行专项检查,通过检查,绝大多数施工企业严格执行了农民工工资保证金制度、农民工权益告知制度和农民工劳动计酬手册制度,违法违规用工、克扣和拖欠农民工工资现象基本消除。

  如何解决下岗职工创业问题,一直是丰县上下关注的焦点。目前,该县124位下岗职工从城区信用社贷到了总计200多万元的创业基金,目前大多经营状况良好。为支持农民搞好种植、养殖、加工项目,2007年丰县农村信用社共向8个镇、12个村、6 035户农民发放贷款3 528万元。

(原文刊于2008年1月7日《中国县域经济报》)

丰县食用菌产业强县富民

丰县是传统的农业大县,全县常年种植35万亩小麦、10万亩水稻,稻麦秸秆总量2亿公斤左右;50万亩果树、20万亩棉花,每年修剪的果树枝条和棉花秸秆总量也达2亿公斤。以前这些"下脚料"大多被农民当作做饭的烧材。2003年以来,丰县组织实施了"秸秆种菇百村万棚亿元开发工程",组织农民利用秸秆发展食用菌种植,食用菌生产实现了秸秆的就地增值。这个"雪球"在丰县越滚越大,从2003年的全县种植食用菌200万平方米发展到目前的1 000万平方米,2007年实现产值11亿元,涌现出了2万多名食用菌种植能手。丰县将食用菌做成了大产业,生产上正在实现向设施化、规模化、高效化、集散化、标准化的跨越,成为江苏省最大的食用菌生产基地。

阳光财政:从"点"到"面"的飞跃

丰县制定多项优惠扶持政策,大力发展食用菌产业。政府成立了发展设施农业办公室,给每个村派出一名工作指导员,在产业规划布局和土地流转方面现场指挥,解决问题。去年,县镇财政共筹集补助资金1 100余万元用于扶持食用菌生产,对每个新建大棚给予2 000~3 000元的补助;加大贴息投入,向132个村6 890户农民发放扶贫小额贷款3 528万元,财政贴息102万元,带动民间资金投入食用菌生产近亿元。同时,县开发局、农林局等部门共向部、省争取项目资金2 400万元,整合财政配套资金2 500万元,用于食用菌生产技术推广、生产基地建设和农业开发,有效地提高了食用菌综合生产能力。今年,丰县财政将安排2 000万元用于鼓励农民发展食用菌。

产业化经营：从"内"到"外"的拓展

由于丰县的气候条件适宜，丰县生产的黑木耳、双孢菇等食用菌品质好，市场行情十分看好，鲜品畅销周边地区，干品直销到浙江、上海、福建等省市，部分产品还出口日本、韩国等国家。同时，丰县还不断培育引种新品种，目前丰县种植的食用菌品种有黑木耳、双孢菇、草菇、杏孢菇、香菇、金针菇等，其中白木耳是全国唯一的种植生产地。在种植模式上，丰县还摸索出了利用日光温室的"双孢菇—洋香瓜—草菇"一年三种三收的高效种植模式，以及二次发酵、掺稻壳覆土等实用技术。

在发展设施食用菌产业中，丰县不断提高组织化水平，推进产业化经营。先后成立了丰县食用菌协会、凯旋食用菌合作社、富民食用菌合作社等100多个经济合作组织，培养了3 000多户科技示范户，组建了3 000多人的农民经纪人队伍。

标准化生产：从"量"到"质"的提升

市场竞争力取决于产品的品质。丰县的食用菌生产，从建设基地开始，就着手规范化生产管理，打造高标准、高质量的产品。首先是制订标准，促进生产规范化。丰县农业部门围绕食用菌高产、优质，在认真总结实践经验的基础上，组织专家按照标准化安全指标，编写《木耳标准化无公害生产技术操作规程》，成为地方标准。其次是抓好技术培训，增强质量意识。在建设中实行"统一配套设施标准，统一流转土地，统一规划设计，统一建棚标准，统一技术指导，统一加工包装，统一品牌销售"的"七统一"政策。从去年开始，全县发放食用菌生产资料8万多份，在食用菌生产的关键时期召开现场会，对种植大户、技术骨干进行重点技术培训，然后由大户和技术骨干再面对面、手把手地教给普通农户，确保技术到户，同时加强投入品控制，规范生产管理。

（原文刊于2008年6月19日《中国县域经济报》）

"丰县模式"引领高效农业成长

2006年以来,中国社科院县域经济研究课题组选择江苏丰县作为欠发达农业县实现又好又快发展的一个典例,制定并实施了"高效农业立县、特色工业强县"的发展战略,着力把农业的资源优势、环境优势转化为产业优势,实现了由传统粗放农业向高效精准农业转型,探索出了一条农业大县"又好又快,超常发展"的"丰县模式"。

大力调整、优化农业产业结构,通过基地建设推动高效农业规模化发展。高效农业首先应当是规模农业,如果形不成一定的规模,就很难普遍提升种养水平。近年来,丰县建成了8条高效农业示范带、48个示范园区,为发展高效农业打下了坚实的基础。目前,丰县已经形成了以范楼镇、梁寨镇为中心的22万亩的山药、牛蒡等特菜生产基地;以大沙河镇、宋楼镇为中心的50万亩果品生产基地;以首羡镇、赵庄镇为中心的30万亩的大蒜、黄皮洋葱等出口蔬菜生产基地;以欢口镇、师寨镇为中心的600万平方米的食用菌生产基地等高效农业基地,其中大蒜薹、种肉鸭、果品、洋葱、肉羊、意杨和食用菌等7个特色产品年产值均超过10亿元。如今,丰县农业的规模化水平在江苏甚至全国首屈一指,"江苏省最大的优质果品生产基地""江苏省最大的食用菌生产基地""全国果品生产十强县""全国种鸭养殖第一县""全国蒜薹种植第一县""全国洋葱种植第一县"等荣誉接踵而至。眼下,丰县正加快培育果品、种肉鸭、意杨等三个特色产品,力争尽快使三大产业产值均超过20亿元,届时将使第一产业产值突破百亿大关。

大力引进农业龙头企业,注重发挥龙头企业的拉动作用,提升农业产业化水平。对高效农业而言,仅有规模是不够的,还必须进行产业化经营,拉长产业链,提高产品附加值,从而把现有的农业资源优势变为经济优势。近几年来,丰县共引进加工项目140个,利用县外的资金26亿元。围绕现有的果汁、畜牧等资源,重点引进了国内知名的安德利果汁、天生牧业等20多家大型企业,其中上市企业有3家。这些龙头企业2007年销售总收入高达80亿元,带动了40万农户,户均增收近千元。在这些龙头企业的拉动下,一大批种植和养殖大户不断涌现,种植和养殖规模不断扩大,发生了由"盆景独秀"到"遍地开花"的喜人转变。

大力发挥科技示范带动作用,促进农业标准化生产。高效农业在一定程度上是技术农业和标准农业,不掌握技术就无从谈起品牌和标准。近年来,丰县坚持把科学技术引入农业生产第一线,以科技创新、科技进步提高农产品生产和加工过程中的科技含量,提高农产品的科技附加值和商品化率,从而推动传统农业向现代农业转化、发展;以推广农业新品种、新技术、新知识为先导,大力推行农业的品牌战略和标准化生产;以农业高科技园区为平台,加速了生物技术、信息技术、农产品安全生产技术成果的转化应用。全县农业先进适用技术应用率达95%以上。

大力抓好专业市场、专业合作社、信息化等载体建设,提高农村经济组织化程度。为了更好地推进高效农业的发展,丰县在专业市场、专业合作社、信息化等载体建设上也动足了脑筋,做足了文章。近年来,丰县建设了果品市场、牛蒡市场、山药市场等十多个交易市场,使农民生产出的东西十分畅销;丰县还大力发展农民合作经济组织,全县共有各类农民经济合作组织177家,农民经纪人2.8万人。在信息化建设方面,丰县走在了江苏乃至全国各县市的前列。近年来,丰县在财力十分紧张的情况下,每年拿出县财政的5%用于发展信息技术,2007年就拿出近500万元用于乡镇信息技术人员培训和设备更新。丰县还创办了中华果都网、淮海羊网等30多个专业网站,其中果蔬专业网站"中华果都网"2007年网上销售额达1亿多元。

经过多年艰苦的探索和实践,丰县农业产业化经营和运行机制发生了深刻变化,已经初步构建起一个现代高效农业发展新体系。据统计,丰县现代高效规模农业面积高达60%以上,高出徐州市平均水平18.4个百分点,高出江苏省平均水平33个百分点,已成为名副其实的"江苏特色农业第一县"。

(原文刊于2008年7月3日《中国县域经济报》)

产业化之路助"农"富
——丰县县域经济发展巡礼

"从产业经济的视角看,农业一样有效益;从县域经济发展的视角看,现代农业发展大有文章。"谈起江苏省丰县农业发展,县委书记赵保华头头是道。在他的生动描述下,一个立足本地资源、利用市场力量的"丰县模式"跃然眼前。数据显示,2007年,丰县 GDP 总量 80 亿元,财政总收入 7.77 亿元,农民人均纯收入 5 104 元。

过去丰县的农业,也是家庭承包制下的农民一家一户独自生产、销售,与其他农村并无二致。从"一点点"连成"一片片",让全县农产品实现工厂化生产,成了赵保华这几年最关注的事儿。

产业化致富农民

在赵保华眼里,发展农产品深加工,走"公司＋基地＋农户"的农业产业化之路,是丰县拉动农民增收、发展高效农业的思路。他掰着手指给记者算了种果树、植蘑菇、养鸭的"小康账"。"只要选对了经济发展的路子,农业的潜力将会很大,农民增收的空间还有很多。"赵保华说。

进入 8 月份,丰县欢口镇农民常敬波忙得不亦乐乎,他种植的 4 000 平方米双孢菇到了销售后期,与徐州同发罐头食品有限公司签订的供货订单已经基本兑现。这一季,常敬波双孢菇收入也到了十四五万元。常敬波说:"我今年想再加大点投入,研究一下培养料的替代品。你可不知道,眼下稻草都从原来的每公斤 6 分钱涨到 5 毛钱了,40 个标准棚光是稻草就得花费 4 万元。这细账还要再算算,本钱投得越少,那俺赚得才越多哟!"欢口镇是丰县食用菌生产基地,全镇黑木耳总产量达4 000万袋,70%的劳动力从事食用菌生产,食用菌生产人均年收入2 000元。

"现在菌种、技术、市场信息都是上门服务,信用社放贷款,财政局贴利息,可好啦。十里八村的人都跑到这个地方来打工学着种木耳。可以说,方圆几十里,今年新增的木耳种植户十有七八是这个基地出去的。一个示范基地富了众乡邻,示范带动作用大得很呢。"镇党委一位副书记说。

目前,丰县已发展食用菌种植面积500万平方米,主要品种有双孢菇、杏鲍菇、草菇、黑木耳、鸡腿菇、金针菇等十多个品种,特别是双孢菇生产更具特色和优势,全县栽培面积达300万平方米。赵保华告诉记者,食用菌生产每年实现经济收入总值1亿元以上,成为丰县农民增收致富的一个新渠道。

谈到农业规模化致富农民的成功例子,赵保华如数家珍。蒜薹是丰县农民增收致富的重要经济作物之一,几年前,全县还仅有数千亩,而现在已经发展了华山、范楼、梁寨三个镇集中连片35万亩的规模,亩均效益2 600元左右;大蒜13.5万亩,亩均效益3 700元左右;黄皮洋葱15万亩,亩均效益4 000元左右。蔬菜生产由过去的零星、粗放种植转变为区域化、规模化生产,区域化、规模化种植基地占种植总面积的90%以上。而在丰县农民致富中举足轻重的果品产业,更是建成了以宋楼、华山、大沙河为核心的50万亩优质高效无公害果品生产基地。

让农民分享工业附加值

9月11日中午1点多,丰县县委宣传部刘主任驾车驶达丰县经济开发区,在徐州安德利果蔬汁有限公司门前记者看到,这家公司门前停的车辆已不下100辆,正按顺序过磅、卸车。

刘主任告诉记者,安德利果蔬汁有限公司是丰县2003年通过招商引资兴建的果汁加工企业,总投资2亿多元,日加工落果能力为1 200吨,收购旺季每天前来送货的卡车多达300多辆,收购的全是当地及周边地区的落果。安德利公司浓缩果汁出口美国,又从果渣中提取出果胶,最后制成饲料。安德利公司每年销售收入达14亿元,为果农增收约1亿元。

"若在过去,现在收购的这些落果就是废果。丰县每年产生'弃之可惜、卖之无门'的各种落果等共有5万吨。如今,这些落果全部由丰县果汁加工企业收购进行果汁加工,生产的产品通过美国、加拿大、日本、欧盟等国家和地区质量认证,出口率达98%。"刘主任介绍说。

徐州安德利果蔬汁有限公司王主任说："我们选择在丰县投资，一个是这里是苹果产区，果汁原料比较丰富。第二，这里投资环境比较好，我们来这儿建厂以后，得到了丰县县委、县政府以及有关各部门的大力支持，这是我们企业得以快速发展的一个主要因素，所以我们在这儿建厂。"

据王主任介绍，他们不光生产的浓缩果汁漂洋过海，而且公司还实现循环利用，把生产果汁的废料——果渣作为原材料，实现加工再增值。

"刚开始我们全部扔掉，后来呢，我们投资研究把果渣烘干，做成一种非常好的奶牛饲料，价格比较高，回报率也比较高。去年我们总部公司搞了一个果胶公司，在果渣里面提取果胶，现在已经打入国际市场，前景非常好，果渣的利用可以解决公司运转的日常费用，这个利润是比较高的。"王主任说。

据统计，丰县以果品加工为主的农副产品加工企业达270多家，其中年销售收入500万元以上的龙头企业40多家，有30多家企业获得了进出口权，实现了丰县果品业"公司＋基地＋农户"的产业经营模式，并逐步形成了吸纳百公里内果品加工企业的苏北鲁南最大的果汁加工中心。

赵保华告诉记者，丰县将依托丰富的农业资源发展新型工业，围绕龙头企业建基地，坚持走农产品及农业废弃品的精深加工之路，丰县农民生活将更加富裕。

在赵保华的办公室里，摆放着一个大的书架，记者仔细一看，却发现里面并无书籍，而是各色各样的土特产和加过工的农副产品：芦笋、蘑菇、牛蒡、苹果汁、芦荟汁、芦荟面、芦荟奶、黄桃罐头、牛蒡酱、牛蒡脆片等等。

赵保华说，"这里都是我们县产的特色产品，原来还有个像薯片一样的蘑菇膨化食品，由于怕坏了，就拿起给别人品尝了。你可别小看了那袋儿小食品，在超市也要买到十几二十块呢。而要是只卖蘑菇，买多少才能抵得上这个价钱。就这么简单一加工，蘑菇的附加值就大大提高了。"

（原文刊于2008年9月18日《中国县域经济报》）

县委书记五下矿井

记者在江苏省丰县采访时,意外了解到丰县县委书记赵保华五下矿井的故事。

县委书记赵保华下矿井的煤矿叫李堂煤矿,2006年3月开工建设,去年年底正式投产。

7月30日下午,当我们来到矿上采访赵保华书记下矿井故事的时候,大部分干部职工都能说出当时的细节。

从2006年煤矿破土动工到试生产,赵保华来矿上20多次,5次下井查看煤矿建设和安全生产工作。在县委书记的带动下,丰县不少干部也有了平生第一次下矿井的经历。

据李永明矿长回忆,2008年6月11日下午,赵保华带着安监局、国土资源局[①]的工作人员到李堂煤矿检查安全生产工作。在李永明眼里,县委书记来煤矿检查工作已习以为常,此前,赵保华也不止一次地来到施工现场查看工程进度并现场办公,询问和帮助煤矿解决实际困难。

让李永明吃惊的是:县委书记到李堂煤矿后,一见面,就提出要到井下看一看工程进度。在简单的准备后,赵保华下到井下,查看了大巷、外环水仓、高压变电所、泵房等设备安装和运转情况。在每一个施工工作面,他都详细询问安全管理和工程进度情况。

县委书记赵保华下矿井,在李永明记忆里,不止这一次。

2009年3月12日晚,赵再次下到李堂煤矿井下查看工程进度,并与井下的施工工人交谈许久。

---

① 今丰县应急管理局、自然资源和规划局,下同。

离地面500米的施工现场,灯火通明,机器轰鸣,工人们在加紧施工。在煤矿施工方的陪同下,当晚赵书记井下步行了数公里,查看每一个巷道工作点时,他都不忘问问工人施工中遇到的困难,克服的办法。他还一再嘱咐煤矿负责人:一定要严把生产中的每一个环节,把安全工作挂在嘴边,放在心上,做足、做细,把隐患消灭在萌芽状态。

看到工人在500米地下紧张施工,赵书记曾被深深感动。

说起煤矿生产的安全话题,赵保华娓娓道来。提到矿井设备等专业话题,赵书记更能侃侃而谈。这也正是一个县委书记3年之内20多次深入煤矿建设现场、5次下井的所得和体会。面对记者,赵书记说出了自己此举的动因:"下矿井的原动力是想了解煤矿目前的生产状况和安全生产情况。"

赵保华也鼓励身边的干部下矿井,事实上,丰县很多干部都下过井。在李堂煤矿,领导带班下井制度早已在投产之时实施。"工人三班倒,班班有领导。"在副井下井口,挂有"李堂矿业有限公司管理干部下井考勤表"。就连矿长李永明一个月也至少要下井20次,工人都认识他。

赵保华说:"就是想让大家通过了解采煤的整个工作流程,看看煤矿工人的工作环境,看看煤矿工人的不容易,看看采煤到底有多难,看看光明和温暖是怎么来的。最终是让我们懂得珍惜资源,节约资源,用好资源。"

矿上许多工人都清楚地记得他们与赵书记的亲密接触。2008年春节,赵书记与煤矿工人一起过年,吃年夜饭;2008年6月11日,赵书记来到煤矿食堂,赵与工人一起吃大锅菜、吃煎饼;2009年5月1日,赵书记在职工食堂与工人一起排队吃午饭。

谈到煤矿工人,赵书记动情地说:"一线工人劳动强度最大,只有干部自己下井,才能亲身体会到工人上一次班要走多远的路,上一次班又有多么地不容易。从井下上来后,全身衣服都湿透了,再和矿工一起洗个热水澡,吃一次大食堂,感觉真好!"

"正是凭着对煤矿工人的感情,平时赵书记问得最多的就是煤矿运行怎么样,到底能不能保证安全生产。"丰县安监局局长腾义远说。

(原文刊于2010年8月5日《中国县域经济报》)

丰县电动三轮车产业在长壮

江苏省丰县地处苏、鲁、豫、皖四省七县交界处,早在20世纪80年代初,就有一批民营企业涉足脚踏人力三轮车行业,数据显示,当时全县有20多家人力三轮车生产企业,这些企业在长达20年的发展历程中完成了一定的资本积累。此后,随着人力三轮车市场的饱和,许多企业改为生产电动三轮车。丰县县委、县政府着眼于该产业广阔的市场前景,于2001年提出了发展电动车的规划。10年后,电动车产业成了该县的支柱产业,占据着全国60%以上的电动三轮车生产份额,丰县也成为中国最大的电动三轮车生产、研发和最大的配件集散地。

然而,骄人的成绩背后,丰县电动车产业同样面临着发展的瓶颈。

丰县县委书记邱成向记者介绍,目前丰县电动车产业的问题主要有以下3个:第一,电动车产量很大,但却只有3家江苏重点品牌,目前仍没有一家全国性知名品牌。第二,企业的单体规模偏小,最大的生产量仅为20多万辆。第三,虽然丰县电动三轮车产业链已经形成,但涉及电池、控制器、充电器、差速齿轮等化工原料、电子元器件、高精密加工件生产则受研发经费的影响,多数依靠外协,技术有待进一步提高。

如何解决这几个问题?邱成强调,必须加强政府引导。他透露,丰县已制订了"十二五"期间电动车产业的发展目标:生产规模达到200亿元。为此,一系列发展规划也同步出台。

第一,做好产业的规划,促进产业的转型。县委、县政府将成立行业协会,由县长任名誉会长,副县长做会长、几家知名企业做副会长,通过政府参与的形式来引导产业健康发展,政府还将为协会配备3~5名专职人员。

第二,培育龙头企业,打造知名品牌。政府将对现有的230多家企业进行整合,计划在2015年,至少有一家企业上市,以此带动产业发展。

第三,建立研发中心。政府对现有的230多家企业进行部署,采取有实名的企业和政府共同自建研发中心的方式开发更高档次的产品,如四轮车,大载量的电动客车等。

第四,提供优惠的支持。在齿轮加工、控制器、充电器、蓄电池、磁钢片加工等产业弱项上,政府将引进国内龙头企业进行填补。

其实,早在2005年,丰县已经开始了政府引导电动车产业发展的探索。当年,由丰县县委领导兼任领导小组组长的丰县电动车产业办公室成立,政府派出专职人员入驻产业办。产业办的主要工作就是对产业政策的收集和研究,发展方向的探讨,招商引资的引进,协会的管理,技术创新等。邱成介绍说,6年来,产业办参与了行业全国各大展会,积累了一定的展会经验和行业内企业的资源,这在引进国内外大型企业参与开发,各大院校支持开发,以及对企业的管理给予指导等方面起了引导性的作用。

9月16—18日,2011中国·丰县第二届电动车及零部件展销会将在丰县举行,记者发现,不同于去年第一届电动车展销会的是,本届展销会的主办方由政府变为了企业。邱成解释:"将企业推向全国舞台,也是政府正在致力做的事,目的正是,政府做企业的推手,推动产业转型升级。"

(原文刊于2011年9月12日《中国县域经济报》)

小镇里的和谐大文章

——丰县梁寨镇践行群众路线"四个一"工作法的实践

丰县梁寨镇结合党的群众路线教育实践活动,积极探索新形势下基层法治惠民实践的新途径。从2013年5月起,丰县梁寨镇启动了"走百村、进万户,察民情、解民忧"活动,全镇自党委书记起的148名干部,包挂全镇20个村的15317户家庭,采取给每户发放"民情法律连心卡",开通"普法便民服务车",写好"民情法律日记",建立电子档案实现"网络万户平台",即"一卡""一车""一记""一台"的"四个一"工作法,形成了丰县梁寨镇践行基层法治惠民服务的"四个一"新探索。收到了干部接地气、群众纾怨气、社会扬正气的良好效果,干群关系显著改善,社会治安显著改观,群众法治建设满意度显著提升。昔日上访多的全县落后镇,成功跃入徐州市规划的20个中心镇之一。

状元故乡新景象

梁寨镇的交通有多便捷,看看镇上长途车站的发车时刻表就知道了,这里有直发丰县、沛县、徐州以及发往安徽淮北、萧县、黄口的长途车,逢年过节还增发到淮安、泰州、南京、镇江、常州、无锡、苏州、上海等地的班车。说这里的车站是中心汽车站一点都不为过,周边几个镇的群众出远门,都到这里乘车。便捷的交通促进了商贸流通业发展。长期以来,梁寨镇已经发展成为苏、皖边界的商贸重镇,镇上有近1/3的商品卖给了萧县人。当然,时间长了,来自外地的生意人也越来越多,到梁寨镇淘金的生意人有一半是外地口音。太阳落山以后,梁寨镇繁华依旧,夜市大排档灯火辉煌,劳动了一天的农民、在梁寨镇打工的外乡人、周边村镇的居民,都喜欢到这里的夜市休闲就餐。

根据独特的地理优势,梁寨镇加快发展商贸业,尤其是2013年中心镇建设以来,该镇着力改造提升传统服务业,加快发展新兴服务业,做大繁荣商贸物流产业。在原有边界农贸市场的基础上,今年新建年营业额超4亿元的农贸市场、6 000平方米的生活资料超市和3 000平方米生产资料超市,形成了老镇区商业区、滨湖路商业区和观湖路商业区,打造商贸重镇。

走在梁寨镇的大街小巷,整齐划一的建筑,统一制作的门头字号,让人感觉到小城镇建设已初具规模。梁寨镇高起点规划、高标准布局,不断加大城镇建设力度,去年先后投入财政资金8 000多万元,并带动一大批社会资金,实施了道路硬化、绿化带建设、路灯安装、沿街建筑粉刷、广告牌整治、LED大屏安装等工程,建成了渊子湖景观大道、敬老院、垃圾中转站等一批重点项目,目前梁寨镇正朝着居民社区高档化、基础设施标准化、生态绿化层次化、镇容镇貌园林化迈进。

徐州历史上唯一的状元李蟠是梁寨人,梁寨镇文化底蕴浓厚。

目前正深度挖掘状元文化资源,建设状元碑园、程子书院、配套仿宋古建筑群等工程,使梁寨状元文化更浓郁。状元碑园由前花园、垂花门、碑亭和碑廊组成,为仿古建筑,庄重典雅、精致堂皇,造型优美,是一处内涵丰富的历史文化景点。受状元文化的熏陶,梁寨人崇尚读书,其中梁寨镇小李寨村考取的本科生就达248人。同时,该镇还依托渊子湖自然风光,打造旅游名镇。梁寨渊子是因清朝年间黄河决口而形成,古人曾称渊子为"铁帮铜底玉石栏杆金小虫"。该渊子有1 500余亩,盛产各类鱼虾,尤以白莲藕著称,曾是进奉朝廷的贡品。梁寨镇依托渊子湖自然风光,加大渊子湖文化旅游资源开发力度,建设渊子湖自然景区,实施2 000亩百果园和果品示范园建设工程,建设湿地公园、百姓林、娄子寺、购物中心、休闲广场以及渊子湖宾馆等配套工程,努力打造集旅游、休闲、购物为一体的4A级旅游景区。

这里有个"百姓林"

走在渊子湖畔,新建的"百姓林"郁郁葱葱。记者仔细看了看,每棵树上都有一个标志牌,不仅有树的名称、树龄,还有捐献者的名字。梁寨镇党委宣传委员李芳介绍说,从去年开始,梁寨镇党委、镇政府推行"四个一"工作法,干部主动到群众家里调研,问计于民,得到群众的赞扬,听说镇里要在渊子湖畔兴建大型园林,村民纷纷找到镇里,自愿把自己家前屋后的树木捐献出来。后来镇里领导"招架不住",干脆就建起了这个"百姓林"。其间,涌现出了一批献计献策、捐资捐树先进典型。西陈楼村村民陈茂君,平时看护陈家祠堂,年工资仅1 000元,得知镇里兴建"百姓林",捐出自家价值 5 000 元的皂角树。梁寨村村民许建呈、赵玲之子许子尧,现在浙江某部队服役,听说家乡开展这项活动,主动寄钱给父母购买树木捐献。梁寨镇的干部们也被村民们感动,纷纷出钱购买树木,栽种在"百姓林"里。

今年 43 岁的镇党委书记王磊,是一位优秀的军转干部,先后在丰县其他两镇任镇长 8 年,有着丰富的农村工作实践。丰县县委书记邱成说:"'走村串户工作法四个一'是丰县密切联系群众的生动实践,学习推广梁寨镇经验,对于结合当前正在开展党的群众路线教育实践活动、加强作风建设、着力解决'四风'问题,都有着重要的意义。全县已经在各镇、各部门开展推广学习活动。"

正如诸多成功典例一样,人们往往只注意其成功时的光环,而忽略了攀登过程中的艰辛。在公开镇党员干部电话号码之初,镇里好多同志有顾虑,不想公开,王磊说:"我们有多大的秘密吗?有什么不能公开的?无非就是多接群众几个电话,多和群众聊聊,这不正是我们想找的与群众直接沟通的方法吗?"镇党委、镇政府主要负责人带头向全镇公布自己的电话号码,随时接听群众的电话,解决群众提出的问题。范海宁是徐州市委选派的年轻干部,虽然家离梁寨镇不远,但一工作起来,一个多月才回家一次。镇妇联主席李玉贞联系的一个贫困户,为他申请了草危房改造,按要求需要盖三间的砖瓦房,而这户却盖了两间,看着新盖好的房子,妇联主席着急地哭了。王磊知道这件事后找到妇联主席说:"群众有他们的难处,只要是为群众办好事,这户资金上面不给解决,镇里给解决,我们再难,一定不能让群众作难。"大学生村官潘俊豪下村时,总是把食堂的菜省下大半带给联系户。

人群中倾听群众声音

王磊有个习惯,每天吃过晚饭,总爱上街溜达。他说,紧张工作一天,晚上万家灯火,上街走走,格外惬意放松。其实,书记之意不在遛街,而在民声。"走在人群中,能听到群众的声音,这种发自基层的街谈巷议是我们最需要关注和听取的。"刚开始,人们不知道他是谁,时间久了,发现总有这么一个人喜欢在街上溜达,还问这问那,于是就凑过来和他闲聊。你一言我一语,恰恰是在这样看似漫不经心的交流里,王磊从中寻得诸多开展基层工作的思路和突破口。镇里的许多热点、敏感问题,就在王磊的闲遛中找到"解药",得到顺利而妥善的解决。

王磊说,只有对群众真诚,群众才会真心支持党委、政府的工作。梁响远是镇里有名的上访户,现在在镇中心开了一家牛肉汤馆里,老梁说:"俺梁寨现在变化了,以前道路又窄又脏,既没下水道也没路灯,弄的生意很难做,年初我都想把店转租;现在可好了,大路中间有护栏人车分流,下水道通了,路灯亮了,广告牌统一制作安装,还有了红绿灯、公共厕所、保洁员,不比县城孬;好环境不仅吃饭的顾客多、来投资的也多了。以前上访是因为没生意做,现在一天到晚忙不来,哪有上访的心思。"

(原文刊于 2014 年 3 月 20 日《中国县域经济报》)

贾汪区

徐州市贾汪区综合治税显成效

近日,江苏省徐州市贾汪区综合治税办和国税局在联合开展的专项税收稽查中,查实工业园区内一家企业存在漏税问题,当场查补缴库税款317万元,这是该区深入推进综合治税所取得成效的一个缩影。据介绍,该区在实施综合治税中实行制度化治税、科技化治税、差异化治税,并建立了由区综合治税办牵头,税务、经侦等部门参与的联动稽查机制,通过约谈、评估等方式不断提高稽查效益,较好地促进了组织财税收入工作的开展。今年前两个月财税收入实现3.4亿元,比去年同期增收1.08亿元,同比增长46.8%。

制度化凝聚征收合力

注重以"三个强化"为抓手,不断凝聚工作合力,为综合治税工作的顺利开展奠定坚实基础。

一是强化组织领导。成立区综合治税工作领导小组,制定出台综合治税工作意见和考核意见,确保综合治税有章可循。定期召开研讨会、调度会,强化指导、督察力度,坚持做到"月月有重点、处处有突破"。二是强化队伍建设。从国税、地税[1]、财政等十多家部门挑选业务骨干集中办公,明确发改、工商[2]等29个部门综合治税执法人员,形成纵向到底、横向到边的综合治税网络覆盖全区。三是强化制度管理。制定考核制度,采取专项督察、定期核查、工作"回头看"等方式,确保财务报销、工程发票结算等多项管理制度落到实处。

---

[1] 2018年,省级和省级以下国税和地税机构合并,下同。
[2] 2018年,国家工商行政管理总局的职责调整,分别归入组建的中华人民共和国市场监督管理总局和国家知识产权局,下同。

科技化创新治税手段

坚持以科技提升为先导,大力实施科技化治税,以科技提升促创新、添活力。

一是首创苏北税控推广新模式。税控机是规范税收秩序、提高征管水平的科学化有效手段。去年以来,该区将税控机率先推广作为财政管理创新的一项中心项目,开创了"政府出资购买、免费负责培训、单位押金使用"的推广新模式,标准高、举措新、效果好,成效显著,走在全市乃至苏北地区前列。二是倾力打造治税信息新平台。综合治税信息平台是为搭建市区镇三级综合治税网络,具有税户比对、申报金额比对、税收查询等功能。该区率先在全市完成此平台的安装使用,目前,该平台运转良好。三是研究探索治税征管新手段。在新兴的家具产业集群,探索新的征管手段,综合企业生产基础数据,建立企业电量和销售收入对应关联模型,进行关联分析,查找漏税疑点,规范行业税收管理,已向十余家企业下达限期改正通知书,查补税款60余万元。

差异化分类管理

结合行业特点,突出治税重点,制定差异化综合治税工作方案,确保综合治税取得实实在在的效果。

一是针对建筑地产业实施"过程控税"。根据建筑房地产开发税收贯穿于全过程的特点,将工程进度与纳税进度紧密结合,采用信息收集分析、过程管理、结算核查"三步走"方法。建立"信息五返"机制,设立纳税时点,实施全程监控,确保应收尽收。截至去年11月份,共提供中标信息267条,施工进度信息389条,楼盘备案信息15条,发放税收监管责任函12批次,办理施工、预售许可证控税27批次。建筑业入库税款1.19亿元,同比增长48.4%。在节点控税的基础上,对2008年以来的进行全面清查,共清缴税收740余万元。二是针对交通运输行业实施"源头控税"。该区借助个体客运车辆公司化经营成果,发挥地税、交通、交警等部门的综合管理优势,在掌握个体客运车辆座位数、班次、票价、核定纳税额度的基础上,采取调账检查、上路稽查等强制手段,打击个别企业的抗税行为。同时,加强货运业整顿,采取"源头控税"的方法,充分发挥镇村协税护税的积极作用,整合运输企业经营,规范发票使用,做到货运车辆公司化挂靠,实现统一经营管理,统一承揽业务,统一运费结算。三是针对商贸服务业实施"重点控税"。以"机打发票"和"网络发票"控税模式为抓手,对餐饮、住宿、娱乐、文印等商贸服务行业进行重点整治。通过此项措施,仅餐饮业税收增幅就达40%以上。

(原文刊于2011年5月19日《中国县域经济报》)

文化兴村路　越走越宽阔

第24个中国记者节前夕,记者来到全国文明村江苏徐州马庄村采访,一进村,就有隐约的吹拉弹唱之声传入耳际,驻足凝神,尚来不及对美妙的乐声发出感慨,又被空气里淡淡的中药清香所吸引,"文化振兴、非遗传承"等字眼儿瞬时闪进脑海。

走进马庄村"百姓积分超市",陆续有村民进出,选择并兑换毛巾、调料、洗衣液、牙刷、牙膏、电饭锅等生活用品,看着摆放有序的生活用品,看着这些物品下面贴着的积分值,看着兑换成功的村民盈盈笑意,记者忍不住和村民攀谈起来。

"这里的日用品随便挑,根据积分兑换,非常好。我卡里有一百多分,今天想来换一个电饭煲。"

"只要参加'每月1号参加升旗仪式''干净家庭评选''身边好榜样'这些活动,就有积分。"

"这个积分是有专门人负责的,各村里的小组长、志愿者监督执行,还是比较公平的。"

交流中,记者充分感受到了村民们的满足、幸福与自信,因为他们的言谈举止、神态表情背后,就蕴藏着马庄生活日新月异、奔涌向前的幸福密码。

2017年12月12日,习近平总书记在党的十九大后首次基层视察来到马庄。在村文化礼堂,总书记说,加强精神文明建设在这里看到了实实在在的落实和弘扬。实施乡村振兴战略不能光看农民口袋里票子有多少,更要看农民精神风貌怎么样。

2021年11月,省党代会报告在总结过去五年成就时指出:"群众性精神文明创建活动广泛开展,'马庄经验'在全国产生广泛影响。"

"今年是习近平总书记来马庄视察六周年,这六年中,马庄人牢记嘱托、感恩奋进,在上级党委的坚强领导下,坚持走好'党建引领、乡风润村、产业富民'之路,不断推动党建、产业、文化、民生等各项事业发展,取得了较好成绩。"马庄村党委书记毛飞说,"我们想方设法让村民们积极参与到精神文明创建活动中来,多出力、勤献策,从而形成合力,使精神文明建设更有活力。"

百姓积分超市是马庄今年3月新建的,全区首个。这个超市以家庭档案积分为基础,以"全家福"系统和电子积分卡为媒介,实行"一户一卡、一分一元、一月一兑"管理,对好人好事、先进优秀的行为进行积分,对不良行为进行扣分,实现"志愿服务—活动参与—积分管理—积分兑换"闭环运行,积分可在百姓积分超市换购油盐酱醋等生活用品。自超市运行以来,共发放积分卡821张,赋分超2万,已经兑换的积分1万有余。

"在积分超市的激励下,越来越多的村民主动参与村集体活动,邻里之间'学优、互比、共促'的氛围也更加浓厚了。"谈及积分超市,毛飞的言谈中满是自豪。

"说到积分,就要提到孟庆喜,提到农民乐团。"老党员徐传贵回忆,"1988年,当时的村党委书记孟庆喜就提出'文化兴村'战略,并正式组建起苏北第一支农民铜管乐团。后来,这支农民铜管乐团就成了我们马庄的重要名片、'文化立村、文化兴村'的根本。"

"我们马庄文化氛围一直很浓。那个年代的马庄,用文化激励村民积极向上,有很多'金点子'。比如为每户家庭建档案,记录下家庭成员参与村集体活动、义务劳动、志愿服务和遵守村规民约、规章制度情况,逐项评分后作为年终评优评先发放物质奖励的主要依据。"徐传贵说,后来这项制度每年都修改、完善,一直到今天,积分超市接着沿用。

正如徐传贵所言,马庄向来重视文化活动。这点从《马庄村志》的记载也可以看出:1988年11月,马庄农民铜管乐团成立。1989年春节,乐队第一次登上县级舞台,演奏的《西班牙斗牛士进行曲》引起轰动;立春时节,马庄妇女用红、绿、黄等多种颜色布料包裹棉花,缝成小布鸡,祝福孩子健康成长……

村志里,马庄妇女缝小布鸡的风俗就是马庄的非遗手工香包的一种。作为一种在徐州地区农村广为流传的民俗工艺品,每逢春节、端午、中秋等传统节日,村民都会缝制香包并随身佩带。2008年,"徐州香包"入选第一批国家级非物质文化遗产扩展项目名录。2009年,马庄村民王秀英香包作品被确定为国家级非物质文化遗产项目"徐州香包"代表作品;2013年,王秀英被评为市级非物质文化遗产传承人,她在继承传统的基础上,不断创新,在她的带领下,马庄村以及周边村庄的数百名留守妇女和乡亲也从事香包制作,同时吸收带动周边乡镇村民就业。

毛飞告诉记者，今年，香包的布料、图案和颜色都进行了升级更换，目前已经创新设计研发香包款式 50 余种，在推进马庄香包 IP 开发的同时，与上海和胤文化传播有限公司合作研发潮玩文旅产品 6 款（徽章、纪念币、二十四节气香包、手链、手办、明信片）。此外，村里引进苏州香云纱工艺，打造"香云纱—马庄"双非遗香包，还在真旺村新时代文明实践点的香包制作点创办起"非遗丝绸女红文创研发中心"。

"确实，正如毛飞书记所说，香包这项历史悠久的乡土文化项目如今正重新焕发出勃勃生机。但文化兴村，除了乐团、香包，积分制度，我们还有六个'三十年'。"老党委书记孟庆喜告诉记者，现在"六个'三十年'"宝贵经验（即马庄民兵营、"金马之声"广播、马庄农民乐团、升旗仪式、春节大联欢、敬老尊贤），已经作为马庄经验方法论落到了纸面上，让马庄经验第一次有了实实在在的理论抓手，实现了"实践—理论—实践"的新跨越。

曾在马庄工作十多年的潘安湖街道办工作人员池洪金，对马庄的文化兴村最为了解，感触良多，"如今的马庄村，连续多年被评为全国文明村，这都源于马庄的文化建设搞得好。现在，马庄在'六个三十年'宝贵经验基础上，又赋予了升旗仪式更多内涵，赋予了'金马之声'更多功能，即在国旗下讲话中新增'正能量　好榜样'事迹宣讲，让村民的'身边好人'引导、激励、感染更多人等，我相信，马庄的文化兴村工作，马庄的精神文明建设还会取得更好的成绩。"

"如今，马庄村建设'香包文化大院''马庄文化大集''马壮壮陌上田园综合体'，逐步形成了以观光、娱乐、研学等为一体的乡村旅游产业，文化活动逐渐演变为旅游活动，与此同时，我们还将用好振兴学堂以宣传马庄乡村振兴的成果和经验，让马庄经验真正'走出家门'。"展望未来，毛飞踌躇满志。

（原文刊于 2023 年 11 月 10 日《中国县域经济报》）

沛县

沛县四招让民生工作落到实处

民心稳则天下安,民心顺则和谐生。多年来,徐州市沛县将关注民生、改善民生作为县域经济社会发展的一大主题,不断探索惠民举措,努力让改革开放的成果真正惠及百姓。

就业助民

沛县杨屯镇后屯村村民吕迎礼最近特别开心,就在不久前,他当上了该镇永冠纺织厂的车间副主任。吕迎礼告诉记者,他大学毕业后原先在浙江绍兴的一家纺织公司工作,不料公司去年的经济效益太差,连工资都没法如期领到,无奈之下,他于去年11月选择了返乡。令他没有想到的是,很快,镇里就安排他去参加专业培训,并于今年2月将其介绍进入了镇里的永冠纺织厂,做技术员。谈到这份在家门口,月薪不错的新"饭碗",吕迎礼很是感慨。

就业是民生之本。为实现就业助民,沛县实施积极的就业政策,大力推进"创业促就业、培训促就业、政策促就业"工程,发展劳动密集型产业和民营企业,支持引导私营业主二次创业,不断放大创业带动就业的倍增效应。此外,该县人保部门还建立了创业指导服务中心,加强劳动技能培训,重点推进困难群体和返乡大学生等特殊群体就业。据介绍,"十一五"期间,该县城镇新增就业突破4.3万人,1.6万名下岗失业人员实现再就业,动态消除了零就业家庭,新增农村劳动力转移17.9万人。

保障利民

"独生子女户有奖扶金,老人看病有合作医疗,日子越来越好了!"家住沛县河口镇孔堤口村的朱茂运老人对老百姓的"幸福指数"有自己的理解。

沛县新型农村养老保险已经全面实施,13.5万60岁以上农村居民按月领取基础养老金,新农合也基本实现全覆盖,全县城乡低保户实现了应保尽保。朱茂运老人正是新农合、新农保的受益者。"政府拿钱给我们养老,看病能报销,这是以前想都不敢想的事儿。"老人高兴得合不拢嘴。

老有所养、病有所医是人民群众最关心、最直接、最现实的问题,也是民生工作的侧重点。沛县坚持每年将新增财力的20%用于完善社会保障体系,保证各项社会保险覆盖面持续扩大。同时,深入开展助学、助医、助困、助孤、助老、助居、助残"七助"品牌救助活动,提高保障救助水平,解决贫困群众生产生活困难。全县城镇失业保险、养老保险、医疗保险参保率分别达到98.8%、98.5%、98.5%,农村新型合作医疗参合率达到97%。新建22所镇级敬老院、10个社区养老活动中心和49个村(居)养老服务站。其中,敬安敬老院还荣获了国家级模范敬老院称号。

宜居安民

让百姓安居乐业,打造"生态优美、生活舒适、身心健康"的生态宜居福地,是沛县近年来始终紧抓的一项重点工作。该县坚持把安置房和经济适用房等关系民生的项目作为城镇化建设的头等大事来推进,坚持用最好的环境、最优的地段建设安置小区、经济适用房和廉租房。5年来,该县开发改造住宅面积380万平方米,建设农民安置小区97万平方米,住房体系不断完善。

家住歌风一村的朱玉平夫妇尝到了这一甜头。夫妇俩曾双双下岗,一家五口人挤在不足60平方米的房子里。2007年,朱玉平通过摇号得到了一套阳光小区经济适用房,每平方米只花了998元。"如果不是经济适用房政策,我们家暂时还住不上新房。"据悉,自2007年以来,像朱玉平夫妇这样解决住房问题的低收入困难家庭还有2 000多户。

实事惠民

公路修好了,煮饭用上了沼气,公办幼儿园建成了,出门就是公园城乡面貌的改善,生活水平的提高,这一切都与沛县"富民惠民,改善民生"的为民实事工程有密切关系;城区生活设施改造工程、交通改善工程、污水和垃圾处理工程、农村水利改善工程、保障性安居工程、县乡卫生设施改造工程沛县坚持将新增财力优先投入民生,每年实施一批为民实事工程。

据介绍,5年来,沛县累计投入60亿元实施了160项为民实事工程,城乡面貌大为改观:新建垃圾中转站16座、公共厕所33座;城区新增绿化面积700万平方米,绿化覆盖率达到41.8%,人均公共绿地面积达到14.1平方米;建设农村公路60公里;新增农村安全饮水33.7万人;农村改厕完成15万户,无害化户厕普及率达到62%。

（原文刊于2011年11月21日《中国县域经济报》）

倡导"好人文化" 创建"好人沛县"
——沛县扎实推进廉政文化建设工作

2010年以来,沛县县委、县政府针对当前社会上存在的不良风气,责成县纪委牵头,在全县深入开展了"做好人、做好官"主题教育活动,并以此项活动为基础,在全国第一个提出并开展"好人沛县"建设活动。沛县不仅是全国最先开展好人文化建设的地区,而且也是全国唯一一个由纪检机关牵头组织培育好人文化并取得显著成绩的地方,成为全国方兴未艾好人文化、廉政文化建设中盛开的奇葩。

开展全民教育,推动"好人文化"深入人心

近两年来,沛县涌现了三位国家级道德模范式人物。早年丧夫的大屯镇普通农妇张公兰,无悔无怨侍奉高位截瘫的婆婆30余年,2009年张公兰荣获第二届全国道德模范"孝老爱亲模范"称号,2011年又被表彰为"全国爱老敬老之星"。县委党校教师刘庆超,侍候半身不遂的母亲和瘫痪在床的岳父岳母10年不辍;县光荣院院长孙沛丽,20多年带领全院职工长年累月供养孤残军人,2010年,两人双双荣登中央文明办举办的"中国好人榜"。

一个县城集中涌现这么多国家级道德模范,全国罕见。沛县县委、县政府敏锐地抓住这一难得的"好人现象",作为加强社会管理创新的有利契机,大力开展全民教育。县委、县政府作出了《关于开展向张公兰等道德模范学习活动的决定》,号召全县上下以"好人"为榜样,弘扬"好人"精神;开展新时期"好人好官"标准大讨论活动,确定了"孝老爱亲、明礼诚信、乐善好义"的"好人"标准,以及"厚德爱民、勤廉务实、公道正派"的"好官"标准;以有奖征文、书画展和演讲比赛等

活动为引领,将"好人、好官"24字标准推向公众、固化为全民准则。

坚持重在实践,推动"好人精神"发扬光大

领导干部率先垂范,"三带三为"长驻基层。沛县29名县级领导同志和620名机关单位领导干部深入基层驻点调研,开展"百家部门千名干部进万户"活动,真正做到了"三必访",即矛盾多、问题多、群众意见大的村、组或车间班组必访,五保户、贫困户、信访户必访,在乡村、社区、企业有威望的老党员、老干部、创业致富带头人必访。

镇(区)部门倾情融注,"双做惠民"服务民生。各镇(场、区)、县各部门将"做好人、做好官"标准与自身职能相结合,开展了"十佳百名"等各具特色的"双做惠民"实践活动。

社会各界踊跃参与,"沛县好人"蔚然成风。社会各团体纷纷组织"好人志愿者服务队",计20个2000余人。广大群众积极投身到志愿服务活动中来,利用周末、节假日,到广场、社区,到乡村、田头,到企业、车间,开展义务服务达10万人次。

激发道德共鸣,推动"好人效应"持续发酵

党风政风与民风形成了良性互动。开展"好人沛县"建设活动以来,全县腐败案件同比减少20%,县廉政账户新增余额78万元,领导干部发案率历年来最低;机关作风明显改善,信访案件同比减少30%,发展软环境进一步优化;社会治安状况不断优化,刑事案件同比下降10%。

"好人沛县"成为靓丽新名片。活动得到了中央、省市有关领导、专家教授和主流媒体高度肯定和关注,市以上报纸、杂志、电视、电台、网站等媒体刊播"双做"稿件400余篇,使"好人沛县"成为先进文化、廉政文化建设中最亮丽的风景。

(原文刊于2012年1月16日《中国县域经济报》)

"好人"汇聚道德力量
——沛县探索新形势下社会主义核心价值体系大众化实践

沛县两年间接连涌现出8位全国道德模范和中国好人,这在全国都比较罕见。2011年初开始,沛县在全县深入开展"好人沛县"建设活动,探索新形势下社会主义核心价值体系大众化实践和党风政风民风互促并进的新路子。"做好人做好官",沛县人不仅在思考,更在实践。

全民参与 "好人精神"发扬光大

5月10日,沛县大屯镇大屯村好人好事评议会在村会议室举行。村主任唐式营提议推荐三组村民黄尊勇为县"双月好人榜"候选人。村民小组代表、老党员、老教师等组成的评委会,你一言我一语:"救助溺水儿童,像这样的小青年咱不选他选谁?"经评委会举手表决,全票通过这一提名人选。紧接着,经过镇、县好人好事评议会推荐、审定,黄尊勇入选4月份沛县"双月好人榜"。

目前,沛县379个村(居)均设立好人好事评议会,每两个月召开一次,推荐出20名好人典型。县里建立双月好人榜和年度好人榜评选制度,从村到镇再到县,形成好人好事评议机制。好人好事评议会既评议村风民风,又推荐好人典型,吸引基层群众积极参与,为构建和谐社会、促进社风民风政风好转找到一条新途径。

去年1月31日,沛县隆重举行有1 100余名党员干部参加的"中国好人"事迹报告会;随后在全县15个镇进行巡回报告,160多场报告会先后有60多万人次参与,激发和汇聚了社会各界的道德力量。

为推动"好人精神"发扬光大,沛县机关单位领导干部从去年初开始,到矛盾多、意见大的地方去,到贫困户、信访户家中去,到老党员、带头人的身边去,带着责任和感情融入百姓,走访农户1.3万户,为基层解决实际困难3 324件,查找、梳理存在问题2 359个。各镇各单位将"做好人、做好官"标准与自身职能相结合,开展具有本地域、本行业特色的道德实践活动,有力促进好人精神、好人文化在沛县基层的深化和实践。

6月2日是周六,也是沛县卫生系统广场义诊的日子。一年半来,医生上街义诊已经从县里延伸到镇上。每到周六,都有轮班医生上街给百姓免费量血压、接受健康咨询。据了解,目前全县共有"好人志愿者服务队"20个,共计2 000余人,他们利用周末、节假日,到广场、社区、到乡村、田头,到企业、车间开展义务服务,服务人数达10万人次。

好人好报 "好人效应"持续发酵

"好人好官"活动会不会成为一场"秀"? 沛县用一整套激励机制和长效制度,打消了人们的疑虑。

1月28日,沛县10万元大红包重奖"中国好人""江苏好人"和"彭城好人";2月6日,沛县对3名"好人"提拔重用进行公示。被评为"中国好人"的刘庆超、孙沛丽,被评为"沛县好人"的李素敬,分别被提拔为副科级干部。"中国好人"刘庆超、秦燕、高慧及"沛县好人"李素敬,还当选为徐州市第十五届人民代表大会代表。

出台"好人沛县"建设考核细则,从2012年起,如入选双月沛县好人,奖励1 000元,入选年度十佳沛县好人者奖励1万元;对入选彭城好人、江苏好人的每人分别奖励2 000元、5 000元,荣登中国好人榜的则每人奖励2万元。同时设立好人基金会,通过《道德楷模帮扶实施办法》,利用资助生活费用、提供医疗和养老保险等方式,让"好人有好报"得到现实支撑。

沛县还把"好人沛县"建设作为创新社会管理、提升党风政风民风、加强精神文明建设的重要内容,分别纳入机关效能和镇(区)科学发展考核。同时,提拔重用好人,增加党代表、人大代表、政协委员中"好人"比例。

"'好人沛县'建设形成了全民教育、深化提升、好人好报等六大长效机制,我们固化好人好官奖励办法,就是让好人真正在政治上有待遇,经济上得实惠,社会上受尊重。"沛县县委常委、纪委书记汪国强说。

如何让"好人不吃亏"从一个口号和愿望,变成实实在在的制度设计,是考量执政能力的大事。"只有让好人真正在政治上有地位,生活上享关照,经济上得实惠,才能营造出争做好人、争做好官的整体氛围。"沛县纪委副书记、"好人沛县"活动办公室副主任孙益峰说。

好人生根　带着党风民风一起转

走进沛县,你会感受到"沛县好人"的朴实和真情。

大屯镇普通农妇张公兰早年丧夫,侍奉高位截瘫的婆婆30余年,而今自己已84岁高龄。面对记者,老人语调平淡:"侍候老人是应该的。"在张公兰老人带动下,大屯镇好人好事层出不穷。"今年以来我们大屯镇又有郝秀华、徐元胜、马吉国、黄尊勇等4人入选沛县双月好人榜。"镇纪委书记祝庆勇自豪地介绍道。

一个榜样,一面旗帜;一群好人,满城春风。如今,"好人沛县"建设,已经产生了不可估量的经济社会效益,成为全国好人文化建设中一朵奇葩。

这两年,沛县好人群体不断壮大,好人从个体壮大为群体,从现象发展为风尚。

为进一步探讨好人沛县建设的体制和机制,1月30日,江苏师范大学把沛县作为其苏北社会主义核心价值体系大众化实践研究基地。江苏师大伦理学与德育研究中心专门成立"苏北社会文明风尚研究中心",研讨新形势下社会主义核心价值体系大众化实践新路子。

(原文刊于2012年7月23日《中国县域经济报》)

"三好""两孤"导向　托起幸福新生活

初冬时节的沛县,寒意阵阵,但是在社区里、绿地边,记者随处可见老人的健身队伍;在广场上、公园里、处处是孩童嬉戏的场景;敬老院、学校不时传出爽朗的笑声……这一幕幕老人孩子乐享幸福生活的画面,早已成为了一道道靓丽的风景,也是沛县坚持"三好""两孤"导向,托起幸福新生活的缩影。

多年来,沛县围绕养好老的、看好小的、照顾好弱势群体"三好"重点,突出孤寡老人、孤贫学生"两孤"群体,加大公共财政向民生领域倾斜力度,坚持每年兴办一批为民办实事工程,广泛深入地开展各种帮扶活动、救助活动,基本形成了社会保障、节日慰问和社会救助有机结合、各有侧重、互为补充的完整体系,为改善困难群众生产生活条件提供了有效保障。

目前,沛县累计投入 2.13 亿元实施为民办实事工程 268 项,打响了具有沛县特色的助医、助学、助残、助老、助孤、助居、助贫等"七助"品牌。

敬老爱老　夕阳无限好

长期以来,沛县高度重视养老服务工作,坚持尊老为德、敬老为善、爱老为美、助老为乐的理念,自 2005 年"关爱工程"项目启动以来,全县累计投资 3 560 万元,建成并投入使用镇级敬老院 25 所,公办养老机构 1 所,民办老年公寓 2 所。2013 年,沛县投资 2 000 余万元对全县 20 所农村敬老院按照"三有三能六化"要求进行提档升级。

"院长,有一个好消息要告诉你,我的血压降下来了,全靠你们的精心照顾,谢谢你们。"11月19日上午,记者走进大屯镇①敬老院,看到一位头发花白的老人拉着院长高兴地说个不停。

老人名叫胡德银,年逾七十,入住大屯敬老院已有数年。现在,老人过着安宁的生活,作息时间固定,饭后常和一帮老伙伴一起散步、聊天。老人拉着记者参观了他的房间,房间虽小,但干净整齐,各种生活用品一应俱全。

在沛县各敬老院的厨房、老人们的宿舍,总是活跃着工作人员勤劳的身影。她们笑容灿烂,忙活着给老人们送饭、搀老人们走路。谈起敬老院的生活,老人们都赞不绝口。

目前,沛县共有五保老人4 792人,敬老院共拥有床位4 210张,五保供养入住率达到了71%,五保供养水平显著提高,园林化的环境、宾馆化的居住、多样化的生活、亲情化的服务,使沛县敬老院走在了苏北先进前列。2010年,敬安镇中心敬老院被评为国家级文明模范敬老院;张寨镇付庙敬老院被评为省级文明模范敬老院。

随着养老能力不断提升,沛县对百岁以上老人每人每月发放300元尊老金、对90~99岁老人每人每月发放100元尊老金、对80~89岁老人每人每月发放30元尊老金。2013年,沛县为全县2.89万名80岁以上的高龄老人发放尊老金1 285万元。

特别的爱　温暖孤贫孩子心窝

去年11月19日中午,鹿楼镇中心小学一间教室内,11岁的孙甜甜坐在凳子上手捧着一本童话书,看得入了神。隔壁活动室里,五六个孩子正在一起玩耍嬉戏,不时传来欢声笑语。他们都是留守儿童,孙甜甜也不例外,跟生活清苦比起来,甜甜内心最难以忍受的还是随时都会袭上心头的孤独感。虽然爷爷奶奶对甜甜疼爱有加,但是家中没有同龄玩伴,每次放学回到家写完作业,甜甜就感到无所适从。

记者在采访中欣喜地发现,沛县一些劳务输出大镇早已经行动起来,纷纷启动留守儿童关爱工程,为留守儿童点亮了"心灯"。

除了留守儿童外,贫困学子也感受到了特别的温暖,全县没有一个因贫困而失学的学生。

去年7月份,家住张寨镇的王晓宇接到了南京理工大学的通知书,这本是一

---

① 2014年,撤销大屯镇,调整行政区域,设立大屯街道,下同。

件幸福的事,然而5 000多元的学费让他一家不知所措。后来民政部门得知此事后,把他列为贫困助学活动中受助学子,除了能领取2 000元的助学金外,结对帮扶也让他拥有了一位身为副科级干部的"良师益友"。

近年来,沛县对困难学子的救助力度更是加大,持续开展千名干部结对帮扶千名孤贫学生活动、累计帮扶钱物价值近600万元,坚持每年对新考入二本以上大学的贫困学生实施救助、累计发放救助金368万元;对家庭经济困难学生发放生活补助金达1.66万多人次,资金总额达963万余元。

据了解,沛县慈善会成立以来累计募集善款3 480.6万元,救助款支出2 454.1万元,救助困难群众1.98万余人(次)。2009年沛县慈善会被徐州市民政局表彰为"2008~2009年度先进社会组织";2010年沛县慈善会"慈善助学"项目被徐州市人民政府评选为"徐州市十大慈善救助项目"之一;2011年沛县慈善会"慈善助学"项目被徐州市人民政府评选为"徐州市十大慈善救助项目"之一。

应保尽保　呵护弱势群体

每到过年过节,沛县残联、妇联等部门都会精心组织工作人员带着慰问品和慰问金来到老弱病残家庭,为他们送去祝福。这一次他们来到了鹿楼镇团结村孤寡老人刘运岭家中。刘云岭老人在2003年捡到一名手脚残疾被父母遗弃的婴儿,抚养孩子至今已有10个年头,为了孩子老两口始终不愿住进敬老院,一家三口相依为命。

县妇联了解情况后,积极联系县民政局和鹿楼镇,为他新建了住房,办理了每年4 000元的最低生活保障。如今老人新房里经常有民政工作人员、爱心人士等来看望。

近年来,全县共发放城市低保金4 681万元,农村低保金1.86亿元。目前全县共有城镇低保对象1 940户、5 750人,农村低保对象1.61万户、3.39万人,保障标准分别为城市居民440元/人/月、农村居民240元/人/月,所有符合条件的贫困人口全部纳入低保,做到动态管理下的应保尽保和健康有序发展。

除此之外,沛县城镇职工养老保险、医疗保险、失业保险覆盖率持续提高,城镇居民基本医疗保险覆盖率达到99%以上,新农合参合率达到100%,城居保、新农保、新农合实现动态全覆盖;落实城乡困难群众临时生活救助和无固定收入重残人员生活救助制度,贫困家庭的残疾儿童等全部纳入救助范围。

目前,沛县共发放无固定收入重残救助金2 650万元,城镇居民每人每月440元,农村居民每人每月240元;临时救助机制不断完善,共发放临时生活救助金139万元,累计救助困难群众2 264人(次),取得了良好的社会效果。

(原文刊于2013年12月3日《中国县域经济报》)

邳州市

"林下经济"圆了农民发财梦

邳州市丰富的林业资源为发展林下养殖提供了不可多得的空间优势,市委、市政府将发展林下养殖业作为农业产业转型升级的重要组成部分。

初春时节,在江苏省邳州市炮车镇①陆井村一片桃树林下,数百只鸡有的四处跑动,到处觅食;有的气定神闲,悠然散步。"这一只只精神抖擞的芦花鸡,全是俺的一个个小银行,除去成本,一只鸡大概能赚四五十元,一年下来,效益相当可观,你说,咱上哪找那么好的赚钱路子去。"养殖户夏继强一边忙着把一笼笼草鸡装上车,一边笑着告诉记者。

为充分发挥林业资源优势,加快新农村建设步伐、增加农民收入,邳州市将发展林下养殖业作为农业产业转型升级的重要组成部分,制定了科学规划,重点发展林下养鸡业,引导农户注册草鸡商标,打响草鸡品牌,提高养殖整体效益。截至目前,全市发展林下经济面积超过5万亩,饲养畜禽5万多羽。

林下养殖显生机

邳州市是全国林业产业第一县,有着丰富的林业资源,成片的用材林、山地林、经济林约105万亩,适合发展林下经济的杨树用材林、银杏成片林、果树地等约50万亩。为此,该市科学决策,积极引导广大农户发展林下养殖业,促进林业产业快速、可持续发展,林下养殖业如雨后春笋,显现出蓬勃旺盛的发展生机。

炮车镇通过组建林下养殖合作社,以养殖大户为示范,成立4个林下养殖合作社,发展林下养殖2 000亩,养殖各种家禽18万只,其中芦花鸡6万只。戴庄镇林下养殖发展到2 000亩,利用倚宿山林下养殖基地,建成6个苗鸡和20个成

---

① 2013年,撤销炮车镇,改设炮车街道,下同。

鸡大棚，并聘请专业技术指导，养殖仙居鸡10万只。占城镇利用黄草山自然山林发展林下养殖，草鸡、芦花鸡和贵妃鸡养殖规模达1万只以上。陈楼镇利用1800亩板栗园，一次放养肉鹅5000多只。

林下养殖以其独特的生态优势，获得了高度的市场认同。据悉，春节期间，该市林下养殖的土鸡卖到每斤15元，贵妃鸡卖到每只100元，草鸡蛋卖到每只0.8元，贵妃鸡鸡蛋每只1.4元，养殖效益十分显著。

不可多得的空间优势

依托林地资源进行林下养殖，成为许多养殖户致富的有效途径。据邳州市农委技术人员说，林下养殖不仅可以充分利用林下杂草、树叶和昆虫等资源，减少除草、除虫等人工经济成本，避免杂草争肥、害虫影响，而且林下养殖的动物处于半开放的环境中，采取养殖数量上规模化、养殖方式上生态化，通过采食杂草、树叶、昆虫，可以节省部分饲料，还可以促进鸡肉品质的提升，可以说是一举多得。

铁富镇张庄村村民张广学，去年利用自己和亲友家里的30亩银杏树林，养殖一万只小鸡，取得了可观的收益。5000多只公鸡，卖了十五六万，剩下的4000多只母鸡，现在已进入产蛋期。据张广学介绍说，通过他的试验，草鸡完全可以在5年以上的银杏林中放养，这样对树不会造成损害，而且还省了除草、上粪的费用。落下的银杏树叶，鸡也爱吃，也节省了饲料。张广学还在林地的空处种植了青菜、天麻等，作为辅助饲料。目前，张广学已将吃了天麻的鸡拿到有关专业机构检验，如果有保健功效，他将进一步推广这种养殖模式，扩大规模，并且注册商标，打出品牌。

林下养殖除了具有很多生态优势外，成本优势也特别明显，综合效益十分可观。农户只要选好适宜养殖的林地，建好简易的养殖棚舍，添置简单的饲养工具，就能进行养殖。以炮车镇陆井村的几个养鸡场为例，只要租用10亩林地，养殖2000只芦花母鸡，除去桃园租金、电费、煤费和鸡棚、看护房、围网的一次性投入，2000只母鸡连鸡带蛋每年净收益可以达到7.5万元。

发展前景广阔

邳州市林下养殖业异军突起、由点到面，已呈燎原之势，越来越多的农户因地制宜，积极发展林下养殖业，迎来了加快发展的春天。不仅山地、林地可以利用，河滩地也同样可以用来发展养殖业，发展前景十分广阔。

邳城镇葛埠村村民姬传艳和丈夫冯宗楼去年5月份利用分洪道河滩林地养殖肉鸭和蛋鸭。由于河滩林地空气清新，水多、草多、食物多，姬传艳一家养殖的鸭子长势良好。去年中秋节，姬传艳卖掉了2 000多只肉鸭，赢利两万多元钱。如今饲养着1 000多只肉鸭和2 000多只蛋鸭，蛋鸭已经到了产蛋期，每天可以产蛋1 500多个，能卖1 000多元钱。

和姬传艳一样，邳城镇依靠分洪道河滩地发展林下养殖走上致富路的农户还有很多，该镇城山、新山河、谢湖、百户等村林下养殖蔚然成风，获得了丰厚的收入。

为扶持和壮大林下养殖产业，尽快形成林业、养殖业立体化发展的新格局，邳州充分发挥财政投入的导向作用，市镇财政已拿出200多万元资金重点支持林下养殖。今年的项目资金计划扶持100万元，金融部门也增加贷款200万元。全市力争5年内养殖规模达到50万亩，养鸡1亿羽以上，让更多的农村群众通过发展林下养殖走上致富发家的道路。

(原文刊于2011年3月31日《中国县域经济报》)

重民生民意　让群众满意
——邳州市开展"争当老百姓信得过的农村干部"活动

自今年年初开始,江苏邳州市深入开展了"争当老百姓信得过的农村干部"实践活动,以民声民意为主导,以群众满意为标准,努力强化镇村干部队伍建设,切实增强基层农村广大党员干部的政策执行力、富民引导力、组织凝聚力和道德感召力。

制定争创标准:"从群众中来"

活动展开之前,该市紧扣"老百姓信得过"这一轴心,通过公开发放问卷、组织网络讨论等多种形式广泛征求民声民意。围绕"什么样的镇村干部百姓才信得过?""信得过农村干部应该怎么干、不应该怎么干?"等系列问题,公开发放调查问卷十多万份,利用邳州日报、邳州电台电视台、政府网站论坛等媒体开展长达一个多月的笔谈讨论,以多种形式广泛征求群众意见,市委最后经过反复梳理、认真提炼,总结出该市开展"争当老百姓信得过的农村干部"的四条标准:一是执行政策,为民办事,让群众满意;二是带头致富,带民致富,让群众拥护;三是完善制度,民主办事,让群众参与;四是乐于奉献,一身正气,让群众信服。

查改存在问题:"到群众中去"

要达到"老百姓信得过",该市首先从摸清并解决当前存在的老百姓"信不过"、不满意之类突出问题入手,组织26个镇(园、区、办)党委和490个村(居)党组织,多个层面组织召开"两代表一委员"、老干部、人民评议员等各种群体代表座谈会,广泛倾听民声民意。根据群众意见,重点解决农村基层党员干部发展能力不够强、群众观念不够牢、少数干部为政不廉、执行政策不到位等问题。坚持治标先治本、正气先正身,从党风政风抓起,带动民风的根本好转。开展了以"抓党风抓政风,树正气树形象"为主题的"两抓两树"集中整顿活动,及时梳理解决了党风政风存在的10个方面突出问题,出台党风政风建设10项制度。先后化解农村基层矛盾纠纷447个,排查各类安全隐患238处,解决各类信访积案130多件。

争创结果评判:请评议员"打分"

该市开展此次活动历时半年时间,按照宣传发动、对照整改、全面争创、评比表彰四个阶段稳步推进。为保证活动各个阶段公开公平、群众满意,市委"创先争优"活动办公室在全市公开选聘了300多名群众威信高的老党员、人大代表、村民代表担任"人民评议员",全程参与各个阶段的活动进展情况考核打分。同时运用"一定双评"系统,采取月观摩、季考核、半年总结的形式,对工业主导型和农业主导型的镇实行差异化综合考核。至6月底活动结束时,分别评选出了老百姓信得过"十佳农村干部"、50名老百姓信得过"优秀农村干部"。对获奖人员进行了隆重嘉奖,而且评选结果还将作为干部绩效考核和选拔使用的重要依据。通过开展"争当老百姓信得过农村干部"活动,既改善和密切了农村基层党群干群关系,也为加快科学发展步伐增添了强劲动力。

(原文刊于2011年7月21日《中国县域经济报》)

从"闭塞村"到"村中镇"

义合村位于江苏省邳州市赵墩镇,从镇上到村里的路宽度不足4米。行驶在这条路上,总让人有一种隐忧:如果迎面驶来一辆大车,两车怕是很难错开。随行的赵墩镇宣传委员告诉我们,义合村位于邳州市最东北角,处在四个乡镇的交界处,这条路没修之前,交通情况更糟,用老百姓的话来讲就是,出不去也进不来。

当我们进入义合村时,出现在眼前的景象却能用"别有洞天"来形容:十多米宽的道路两边,全都是一间间紧挨着的商铺、饭店、超市、洗衣店、婚纱摄影店,俨然一座小镇。

不断探索　一心致富

在村委会,我们找到了村支部书记张保国,他担任义合村支书已经有17个年头。

据张保国介绍,义合村交通闭塞,经济基础也比较薄弱。20世纪90年代初,义合曾尝试着学习苏南的经验,在村里建工厂,当时一共办起了13个企业。可惜,这些企业不但没有带领农民致富,反而还亏损了55万元。后来总结教训,一方面苏北产业基础差,缺乏销售市场,另外也有苏北人经商意识相对淡薄的原因。

"不能永远穷下去!1999年,村里组织了50多名代表到山东寿光参观学习。这一去,真是眼前一亮,当时就特别惊讶与兴奋,并暗暗发誓,回家后一定要学习寿光,发展设施蔬菜。"如今谈起这些,张保国依然难掩激动之情。

想法有了,但真正行动起来,却是困难重重。张保国说:"不种粮食种蔬菜,老百姓不理解,害怕赔钱。那时也确实感觉压力特别大,因此,就先动员党支部成员、党员带头做给老百姓看。"

当时，有一名党员非常积极，动员了家里6个兄弟全部种蔬菜。结果当年却遇上了连续多日的阴雨天，蔬菜全部烂在了地里，损失很大。这下，兄弟们的母亲急了，找到张保国抱怨。为了增加老百姓的信心，张保国当即表态，如果亏损了，全部由村里来补偿！就这样，义合村逐步走上了蔬菜种植之路。

到了2007年春季，村里统一调整土地建蔬菜大棚，张保国带头建了3个总面积3亩多一点的蔬菜大棚，种植黄瓜、台湾网纹甜瓜和小番茄，收益增长了很多，乡亲们开始纷纷效仿，当年便建起蔬菜大棚80座。为了进一步打开蔬菜销路，村干部们主动到南京、上海、常州等城市联络业务，村里还成立了义合村蔬菜协会，并通过申请注册为益禾牌无公害绿色产品。就在当年，全村大棚一项收入就达到120多万元。

收入增加了，百姓也就不再有怨言。张保国说，目前，全村已经有大棚蔬菜3 000多亩。考虑到义合村离镇里较远，村里还专门建起了面积4万多平方米的蔬菜批发市场，包括一个可以储存8 000吨蔬菜的恒温库。

再接再厉　扩散思路

谈起我们先前所看到的那条商业街，张保国表示，为了发挥四镇交界这一位置的有利方面，方便本村及周边地区的百姓生产生活，也为村民由农业向商贸物流业转变提供一个平台。老百姓在种地的间隙，开个小商铺，收入自然更多。义合全村共有560户人家，其中有120户都在做商贸。

据悉，商贸街于2010年底建成，从东到西约1 000米，集餐饮、食宿、娱乐、购物于一体，仅太阳能经营商就有8家，周边共2万人因此受益。

过去，义合村的老人们有这样的担忧：年纪大了，赶集不方便走远路怎么办？而如今，"买瓶洗发水都要到20多里外镇上"的状况已经不再，义合村的老年人赶上了自己的集。

对于后续发展，张保国透露，目前义合村的土地已经相对贫瘠，正在找寻更好的致富之路。"前段时间我们去隔壁沛县的胡楼村进行考察，有不少启发。胡楼村鼓励和引导农民拆掉分散居住的房屋，用很低的价格购买村里统一规划建设的连体楼房，在空出来的宅基地上，利用废砖瓦盖大棚种植黑木耳。现在，胡楼村的黑木耳已经有200亩，去年每亩地的收入达到了3万元。我们也正在筹划下一步发展食用菌或养殖业，当然，这需要经过细致的考察。"张保国说。

（原文刊于2011年10月20日《中国县域经济报》）

邳州农业现代化的"突围战"

农业是安天下、稳民心的产业。近年来,江苏省邳州市坚持以增加农民收入为核心,坚定不移地实施"三大提升"和"三大扩面"工程,推进传统农业向设施农业、适度规模经营、生产生态并重转变,先后创建成为全国粮食生产先进县、全国生猪产业大县、国家级农产品(大蒜)质量安全示范区、全国农田水利建设试点市、江苏省设施农业先进市,在农业现代化道路上实现了历史性突破。

转型升级稳中求变

春节前后,正是大棚草莓销售的旺季,在邳州市港上镇万亩设施草莓园里,草莓交易红红火火。

"自从冬季草莓上市以来,这个草莓园的交易中心每天都有各地的客商前来收购草莓,一天可以交易八九万斤,最多时候十多万斤,不仅能让本地草莓种植户及时掌握市场行情,还吸引了不少省外种植户过来。"园区负责人介绍说。

交易中心为港上镇现代农业发展搭建起良好的平台,而不断进行的技术改进,则促进了产业效益的提升。

设施草莓业是邳州市港上镇特色产业,目前产业园草莓种植面积3.1万亩,有近十个优质草莓品种。从普通的种植、零散的地头销售到统一种植、规模发展,港上镇设施草莓业逐步走向纵深。

"立足转变农业发展方式,邳州市从2011年起,以提档、扩面、增效为目的,以实施'三大扩面、三大提升'工程为主抓手,着力在调优结构、提档升级上下功夫。"邳州市委书记冯其谱表示。围绕这个思路,目前,该市已成功打造了邳北、邳南和城郊三大设施走廊,实现设施农业新突破。

依托丰富的林地资源，邳州在抓好设施农业的同时，加大力度发展新型生态养殖模式——林下养殖，出台林下养殖奖补政策，加大设施配套、技术支撑、市场运作及品牌打造力度，多角度、深层次的挖掘林地资源综合利用率，使该市林下养殖呈现多样化、生态化、特色化发展态势。

经过一年的发展，邳州设施农业、林下养殖"两个 10 万亩"全面完成，设施农业增量增幅徐州第一，林下养殖规模江苏省第一，创建成为全国生猪产业大县，宿羊山大蒜基地创建成为国家级农产品质量示范区，港上草莓园创建成为省级现代农业示范园，新河设施农业园区纳入省级动态监测。粮食生产实现"八连增"，被国务院授予"全国粮食生产先进县"。

创新机制盘活资源

去年以来，邳州市紧紧围绕农业增效和农民增收这条主线，在家庭承包经营的基础上，以农地股份合作社为抓手，积极探索农业增长方式，创新农业经营机制，使该市农业主导产业得到进一步提升，优势特色农业规模进一步扩大，农民收入持续增长。

农地股份合作社是盘活农村土地资源，加快发展现代农业，深入推进新农村建设的重要举措。去年，邳州市农地股份合作社发展到 81 个，入股土地 6.92 万亩，社员 2.8 万户，主要是"土地入股，租金股本保底、盈余分红"和"土地入股、自主经营、股本金保底、收益再分红"的模式运作。

针对土地资源多、特色农业突出的实际，邳州制定了加快组建一批，努力规范一批，奖励扶持一批，发展壮大一批的发展目标，使全市农地股份合作社在发展之初就具有起点高、产业强、规模大的特点，突出了示范带动能力。该市还先后出台了一系列文件，对农地股份合作社在工商登记、财政、金融、税收、用电、用水、用地等方面给予优惠政策和扶持。81 个农地股份合作社把 4.6 万个年轻劳动力从承包土地中解放出来。邳州市农技部门实行免费培训，使他们掌握 1～2 门技术，实现再就业率达 100％。农地股份合作社安排中老年劳动力 9 600 多人，实现就地打工，每人每天收入 80 元左右。

推广科技更新技能

为促进农业先进实用科技的推广普及和应用，切实加快现代农业建设步伐，确保农民收入的较快增长，近年来，邳州不断加强农业科技投入和人才储备，努力培育新型专业农民。

邳州市在所辖26个镇及办事处全都设立农技推广服务中心,设有农技、农机、畜牧、水产、蚕桑和林业六个职能服务主体,实行基层农技推广人员终身教育制度、农民实用技术和职业农民培训工程,有计划安排基层农技推广人员开展知识更新,着力培育"一专多能型"乡镇农技推广人才,2011年该市共轮训市镇农技人员500人,培训农民12.8万人次,围绕提升现代农民职业技能和创业本领,培育持有农业岗位职业资格证书专业农民3 500人。

根据邳州主导产业,该市大力组织实施科技入户工程,每年投资300万元,遴选440户科技示范户,通过市镇技术指导员包挂指导技术培训,现场临摹发放物化补贴等方式,推广主导品种19个,主推技术革新8项,带动农户8.8万户。经过农民培训和科技入户工程的实施,农民在高效园艺和规模种植较2010年增效11%。农业科技贡献率在60%以上。

(原文刊于2012年2月16日《中国县域经济报》)

政务装进"大篷车" 服务群众心连心
——邳州市创新便民举措,于细微处体现民生情怀

"以前办证得去镇里,光坐车就是两个多小时,再加上等车,最少也得半天才能弄完。现在几分钟时间在家门口就办好了。"在村部办好养老保险认证后,江苏省邳州市八义集镇李庄村村民李良银乐呵呵地告诉记者。

这是八义集镇创新服务举措,将政务服务中心装进"大篷车"、走村串户为群众办事的一幕,也成为邳州践行群众路线最新注脚。近年来,通过创新形式,深入基层,服务百姓,邳州市少了大手笔的面子工程,却多了许多从细微处便民利民的惠民工程。

基层听民声,听听群众怎么说

在邳州,最常听到的一句话就是:"说干就干,一级带着一级干,一级做给一级看。"

5月24日下午,邳州市委常委会正在邳州市八路镇政府会议室召开。不大的会议室,被市委常委、部分镇领导和各部委办局负责人挤得满满当当。

市委领导带头,工作重心下移,将市委常委会开到了乡镇,不仅考察镇里的最新发展情况,同时对百姓反映的问题现场质询相关责任人。邳州这一创新举措从2011年春节后开始,和在邳州市里开会一样,市委常委都要参加,各部委办局的主要负责人也都要列席。至今,这样的会议已开了50多场,"密切联系群众,真诚服务百姓"不是停留在会议上、口头上,邳州拿出了实实在在的行动。该市上下深入开展"抓党风抓政风、树正气树形象"的"两抓两树"集中整顿活动,打出"三带三民三查"组合拳,千名党员干部下基层,万名党员手拉手,惠民实事一

波接着一波。

今年4月份,邳州市委、市政府主要领导分别来到铁富镇镇北村、赵墩镇义合村,住农户家、吃农家饭、谈百姓事,通过走访老党员、老干部,详细了解群众的生产生活情况,并把在调研中发现的道路修建、水利工程等民生问题,交予相关部门具体落实。通过驻村调研,下基层的干部共走访群众3 372户,通过"部门投入、镇村投入、市奖补"三种渠道,共筹措资金9 174.3万元,全部用于解决"三带三民三查"活动中梳理出的问题。

网络连民心,看看网民怎么想

网络时代,管好用好网络成为各级干部必须面对和解决的现实问题。为顺应信息化发展新形势的需要,积极妥善处理网络舆情、加强和创新社会管理,2010年5月,邳州建立"网络发言人"制度,推动干部大胆面对网络。2011年7月,实施网络问政、网络理政、网络考政的"网络三政",推动干部敢于运用网络。

为进一步畅通和群众沟通渠道,解决网民反映问题,从去年3月份开始,邳州市政府网开通运行"书记市长网上直通车",全市28个镇和80多个市直单位一把手在"书记市长网上直通车"中实名注册,听取和吸纳网民的意见、建议。邳州市纪委还实时监督,确保网民反映的问题及时回复并有效解决。截至目前,"书记市长网上直通车"网民发帖总数和回复总数超过25万条,网民有效地诉求和意见建议类有4 700余件,全部解决并实名回复,累计点击达350多万次。

村事民作主,干不干群众说了算

2012年,邳州在全市490个村全面推开"四权"建设。所谓"四权"建设,就是村党组织决策权,重在谋划"做什么";村民代表会议决定权,重在决定"做不做";村委会执行权,重在明确"谁来做";群众监督权,重在保证"做得好"。据邳州市委组织部长苏伟透露,自开展以来,仅去年一年,全市就有171项议题因群众不认可而没有实施。

赵墩镇义合村党总支书记张保国向记者介绍说,以前村党组织针对村里的发展,提出的不少好思路、好办法,由于没有群众的广泛参与、理解、支持,推进缓慢,成效一直不明显。现在按照"四权"工作模式征求群众意见、发挥群众力量、接受群众监督,不但顺利解决之前遗留问题,还通过了"组建义合瓜果蔬菜产销合作社"等强村富民议题,使义合村这个"天高皇帝远"的四乡交界乡村,农民人均收入达到1.3万元。

据介绍,两年多来,邳州市经村代会表决和实施了5 000多项为民实事,群众满意度明显提高,信访量连年下降。

便民零障碍,一站式服务贴民心

听民生、解民忧是一项永不竣工的工程,只有逗号没有句号。

为彻底解决群众反响强烈的办事慢、办事难问题,2012年4月27日,邳州市国家级政务公开和政务服务试点系统在全国100个试点县(市)中首家启用,进驻窗口单位36家,进驻事项572项,实现了百姓办事一站式、零障碍。

早在2011年,邳州市就被确定为政务公开和政务服务全国100个试点县(市)之一。依托政府门户网站,邳州建成了集政府信息公开、行政职权和便民服务事项网上公开透明运行、行政服务、法制监督、电子监察及"12345"政府服务热线"六位一体"的综合性政务服务平台,建成25个镇级政务中心和490个村级便民服务站,形成行政职权和便民服务事项在市级规范办理、镇级授权受理或办理、村级实时查询的"三级运行"政务服务体系。在中国社科院组织的2012年"政府信息公开评估活动"中,邳州市获得"政府透明度领先奖",得分排名第一。

(原文刊于2013年6月6日《中国县域经济报》)

邳州绘就民生幸福画卷

民生盛宴惠及百姓，利民实事彰显民生。2013年以来，江苏邳州市委、市政府以民生幸福为第一出发点，以造福群众为第一要求，以普惠百姓为第一目标，大力推进"十大民生工程"建设，系统构建社会保障"六大体系"，努力做到改善民生和发展经济良性互动，幸福指数和发展指数同步提升。

做活水文化　　打造新水城

日前，邳州市水产养殖场召开了一次特殊会议，在一间陈旧的会议室里，几十位渔场职工及承包户共聚一堂，讨论渔场整合资源，扩大公园改造问题。这里提到的公园指的是邳州市桃花岛公园。因年代久远，老桃花岛公园面临着景观品质下降、功能配置不足、水体侵蚀、空间不足、活动设施陈旧老化等问题，改造桃花岛，大家盼望已久。记者从公示的桃花岛公园景观规划设计方案了解到，本次工程将老桃花岛公园和六保河以东渔场有机整合，并引入沂河优质水源，打通水系，形成大水、大绿、大空间的格局，打造一个生态、开放、包容的城市中心花园。

据悉，邳州将计划投资19.2亿元，实施14项工程，重点开展三大洼地治理、六大农业灌区改造、60万人饮水安全和高标准农田水利工程。将计划投资4.4亿元，实施8项工程，重点通过河道治理、河塘疏浚、泵站增容改造、城市排水管网更新改造等建设，全面建成排水畅通、配套完善、设施齐全、反应迅速、管理先进的排水体系，大幅提升城区的排涝能力。

改造棚户区　共筑"安居梦"

据调查统计，邳州市共有企业老旧职工宿舍区 41 个，主要分布在沿奚仲路、天山路、青年西路、新港路两侧，共有住户 4 015 户。这些房屋基本上建于二十世纪六七十年代，棚户区设施配套严重缺乏，居民吃水难、如厕难、行路难、排水难等问题十分突出。

棚户区改造是关系百姓切身利益的重大民生工程。为促进棚改工作有序推进，邳州市领导多次深入棚户区考察调研，与棚户区居民心贴心交流，专门研究制定了棚户区改造工作实施方案。为确保群众尽快尽早受益，该市还专门成立了棚改办、征补办等相关机构，并将针对棚户区改造项目实行市四套班子领导分工包挂制度。

邳州市委书记王强指出："棚户区改造是党委政府必须承担的历史责任，务必统一认识，增强责任感和紧迫感。棚改工作既是一项惠民的民心工程，又是一项战役性的城建重点工程，更是一堂密切党群关系的生动教育课。"

据悉，邳州将用 3 年时间完成棚户区改造任务，圆 4 015 户居民安居梦。除棚户区改造工作外，围绕"十大民生工程"，该市还将加快实施公交惠民、校安工程、学前教育提升、区域供水、引沂润城、民生服务中心、社会福利中心、两级医院改造和殡葬提升等民生工程，其根本目的就是要让老百姓享受全面小康建设的丰硕成果。

整合保障救助平台　提高社会保障覆盖面

近日，规划总建筑面积 3.8 万平方米，工程总造价 1.2 亿元的邳州社会福利中心正式开工建设。

社会福利中心是集老年护理院、光荣院、儿童福利院、救助站和救灾储备库为一体的综合型社会福利机构，设计床位 1 200 个。其中老年护理院总建筑面积 2.4 万平方米，设计床位 805 个，专门为老年人提供居住、医疗、护理、康复等养老服务，预计在 2014 年 10 月份交付使用。

这是继行政服务中心、民生服务中心之后，邳州搭建的又一服务便民载体。如今，一个"三网联合"、覆盖城乡、上下联动的民生服务网络已经形成，真正做到了服务"零距离"、便民"一站式"。

邳州市委副书记、代市长陈静指出，扶贫开发和社会保障体系建设，事关民生幸福和社会和谐稳定,是让更多群众共享社会发展"红利"的重要体现。

民生建设只有进行时,没有完成时。2013年以来,邳州市委、市政府又战略性地提出构建社会救助、就业创业、社会保障、扶贫开发、村居基础建设、敬老养老六大体系,并把社会保障"六大体系"建设作为当前和今后一个时期全市"大民生"工作的重要抓手,作为实现社会保障普惠百姓的根本目标。

(原文刊于2014年1月2日《中国县域经济报》)

睢宁县

"百姓有好收成,干部才有好答卷"

"三夏"大忙期间,江苏睢宁县农田里到处闪动着机关干部的身影。从6月6日开始至6月16日,睢宁在全县开展县镇机关千名干部"下基层、助'三夏'、送真情、办实事"活动,确保全县112.8万亩在田小麦颗粒归仓,让机关与基层心连心,干部与群众心贴心。

走进田间助"三夏",确保夏粮归仓

又到黄金铺地、老少弯腰之时。当八里金属机电产业园的小仝村袁庄组6户困难家庭为今年的夏粮抢收一筹莫展时,县交通运输局27名干部职工带着租来的两台收割机和3辆三轮车来到了这里,一到田里便忙活了起来,有的装有的运,一个多小时后,14亩小麦全部收割完成。这些困难户望着收割上来的麦子不知说什么好。

当前,睢宁抽调县直单位人员组成了22个"县级服务队",全县各镇(园区)都成立了农机服务队、农资服务队、农技服务队和助老助弱服务队。每个村(社区)都设立了"三夏"服务小组,24小时在收种一线服务。

从6月7日开始,睢宁成立的"三夏"工作指挥部办公室正式启动运行。办公室从县委办、县政府办等单位抽调20名工作人员参与办公,采取24小时值班制度,全天候调度夏收夏种、秸秆禁烧工作情况,对夏收夏种进度情况了如指掌。

深入调研访民情,了解群众心声

从6月6日开始,22个由县领导带队的"县级服务队"便深入包镇(园区)的村里进行调研,走访群众,了解实情。

6月7日上午,王集镇赵集村迎来了县政府办、环保局、发改委和人民银行

睢宁支行等单位一群人，在由30多名村干部、党员代表和群众代表参加的座谈会上，"县级服务队"人员倾听基层干部和群众对农业农村工作的意见和建议，会后便进行认真梳理。

在这次活动中，重点开展"五个一"活动：访一批农户、开一次座谈会、住一次农村、办一件实事、写一篇民情日记。一位干部在谈到"助'三夏'"的感受时说："这也是对干部作风的一次检验。百姓有好收成，干部才有好答卷。"

突出重点解民忧，办实事办好事

交通局运输局干部职工在为小仝村群众收麦时，发现村里有条土路严重影响群众生产生活，便和有关领导商量，达成意向，共同修建一条800米长的砂石路，目前修路工作正在筹备中。

县农委为了帮助庆安镇的设施蔬菜大棚更好地生产，除筹措20吨尿素，按每棚2袋标准发放外，还投资10万元用于改造排灌系统。在该镇杨圩村，县农委除向农民免费提供有机肥50吨外，还帮助实施"水稻籼改粳、旱改水"工程，以提高粮食生产水平和抵御自然灾害的能力。

目前，各单位正积极行动，结合各自的职能做好帮扶工作。农机局做好农业机械维护、调配，水利局做好夏种用水保障。

据悉，截至6月12日，全县已发放帮扶资金86万元，发放化肥59吨，慰问了400多名贫困户，发放米面140多袋。全县小麦收割面积达到76.35亩。

宣传引导释民惑，疏导化解矛盾

睢宁住建局干部职工到村里后，在与村民交流中，宣传解读有关政策，大力宣传有关法律法规，特别是结合全县工作中心，重点向农民宣传违规控建、房产证办理、拆迁安置等政策，帮助村民释疑解惑。

睢宁农合行160名信贷人员进村入户宣传党的方针政策，送去金融知识，讲解燃烧麦茬的危害。他们还了解了农民购置农机、购买农药等的资金需求情况，积极宣传"阳光信贷"和"易贷通"卡等便民贷款措施，以确保"三夏"期间资金供应。

一位村民在座谈中说，在群众最需要的时候机关干部来到了身边，他们心里感到暖乎乎的，他们对强农惠农政策更加了解了，也对睢宁的发展更有信心。

（原文刊于2011年6月16日《中国县域经济报》）

党代会里的"特殊"代表团

6月29日上午,江苏省睢宁县第一招待所天虹厅内一群人正在热烈讨论县委、县纪委"两委报告",他们是由20名"一述双评三监督"党员评议员代表组成的,列席中国共产党睢宁县第十二次代表大会的人员,是22个代表团之一。党代会引入"一述双评三监督"党员评议员代表也是一次创新之举。

"每一个目标的制定都要以老百姓的需求和满意为出发点。""一述双评三监督"党员评议员李久平首先讲话。70多岁的乡镇中学老校长夏荣桂接着发表意见:"群众监督的力度还要加大,要实现制度化、持续化。""睢宁的官风民风建设工作取得明显成效但不能松弛,特别在基层要引导民风向善向上,加强文化建设。"原先在文化系统工作的王甫桐提出了自己的建议。就这样你一言我一语,一上午3个小时的讨论很快就过去了。

据悉,这群人都是普通的基层党员,是从睢宁众多"一述双评三监督"党员中层层筛选出来的。县纪委经济110办公室主任陈航行告诉记者,党代会召开前,县委书记王军专门听取20名"一述双评三监督"党员评议员代表对县委工作报告的意见和建议,他们共整理了47条上报县委。

"一述双评三监督"评议员是随着睢宁县委权力公开透明运行探索中出台《"一述双评三监督"制度》应运而生的。"一述"是指领导干部公开述职;"双评"包括党内评议和党外评议;"三监督"包括专门机关监督、群众监督、舆论监督。从全县选出3 000多名评议员,以"每月一测评、每季一巡评、半年一直评、年终一总评"的形式开展,通过述评引入民意,让民意决定干部去留。从2008年开始,有150多名评议员经常受邀参加县委、县政府各种重大会议和重要活动,代表群众"谏言"。

"一述双评三监督"评议员都是普通群众代表,不仅平时要熟悉县委、县政府的工作，还要广泛听取群众意见，了解群众关心的热点难点问题，及时向县委、县政府反映，并对各部门各单位工作起到监督督促作用。

县委组织部有关负责人在接受采访时表示，请"一述双评三监督"党员评议员代表列席党代会，让更多的人参与进来，进一步扩大了党内民主，从而也提高了党员参与党内事务的积极性。

（原文刊于2011年7月4日《中国县域经济报》）

"舞动乡村"舞出了什么?
——睢宁县创新农村社会管理方式纪实

2月25日,苏北地区正赶上老百姓所说的"倒春寒",天气出奇地冷。不过,在睢宁县王集镇庄楼村,寒冷却没能阻止人们外出的脚步。吃过晚饭后,村民们纷纷走出家门,涌向村部前的空地——这是江苏省睢宁县创新社会管理方式,在全县402个村开展的"舞动乡村"活动中鲜活的一幕。

舞出好身体、好心情和幸福感

庄楼村村部门口是一片空地,门前的一盏大灯将这里照得通亮。18点30分刚到,音响准时响起,伴着悠扬的音乐声,聚集在这里的村民开始扭动身躯,跳起健身舞来。人群中,既有衣着时髦的少妇,也有戴着红领巾的小学生,更有不少头发花白的老人。尽管大家的动作不是那样整齐、娴熟和优美,但个个都乐在其中。

孙奶奶今年已经70多岁了,但体力却一点都不输给年轻人,跳罢一曲又一曲。老人笑着说,从去年7月开始来这里跳舞,天天都来,感觉越跳越精神,如果哪一天下雨不能跳了,浑身都难受得很。

庄楼村党支部书记吴伟对记者说,从去年6月开始,王集镇开始尝试搭建一个"舞动乡村"平台,把村民聚集在一起锻炼身体、跳集体舞,庄楼村便是第一个试点村。

"一开始的时候,村民都不好意思跳,"吴伟说,"怎么办呢?为了活跃气氛,我们这些村干部就首先带头跳。渐渐地,村民们不断地加入,越来越多,最多的时候有400多人。后来,越跳越起劲的村民反映两个小时不能尽兴,要求把活动结束时间从晚上9:30延长到10:00。"

随行的睢宁县委宣传部副部长艾丹告诉我们："现在农村外出打工的人比较多，村里留置的大都是老人、妇女和儿童，几乎没有什么文化活动，'舞动乡村'开展以后，大伙有说有笑地在一块儿跳舞，既锻炼了身体，也提升了群众的精神生活。"

在庄楼村村部一侧的墙上，挂着一幅大标语，上面写着"舞出好身体，舞出好心情，舞出幸福感"。

打通了农村社会管理的"最后一公里"

艾丹透露，"舞动乡村"活动的开展，还有一个更深的初衷。

原来，在这之前，由于一些历史遗留问题及村干部工作方法不当，王集镇群众上访特别多，是一个出了名的"上访镇"。如何融洽干群关系一直是令该镇党委政府头疼的问题。

如何加强干部与群众、群众与群众之间的凝聚力，王集镇进行了不少尝试。他们先是从送电影开始，但现如今老百姓物质生活水平提高了，闲暇时在家上网、看电视，想看什么有什么，谁还稀罕放电影？继而，镇里又开展有奖知识竞猜活动，不过，虽然一时刺激了村民的参与热情，但由于不能天天都搞竞猜，活动无法长久维持，只能作罢。后来，王集镇经过多次调研发现，村民要求健身的愿望非常强烈。不久后，"舞动乡村"便开始了。

"舞动乡村"将村民聚集到了一起，在休息间隙，活动的组织者、村干部会向村民公布村级经济发展目标、措施和重点工作安排等情况，也会把村里的财务收支情况、计划生育政策、涉农资金补贴等群众比较关心的热点向大家做详细解释。同时，群众有什么困难、建议，也会在这样的交流中被村干部及时掌握。

2011年8月26日晚上，王集镇李时村村民宋士章在跳舞间隙向村书记李刚提到，由于前段时间雨水较多，田间积水严重，400多亩庄稼被淹。李刚当场承诺，两天之内解决好。第二天，李刚便组织人清淤、挖沟，积水当天就被排完了。

根据2011年9月中国青年报社会调查中心公布的"睢宁县公众对镇村工作满意度调查结果"显示，睢宁16个镇中，王集镇得分最高，超过95%的村民支持和拥护镇、村干部。无疑，"舞台乡村"活动为王集镇创新社会管理搭建了一座"桥梁"。

如今，"舞动乡村"活动已经被推广到睢宁县的16个乡镇、402个村。就在

2011年12月底,"舞动乡村"展演活动在睢宁县体育中心举办。以镇为单位,16个代表队欢聚一堂,舞出了各自的风采。

农村被称为社会管理的"神经末梢",睢宁县借助"舞动乡村"平台,将村务内容融入健身活动中,既丰富了农民的精神文化生活,更打通了农村社会管理的这"最后一公里"。

(原文刊于2012年3月1日《中国县域经济报》)

睢宁：农业发展"加速度"靠科技服务

冬日的苏北平原寒气逼人。不过，在位于江苏省睢宁县王集镇苏东桥附近的徐州市冠达羊业有限公司内却是一派热闹景象，公司员工正忙着将一批刚出栏的肉羊装车，准备发往新疆。

"新技术的运用让我们尝到了甜头！"公司负责人陈凤春告诉记者，该公司以前的肉羊养殖不仅规模较小且羊肉品质不高。今年年初，县科技局帮助该公司引进了良种杂交、生态养殖、科学营养供给、羔羊快速育肥等规模化健康养殖技术，顺利实现了肉羊品种和肉质的改良，肉羊养殖规模猛增到4 000只，年出栏量达3 000只。

依托科技创新　提升农产品"含金量"

"校企农联合运作解决了企业产品研发的短板，提升了产品的'含金量'，让我们吃上了'定心丸'。"在徐州鸿宇农业科技有限公司的生产车间内，董事长杨杰高兴地向记者展示公司与高校合作开发的"蚕虫草"系列新产品。经睢宁县科技局牵头，该公司与南农大等高校科研院所开展产学研合作，先后承担了国家、省、市科技项目3项，取得发明专利申请8项，注册商标3个，成功开发出市场潜力巨大的蚕虫草、蛹虫草、蚕蛹虫草、虫草酒等系列新产品，销售前景非常看好。

睢宁县科技局局长田野说："科技创新与应用是现代农业发展的第一动力。我们依托科技创新促进了政策、资金、人才、技术的有机整合，催生了农业发展的'加速度'。"近年来，睢宁县深入实施"科技兴农计划"，大力扶持农业科技项目，全面推广"校、企、农"联合运作模式，实现了农业新技术、新成果的引进与转化，提高了全县农业科技水平，加快了农业产业化步伐。

自 2010 年以来，睢宁累计获国家、省、市级涉农科技计划项目立项 71 项。其中，"家畜养殖及肉制品深加工技术的应用与示范推广"成功获得国家科技富民强县专项行动计划支持，"肉羊高效养殖及产品深加工关键技术集成与产业化"被列为江苏省十大农业重点产业链项目。截至目前，该县已有惠农益康、黄淮食用菌、久思乡食品等 24 家企业被认定为省、市级农业科技型企业，涵盖了家畜养殖、设施蔬菜、肉食品深加工、饲料生产等多个领域。

建设科技服务超市　让农业技术"接地气"

"作为农业新技术、新产品、新成果展示和转化的窗口，科技服务超市有效提升了科技服务'三农'的水平，解决了农业科技成果转化最后一公里的问题。"田野说，该县围绕设施蔬菜和畜禽养殖两大特色产业实施科技服务超市项目，先后建成省级科技服务超市分店 1 家，省级超市便利店 2 家。服务超市组织科技专家服务团队通过现场讲座培训、入户面对面指导等形式，对便利店、农业科技企业、农业专业合作社、种植养殖大户进行生产、加工、销售等环节全程培训，同时还通过电话、邮件、短信、彩信、视频等形式，为远距离用户提供技术指导和实时解答。

"科技服务超市让农民沾了科技的光，让先进技术接上了地气！"谈起科技服务超市带来的好处，魏集镇西瓜种植户魏全友感触颇深。他种了 10 亩早熟西瓜，每年的纯收入有 10 万元左右。在今年西瓜即将上市前，老魏的瓜田突然出现部分瓜叶枯萎的情况，西瓜生长受到严重影响。眼看着即将成熟的西瓜要毁于一旦，心急如焚的老魏赶紧用手机拍下西瓜的病情，发送给科技服务超市的技术员寻求帮助。很快，技术人员就诊断出病因，并开出了"药方"。老魏按方施药，10 亩西瓜顺利复青，渡过了难关。

据睢宁县科技局计划科科长胡文侠介绍，目前，该县依托科技服务超市举办培训班 12 场（次），服务农民 1 120 余人（次），解决生产技术难题 32 个，成功引进瓜菜新品种 6 个、示范推广新技术 20 项、蔬菜栽培新模式 5 个，引进推广新产品与新设备 6 个，在 5 个镇 22 个村建立了设施蔬菜新品种、新技术、新设备（产品）等蔬菜"三新"试验示范基地 5 060 亩，带动农户 2 368 户发展蔬菜生产，实现亩均增收 400 余元，累计增收 210 万元。

（原文刊于 2014 年 12 月 11 日《中国县域经济报》）

铜山区

为"安全"导航　靠创新扬帆
——记江苏省徐州市铜山区科技创新打造中国"安全谷"

今年 10 月 15 日至 16 日,第五届安全科技产业协同创新推进会暨首届"一带一路"安全科技产业发展国际论坛活动在位于江苏省徐州市铜山区的徐州国家高新区举行。这已经是全国安全科技产业协同创新推进会连续第 5 年花落铜山。

高举科技创新、协同发展的大旗,近年来,铜山区致力于打造国家"安全谷",先后获批国家级科技企业孵化器、国家级安全科技协同创新基地,与中国安全生产科学院联合设立国内首家安全科技产业园,48 家矿山安全技术与装备生产企业集聚,研发机构数十家,产值超过 500 亿元。

占据安全产业制高点

徐州国家高新区脱胎于铜山区经济开发区,能够实现经济开发区到国家高新区的华丽转身,靠的正是安全科技产业。而安全科技产业的发展,又与"产学研"结合密不可分。

早在 2005 年,中国矿业大学四位教授基于将在矿山安全方面的研究成果产业化,在铜山建设了盛联科技产业园,开启了安全科技研究和产业化推广工作,为铜山抢占安全科技产业的发展先机吹来第一缕春风。在 4 位教授的引领下,目前已有 46 个教授团队在铜山创新创业,推动了高科技产业快速发展。

发展至今,徐州高新区安全科技产业已在不少领域引领中国乃至世界潮流。园区内的徐州工大三森科技有限公司自主研发的 YHC 矿井提升自动换绳设备可以完全替代进口,被国家安监总局[①]列入了安全技术应用"四个一批"项目,成为世界上唯一可与德国 SIEMAG(西玛格)公司形成竞争的矿山提升安全装备企业;中矿大传动与自动化有限公司开发生产的矿山电力传动节能装备及优化控制系统等矿山电力安全设备,成为与西门子、ABB 三分市场的国内矿山电力传动生产企业;徐州中矿大华洋通信设备有限公司近年来专注矿山通信与自动化控制产品开发,成为矿山设备感知、人员感知、环境感知于一体的智慧矿山技术集成供应商,特别是新研制的矿山安全物联网系统,被国务院推荐为煤矿安全强制性推广产品。

在这些骨干企业引领下,徐州高新区以矿山安全为主体的安全装备制造企业迅速集聚,神华集团、中煤科工、太矿集团等央企和地方矿山企业也纷纷到基地考察,太矿集团等部分企业的矿山装备制造项目已进入基地发展。截至去年底,高新区已集聚各类安全技术装备制造企业 48 家,安全技术研发机构数十家,年产值达 500 亿元。

撬动科技创新新活力

科技创新在园区经济发展中具有助推转型升级、引领效益倍增的效应。为此,徐州高新区充分利用徐州的科教资源,发挥高校、科研院所创新源头作用,全力支持企业创新,逐步形成"大众创业、万众创新"的局面。

徐州高新区先后出台了专利申报支持政策、企业研发机构建设补助政策、企业科技项目申报鼓励政策等,用"真金白银"支持企业依靠科技创新实现转型升级。据介绍,仅今年上半年,高新区就累计申报各级科技计划项目 44 个,申报各类专利 1 258 件,其中发明专利 556 件、实用新型 342 件、外观专利 360 件、授权专利 549 件;新报国家高新技术企业 8 家,省级高新技术产品 105 项;申报江苏省双创人才 15 人、省科技副总 16 人、省博士集聚计划项目 21 个。目前,徐州高新区累计拥有省级以上研发机构 40 个、市级研发机构 143 个,实现了研发机构规模以上企业全覆盖。

此外,徐州高新区积极与各高校院所及部委合作,先后建立了教育部"蓝火计划"高校技术成果转化基地、江苏省矿山安全协同创新基地、中国矿山物联网协同创新联盟、大学创业园等一系列创新平台;发挥淮海科技创新研究院引领作用,积极引进工程机械产业发展研究院进区落户。

---

① 2018 年,撤销国家安全生产监督管理总局,组建应急管理部,下同。

成立于2001年的五洋科技,初创期在高新区落地孵化,凭借领先技术、研发和实验中心,走出了一条产学研相结合的持续发展之路,拥有国家专利60余项,获批高新技术企业、省矿山机械电液控制设备及零部件工程技术研究中心,成为通过科技孵化器走出的"小巨人",该企业已经于今年2月上市。

培育市场竞争硬实力

徐州是著名的工程机械之都,有着发展安全产业得天独厚的优势。近年来,徐州高新区依托中国矿业大学科教优势,创新发展以矿山物联网为主导的安全技术与装备产业,建成全国第一家矿山物联网研发中心,组建全国唯一的矿山物联网技术联盟,通过抢占产业制高点,培育市场竞争的硬实力。

目前,矿山物联网技术已被国家安监总局认定为全国领先水平,该项技术正转化为特色产业发展新优势,去年这一产业实现销售收入170亿元、利税24亿元,同比增长14%,高新区因此被科技部命名为国家火炬安全技术与装备特色产业基地。中矿大传动的兆瓦级变频器、工大三森的井下自动换绳机、中矿大华洋的煤矿安全集成系统、中机矿山的大型采煤机、掘进机和泰荣煤矿的安全提升装备市场等得到不断拓展。

去年,在全国115家高新区中,徐州高新区取得了综合考核第69位、科技创新能力第46位的好成绩。未来,徐州高新区将继续加快创新要素集聚和创新成果转化,进一步集聚高端产业,吸纳高技能人才,以适应新常态,应对新挑战,努力建设一流环境、一流产业、一流园区,全力创建全国性的安全科技研发中心、安全装备制造中心、安全技术与装备交易中心、安全应急救援中心这"四大中心",为我国安全生产提供技术支持和产业支撑。

(原文刊于2015年11月23日《中国县域经济报》)

新沂市

"壮士断腕"倒逼产业新生

江苏省新沂市 36 个涉及总投资 91.6 亿元重大项目不久前开工。投资 7 亿元的金路二硫化碳项目采用国际先进的天然气工艺生产二硫化碳,全套装置实现 DCS 控制,重点部位和重大危险源采取 SIS 系统和视频监控,达到智能工厂要求。当日,3 家化工企业被强制停产整改,9 家化工企业被实施行政处罚……

近期,新沂市对化工园区陆续拿出一系列整治举措——通过"搬、提、整、关、管"分类综合整治,实现治理一批、停产整治一批、取缔关闭一批,先后有 19 家企业因达不到治污要求被强行淘汰。

江苏新沂小钢厂违法生产销售"地条钢"去年 9 月份遭曝光,并受到钢铁煤炭行业化解过剩产能和脱困发展工作部际联席会议办公室通报。"我们深刻反思'地条钢'事件,对存在的问题一条一条整改,一项一项销号,以坚决减、彻底治、加快提的行动自觉,补好生态短板,坚定产业转型升级,走'生态优先,绿色发展'之路。"新沂市委书记王成长介绍,新沂已委托第三方机构,对每一家化工企业逐一问诊,对工艺、设备、产品等方面进行全方位会诊,建立企业档案,对于梳理出的重点问题进行集中整改。去年以来,已经对 26 家违法企业立案处罚,将华达钢铁等 7 家违法企业移送公安机关查处。同时开展"十五小"清理整治,关闭取缔"十五小"和非法塑料加工企业 101 家。

新沂市作为江苏省重要的农化工基地,传统产业比重大,化工企业较多。面对淘汰落后产能和产业布局调整的严峻局面,该市转变发展观念,强推调整升级,聚焦产业转型,着力提升经济发展质量和效益。

建于 20 世纪 90 年代的利民化工,是一家主营植物杀菌剂的上市企业。在新的经济形势下,企业"向科技要效益"。1 000 多名员工中,研发和技术人员就有 600 多人,六成产品实现出口,卖向全球近 80 个国家和地区。

卧牛山新型防水材料有限公司半数生产线实现机器人操作,仓库 1 万吨产品储藏在 7.5 米高的 5 层货架上。让人称奇的是,存取这些货物只需 1 名工人。"我们要从传统企业转型为环保节能的高科技企业。"厂长徐庭忠说,落户新沂 4 年多,他们每年推出四五款新品,拿下六七个专利,目前已参与 27 个防水材料行业标准的制订。

对现有污染企业坚决治理到位,对于新上马的企业,新沂坚守"新上企业决不产生新的污染"的底线,提高环保门槛、投资门槛,重点发展新医药及大健康、新材料,壮大新技术、新产业、新业态、新模式为主的"四新"经济。

为了助推企业转型,政府当好"店小二",地税部门向化工企业开展研究开发费用加计扣除、高新技术企业税收优惠等政策宣传,鼓励企业开展自主高端品牌的研究开发,提高市场竞争力,去年以来为 3 家化工企业减免税款 320 万元。政府对企业研发支出、添置研发设备、具有自主知识产权出口,财政都给予补贴和奖励。简政放权方面,对涉建项目实行"一窗口受理、一车子踏勘、一票制收费、一枚章审批",并联审批由原来 152 个工作日压缩到 30 个工作日,被评为江苏省简政放权优秀典型案例。

(原文刊于 2017 年 3 月 22 日《经济日报》)

让集体资产发挥民生效应
——关于新沂市探索制度化监管和盘活农村集体资产的调查

如何给农村集体资产"上笼头",并让其发挥应有的民生价值?江苏省新沂市的探索值得关注。

盘清家底:一棵树一个塘都输入电脑

把脉农村集体资产监管,新沂首先问计于民。

新沂市委副书记、纪委书记陈冠华说:"村民是农村集体资产的主人。我们组织工作组,分赴基层各村召开座谈会,发放问卷调查,开通热线电话,广泛征求村民们加强农村集体资产管理的建议。"

村民们提建议之前,说的先是问题。瓦窑镇昌庄村村民刘发强说:"村里的集体资产底子多年弄不清。"该村村民委员会主任刘昌立坦承,对于山林、土地、果园、鱼塘等集体经营性资产,村里登记不全不细。棋盘镇墨云村张强说,个别村干部在集体资产发包或出租时,搞暗箱操作,少数人说了算,而且资产收支均不入账、私自保管挪用。问题的根子在农村集体资产管理的制度缺陷上:虽说集体资产是大家的,但分散的家庭经营,使大多数村民对集体的事不了解,也就不关心;而关心集体资产的村民,又苦于手中没有对集体资产的监督权;上级各部门,由于不了解各村集体资产的情况,导致监督效果甚微。

号准了脉,新沂对农村闲散集体资产的监管才能"对症下药"。

新沂农村工作办公室主任袁福强介绍,首先摸清农村集体资产的家当,在各村自查自报的基础上,逐户普查,评估建档。其次是赋予村民代表大会"终审权",集体资产交易,村委会拿出初步意见,公开招投标,村民代表大会最终确定是否签约。最后，各镇成立资产交易监管中心，全程指导，并监督集体资产收益的使用。

上述"药方"，全被整合在新沂联合高校开发的"农村集体资产信息化系统"中。

在马陵山镇农村资产监督管理中心，工作人员在电脑上打开农村资产管理系统，用不了一分钟，全市253个行政村农村集体资产就可尽收眼底。使工作人员对每一棵树、每间房屋、每个鱼塘、每块土地等都一清二楚，进而对其实施动态监管。对资产的处理，从民主决策、申报方案到公开招标，再到签订合同、收款入账，每进展一步，电脑系统都记录在案，而村民都可以通过电脑查询，监督部门更是一目了然。

公开竞标：一切都摆在明处

"51万元第一次，51万元第二次，51万元第三次——中标！"主持人一锤定音。

近日，上百名村民拥满新沂市马陵山镇湖东村会议室，参加由该镇农村集体资产交易监管中心主持的"湖东村砂塘经营开采权竞标会"。湖东村党支部书记王维汉掩饰不住内心的兴奋："中标价是协议承包价的4倍，远远超过我们的预期。村里增加了这么多的集体收入，可以为群众办更多的事。"

集体资产处置民主化、服务化、网络化、公开化后，村干部们在集体资产处置上所担当的角色发生了根本的转变。马陵山镇广玉村支部书记叶志虎打了一个形象的比方：过去，一个村好比一个家，村干部是家长，处置家当时，拥有相当大的"发言权"和"拍板权"；现在，一个村好比一家现代企业，全体村民都是董事，同时还是监事，在集体资产处置问题上，村干部包括集体资产交易监管中心，要在村民的监督下去组织和执行。叶志虎说："现在，让群众参与决策，镇里有关部门监督，一切都摆在明处，干群之间明明白白。我们把'拍板权'这个烫手山芋也丢掉了。"

干部感言：告别"拍板权"，赢得主动权

因集体资产交易而引发的暗箱寻租行为基本杜绝，回归本位角色的村干部把精力集中到领着村民致富上来，因而在村民中的威信逐渐提高。时集镇明甫村党支部书记华土连带领群众发展大棚蔬菜，先后调整土地500亩，发展高效温

室蔬菜大棚50个、蔬菜塑料弓棚200个,高效温室大棚亩均销售年收入达到2.6万元。

增加的集体资产收入,成为村民们创业致富的启动金。

马陵山镇湖东村通过公开拍卖砂塘开采权,承包金达到51万元,村里利用资金,引导群众发展温室大棚,对建设一个温室大棚给予7 000元的补助,一年就发展了高效瓜菜1 200多亩。北沟镇塔山村则利用集体资金,投入90多万元,修筑了通往唐店镇的水泥路,解决了多年的出门难。

目前,新沂253个行政村90%的村干部有创业项目,今年农民人均现金收入预计将达到7 680元,同比增长约13.5%。

(原文刊于2010年6月10日《中国县域经济报》)

高效农业扎根新沂

江苏省新沂市丘陵山区总面积68万亩,占全市总面积的28%。丘陵山区的群众最为贫困,亩均效益不足500元。近年来,在国家农业开发资金的支持下,大力实施开发、利用丘陵山区的农业资源和生态环境,开始发展高效农业,亩均效益在2 000元以上,最高超万元。昔日的荒山变成了百果园,往日的沟壑残丘变成了层次分明的梯田,过去的秃岭变成了游人踏青的新乐园。新沂走过的路,对那些以农业为主的乡村如何通过高效农业的发展提高农民的收入,或许有些启示。

拨亮一盏灯:培养科技示范户

新沂利用开发资金狠抓丘陵山区荒山治理工程,因地制宜,采取改土、营造梯田,实行等高种植,制止水土流失。抓丘陵山区水源工程。因地制宜,按照宜坝则坝、宜井则井、宜蓄则蓄的原则,突出成效,解决丘陵山区开发中心的"水袋子"和"旱包子"等问题。狠抓丘陵山区道路建设工程。该市围绕高效农业和旅游观光农业发展的需要,突出生产路、改造主干路、延伸断头路的要求,保证了山区群众出行和田间作业的方便。

山冲种玉米,岗坡种山芋,一直沿袭下来的种植习惯捆住了丘陵山区农家的手脚。丘陵山区的农业结构怎么调?村里首先下功夫培养科技示范户。

2001年,中国矿业大学、扬州大学和句容农校的4位大学生王新生、李继民、庄星辰、晁成臣离开校门,重返农门,到踢球山丘陵山区承包了500亩荒地搞种植。在这片土地上实施桃树和西瓜套种。他们从黑龙江省西瓜研究所购进名优瓜种120盒,引进西瓜嫁接育苗、小拱棚移栽、地膜覆盖等新技术,大胆采用西瓜扦插术，力争50天内结瓜。新科技手段的运用减少了籽种成本，错开了正常西瓜的上市时间，提前占领市场，创造了可观的效益。2002年夏天，他们迎来了第一个收获季节，最繁忙的一天运销西瓜10万公斤，创效益达4万多元。如今，他们的科技示范园已经扩展到近2 000亩。

4位大学生的示范成果打动了其他农户的心，农户们纷纷承包山区土地，目前桃树种植面积已经达到1万多亩。

经过开发，新沂踢球山丘陵山区生产的钟吾桃分别获得了2008年省金奖和2009年中国首届名优果品评比活动银奖；现种植面积近6 000亩，平均亩产3 000多公斤，优质果率90%以上，平均售价每公斤4.6元，主要供应上海、无锡、南京、合肥、秦皇岛等大中城市，亩纯效益1万元左右。高效农业的规模像滚雪球一样越滚越大。

打开一扇窗：普及科技知识

为使农户尽快掌握种植养殖技术，新沂把培训班办到了村民组，办到了示范户，并出资聘请技术员给农民当秘书。农业科技部门还编印了《桃树栽培技术图说》和《草莓栽培技术图说》等小册子，分发到各家各户。作物生长季节，科技人员还到各示范片区巡回指导，发现问题，直接在现场解决，帮助农民尽可能减少失误，确保示范成功。同时，农业开发部门编印了农户小报，结合农事季节，刊登农技问答，每期300多份，分发给栽培农户。举办培训讲座125次，村民们称科技讲座是给从事高效农业的农户打开了一扇窗。

在开展农民多种形式技术培训的同时，新沂积极引导山区广大群众走科技成果转化之路，大力引进适应山区种植的优质林果、花卉苗木、优质瓜菜等46个优良品种，切实提高山区高效农业的科技水平，努力增加农民收入。目前，通过新品种引进，产业特色明显、生态环境优美、农民生活富裕的丘陵山区已初步显现。

撑起一把伞：建立农业合作社

随着高效农田面积的逐年扩大，农民对联合生产、联合销售，以及技术、资金支持的要求愈来愈强烈。踢球山丘陵山区李继民等5名大学生牵头成立新沂市小青山生态果蔬专业合作社，吸纳了5个村120户农民入社。合作社制订了桃树生产目标管理方案，成立了专门的班子，专人负责标准化生产工作；成立了桃树栽植管理技术服务小组,负责林场桃树标准化技术指导工作,实行统一购苗、栽植、管理,实施精品果和无公害果品工程。统一购苗,保证了桃树新品种的推广;统一规划,保证了科学布局;统一栽植,保证了桃树栽植成活率;统一管理,保证了果品质量。为了打造精品果和无公害果品,林场重点推广了人工授粉、全园套袋、秋施基肥、精细修剪、生物防治等先进适用技术,全场果品质量提高、效益增加,精品果率达90%以上。所以,这里的优质桃子个大、色泽亮、味甜,单个重量可达300克,每公斤收购价达4元之多,达到了单个重量、亩产和亩均效益均是普通桃树2倍以上。2003年,合作社成功注册了钟吾牌桃商标。

目前,新沂310多个协会和合作社将农民与市场紧密连接,形成了特色种植、水产养殖、花卉苗木、粮食加工四大主导产业,涌现出了50多个特色经济村,带动了5万农户走上了致富路。

(原文刊于2010年6月28日《中国县域经济报》)

破解"人走项目丢"难题
——新沂实施大学生村官创业接力棒工程调查

日前,在江苏省徐州市第四届大学生创业创意大赛决赛中,新沂市大学生村官韩晔阳以肉鸭养殖及花木种植的循环养殖场这一创业项目荣获一等奖,获此殊荣的仅韩晔阳一人。

新沂市向来重视大学生自主创业工作,前后出台了一系列扶持大学生创业的优惠政策和文件,为大学生创业团体提供办公场所、配套设施、政策咨询、创业规划、创业指导、创业培训、创业导师配备及后续跟踪等服务。当前,随着大学生村官工作的不断深入推进,一批批大学生村官任职期满离开村干部岗位,创业项目如何发展,成为一个现实的课题。新沂市深入开展大学生村官创业"接力棒"工程,有效破解了大学生村官"人走项目丢"难题,保证了优秀项目延续发展、不断壮大。

"接替传承" 让创业项目后继有人

在新沂市唐店镇[①]双山村有一个已建成4年有余的大学生村官科技示范园。2007级大学生村官王明是这个示范园的创始人。

2008年初,王明争取村"两委"支持,牵头创设100多亩"新沂市大学生村官科技示范园",首批建造种植温室大棚60个,从事果蔬、苗木、鲜切花种植。2009年底,王明组建了"大明果蔬专业合作社",为鲜切花注册了"帝品"商标。在他的带动和指导下,两年间双山村共发展露天草莓610亩、温室大棚草莓

---

① 2013年,撤销唐店镇,设唐店街道,下同。

108栋，全村仅此一项增收150多万元，村民人均增收700多元。

2011年3月，王明经过乡镇党委换届成为唐店镇党委委员。在高兴的同时，王明和村民们的心里都不免担心起了项目的后续发展问题。

为了解决王明的燃眉之急，也为了示范园的持续存活和辐射带动，更为了老百姓的发展致富，新沂市委常委、组织部部长朱云燕先后4次下村调研，走访村民，想方设法帮助王明解决这一难题，不让任何一个好项目中途流失。2011年8月，新沂市迎来了新一届大学生村官。新沂市委组织部决定让王波、闫钊毅、朱彬等6名新到任大学生村官加入创业示范园的建设，开展抱团创业，帮助王明打理创业园的事务。

2012年3月，王明调任唐店镇宣传、统战委员。工作的繁忙，让他没有太多的精力再去管理示范园。这时，已在创业园实习了5个月的大学生村官王波勇敢地站了出来："我要接过这根接力棒，不能让创业园就这样白白流失，不能村民致富的希望就这样破灭！"

在王波的努力下，如今的示范园已占地500亩，有鲜切花大棚300栋，果蔬大棚200栋，苗木100亩，蛋草鸡1.2万只，三元猪300头，农家乐饭店一个；辐射周边48个村，培训近万余人（次），带动150余名富余劳动力就业创业，帮扶90户贫困户创业脱贫。2012年，示范园实现平均亩产值4.5万元，全村人均纯收入增加1 500元。

如今，这种抱团创业已成为新沂市大学生村官创业的主导模式。据统计，在该市参与创业的大学生村官中，54%的项目都是抱团创业项目。

"鱼渔并授" 让创业技术薪火相传

"8424"西瓜，是新沂市引进的西瓜新品种。2007级任职于棋盘镇戚沟村的大学生村官刘桂华，便是"8424"西瓜种植项目的第一任牵头人。

2008年3月，刘桂华流转土地20亩，东拼西凑8万元建起了20个大棚，采用全程覆盖保护根系技术栽培西瓜。西瓜从5月初上市，一直卖到11月，不仅收回了成本，还盈利6万多元。

出师告捷，刘桂华正式为自己的西瓜注册了商标"芝麻官"。在她的动员和技术服务下，到2008年秋，全村建起连片果蔬大棚122个。她先期培育的8万株西瓜苗，植入全镇14个村300多亩大棚里。2009年5月，由刘桂华牵头的果蔬大棚种植项目得到了江苏省"挂县强农富民工程"科技服务项目组专家的科技帮扶。

刘桂华成了新沂市大学生村官创业的一面旗帜。她用自己的行动在带动村民致富的同时，还感染着其他的大学生村官们。

双塘镇双井村2008级大学生村官刘飞，是"8424"西瓜种植项目的第二任牵头人。在岗前培训观摩刘桂华的创业示范点时，他就对这个项目产生了浓厚的兴趣。培训结束后，他多次跑到戚沟村向刘桂华请教。在得知他的创业想法后，刘桂华毫不犹豫地向刘飞讲起了自己西瓜种植的经验，从选址到建棚，从育苗到定苗，从病虫害防治到采摘、销售……她手把手地将自己的创业技术和经验无保留地传授给了刘飞。

2010年8月，刘桂华考取了公务员，离开了大学生村官队伍，但她的西瓜种植技术却没有流失，反而在刘飞的手中得到了推广。经过3年多的发展，双塘镇双井村及周围村子，已形成1 200余亩的大棚西瓜种植基地。

2011年8月，刘飞也考取了公务员。他想："双塘镇的西瓜种植产业已经形成规模，现在最需要的就是能有做事踏实、责任心强、甘于奉献的人来接任。"经过他反复考察后，他决定将自己的项目转交给2011级大学生村官周末。

就这样，周末，这位戴着一副黑框眼镜的城里小姑娘，成了"8424"西瓜种植项目的第三任牵头人。在接过创业"接力棒"后，她于2011年底主动承包了近50亩土地，建起了130个大棚。2012年6月，她的"8424"西瓜不仅获得了大丰收，实现年产量约70万斤，年利润达50余万元，而且她还实现了自家西瓜田和城里大超市间的"农超对接"，"芝麻官"标也成为新沂市大学生村官"8424"西瓜"农超对接的品牌"。

现如今，"8424"西瓜种植项目在新沂市已有了3位大学生村官牵头人，产生了2位公务员，也打响了1个品牌。

创业技术接力的成功，与新沂市大学生村官创业扶持政策密不可分。据朱云燕介绍，2009年以来，新沂市扎实开展以"两挂钩两扶持三推进"为主要内容的"223"龙头工程，组织大学生村官与致富大户、农村经合组织"两挂钩"，为大学生村官创业提供资金和技术"两扶持"，推进他们成长、成才和成功。市财政每年拨付30万元大学生村官创业专项资金。与农村合作银行、省再担保公司等金融机构建立长期合作关系，为创业的大学生村官提供创业贷款。正是这样强有力的扶持政策作保障，才使得新沂市大学生村官创业开得了"花"，结得了"果"，传得下去。

"新老结对" 让创业人员互助共赢

棋盘镇毛林村地处江苏第四大淡水湖骆马湖区，土地贫瘠，全村3/4的劳动力都常年在外打工,留守村里的多是老人、妇女和儿童,由于农活和文化水平的限制,留守儿童的教育问题日益凸显。

刘银屏,2007年毕业于盐城工学院,到毛林村任职后,就发现了这一问题。百年大计,教育为本。2008年上半年,在与村组干部协商之后,她利用村部现有条件开办了留守儿童"爱心"辅导班,利用周末和寒暑假为留守的儿童学习进行辅导。在她的精心辅导和照料下,2010年6月,毛林村突破性地取得了中考历史上的最好成绩,得到了村民们的广泛好评和认可。

2010年8月,刘银屏考取了公务员,但她却一直放不下留守儿童的教育问题。

周小伟,时集镇2011级大学生村官,这位黑瘦单薄的女孩到村任职后,也产生了创办课后培训班的想法。然而并非师范专业出身、又从未有过教育行业经历的她,在创办课后培训班之初面临着重重困难。如何选择上课地点、怎样才是更好更容易的授课方式、如何安排课程内容、怎样解决孩子的接送问题等,周小伟一筹莫展。

"新老"结对,这是新沂市大学生村官创业的又一道风景。2009年,新沂市委组织部建立了大学生村官成长互助机制,安排大学生村官"新老"结对,帮助新任大学生村官尽快融入农村。

周小伟是孩子们的老师,刘银屏则是周小伟的"老师"。2011年下半年,由周小伟带头创办的"花样年华辅导班"在时集镇正式开班了,由于前期调研充分、准备充足,开班之后很快便招来了50多名学生。现在,一年的时间一晃而过,周小伟的"花样年华辅导班"发展迅速、赢得了时集镇上百名学生家长的信任和好评。

"新老"结对好处多。朱云燕说:"新老结对,对于老村干部而言,可以让他们未完成的创业梦想在新村干部身上继续实现;对于新村干部而言,可以让他们创业少走弯路。新老接替,可以让创业人员持续不断,实现互助共赢。"

脚步从未放缓,创业的"接力棒"托起一个个青春的梦想。如今在新沂市,"接力棒"工程已成为大学生村官创业项目流转的主要载体。据统计,到2012年10月底,新沂市大学生村官创办的86个经济实体,无一因人员流动而流失,创业成果百分之百得到了延续发展,创业的"接力棒"也会在新沂市大学生村官之间一届又一届传递下去。

(原文刊于2012年1月12日《中国县域经济报》)

开展电商拓市　搭建电商平台

——新沂电子商务"惊人一跃"的样本解读

1月15日,江苏省农委主任吴沛良一行到新沂市调研电子商务发展情况。1月21日,江苏丰县组织代表团到新沂市参观考察电子商务产业发展情况。元旦以后,已经先后有十多批次的外地单位组团到新沂学习电子商务发展经验。

在2014年短短一年时间里,江苏省新沂市已成立电子商务企业4 000多家,从业人员2.8万人,全市电子商务交易额28亿元。江苏省财政厅专门拨付1 000万元支持电子商务进农村。新沂电子商务发展的"惊人一跃",无疑对地区电子商务的发展具有宝贵的启示和示范意义。

设立"电商小屋"　送电子商务到农民家

高流镇农民李慧在镇上开了一家百货食品小店,已经经营了20年。最近几天,她家的小店又多了一个门头字号,那就是"十全小屋"。其实,小店多的不单是一个门头,本身也增添了不少新业务,代缴各种费用、网上购物、预约就医、快递收发、代卖农产品,把实体店和电子商务结合了起来。

农民一家一户的农产品怎样通过网络销售?不会用电脑的农民有没有办法网购?这些问题在新沂找到了解决办法。2014年12月29日,新沂"十全网"农村电商服务站在乡村建设的100个"十全小屋",为农民走向电子商务打开了一扇窗。

李慧说,比如农民要把自家的草鸡蛋拿来卖,只要先到店里说出所要出售鸡蛋的数量、价格、品质。"十全网"会安排工作人员免费拍照、议价后,签订合同,进行品控把关、包装,将草鸡蛋的商品信息陈列至网上货架。"十全网"收到货物后，按约定价格付款给村民。"十全网"根据网络订单，按物流要求打包、发件，根据鸡蛋数量随时修改相关信息直至该商品售空。一个普通农民家的鸡蛋就完成了网上销售。

新沂"十全网"董事长张杰告诉记者，电子商务如何进农村，一直是各家网商追逐的焦点。去年8月份，他们依托新沂北方农副产品批发市场，开发了"十全网"网站，涵盖了农产品供销体系、电商培训体系、农村电商服务站、优品智能供应链、本地生活等五大板块，由"十全网"打造的"十全小屋"农村电商服务站，同时解决了工业品下乡和农产品进城两大难题。

新沂通过科学布局、差异发展，建设了一批特色鲜明的电子商务园区，重点打造"5+2"载体，构建"多园多点"的电商发展空间。据悉，"5"即5个电商产业园区，分别是：5万平方米电子商务产业园，定位为产业孵化园、电商企业集聚区和电商人才创业实践基地；10万平方米美妆电商产业园，集美妆电商、运营客服、仓储为主，打造全国唯一的美妆系列产品专业销售平台；5万平方米皮草电商产业园，依托原有产业基础，扩大皮革皮草系列产品的网络经营，打造全国唯一的皮革皮草专业销售平台；5万平方米电商仓储分拨园区、快递物流园区，以32万平方米必康-DHL分拨中心为基础，建设20万平方米的气调库，发展冷链物流，同时，引进一批快递公司入驻，建设辐射周边的快递物流园区。"2"即2个平台，分别是必康伯图平台和钟吾乐购平台。必康伯图平台由必康公司投资20亿元，与甲骨文、思科、腾讯等公司合作建设，开展中西药、医疗设备、保健品等健康产品的第三方销售；钟吾乐购平台，整合钟吾网、新沂城市论坛两大本地网络平台资源，建设同城电商平台，实现24小时不间断营业，打造同城物流体系，实现城区1小时内送货到位。

实体与电子融合　　做大商务经济

今年元旦过后，来到新沂景区的游客，都可以在景区享受免费的WiFi，游客可以连接无线网进行微信转发认证上网，无线WiFi连接上之后，可利用二维码扫描或账号查找的方式找到旅游景区公众号，点击关注公众微信号就可使用无线网络。游客可以获取景区的文字、图片和音频，全方位了解新沂旅游要素，景点介绍和人文故事以及标准的导游词。

通过与美团网、同程网、去哪儿网、携程网、艺龙网等第三方平台合作，新沂建设了优质的综合型网站，为游客提供在线客服、电子票务等网上服务。去年黄金周期间，新沂各景区通过天猫淘宝旅行、O2O平台、OTA平台、B2C分销平台和其他电子票务渠道销售门票突破两万张。据百度数据分析,目前,新沂"一山一湖一古镇"的网络日均关注度同比增长20%～40%。

新沂的电子商务以农业企业B2C、工业企业B2B、服务业企业O2O为主,发展6大产业电子商务。农业企业B2C就是利用现代农业优势,发展农产品电商。新沂全面推行农产品标准化生产和品牌化经营,采取"1+N"的模式开展网络销售。"1"即:主打一个明星产品——新沂水蜜桃;"N"即:全面整合鲜切花、板栗、水产、绿豆烧酒等土特产品和品牌资源,每月主推一品,按季节时令做好产品销售,确保农业龙头企业电子商务普及率达到90%以上,积极争取在阿里、1号店等国内知名平台建设"特色中国新沂馆"。工业企业B2B,即发挥工业基础优势,发展特色制造业电商。

新沂鼓励传统工业企业积极开展电商拓市,加快搭建行业特色电商平台,由生产型向市场型加快转变。积极引进第三方运营公司,开展产品网上推介和销售,确保规模以上企业电子商务普及率达到80%以上。与阿里、慧聪网等国内知名平台签订战略合作协议,加快网上"新沂产业带"建设,提高全市产业集群的市场反应能力和综合竞争力,打造全国知名特色产业品牌。服务业企业O2O则是发挥市场规模优势,大力发展传统市场电商。苏北物流、北方农贸、新港商贸城、嘉年华鲜切花市场等传统市场建设第三方平台,实现线上线下资源互补和应用协同,开展多元化营销,各类市场电子商务普及率达到100%。

政府加大支持　营造最优发展环境

注册的同一法人电商企业,自注册之日起,前三年税收地方留成部分全额奖励,后两年按50%奖励;注册地在新沂,仓储、运营在外地的电商总部经济企业免费提供办公场所,自注册之日起,前五年税收地方留成部分全额奖励,后三年按50%奖励;年网络销售额首次达到200万元、500万元、1 000万元的,给予2万元、5万元、10万元的奖励。

为了鼓励电子商务发展,新沂出台《电子商务产业发展规划(2014—2020)》《新沂市电子商务产业发展三年行动计划(2015—2017)》《新沂市电子商务产业发展扶持办法》等文件,对电子商务项目招引、企业培育、人才引进培养、科技创新、就业创业和传统工业企业转型升级等工作,在土地、税费、金融等方面加大扶持力度。每年安排1 000万元用于加快推进电子商务与支撑体系的同步协调发展。同时,新沂牵手商务部中国国际电子商务中心研究院、南京大学、东南大学、上海美妆协会、义乌电商协会、淘宝大学等知名专家学者和"实战派"老总,成立全国首个县级市电子商务专业智库,指导电子商务企业发展。新沂还与淘宝大学等电子商务培训机构对接,设立电子商务专业教学点,开展"订单式"、差别化和"实战型"培训,倡导和鼓励电商专业老师和学生在网上开店创业,老师要边"实战"边教学,学生要边学习边"实战",用网上经营的业绩来检验教师教学和学生学习的成果,使人才培育与企业用人需求和主体创业需求无缝对接。此外,新沂还成立了科技小额贷款公司,鼓励招商银行、邮储银行开展基于电商交易支付记录的免担保、免抵押贷款业务,支持小微电商企业创业。加快"三网融合"和光纤入户,建设新沂云计算中心,普及农村地区宽带互联网,构建覆盖城乡、有线无线相结合的宽带接入网。

(原文刊于 2015 年 1 月 29 日《中国县域经济报》)

盐城市

滨海县

江苏滨海加速推进健康惠民工程

近日,在江苏省盐城市滨海县正红镇陈铸村,前来参加免费体检的村民排起了长队。"目前,正红镇已对2.8万余民众实行免费体检,年底前将完成全镇常住人口的体检工作。"正红镇卫生院院长朱红兵说。近年来,滨海坚持"把健康政策融入全局、健康服务贯穿全程、健康福祉惠及全民",着力构建"健康管理、健康扶贫、医疗服务"三大体系,全力推进健康惠民工程。

为了让更多的低收入群体看得起病,看得好病,滨海县在做好全面免费健康体检的同时,加大医疗兜底服务实施力度,包括对低收入人群优先提供医疗兜底免费签约服务,目前累计签约率达96.5%,同时全面落实"先诊疗、后付费"制度,对低收入人群中患白血病等22种重大疾病的患者,明确县级定点救治,对县内不能救治的,联系省、市三级医院转诊治疗。随着"健康滨海"建设工作的深入推进,该县还从提升医疗服务水平发力,投入25.3亿元,迁建县人民医院、妇幼保健院、第三人民医院,加快构建医疗卫生服务体系。

(原文刊于2018年10月24日《经济日报》)

滨海四大产业撑起工业经济脊梁

近年来,江苏省滨海县工业经济在快速发展中有一种格局分外抢眼:2011年,泵阀机械、生态化工、农副产品加工、纺织服装四大产业实现的工业总产值占到了该县工业总产值的90%以上,四大产业成为滨海工业经济发展的"支柱",撑起了该县工业经济的"脊梁"。

突出项目招引 集聚产业发展新后劲

近年来,滨海县抢抓江苏沿海开发上升为国家战略和长三角区域经济一体化的两大发展机遇,重点围绕拉长增粗产业链条,开展产业招商、专业招商,提升产业发展层次,集聚发展新后劲。在泵阀机械产业上重点围绕国内泵阀前20强企业,着力引进一批产业关联度高、科技含量高、核心竞争力强的龙头企业、补链项目;生态化工产业着力引进一批龙头型、科技型、基地型项目,力争在医药和盐化工产业链项目上求突破;纺织服装产业重点招引织造、印染、后整理以及纺织用品、服装创意等补链项目;农副产品加工产业重点引进规模大、附加值高的农副产品深加工、农副产品物流、生态观光农业等项目。与此同时,该县还积极开展招商活动,创新利用资本方式,吸引境外投资者收购、兼并、重组县内企业。

通过几年的努力,滨海的四大产业已集聚了发展新后劲,目前全县已率先形成泵阀机械、生态化工两大特色产业集群。其中泵阀产业吸引了全国行业前20强的8家落户园区;生态化工产业总投资20亿元的新化项目、总投资15亿元的雅克项目、总投资10亿元的锦翔项目等一批产业链项目纷纷拔地而起。

强化载体打造　　不断提高园区承载力

园区是承载项目的"摇篮"。近年来,滨海县在积极抢抓苏南等地产业转移、沿海大开发等机遇过程中,高度重视园区载体的打造,在原有的基础上进一步细化功能区分,加快建设特色区中园,着力构建"一区多园"合理分工、联动发展的新格局,精心打造一批新能源、新材料、新医药、食品加工为特色的"区中园"。工业园重点在纺织和泵阀新材料、电子信息、服务外包、现代物流、孵化研发等产业中率先规划建设专业园区;沿海工业园重点在生物化工、化工新材料和节能环保产业的基础上建立专业园区;现代农业产业园重点建设农副产品加工园、农业科技示范园、生态休闲观光园、农副产品物流园等一批园中园。目前,工业园入园的泵阀企业已近100家,万恒铸业的铸锻、上海增欣机电的检测,已迅速成长为全国同行业的领军产品;沿海工业园的"区中园"——2平方公里的盐化工产业园已初具雏形,一期年产10万吨离子膜烧碱项目已投入运营;现代农业产业园已有国家级农业龙头企业江苏中宝集团等企业入户。

与此同时,滨海县还积极完善载体环境,配套完善园区功能。沿海工业园相继成立了公共检测分析、环保安全监控、特种设备检测、融资担保和人力资源服务等十多个服务平台,帮助50多家企业办理了相关手续。为加快盐化工特色产业发展,该园区还成立了以园区为载体、企业为依托、高校为支撑的盐化工产业研究院。

依托科技创新　　提档升级传统产业

为促使四大产业在加速转型中寻求突破,滨海县出台了一系列支持政策,把大规模技术改造作为提升传统产业整体竞争力的重要内容,组织实施"一三五"工程(即在"十二五"期间实现100家企业升级、30家企业重组、5家企业上市),积极鼓励企业新上先进装备,采取科学工艺,淘汰落后产能,激发产业活力。沿海工业园一年置换、重组企业15家,企业数量越来越少,规模层次越来越高。鼓励企业与高等院校、科研院所广泛开展产学研交流与合作,建立和完善技术研发机构,积极开发具有自主知识产权、科技含量高、经济效益好的新产品,努力实现产品结构的优化升级。

(原文刊于2012年4月23日《中国县域经济报》)

在快增快转中阔步前行
——江苏省滨海县推进工业转型升级纪实

走进江苏舜羽服饰公司的生产车间,400多名员工正在全力赶制公司订单,一片繁忙景象。今年上半年落户滨海县的江苏舜羽服饰由江苏舜天集团投资兴建,主要面向欧、美市场,生产羽绒服、棉袄、压胶服等服饰,是一家纯外贸出口企业。为了提高产品质量,增强竞争力,舜羽服饰公司的生产设备全部采用国内最先进的微电脑控制缝纫机,大大提升了传统产业的科技含量。全部投产后,有800多台机器同时作业,公司年产值将达4亿元。

今年以来,滨海县按照盐城市"千百十工程"的总体部署,紧密结合县情实际,大力实施"一三五工程",鼓励企业技改升级、推进企业开发重组、培植企业壮大上市,通过"十二五"期间的不懈努力实现100家企业升级、30家企业重组、5家企业上市,推进全县工业经济转型升级、科学发展。

快增快转 企业才是"主力军"

7月26日,滨海县举行了海南海药股份有限公司年产500吨医药原料药项目签约仪式,滨海开元公司与海南海药股份有限公司强强联合,重组合作,在滨海投资5亿元新上头孢类医药原料药项目。海南海药是海南综合实力最强、上市最早的制药企业,也是中国大型制药企业,现正在致力于延伸产业链、扩大生产规模、降低生产成本,打造中国药界的航母。开元公司"牵手"海南海药成为滨海"一三五工程"推进中的一个典范。

转型升级的主体是企业,关键也是企业,谁能超前行动,谁就能抢占先机。滨海县树立"不转则退,慢转也是退"的理念,鼓励企业主动"快转",赢得今后"快增"。目前,滨海县纳入"一三五工程"企业共 118 家,升级 106 家、重组 30 家、上市 8 家。针对这些企业中传统产业多、高新技术产业少,中小企业多、规模企业少,低端产品多、品牌产品少,缺乏竞争优势的情况,滨海县召开企业座谈会,积极鼓励企业唱好主角、主动作为,既要依靠自身实力,更要借助外力,多形式、多渠道实施扩张战略,努力实现新的发展。

"过去生产一吨普通阀门,电费得花近千元,产值不过 8 000 元左右,现在产值翻了一倍多,电费只增加了 200 元左右。"谈及技改创新带来的种种好处,江苏盐电铸业有限公司负责人感慨良多,通过技改,企业的万元产值耗能量比同行业平均水平低 30%左右,产值却连年攀升。

培大育强　政策扶持成为"催化剂"

在滨海采访期间,记者看到这么一份文件。今年滨海县委、县政府专门出台了《关于实施"一三五工程"推进工业转型升级的意见》,并设立产业专项扶持资金,用于支持和鼓励企业技改升级、合作重组、企业上市、品牌创建等。对年度开票销售收入首次完成两年翻番目标的,其开票销售在 5 亿、10 亿、50 亿、100 亿元以上的企业,分别给予递增式奖励;对入库税收增长 25%以上,其年度实际入库税收首次突破 5 000 万元、1 亿元、2 亿元的企业,给予递增式奖励。对新上先进装备,采取科学工艺,淘汰落后产能,给予资金扶持。对企业创建国家、省、市级技术中心,创树国家、省级以上品牌,给予一次性资金奖励。

滨海县领导告诉记者,县里根据企业的不同需求,坚持因企制宜、一企一策、分类指导,有针对性地开展个性化服务,制定"一企一策"表,进一步细化任务分解,量化序时进度,排出时间节点,加大重点技改项目的推进力度,力争快投入、早产出。特别是对特色产业链关键节点项目、为上市实施的技改项目进行大力支持。在政策的激励下,滨海县纳税大户——金日方集团三措并举努力加快上市步伐,纺织主业向国内的一家上市公司买壳上市,目前已达成初步意向;公司旗下的苏滨生物农化有限公司进行股改,首乌科技有限公司在省内增设多家连锁店,为上市创造前提条件。

在滨海县泵阀产业园区的泵阀检验检测研究所,身着工作服的工作人员正在用仪器检测原材料中的金属元素。园区工作人员告诉记者:"为配合县里'一三五工程'的开展,泵阀检验检测研究所不断提升产业配套能力,解决了泵阀企业研发和检验检测能力不足的问题,提升了泵阀企业产品质量和创新能力。"

要素调度　转型升级装上"加速器"

日前,记者在滨海县召开的金融形势分析会上得知,今年以来,滨海县各金融机构不断加大信贷投放,着力加大重点工业企业的信贷支持。3月份该县成功举办的2012年银企融资洽谈会暨签约仪式上,9家金融机构与193家企业签订了268个意向贷款项目,签约授信金额81.72亿元,截至目前,签约企业资金已经达55.56亿元,资金到位率68%,达到了预期履约目标。

滨海县强化各种生产要素调度,确保"一三五工程"重点项目加快实施,除加强银企对接力度和频次,引导金融机构更多地投向重点技改项目外,还按照"区别对待、有保有压"的原则,大力支持盘活存量土地的零用地项目,优先保障"一三五工程"重点企业土地、电力等需求,优先协助企业引进创新型人才和用工组织工作。

同时,大力开展企业服务"家家到"活动,对"一三五工程"百家升级企业实行领导干部挂钩服务,由正科职干部挂钩服务,拟重组和上市企业(不在升级企业名单中的)由所在地副科级干部挂钩服务。对技改企业重点帮助理清政策导向,制定技改方案;重组企业帮助排出合适的重组对象,制定重组推进计划,将企业重组合作和招引领军企业结合起来;上市企业帮助企业建立现代企业制度,加快启动上市进程。规定挂钩干部每月到企业工作时间不得少于2天,深入开展调查研究工作,并对服务情况实行"双月报",对企业的要求和建议,做到件件有落实、事事有交代。

(原文刊于2012年10月15日《中国县域经济报》)

江苏滨海:小康进程在加快

近日,江苏省滨海县隆重举行了重点项目集中开工典礼,9个项目协议总投资 24.9 亿元。其中,农业园核心区六大功能中心开工建设,标志着滨海现代农业的发展即将步入新的阶段。

今年以来特别是下半年以来,滨海县紧紧围绕"全面建成小康社会、实现新的跨越发展"的总体目标,以"五大会战"为抓手,会战项目建设、会战沿海开发、会战城市创建、会战城乡统筹、会战民生工程,成立"五大会战"领导小组,以战役式推进,全面加快小康进程。1—10月份,该县实现财政总收入 42.02 亿元,公共财政预算收入 17.71 亿元,同比增长 16.2%;规模以上工业增加值、自营出口总额、城镇居民人均可支配收入等多项指标增幅位居盐城市前列。

进入四季度,滨海经济开发区工业园紧盯全年目标任务,狠抓项目推进,鼓励园区企业加大技改投入,加快发展步伐。11月16日,在江苏超威电源生产车间内,记者看到工人们正在生产线上忙碌着赶制订单。公司负责人介绍道:"今年公司投入了1 000多万元,对铸焊、封盖、固胶等多条生产线进行升级改造;对公司生产短板的车间进行全面扩容和提效,使整个超威电源产能和品质有了大幅度的提升。"目前,该公司日产电池 1.35 万支左右,产值达 140 万元。

今年以来,面对严峻复杂的经济形势,滨海县以重大项目推进为抓手,以突破重大项目推动产业升级,以外向带动提升产业层次,大力实施"千百十工程",组织开展"项目建设百日会战",强势推进招商引资,成功引进了一批大项目、好项目。着力突破新特产业项目,加快生物医药、新材料、机械装备产业发展规划的编制,完善盐化工、泵阀机械产业集聚区发展规划,在重大新特产业项目招引上取得突破。同时,推进工业园"四大服务平台"和沿海工业园"一市场三中心"建设,目前,工业园和沿海工业园入园企业分别达 150 家、130 家,已经成为该县工业经济的主战场，两个园区规模企业销售总和占全县规模工业比重达92.56%，13个镇区民营创业园正成为经济的重要支撑。

江苏沿海开发战略上升为国家战略后，滨海县全力以赴加快推进，先后与中电投集团签订了总投资100亿元的储配煤中心项目、总投资100亿元的IGCC项目，与中海油签订了总投资120亿元的LNG项目等，港口、港城、临港产业"三港联动"发展格局初步形成。

在滨海港煤码头项目陆域工程现场，放眼望去，一大片的土地被清理平整，投资1.2亿元的先导工程纳泥围埝和陆域形成工程已基本完工，这里将承载中电投煤炭码头的一期工程项目。在海堤上，中电投江苏滨海港务有限公司工程管理部负责人向记者介绍道："去年11月，10万吨级航道南北防波挡沙堤工程竣工，我们正扎实做好煤码头一期工程开工的各项准备工作，确保年底前全面开工建设。"

滨海县以省级园林城市创建为抓手，会战城市创建，重抓功能完善和持续健康发展，6大类100项城建重点项目加快建设，今年已累计完成城建投入48亿元，新增城市绿地68万平方米。按照"转型创新、集聚集约、生态人文、城建为民"的功能定位，滨海县加快推进县城规划四轮修编，推动城市建设和服务业融合发展，滨海县南湖文化产业集聚区、宝丰商博城正在加快建设，凯帝大酒店、洲盛国际家居广场等一批项目即将建成运营，不断增强了城市的对外影响力。

在今年房地产市场不景气的情况下，滨海县成功举办了城建服务业招商推介暨春季房交会活动，推出城建服务业重点项目23个，签约项目11个，成交商品房470套、5.5万平方米，销售总额达2.18亿元，促进了房地产市场的持续健康发展。住房保障体系不断健全，今年以来，已经开建各类保障性住房700多套，新开工建设商品房80多万平方米。

滨海县以更实的举措会战城乡统筹，扎实做好"三农"工作。以工业化、城镇化、农业现代化"三化"带动新镇区、新园区、新社区"三新"建设，大力发展镇域经济。全面启动了省道327西段万亩设施农业示范园建设，加快打造县农产品加工园，促进传统农业向现代农业转变。大力组织实施城乡统筹试点镇村建设，确保年内全面完成东坎镇新安村、现代农业园区洪林村的建设任务，促进自然村庄向新型镇村转变。深入推进脱贫攻坚，大力开展农民培训，促进传统农民向市民转变。

滨海县加大民生工程的投入，统筹推进和谐社会建设。把更多的财力向民生领域倾斜，今年共组织实施了十大类30项为民办实事工程，民生投入占财政总支出比重达到65%以上。今年以来为民办实事项目建设进度明显加快，新农合工作、城市地下管网改造工程等实事项目基本完成,校舍安全工程、保障房建设、农村区域供水一体化等其他实事工程均在有序推进之中。社会稳定重抓"四项排查",基本实现了"四个确保"的目标,位居盐城市先进行列。

(原文刊于 2012 年 12 月 3 日《中国县域经济报》)

阜宁县

阜宁给民营经济唱大戏搭好台

日前,从北京传来消息,江苏省阜宁县喜获"全国百佳全民创业示范县"称号。阜宁县以"创业、融资、服务"大平台为抓手,强势推进民营经济跨越发展。

"想创业、敢创业、会创业"

针对民间资本雄厚,但普遍存在着经商文化浅薄,从商风气不浓,缺乏创业的勇气和热情,对赚钱的机会"看不见、抓不住、赢不了"的现象,阜宁县近年来大力弘扬创业文化,扎实开展"人人学技能、户户忙调整、家家办实业"活动,大力营造人人"想创业、敢创业、会创业"的浓厚氛围,不断增强广大干部群众自力更生、艰苦奋斗的创业意识、商业意识、市场意识、竞争意识,不断激发广大干部群众参与创业、投身创业、艰苦创业的斗志和激情,为全民创业奠定了坚实的思想基础。

今年以来,阜宁多次组织了"全县返乡农民工大型招聘洽谈会",提供就业岗位 5 925 个,近万人次进场洽谈;在全县 20 个镇举办集中免费发证活动,共为各类创业者免费发放 1 256 本执照;开展评选"十佳创业典型"活动,并组织当选者在全县巡回演讲,举办"逆境中崛起""中小企业常见病的预防和诊治"等专题演讲,宣传创业政策,提升创业信心。同时开展浙江绍兴和福建、苏州、常州专题招商等活动,大力推进全民创业。

"一级抓一级、一级带一级、层层抓落实"

今年初,阜宁县委、县政府拿出 7 000 万元专项资金扶持中小企业、三产服务业和高效农业发展,相继出台了《2009 年全县民营经济工作要点》等一系列扶持全民创业和中小企业发展的文件,为发展民营经济提供了强有力的政策支持。

阜宁坚持各镇区、各相关单位和部门"一把手"负总责,努力形成"一级抓一级、一级带一级、层层抓落实"的全民创业机制,建立一整套切实可行的工作评价机制和考核体系,促进全民创业工作责任的全面落实。同时加大督查考核力度,将督查考核工作做实、做细,实行月督查、月公布,按月公布各镇区、各部门的工作实绩,将民营经济列入绩效考核,作为全县"三个文明"考核的重要内容,以严格的督查推动全县民营经济工作。

"创业、服务、融资"

　　阜宁围绕"三大平台",不断改善发展环境。创业平台方面,今年1~7月,阜宁5个中小企业园共投入3亿元,新建标准厂房45幢、15.5万平方米,占市下达任务的77.5%。其中,阜城中小企业园是全省中小企业园创业基地20强,阜城、益林中小企业园已申报市A级中小企业园。通过组织召开引企入园过堂会和项目"家家看"观摩活动,全县共有42个单位累计引企入园75家,使用标准厂房90幢,目前5个中小企业园企业总入驻率达80%;服务平台方面,阜城、沟墩、益林中小企业园均建立"一站式"服务中心,益林中小企业园5 000平方米的服务中心已投入使用。目前阜宁县创业培训机构有30多家,会计代理、税务代理、办证代理等中小企业服务机构近60家;融资平台方面,为缓解中小企业融资难题,年初阜宁出台了财政撬动金融的激励政策,支持担保机构做大做强。全县已注册互助性担保机构达38家,其中,8家主要担保公司今年共为500多家中小企业担保贷款8.7亿元。

"三支柱、四特色、四新兴"

　　通过多年的努力,阜宁已初步形成了三大支柱产业,四个特色产业和四大新兴产业,其中,阀门产业被列入省15个重点打造的特色产业,玻璃工艺产业叫响全国,享有中国玻璃之都的美誉。在发展实践中,阜宁县委、县政府有意识地引导产业聚集,延伸产业链条。县六大产业招商局认真研究国家宏观调控措施,准确把握产业政策,围绕产业抓招商,重点突破产业龙头型、基地型、产业链接和产业配套类项目,不断优化投资结构,打造阜宁整体品牌,提升行业整体竞争能力。

　　环境是经济发展的第一竞争力,阜宁主要深知创业的主体是人民群众,营造环境的主体则是党委政府。本着一切利于创业的原则,坚持以放促活,以放养天,将中央、省、市出台的各项收费政策不折不扣地执行到位,规范全县中介机构,整治乱收费现象,禁止对民营企业各类税外收费项目,真正做到能减则减,能免则免。同时强化公安、工商、税务、劳动、电力等涉企部门的服务意识,全县上下形成了多支持、少限制、多帮忙、不添乱的工作局面,营造了亲商、扶商、护商、安商等有利于民营经济发展的浓厚氛围。

(原文刊于2009年9月14日《中国县域经济报》)

阜宁"风""光"产业更风光

2010年1月1日,国内最大的屋顶光伏电站——江苏国能9.18兆瓦一期工程3兆瓦荣威屋顶光伏发电项目竣工典礼在阜宁县举行。这是该县依托得天独厚的"风光"优势,发展新能源产业,加快经济发展方式转型的又一缩影。

强化新兴产业招商

隆冬时节,天寒地冻,阜宁项目推进工作却热气腾腾。1月1日,二硫化碳、轧辊制造和采煤设备等重大项目集中开工。1月5日,县委书记王锦胜、县长王连春又带队赴长三角地区,围绕风电装备、粘胶纤维、煤(盐)化工、光伏四大新兴产业开展招商活动,形成新兴产业与大项目建设互动的良好机制。

去年,阜宁成立了风电、光伏、煤(盐)化工、纺织服装等产业招商局,围绕新一轮发展规划和定位,编制了《阜宁县重点产业招商目录》,排出龙头项目、断层项目、补链项目、配套项目,县领导干部南下北上,访客商谈项目。县四套班子领导成员还分别挂钩30个重大项目,扎实推进重大项目建设。各镇区、部门围绕中心抓招商,突出重点抓项目,切实开展"三比三看"活动,即比每个月招商实效,看出击的区域和地区;比每个月签约项目,看项目的质量和结构;比每个月搜集的信息,看信息的可靠和价值。

密集跟踪新兴项目

去年2月19日,阜宁在北京全国政协礼堂举行经济社会发展汇报会,并就风电装备产业发展广泛征询专家意见,获得了与会领导、专家的肯定。2月

20日,在江苏省中央企业合作发展恳谈会上,阜宁县与中水投合作投资20亿元的风电装备产业园项目成功签约,为阜宁建设江苏省沿海地区唯一的省级风电装备特色园区"江苏阜宁风电装备产业园"打下了基础。3月份,2009阜宁(福建)投资环境推介会在福州举行,集中签约项目10个,总投资13.35亿元。5月份,成功在苏州举行第九届5·18经贸洽谈会暨阜宁(苏州)投资环境推介会,集中签约38个,计划总投资60亿元。

阜宁县着力打造风电装备和粘胶纤维两大百亿产业,"阜宁县风电装备产业园"规划建设6平方公里,是江苏沿海地区风电机组重要部件生产和研发中心,围绕叶片、塔筒、齿轮箱、轴承、锻铸件、控制系统等6大部件,招引上下游产业链项目,着力打造人才、资金、金融和服务等环境建设,到2011年形成百亿风电产业。

光伏产业则着重抓特华多晶硅项目二期扩能,抓产业前延后伸,抓太阳能电池板封装等项目的落户,力争3年形成50亿元规模。

2009年12月6日,在北京召开的中国新能源产业发展年会上,阜宁风电、光伏等新能源产业获得国家发改委、国家能源局首肯。

竭诚为企业服务

阜宁县建立了县四套班子领导挂钩服务重点企业、20个部门一对一服务县"20强"企业、科级干部挂钩服务303家企业三级服务机制。

在建设总投资3.3亿元的荣威屋顶光伏电站项目过程中,县委书记王锦胜和县政协主席陈平等领导先后多次帮助解决项目建设相关问题;双多公司2030工程项目实施过程中,县重大项目开发储备领导小组及时对拆迁安置、煤场建设、码头建设、"零排放"等有关问题进行协调并上报县委、县政府。投资5亿元的天一饮料项目落户沟墩后,沟墩镇三套班子提供全程服务,该项目2009年8月份开工时,遇到连续降雨天气,工地泥泞不堪,材料无法运入工地。该镇特地修建了一条宽14米、长300米的创业大道,并将西纬路延伸200米长,分两个方向为该项目进料,从而保证了项目建设的进度。

(原文刊于2010年1月25日《中国县域经济报》)

阜宁特色产业昂起头

2010年12月8日,江苏省阜宁县隆重举行双昌肥业百万吨磷复肥项目投产仪式。该项目总投资6.5亿元,新建年产硫酸20万吨、磷复肥20万吨、颗粒磷肥10万吨和硫基氮磷钾10万吨,一期工程投资3亿元。这是阜宁县以发展特色产业为依托,以加大企业技改为抓手,以创新服务体制机制为载体,加快转变经济发展方式的有机统一。

引进配套项目　壮大产业规模

阜宁县坚持把做大做强做优特色产业作为经济转型升级的着力点,让特色产业成为拉动县域经济发展的强力引擎。

做大风电装备、粘胶纤维支柱特色产业,以省级风电装备产业园为支撑,引进东汽总装、辰风树脂等大项目,构建完整产业链条,力争2011年产值超百亿。以南北挂钩转移典范项目澳洋科技为龙头,引进配套项目,壮大产业规模,打造全国最大的粘胶纤维产业基地。做强环保滤料、盐煤化工优势特色产业,发挥全国环保滤料产值"三分天下有其一"的规模优势,发展高端滤材、成套环保设备,打造全国最大的环保滤料生产基地。利用阜宁西南地区独有的盐矿资源优势,加快勘探进程,全力推动双多2030工程建设,形成50亿元规模。做优LED、光伏先导特色产业,以投资30亿元的协鑫LED蓝宝石晶体项目为载体,加快LED产业园建设,引进配套项目,打造全国一流、全球知名的LED产业中心。以全国荣威屋顶光伏电门并网发电为契机,加快新上产业链项目,争夺"中国新能源产业百强县"领军旗。

加快规模扩张　实施资产重组

围绕政策激励、企业主导的思路,始终把规模企业技改作为转方式的重要抓手,专门制定出台了《关于激励定报企业技改扶持重点产业发展的政策意见》,安排6 000万元专项资金,激励企业加大设备投入,加快规模扩张,实施资产重组,加强科技创新。对新购置进口设备和特色产业中开票销售、入库税金实现倍增的企业技改设备补助标准从10%提高到15%。3年来,累计实施500万元以上技改项目的企业达125家,实施设备投入超300万元技改项目企业达80家,促进了全县重点企业的规模跃升和裂变发展。

增强创新能力　重奖龙头企业

蓬勃发展的工业经济,源自良好的发展环境,而良好的发展环境得益于服务企业机制的不断创新。

阜宁实施县主要领导一线工作法,常委、县长在一线指挥,直接兼任开发区、澳洋工业园、东益经济区主要负责人,统筹协调推动园区经济发展。县四套班子领导和331名挂钩科级干部深入开展每月的"为企业服务周"活动,协调问题必到现场,解决问题尽心尽力,帮扶效果显著。去年以来,县领导班子和科级干部已累计深入企业7 500多人次,帮助企业协调资金7.2亿元,用工1万多人。

持续推出优惠政策,落实2亿元引导资金支持风电装备产业发展,安排5 000万元专项资金搭建2亿元的融资平台支持粘胶纤维产业发展,并对澳洋工业园新城建设、盐矿勘探、小额贷款公司、人才培训都予以特别安排。

加快企业自主创新能力建设,主攻企业创牌、组建技术中心和开展产学研合作。先后出台《阜宁县推进科技创新能力建设激励意见》《阜宁县激励扶持创新创业载体建设政策意见》等文件,增强企业自主创新能力,加快科技创新创业载体建设。环保滤料产业龙头企业正大森源公司首创国家驰名商标,重奖100万元。对重点企业组建技术中心、实施产学研合作同样予以重奖。

(原文刊于2011年1月24日《中国县域经济报》)

建湖县

创新叩开建湖转型门

近年来,江苏省建湖县产业布局逐渐从过去的高能耗、高物耗、高污染、低附加值的行业转向高产出、低消耗、低碳环保的新兴行业,企业实现了从过去的做产品向做品牌、做标准转变,从过去的借鉴、模仿和配套向自主研发转变,实现了"人无我有,人有我新,人新我精"的发展格局。

布局创新发展的大"棋盘"

建湖着重发展未来具有潜在优势的行业,3年来建设了县开发区、高新产业区、上冈产业园、建阳产业园、民营创业园的"两区三园"。县开发区重点建设节能电光源核心区和嘉定工业园;高新产业区重点建设省级科技创业园和航空产业园;建阳产业园重点建设石油机械产业核心区;上冈产业园重点建设工程机械和物流园区,形成各具特色、互动发展园区格局。去年以来,"两区三园"已实施项目60多个,其中亿元以上项目近50个。

为了优化产业布局,建湖着眼于让更多优质项目落地,以大项目的引进带动产业转型升级。围绕石油装备、节能灯具两大特色产业新上项目,拉长产业链条、优化产业结构、推动产业向高端化发展。作为中国第一只灯泡制造者的上海亚明灯泡厂有限公司在建湖投资10亿元的绿色照明基地一期竣工投产、二期开工建设;总投资均超5亿元的江苏欧瑞德石油机械公司石油钻采设备和特达公司能源装备项目开工建设;在10万吨生物柴油项目投产、生物医药项目开工的基础上,总投资40亿元的中石油30万吨燃料乙醇、总投资10亿元的永林生物材料等一批新兴战略型重大项目正加快推进。

此外,建湖加快发展新兴产业,培育新的增长点。由上海斯化露航空科技发展有限公司和盐城恒佳机电设备有限公司共同投资5亿元的航空座椅项目正式签约,填补了我国航空座椅领域的空白。去年4月12日,总投资达35亿元,10个涉及制药、光伏等新兴产业的项目在上海市嘉定工业区成功签约,将落户嘉定(建湖)科技工业园精品园。去年10月23日,"2010中国·建湖金秋经贸洽谈会"隆重举行,共签约55个项目,总投资达171.9亿元。这些项目投资规模大、科技含量高、发展前景好,不仅有与建湖特色产业相配套的项目,也有涉及航空航天、防静电、软件科技等新兴产业项目。

传统产业不断优化升级、新兴产业蓬勃发展,一个具有强大潜力、合理规划、精心布局的产业链条在建湖正壮大发展。

模仿永远无法打造"建湖创造"

鼓励企业掌握核心技术,争得行业话语权,全力提升传统产业创造力,抢占行业制高点,一直是建湖经济转型的重点。"模仿永远无法打造'建湖创造',只有自主创新的精品才足以塑造建湖民企的灵魂。"建湖县发改委主任俞进虎告诉记者。

近年来,建湖众多企业主动出击,与中科院、中国照明电器协会及清华大学、复旦大学、西安石油大学多家名牌大学开展科研合作,建立工程技术中心、产品研发检测中心。信得与英国3i公司、鸿达与美国WFT公司、双鑫与美国森权公司、振华与德国福格申公司的交流合作日益广泛深入。与复旦大学研发冷阴极一体化节能灯、冷阳极节能灯等4个新产品,填补了国内空白;与东南大学合作的"专用集成电路驱动的高可靠、长寿命节能灯研发及产业化"项目,被列入省重大科技成果转化专项资金项目,"自镇流冷阴极荧光灯"被认定为江苏省自主创新产品。

2010年5月17日,江苏日月照明电器有限公司"博士后科研工作站"正式揭牌,这是建湖企业首家"博士后科研工作站"。去年,建湖为石油装备、节能灯具产业引进了两名院士。此外,建湖先后出台一系列激励措施,鼓励企业创新。在2009年拿出1亿元的基础上,2010年又拿出1.5亿元,用于企业上市、技改扩能、创塑品牌等,鼓励企业做大做强。目前建湖已经拥有中国驰名商标3个,企业主导起草国家标准9项,参与起草国家标准13项,拥有中国名牌产品3个,省级以上著名商标、名牌产品45个,国家、省、市三级名牌总量居盐城市首位。

(原文刊于2011年1月10日《中国县域经济报》)

共饮一杯水
——城乡供水一体化的建湖探索

江苏省建湖县地处淮河下游,境内沟河纵横,自然降水量大,水域广阔。然而,就是这样一个水资源丰富的县,却长期存在城乡供水量不足、水压不够、用水不方便、自来水水质不好等问题,吃水成了困扰该县人民的一块"心病"。为此,建湖县将老百姓的吃水问题纳入了民生工作建设的重要部分。

"果断实施城乡供水一体化工程,2011年投入1亿元,铺设一级管网50公里,改造三级管网300公里,收购小水厂80座;抓好县城和上冈自来水厂建设。"早在去年3月,建湖县政府便提出了城乡供水一体化的设想。

找水源

"自来水管道年久失修""水不够用……"当记者走访建阳镇马厂村问起群众吃水难的问题时,村民们你一言我一语,争着说难处。然而从2012年开始,这些问题都不存在了。建设取水口,保障水源,是城乡供水一体化工程中的一个重要环节。

为解决取水问题,建湖县在全县建成了3个水源地取水口,分别是2009年建成的戛粮河取水口、2011年3月建成的西塘河取水口和2011年6月建成的通榆河取水口。

记者来到总投资3 000万元的建湖县戛粮河上游蔷薇河北段拓浚工地,只见20多台大型挖掘机正在长约6公里的战线上紧张施工。这是建湖县城兴建的第三个生态取水口。

为了保障县城居民的饮用水安全,建湖县顺应县域经济发展、城市扩容的实际,切实提升应对公共突发事件的能力,决定投资 2 000 多万元在戛粮河上新建第二取水口,与第一取水口交替使用。此后,该县又先后启动 10 万亩九龙口湖荡的核心区河道、戛粮河上游的蔷薇河及西塘河取水口上游拓浚工程,项目总投资达 5 000 万元。

建湖县水利局副局长周寿田介绍,从 2011 年 5 月起,建湖县建阳镇区及部分村居 1 万户逐步通上了县城自来水,真正实现了"共饮一杯水"的最初构想。

铺水网

建设水网,是解决区域供水问题的一个重要步骤,也是城乡供水一体化工程的第二个亮点。周寿田表示,建湖县委、县政府高度重视区域供水工程,要求加快推进步伐,力争 2012 年基本实现区域供水全覆盖。

"明年要铺设三级管网 2 400 公里,改造入户约 8 万户。"面对记者,周寿田信心满满,在这位副局长看来,老百姓的吃水问题绝对不是一件小事。

记者得知,水网铺设主要集中在建湖县各主城区和冈西、九龙口、芦沟等镇区。其后,还将完成两座水厂的管网连接,铺设循环管网,实施循环供水,以期继续铺设三级管网,由镇区向村组辐射延伸,改造入户 9 万户。

"原来吃的水咸咸的,自从县里把水网接到建阳后,我们也可以吃上与县城居民一样的自来水了!"在初步实现区域供水的建湖县建阳镇,望着清澈的自来水汩汩流出管道,马厂村农民杨志国无法抑制内心的喜悦。

截至 2011 年 12 月 19 日,建湖县已完成管网总长 1 055 公里,投入资金 2.35 亿元。铺设两座水厂到各镇的一级管网 205 公里,占计划总长的 68%;铺设镇到村居的二级管网 350 公里,占计划总长的 100%,实现了二级管网全覆盖;村居到户的三级管网已铺设 600 公里,今年全面开工建设;完成建阳镇镇区、建湖开发区改水到户 1.2 万户。建湖县建阳镇只是城乡居民初步受益的一个缩影。

建水厂

由于诸多原因,过去建湖县农村饮用水安全问题比较突出。解决了吃水难的问题后,还要保障吃水安全。为此,建湖县始终把水源保护特别是饮用水安全保障纳入经济和社会发展规划、全面小康社会建设综合评价体系。

于是,建造大型水厂,成了城乡供水一体化工程的第三个亮点。走访后记者了解到，建湖县上冈地面水厂已经建成，城南地面水厂也已进入设备安装阶段，今年7月即可投运。

"我们新水厂建成后，各家各户拧开龙头即可直接饮用。"在建湖县城南水厂施工现场，负责项目建设工作的王经理介绍说，"建成后，城南水厂的检测能力将由现在的31项增加到72项。"

"由于在县级水厂同行中率先使用了氨氮、耗氧量、溶解氧等水质在线检测设备，设置了粉末活性炭投加系统等国内一流的设备，饮水的安全保障是可靠的。"王经理说。

据了解，为防止上游污水入境，该县水利、环保、卫生等部门联合行动，建立饮用水监测系统、环境监测数据资源共享例会制度，投入1 800多万元，在6条饮用水源地主要河流上游布设9个断面、14个测点密切监测。

近两年，建湖县还在水源河道搬迁、关闭一批企业与7家砂石场，否定了39个可能影响饮水安全的项目，从源头上控制了污染水源事故发生。

(原文刊于2012年3月22日《中国县域经济报》)

三台"大戏"唱转型
——江苏建湖县转型发展之路

江苏省建湖县历来以民营经济发达、民企集中而著称,也是苏北唯一一个拥有两个国家级产业基地的县。近年来,该县积极推进体制机制、科技人才等领域的改革创新,唱响了产业转型的三场"大戏",而民营企业无疑成了这些"大戏"的"主角"。

第一台戏:重组合作 建湖"磁场"引力强劲

早在2007年,建湖的企业重组合作便已开始,当年,位于建湖县内的森达公司与香港百丽实现强强联手。重组后,江苏森达鞋业公司发展势头强劲,新上年产1 000万双皮鞋生产线。2011年,森达鞋业实现税收2.6亿元,是重组前的3.5倍。

重组的希望种子已然开始萌芽,并呈茁壮发展趋势。2011年,鸿达公司与美国WFT公司合资成立江苏鸿达福石油设备有限公司[①],新办欧瑞德公司。仅2011年,重组后的鸿达公司实现外贸额5亿元,出口率达93%以上,实现税收8 000万元,是重组前的2.8倍。

"建湖已先后拿出5个5 000万元,促进企业上市、资产重组、技改扩能和创新创牌。设立1 000万元高新技术风投基金与1 000万元产业升级专项引导资金,支持高层次人才创新创业。"建湖县科技局局长曾崇高介绍。

2011年,建湖县专项基金工程坚持把推进企业重组工作列入县域经济发展

---

① 今江苏威德福鸿达石油设备公司,下同。

规划,注重资源优化配置,进一步提升企业合作重组的层次和水平。此外,企业还充分利用博士后工作站、院士工作站、产业技术联盟等高端平台,为重组提供决策参考。

截至2011年底,建湖县实施企业资产重组15家,新增投入23亿元,新增税收12亿元。5家企业成功与世界500强、国内100强、行业前10强合作重组。全县新特产业占工业经济总量达60%以上,石油装备、节能灯具两大特色产业经济总量分别突破130亿元、60亿元。

第二台戏:技改扩能　强大"气场"动力澎湃

"谁先主动调整结构、技改扩能,谁就是赢家。"建湖县双鑫公司董事长陈永军说,"我公司逐年大幅加大研发投入,自主研发生产的节能型抽油机,成为江苏省石油装备行业终端产品中唯一的省级新产品,并顺利通过了美国API国际认证。ZJ90DB钻井液管汇被评为江苏省高新技术产品,钻深创世界纪录,被列入国家科技型中小企业技术创新基金项目。"

在建湖县产业技改扩能中,角色不分主配,每家企业都能演绎精彩。

高端液压件被称为"工程机械之心",此前一直被国外产品垄断,建湖县国瑞公司研发出高端液压比例阀,现已批量生产,彻底扭转了高端液压比例阀"受压于外""受制于人"的格局;永维钻件公司的海上油气井抗冰隔水管获国际博览会特别金奖;特达公司的液压动力钳,一个产品上就有38个自有专利;九龙阀门公司为核电工业生产的超低温硬密封球阀产品上赫然印有"中国专利"字样,成就了业内"霸主"地位。

截至目前,建湖县两大特色产业拥有省级以上高新技术企业22家,国家级和省级新产品60个,申请各类专利3 300件,专利授权1 060件;主导或参与制定国家标准79项,国家、省、市三级名牌总量居盐城市首位。

据介绍,2012年建湖县将继续实施"百企千万"技改工程,积极引导全县300家规模企业新上超千万元技改项目,重点推进前30强企业新上超亿元技改项目。

第三台戏:上市融资　资本"市场"活力无限

报名踊跃、参会积极、对接火热……近年来,由建湖县金融与企业上市办公室、多家投融资机构和上市中介机构联合发起的多场民企上市活动受到建湖民企的热捧。民企上市,正迎来建湖产业转型大戏的高潮。

上市热的背后,折射出建湖民营企业已由家族式模式向现代企业模式蜕变,从而使企业融资、战略规划、内部管控、供应链优化和绩效管理等原有软肋得到全面优化,带动企业顺利实现转型升级。

2011年7月,剑牌公司召开股份公司创立大会,9月完成了上市辅导期相关备案工作。2011年8月,象王公司召开股份公司创立大会,积极引入5家国内知名创投基金以增强企业整体实力,次月完成了上市辅导期相关备案工作。信得公司从海外招募了约20人的技术专家小组,完成相关财务报表的审计和内部股东的更新配置,目前已进入股改的最后阶段。

2011年,建湖县新认定的11家上市后备企业都属于新特产业,具有良好的市场前景。其中,日月、永林、玉人等公司,公司治理机构完善,盈利能力强,具有较高的市场占有率,是该县上市后备企业中的后起之秀。目前,3家公司已与证券中介机构初步沟通,并初步制定了相关的工作计划。"可以毫不夸张地说,企业改制上市,是今后支撑、带动我县县域经济持续稳定发展的中坚力量。"建湖县政府办副主任、金融与企业上市办主任李定军说。

"立足中小板,抢占创业板,发展新三板",据悉,围绕企业上市目标,2012年,建湖县力争有2家企业成功上市、3家企业进入上市辅导期。"十二五"期间,累计实现3~5家企业成功上市,海外上市一到两家。

(原文刊于2012年6月4日《中国县域经济报》)

营造"强磁场" 打造"梦工厂"
——建湖培育厚实"土壤"激发全民创业"因子"

编者按:推进大众创业、万众创新是适应经济发展新常态、促进经济转型升级和培育新的经济增长点的战略举措。今年3月2日,国务院办公厅又下发了《关于发展众创空间推进大众创新创业的指导意见》,进一步明确了支持众创空间发展、推进大众创新创业的政策措施。近年来,江苏省建湖县重抓全民创业工作,将"重教兴学、全民创业"写进《建湖县志》的"改革开放新民风"中,通过培育厚实"土壤",在全县掀起了全民创业的热潮。

3月19日,在江苏省建湖县颜单镇,盐城恒辉食品有限公司老总朱成钢向记者递上了他的新名片。5年时间里,老朱的名片三次"变脸":做海鲜生意的个体工商户、出口日韩的农产品深加工企业小老板,现在则是规模企业的老总。

经历名片"变脸"的本土"草根"老板在建湖还有许多。去年,在建湖,跟朱成钢一起"跳"成规模以上企业的共有32家,新增规模以上工业企业总数列盐城市之首。

近年来,建湖全方位营造全民创业的"强磁场",打造全民创业的"梦工厂",也因此被认定为江苏省首批创业型城市。

培植产业 小微企业"链接"两大产业

"创业"一词,在建湖早有渊源。10年前,该县百余名处科级干部先后辞职下海,或独自创业经商,或受聘进入企业,在县内外刮起一股创业"旋风"。10年后,"创业因子"再次被激发,而且参与主体更多、科技起点更高、产业规模更大。

去年3月5日,建湖县召开"工业转型升级提升年"活动动员大会,对产业进行梳理、定位,明确了走高端化的发展方向。优先发展高端装备、节能环保两大新兴产业,加快发展新能源、汽车及零部件、航空装备、电子信息和软件这四大战略性新兴产业。

围绕这些产业,一大批"高大上"企业加速集聚,而其中不少都是本土小微企业通过创业创新"蝶变"而来。20世纪90年代初,建湖县陈兆阳、吴启春、朱咸中等人先后从建湖石油装备的"摇篮"——荡中阀门厂跳出来自主创业,经过近20年的跨越发展,现均已跨进中国石油石化装备制造业企业前50强。豪迈公司研制出全球第一支螺旋节能灯明管,还主导制订了冷阴极节能灯国家标准。位于建湖高新区的江苏蓝天航空航天产业园,完成对波兰艾雷奥特飞机公司全资收购,成为江苏省首家民营飞机整机制造企业。

创业的沃土催热了特色产业。作为苏北唯一拥有两个国家级产业基地(中国石油石化装备制造业基地、中国节能电光源制造基地)的县份,建湖县两大产业完整的产业链上密布了2 600多家小微企业,从业人员超10万。产业集群的细胞裂变,带动了有效创业。目前,该县民营经济的固定资产投资、工业投资、税收收入、就业人口所占比重都在70%以上。

优化载体　搭建全民创业平台

在建湖民营科技创业园里,已建成的标准厂房达600多幢,聚集着485家小微企业,创业者都是从个体工商户干起,早先多半有过在外打工的经历。自2004年创建以来,这里几乎每周都有新增入园的企业,每月新增厂房近万平方米,每年新增税收过千万元。该园区现已升格为国家级科技企业孵化器、江苏省20个小企业创业示范基地之一、盐城市唯一一家3A级中小企业创业园。

建湖民营科技创业园只是一个缩影。该县主动适应经济新常态,组织开展"项目载体建设加速年"活动,从工业、农业、服务业等方面,不断优化创业载体,提升园区承载能力,营造全民创业的"强磁场",使越来越多的"草根"创业者的"梦工厂"在建湖启航。

工业方面,重点建设开发区、高新区"两区"和镇中小企业园,"两区"采取统一规划、分园建设的管理体制,一个主导产业打造一个特色园区,初步形成了"一区多园"发展布局。农业方面,重点推进"三区六园一场"建设,大力发展现代农业,吸纳农民就近就业1万多人。服务业方面,重点打造"四区四园二城"服务业集聚区,加快发展与先进制造业相配套的生产性服务业,集聚各类商户850多户,年营业收入近80亿元。

简政放权　用改革拆除"三重门"

民营经济发展中会遇到"玻璃门""旋转门"和"弹簧门",怎么拆除这些门?建湖县的答案是:深化改革、简政放权,通过出台一系列扶持政策,为建湖全民创业、民营经济发展加速。

翻开该县 2013 年制订出台的《关于大力推进全民创业、加快建设创业型城市的意见》,12 条措施为创业主体"量身定制",条条"真金白银"。准入门槛能低则低、行政事业收费能免则免、税费贡献能奖则奖、投资政策能宽则宽、公共服务项目能补则补,一条条可操作性极强的措施,成为激发全民创业的重要动力。

在此基础上,建湖出台《关于加快民营经济发展的实施意见》《全县行政事业性涉企一票收费办法》,支持各类创业主体平等进入国家未禁止的行业和领域,为广大创业者送上了一个个含金量更足的"大礼包"。

同时,建湖县努力打造最佳营商环境,推行"容缺预审"、"容缺预招标"以及行政审批"预约服务",取消、合并、下放县级行政权力 965 项,取消审批部门 3 个、行政审批事项 49 项。此外,该县改善金融环境,建立专项产业发展基金、股权投资资金、中小企业贷款风险补偿资金池、中小企业应急资金"四项资金",在盐城市率先探索发行科技创新券,为企业转型升级提供资金支持。今年,建湖县调整并健全政务服务机构,扎实推进项目审批"三集中、三到位",探索建立"网上政务大厅",不断提升行政服务效能。深入开展"三服务""为企服务日"等活动,继续大力推行县四套班子成员"四挂钩"制度、科级干部挂钩企业和项目责任制,激发各级干部服务企业和项目的积极性。

把"草根经济"做成"榕树经济",促进民营经济从"千家万户"向"千军万马"转变。当前,建湖正积极实施全民创业"26211"三年行动计划,在 2012 年基础上,至今年底,全县新发展个体工商户两万户以上,新发展私营企业 6 000 户以上,新建成中小企业创业园、科技企业孵化器、服务业集聚区(特色街)生产经营场所 200 万平方米以上,新增社会资本投资 100 亿元以上,新增从业人员 10 万人以上,力争建成国家级创业型城市。

(原文刊于 2015 年 4 月 6 日《中国县域经济报》)

射阳县

田野上奏响富民三重奏
——江苏省射阳县农业资源开发工作纪实

近年来,江苏省射阳县农业资源开发围绕"项目建设好,资金使用好,队伍打造好"的要求,突出项目重点,创新工作机制,强势打造农业综合开发品牌,去年共开发面积2.85万亩,总投资3 142.8万元,带动1万多家农户走上致富路,农业资源开发呈现出一派喜人的景象。

项目建设　提速跨越打造新农业

项目是发展的前提。射阳县农业资源开发坚持"两手抓",一手抓项目招引、一手抓项目建设。通过成立专门班子,落实专项资金,明确专人跟踪,先后接待客商20多人次,参加专题招商活动4次。不久前成功引进江苏爱帝机械有限公司的船舶辅机、港口机械钓具项目,投资额达1亿多元,与深圳中和商贸有限公司投资的大蒜深加工项目正在紧锣密鼓地洽谈之中。对在建项目,坚持高起点规划、高标准建设、科技引领、多元化投资、科学化管理,建设成果显著。高标准农田、一般土地治理、产业化项目一举通过7月5日的省级国家农业综合开发项目验收,位列盐城市第二;滩涂垦区配套项目通过了市级验收。

为保证项目的顺利实施,射阳县农业资源开发局还加强与省、市相关部门的对接,广辟社会门路。仅今年上半年,就已争取财政专项资金5 200万元,是全年目标任务的2倍,其中高标准农田和一般土地治理项目5个,共2 802万元,资金投量大,投项多,创历史新高,为该县"三农"工作注入生机活力。

资金使用　构建健康发展新保障

发展农开事业,政策是基础,投入是关键。为保证资金公正、公开使用,射阳县农业资源开发根据现实情况重新界定了科室的职能,明确了职权行使的岗位、权限、程序、时限和责任,建立起决策权、执行权、监督权,既相互制约又相互协调的权力结构和运行机制,杜绝少数人说了算,做到了"常在河边走,就是不湿鞋,阳光工程,见光不死"。

为提高资金的使用效率,射阳县农业资源开发还创造性地开展工作,一方面积极探索引导财政资金推进农业产业化经营的新途径。射阳县碧林大蒜专业合作社、仁军禽蛋专业合作社组团式发展,产前定心丸,产中保护伞,销售高价位。合作社二次分红的做法受到省市领导的高度评价。另一方面以"政府投入为引导,业主投入为主体",鼓励本地、吸引外地民间资本,工商资本参与农业综合开发。东沙港5万亩的滩涂垦区配套项目首批5 000亩核心区,项目按政府与业主1∶2的资金比例,即将进入招投标程序。项目的实施,必将有力助推沿海高效农业的发展。

队伍打造　矢志追求惠民新发展

团队出智慧,团队出生产力。射阳县农业资源开发以打造"团结一致奋发向上,攻坚克难保持争先"的队伍为追求,通过入村入户开展"三解三促"、入情入理开展"三服务"、有的放矢开展"三大排查"、有声有色开展"三治活动",为农户解决实际困难,带动一批农民走上致富路。

海通镇万亩高标准农田项目品种多杂,病害突出,动力残缺、效益低下。在农发局的积极帮助下,该镇形成沟渠路林纵横交错,桥涵闸站错落有致的格局,水稻种植实现零的突破,面积达3 000多亩。临海华兴村一般土地治理项目区新建8座排灌站,使6 000亩大蒜产区旱涝保收。此外,射阳县农发局还积极引导项目单位与农业科研院校建立合作关系,推进产学研结合,加速科研成果转化,加速更新品种、技术。2011年拿出98万元科技推广经费,先后举办了18期讲座,发放优良品种5个,肥料、农药、生长产剂等10余吨,进一步提升了项目区的农业科技进步贡献率。

(原文刊于2012年12月20日《中国县域经济报》)

响水县

响水：灌河边崛起产业高地

蜿蜒流淌在盐阜大地北部的灌河，曾哺育了千千万万的老区人民。如今，灌河南岸，造船、化工、能源三大产业基地日趋规模化，港口、港城、临港产业带"三港"联动，灌河又焕发出勃勃生机。

响水，因灌河潮起潮落、跌水轰鸣而得名。灌河水运畅通，资源丰富，一旦开发利用，不仅对加快响水的经济发展有极其重要的作用，而且对加快发展苏北经济有着特殊意义。

在江苏省委、省政府"加快发展苏北"的经济发展战略的指导下，响水县委、县政府审时度势，应声而动，敏锐地感到沿海和灌河是加快该县发展的最大优势，也是未来经济发展最重要的增长极。

"三驾马车"拉动经济发展

按照"科学规划先行、基础设施建设跟进、不失时机招商引资"的思路，该县积极加快灌河开发进程，抢占发展先机。

经过充分论证，响水县高起点、高标准设计沿海开发和灌河开发规划、港口港城规划以及沿海工业区产业发展规划，把港城规划面积由原来的5平方公里扩大到12平方公里。

响水县把基础设施建设作为工作的重中之重，计划年内建成黄海大道，并完成S326东延段路基和沿线桥涵建设；抓紧开工建设沿海经济区污水处理厂、水厂、热网、蒸汽增压站；加快区内排水管道、排污管道、蒸汽管道、自来水管道以及路灯等配套设施建设，力争尽快完工。

去年下半年，该县大手笔整合县内资源，将原省级外向型农业开发区与响水工业集中区合并，组建江苏响水经济开发区，进一步壮大陈家港化工集中区,新开辟了陈家港沿海工业区,形成了以"三驾马车"拉动全县经济发展的新格局。

临港产业发展迅猛

去年以来,响水坚持以灌河和沿海开发为龙头,做大、做强临港产业,全力打造沿海能源、造船、化工三大基地和港口物流产业。

凭借灌河和沿海滩涂得天独厚的环境优势,能源产业将成为响水沿海产业带一大亮点。当前,该县正紧锣密鼓地做好火电项目和风电项目开工前的各项准备工作。与此同时,两座海上测风塔建设已启动,即将投入测风使用,为建设100万千瓦海上风电场项目做好前期准备。

随着灌河的开发,造船、修船、船舶配套企业纷纷抢滩响水。目前,该县已落户15家造船企业,协议投资达160多亿元,已有5个企业开工建设,造船产业将逐步成长为该县新兴的支柱产业、特色产业。

在落户该县化工集中区的60余家企业中,裕廊化工、大和氯碱、柠檬酸、重油裂化等项目都是超10亿元的"大块头",规模以上企业有57家。通过逐渐形成的灌河产业带的拉动,该县将逐步加大港口物流建设力度。目前,沿灌河岸线已预留50个港口、码头区域,重点在灌河口最适宜建港的800米岸线上,尽快启动4个码头建设。

好平台引来大项目

产业基地的建设,除了地方政府的规划和服务,少不了龙头企业的支撑。裕廊化工等企业的入驻,为响水县域经济发展注入了强劲的活力。

陈家港化工集中区最大企业江苏裕廊老总孙立平风趣地说,他是被陈家港用一束鲜花请来的。裕廊化工是宜兴"四大化工家庭"之一,得知该企业将向苏北转移时,响水负责招商的工作人员想办法查到孙立平的电话和家庭住址,带着鲜花登门拜访。此后的一年多时间里,每逢节日,孙立平总能收到陈家港人送的鲜花。一次,两次……20多束献花,终于打动了孙立平。达成合作协议后,他在响水投资兴办了裕廊化工公司,并利用灌河优势,兴建了裕廊码头。目前,该公司已成为全国第一家生产丙烯酸及其系列产业的大型民营企业,并于2月5日在新加坡上市。

目前,响水县已拥有投资23.9亿元的宏铭造船,投资15亿元的大和氯碱化工等项目,龙头企业成长、壮大产生巨大的集群效应,将强力推进响水灌河经济带建设,为响水实现又好又快发展提供强有力的保证。

(原文刊于2007年12月3日《中国县域经济报》)

响水：将农民健康需求送到"床头"

0～6岁儿童、65岁及以上老人、慢性病患者、孕产妇、精神病患者、残疾人都建立了健康档案，身体情况如何，需要定期做哪些检查，一目了然。特别是慢性病患者等重点人群的家中，都有一张"三位一体"服务家庭责任医生信息联系卡，卡上有县、镇、村三级卫生单位医生的姓名和电话，可以24小时咨询，随叫服务……据江苏省响水县卫生局的负责人介绍，这是该县自去年7月份医改以来，今年又推行的一项"三位一体"服务新模式，其中在农村实行家庭责任医生制度在江苏省尚属首次。

从坐诊看病到进村防病

费云南是响水县小尖镇条房村的一位乡村医生。10月13日早上7点，费医生骑着电动车，带着本村的老年人、孕产妇、儿童、残疾人、慢性病、精神病等患者的登记簿、随访服务记录表、健康教育宣传单、药箱和简单诊断检查设备开始了一天的走村入户防病送健康活动。

中舍村的张医生说，县里推行医改，他们有了相对固定的收入，干起活来都得劲。为了提高服务水平，他们中不少人已年过半百，但却报名参加了不少培训学习。

"乡村医生角色定位的回归，进一步拉近了医生与群众的距离，将群众的健康需求送到'床头'，医生对所服务的群众健康情况有了充分了解，服务质量也不断提高"，响水县卫生局局长陈鸣胜如是说。该县根据群众的卫生需求要求每位家庭责任医生主动上门健康服务，每月不少于2次，组织有需要的人群开展针对性讲座，每季度不少于3次，及时协助村民预约上级医院，构建医疗"绿色通道"。

从出门求诊到专家送医

陈广大是小尖镇中舍村的村民,今年70多岁,患有高血压,儿子陈立美长期在外打工,老人留守在家。老人乐呵呵地指着贴在床头的响水县"三位一体"服务家庭责任医生信息联系卡告诉记者,上面有县服务专家、镇区责任医生、村责任医生的联系电话,平时自己感觉哪儿不舒服可以直接电话咨询,若生病需要去县医院时,这边刚出发,卫生院的责任医生就帮助预定好了县院专家。

实行"三位一体"服务模式以来,响水县要求健康管理团队采取定期上门巡诊、到村坐诊等,定期帮助群众集中诊治,举办讲座;家庭责任医生要积极主动上门,及时掌握重点人群的健康状态,及时进行健康指导。三级联动,明确职责,同时将联系电话和监督电话以服务卡方式发放到居民户手中,既方便群众联系,又接受群众监督。县卫生局每月都会对家庭责任医生的服务户数、服务质量、服务对象的满意度进行综合评议,考核由老百姓说了算,考核结果作为分配基本公共卫生服务资金的重要依据。

"服务怎么样,老百姓说了算,要想老百姓都说好,那要你真正地做了实事才有用",响水镇卫生院院长告诉记者,实行服务数量、质量、群众满意度相统一的考核制度后,医生的工作积极性被调动起来了。

从一瓶盐水到一瓶矿泉水

在陈家港镇合心村,该村卫生室的顾医生给记者算了一笔账,以前一瓶盐水有的能卖到一斤油钱,现在一瓶盐水是七毛多,而一瓶矿泉水最便宜的也要一元左右,一瓶盐水的价格不顶一瓶矿泉水。

以前病人来了,医生大致了解情况就打吊水,打个三两瓶,少说也要几十块。

"这种'口袋赌'现象以前很普遍,开了什么药,药价是多少,医生不讲,村民不懂,付账也就不清",响水县卫生局周书记介绍,针对这种情况,该局出台了《响水县卫生局关于加强村卫生室管理20条规定(暂行)》《关于加强镇、村卫生一体化、基本药物及财务工作管理的通知》,对村卫生室人员管理、业务培训、药品调拨、财务报账、绩效考核等实行"五统一"管理。目前,村卫生室看病程序公开、清晰、流畅,处方开出来要打印收费发票,合作医疗现场报销,病人签字确认,一体化的实质管理为基本药物和合作医疗的推进提供了重要保证。

因感冒在该卫生室输液的张女士给我们看了她的处方单和门诊收费发票,现场报销以后,只要7元多,一个感冒二三十元就够了,张女士说:"我们老百姓得到了看得见的好处。"

(原文刊于2012年11月19日《中国县域经济报》)

泰州市

姜堰区

姜堰启动年轻公务员成长计划

《姜堰区"年轻公务员成长计划"实施方案》日前下发,计划从2014年起,以"提振精神、提高素养、提升能力"为主题,对每年新录用的公务员进行为期3年的滚动式培养。

江苏省泰州市姜堰区人社局负责人介绍,年轻公务员大多学历层次较高,专业知识较好,思想活跃,视野开阔,充满干事激情,富有创新精神,给各级机关注入了新的生机和活力。但是,年轻公务员大多从学校直接进入机关,社会阅历单一,与群众打交道能力较弱,缺乏扎实的理论功底,缺乏严格的机关基本功训练,缺乏基层艰苦复杂环境的考验。

为此,该区委组织部、区人社局、区级机关工委、团区委、区公务员局决定,从今年起,在全区实施"年轻公务员成长计划",通过集中教育、主题培训、基层锻炼、岗位轮换等多种形式,对每年新录用公务员连续进行周期为3年的滚动式培养。第一年以"基本行为规范"为主题,第二年以"基本职业素养"为主题,第三年以"基本领导素养"为主题,围绕主题设计相关活动,使年轻公务员在渐进式学习中提高素质,缩短适应时间,尽快融入新的工作环境,明确成长方向。

在内容设计上,突出机关素养和能力标准,安排初任培训课堂、基本功学堂、网上进修学校等学习形式。"初任培训"着重加强政治理论水平、机关行为规范的教育;"基本功学堂"重点提高机关公务员普遍需要的公文写作、演讲口才、调研策划"三项基本功";"网上进修学校"重在开拓视野、丰富知识。

在实践形式上,有部门内部多岗位的轮岗锻炼,有到信访维稳、城市社区的挂职锻炼,有到基层单位的驻点调研,在实践中了解基层,接触群众,提升能力;同时组织学员走进革命传统教育基地进行党性锻炼,走进看守所进行警示教育,走进敬老院、孤儿院进行爱心扶贫,提升思想觉悟,增强遵纪意识,明确成长路径。

为切实保障该区"年轻公务员成长计划"顺利实施,姜堰区委组织部还会同区人社局联合出台了《关于试行新录用公务员培养导师制的通知》,为每位新录用公务员配备培训导师,通过"传、帮、带"等形式,建立新录用公务员导师制度,在3年培养期内引导新录用公务员健康成长。为新录用公务员配备起点高、视野广、品行正、专业能力突出的优秀业务骨干,明确"政治学习、业务素质、职业道德"3个导师制方向,建立新录用公务员长效培养机制,使新录用公务员真正成为人民满意公务员。

(原文刊于2014年2月17日《中国县域经济报》)

靖江市

又好又快：看靖江如何发展沿江经济

今年 7 月，国务院正式批准靖江长江岸线为国家一类开放岸线。这对早已是江苏省沿江开发示范区和先导区的靖江，无疑是如虎添翼。审时度势，靖江适时提出"以港兴市，港城相依"的主体发展战略，在科学发展观指导下，统筹开发沿江，集约化开发沿江，生态开发沿江，大力发展沿江经济，践行又好又快发展。

开发岸线资源　建设一流港口

靖江长江岸线长 52.3 公里，其中深水岸线 35 公里，是长江下游岸线资源最好的地区。在建设现代化港口中，靖江把公用码头建设作为重点。目前，正在或已经建设码头的沿江重大项目约 10 个，其中建设公用码头的有扬子江港务、盈利（靖江）、德桥仓储等 6 个项目，占沿江项目投资总额的一半以上。

选址六助港西侧的盈利（靖江）项目总投资 15 亿元，这里是靖江港区主阵地，将建设两个 3 万吨级、1 个 1 万吨级泊位，目前内河港池已开工建设。这些泊位都将接纳散货的仓储、中转，为众多企业服务。此外，正在推进的德桥仓储项目和已经投产的泰州中石油项目则具备货主码头兼公用码头功能，重点发展石油仓储。靖江，正在利用长江岸线资源和独特的区位优势，建设长江下游最重要的现代化港口和发展港口经济，打造国际性的制造业基地和现代物流基地。

集聚优势　构建四大产业

发展沿江经济，靖江有一个鲜明的特点，就是产业集中度高。目前靖江临江产业已经基本形成，船舶、特色冶金、粮食、石化四大沿江产业集聚效应显现。

目前，靖江沿江已成为江苏省船舶出口基地。投资 12 亿元的新时代造船项目、总投资 24 亿元的新扬子造船项目去年相继开工,今年两项目都已竣工投产,将形成年 500 万吨的造船能力,明、后年将相继实现销售过 100 亿元。到 2010 年,靖江船舶及配套产业可以实现销售 500 亿元,进入全国造船前三强。正在加快建设的扬子江粮食产业园,一期投资 2.8 亿元,建设 11 万吨粮食储备库和 10.8 万吨粮食周转库的库容,形成长江中下游最大的粮食仓储库区。

围绕沿江产业的拓展和延伸,靖江加大招商引资力度,积极培育一批配套生产加工企业。同时,对机电、纺织、生物医药等传统产业加以改造提升,从而形成合理的产业布局和企业结构,找到一条适合靖江特点的新型工业化道路。

一个集中 三个同步

靖江跨越式的发展,得益于"一个集中,三个同步"的发展模式。所谓一个集中,即走集中发展之路:园区集中发展、产业集聚发展,集中发展沿江经济。

自 2004 年起,靖江即实施市镇联动,在全省率先取消各镇开发园区,集中力量建设靖江经济开发区和跨江联动开发的江阴—靖江工业园区两个省级开发区,鼓励各镇招引项目进入开发区集中建设。沿江开发中,靖江规定利用长江岸线的项目必须是单体投资超 10 亿元人民币或超亿美元项目,超亿元人民币项目只能布置在沿江高等级公路北侧,中小项目向腹地布点。这样的"限制",没有挡住符合要求的项目进驻的热潮,靖江去年注册协议利用境外投资 3.02 亿美元,同比增长了 182.7%,沿江新开工 6 个超亿美元的项目。

在经济发展的同时,靖江实施"三个同步"发展,即同步推进城乡建设、同步推进生态建设、同步推进社会事业建设。城乡建设中,靖江集中推进"一城四片区"和 299 个新农村建设;生态建设就是以"天蓝、地绿、水清"为目标,建设生态靖江,创建国家环保模范城市和全国生态城市;社会事业建设强调执政为民,以人为本,着力改善民生,动员全体靖江人民共同建设,共享发展成果,建设和谐靖江。"一个集中,三个同步"就是靖江已绘就的又好又快发展蓝图。

(原文刊于 2007 年 10 月 22 日《中国县域经济报》)

泰兴市

内外资何以"跨海过江"
——看江苏泰兴沿江一体化战略的魅力

随着国际资本和产业向长三角地区转移速度的加快,作为江苏省沿江开发的 15 个县市之一,泰兴将实行沿江一体化作为全市跨越发展的重要战略举措之一,以优越的区域条件、良好的产业基础、优质的亲商环境,让内外资争相涌入这块"洼地"。2011 年,泰兴协议利用内外资 10 亿美元,实际利用内外资 2.2 亿美元,在泰州四市两区分列第一和第二。

搭好"大戏台"任内外资来"舞"

"泰兴最大的优势在沿江,最大的后劲也在沿江。抓沿江就是抓全局,得沿江就是得发展。就泰兴而言,实行沿江一体化,推进县域经济转型升级,就是要整合岸线港口资源、优化产业功能布局、统一编制规划、统一下达指标、统一财税分成、统一考核管理、统一基础设施建设、统一投融资平台、统一组织招商,使整个沿江地区的空间规划更科学、产业布局更合理、资源配置更高效、发展效果更明显,成为全市招商引资的'第一载体',经济发展的'第一动力',对外开放的'第一形象'。"泰兴市委书记张兆江说。

2011 年春节前后,江苏省政府、省军区分别作出批复,同意将泰兴港区开放范围由东夹江至洋思港调整为东夹江至靖泰界河口,泰兴 24.2 公里长江岸线实现全面对外开放。这成为泰兴沿江港口建设和招商引资工作的一张精致"名片",也为有选择地承接苏南产业转移、融入全球经济大循环增添了重要砝码。

早在 2003 年,泰兴就制定出《泰兴市沿江开发详细规划》,2011 年新春后的第一个常委会扩大会议又进一步确定了泰兴沿江地区一体化的发展方向。该市深入推进"沿江一体化协调发展"和"以港兴市"战略,通过调整沿江地区管理体制机制,修编沿江开放总体规划和省级泰兴经济开发区、虹桥工业园区产业发展规划,新建沿江高等级公路、沿江大道等疏港道路,整合长江岸线资源,大力发展港口经济和临港产业等举措,为引进内外资搭设了一个稳固平台。

"目前,泰兴市沿江地区正处于港口码头建设的高速发展期,泰兴港区在建、拟建万吨级以上码头11个、港池项目2个。"泰兴市港口管理局负责人介绍说。随着一个个万吨级以上码头陆续建成,以天星洲为龙头的液体化工、通用码头群、临港产业配套区将迅速崛起,打造长江下游重要港口物流基地的远景规划将逐步成为现实。

"栽好梧桐树,引得凤来栖。"2011年,我国沙钢集团、中粮集团、香港宝来和荷兰阿克苏诺贝尔、新加坡益海粮油等世界500强企业,以及中兵光电、大唐集团、中船重工等国字号企业先后落户泰兴,实施亿元以上重大工业项目61个,计划总投资283.6亿元,其中1亿美元以上工业项目15个,总投资205.2亿元;开发实施亿元以上服务业项目20个,总投资67.6亿元。发挥龙头企业带动作用,全市形成了精细化工、医药、装备制造、船舶等主导产业。

温情服务打造外来投资商"第二故乡"

"使用'一卡通'两年多来,真正体会到了它的好处,尤其是对我们这些外来投资商,我们现在越来越感受到了泰兴的开放、包容和温馨。"作为"一卡通"的资深老用户,泰州百力化学股份有限公司总经理刘志平在日前接受记者采访时欣喜地说。

小小的一张卡,不但让刘志平享受到了每年一次的免费体检,还在投资项目所在地享受了项目报批手续"全程代办"和"归口包干",甚至其子女入学、配偶办理暂住证都能享受到额外的照顾。如今,妻儿也经常来泰兴生活,这里成了他的"第二故乡"。

服务沿江开发,泰兴致力于打造一个"审批最简、收费最低、服务最优"的"三最"地区。

泰兴市行政服务中心探索实践的联合会审、联合审批、联合踏勘、联合年检"四联"工作模式,商务局服务外来投资商的"一卡通"政策,工商系统推出的"红盾服务创业第一岗"一系列创新举措,为泰兴市营造了一个"亲商、安商、富商"的投资环境,也让外来投资者笑靥如花。

区别于其他地区,泰兴的亲商服务不仅体现在一线窗口单位,还体现在一种自上而下的真切的人情关怀。泰兴将市领导挂钩联系园区常态化，其中省级泰兴经济开发区、虹桥工业园、黄桥工业园都分别由一位市委常委定点服务，通过政策引导、入企调研、督促检查，确保情况在一线掌握，问题在一线解决，措施在一线落实，成效在一线体现，全力服务园区企业发展。

近两年来，泰兴市行政审批服务实现了三次提速，集中行政审批服务事项由原来的223个增加到427个，共压缩审批时限近3000个工作日，"优质的投资环境"成为来泰投资者口耳相传的又一张名片。

沿江"板块式"开发做大企业

近日，在省级泰兴经济开发区，新浦化学（泰兴）有限公司增资7亿元的离子膜烧碱扩产项目正式竣工，公司的烧碱规模将从现在的45万吨扩大到75万吨。与此同时，企业投资5亿元的30万吨氯乙烯项目也将于近期投产，这两个项目投产后，将使新浦化学的产销规模再扩大20亿元以上。

新浦化学的裂变式扩张，得益于泰兴沿江开发的一项睿智之举：对岸线的开发，不只是港口"一条线"，而是由港口向腹地延伸，由单个大企业集聚上下链条及配套服务企业，形成"以一引群，一强多元"的"板块式"开发格局。

从1995年扎根泰兴，新浦化学主要产品离子膜烧碱先后实施了六次扩产，从最初的年产15万吨扩大到现在的75万吨，特别是近年来，新浦规模扩张的步伐实现了连级跳，以烧碱和氯气为源头的氯碱产业链集聚了法国爱森、荷兰阿克苏诺贝尔、芬兰诺旺、中国隆盛化工等20多家中外知名企业，2010年氯碱产业链国税开票销售达132.9亿元，企业经济总量和税收贡献连续多年居泰兴市工业企业头名。

企业间的抱团发展和集聚效应，不仅催生了生产新产品的新兴化工企业，还为泰兴从化学化工行业向非化工制造业的转变提供了可能。

去年4月，累计投资已达3亿美元的中国台湾联成化学科技股份有限公司，又增资1亿美元兴建联成塑胶产业园。联成公司以新浦氯乙烯为原料生产PVC树脂，再通过横向整合园区内的增塑剂、PVC粉料以及周边企业的其他产品资源，可生产上千种民用PVC产品，形成一个庞大的产业群。预计5年内，联成塑胶产业园可实现产值过百亿元。

（原文刊于2012年1月16日《中国县域经济报》）

淮安市

洪泽区

看洪泽如何唱活资源经济

江苏省洪泽县[①]立足洪泽湖资源基础,以资源经济的发展推进富民经济、财源经济、特色经济的跨越,展示了县域经济的个性和独特魅力。去年,人均地区生产总值突破1000美元,农民人均纯收入突破500美元,全县三次产业结构实现由"一、二、三"向"二、三、一"的历史性飞跃。

洪泽县委书记陈贵认为,富民是县域经济的根本和全面小康的保证。因此,该县始终坚持富民优先,因地制宜,发挥资源优势,围绕"一池绿色的鱼、一群绿色的鹅、一袋绿色的米、一片绿色的林""四个绿"主导产业,大力发展高效农业、标准农业、订单农业,县域经济快速增长。

水多、草多、滩地多,是洪泽的一大特点。生活在水边、滩边的洪泽人几乎家家养鹅,在政府的鼓励下,养鹅很快就成为一项产业,走出了一条饲养、贩运、加工、销售一条龙产业化经营的路子。洪泽县林牧发展局局长马凤琴告诉记者,这几年,洪泽湖鹅"跑"遍了全国,并成为全省首个通过省级审定的家禽新品种,鹅产品已进入欧美市场。

洪泽县是全省首家国家级农业标准化有机米生产基地。目前已建成优质无公害稻米生产基地28万亩、绿色稻米生产基地8万亩,有机栽培米生产基地1万亩。

财源是强县的基础、发展的支撑,洪泽县委、县政府一班人深谙此道。该县着力开发矿藏资源,推进工业"五大支柱"产业,做大财源经济。

洪泽县境内各矿种储量丰富,拥有华东地区品位最高、储量最大的无水芒硝、岩盐矿藏,分布面积十多平方公里。依托岩盐、芒硝资源,该县以壮大盐化工产业为重点,按照"主攻化工、盘强机械、发展建材、壮大食品、做大轻纺"的思路,

---

① 2016年,撤销洪泽县,设淮安市洪泽区,下同。

着力引进和建设一批规模大、科技含量高、市场竞争力强的产业链项目和资源深度开发项目,实施了100万吨硝盐联产、5万吨浓硝酸等重点项目,推动了主导产业的延伸发展和升级改造,财源经济的实力逐步增强。全县已培植银珠集团、大洋公司、江苏南风、诺亚公司、方舟公司等销售超亿元的盐化工类企业6家,开发元明粉、盐硝、间二硝基苯等系列产品12个。其中元明粉年产量达100万吨,居世界第一,化工企业年实现销售收入10亿元、利税2.5亿元,分别占五大主导产业的43.4%、78.1%。

洪泽湖是世界最大的"悬湖",洪泽湖大堤是全国第二大古堰,素有"水上长城"之美誉。洪泽县重点实施了洪泽湖大堤和洪新河居民搬迁工程,以成本价格将沿堤居民集中安置在投资1.3亿元的惠民家园,同时,在搬迁后的大堤段植树种草,形成了芳草萋萋的绿地景观。洪泽湖大堤上目前还修建了洪泽湖碑、乾隆御碑、陈毅渡湖碑、周桥大塘碑等人文景点,吸引了众多游客。

(原文刊于2007年6月4日《中国县域经济报》)

金湖县

金湖奋力冲刺"三城同创"目标

干净整洁的街道,风景如画的公园,清流潺潺的河道,休闲漫步的市民,构成了江苏省金湖县最为和谐的画面。今年年初,在外创业回乡的金湖人,到金湖创业的投资商,都由衷地赞叹,金湖变了!湖城变大了,变绿了,变亮了,变美了!这都是"三城同创"带来的喜人变化!

然而,一段时期的金湖县城却是另外一番景象:行人、非机动车走反道、闯红灯,车辆乱停乱放,流动摊点占道经营,背街后巷垃圾成堆……面对不如人意的县城环境,县委、县政府痛下决心,以人民满意为最高目标,以人民需要为出发点,以加快城市化进程、改善市容市貌为突破口,以"创建为民"为宗旨,全县上下掀起了创建省级卫生城、园林城和文明城的热潮。该县专门成立"三城同创"指挥部及三个分指挥部,抽调精兵强将,组成工作班子,按照省级卫生城、园林城和文明城的相关标准,制定工作方案,分解下达创建任务。

"三城同创",领导先行。该县"三城同创"指挥部把"创卫"达标首先做到了领导干部家里。以整治卫生、绿化美化为内容的全县领导干部"家庭卫生达标"活动有组织、有布置、有验收、有观摩,充分发挥了领导干部在"三城同创"工作中的示范带头作用。

榜样的力量是无穷的。在领导干部的影响带动下,该县掀起了卫生社区、卫生村、卫生单位、卫生大院、卫生家庭的创建热潮。全县第一、第二批创建达标卫生单位86个,卫生大院(楼)14个,卫生家庭1838户;闵桥镇横桥村和黎城镇黎城和上湾两个村创建省级卫生村已顺利通过省市验收,大兴和九里两个村也已通过市级卫生村检查验收,为"三城同创"目标的最终实现奠定了基础。

一个个创建活动的开展让金湖人民精神振奋,人民路、健康路"文明示范街"的创建,街头算命摊点的取缔,社区环境综合整治活动的开展等等,让广大市民在创建过程中切实感受到了"三城同创"带来的变化和实惠。

在"三城同创"过程中,金湖县委、县政府提出用新的理念规划城市,邀请了上海同济大学等知名院校专家教授,按照"水乡园林城市"的总体定位,坚持老城区、新城区、开发区三区联动,地下空间、平面空间、垂直空间一并规划,为未来的县城发展描绘出一幅壮美的蓝图。

在蓝图的指引下,该县大力推动城市建设。去年,该县相继对城区利农河西岸、原化肥厂、烟草局东侧、金湖客运公司等进行拆迁改造,建成了三河风光带、翠湖园、龙腾广场、理士随想园等一批高品位的休闲娱乐场所。桓裕广场、丽水天景、金浦花园等建成高档次小区样板。加强城区路网建设,新建主、次干道16条,拓宽、延伸、改造支巷道30多条,形成"五横七纵"的城区道路交通网络格局。实施自来水厂扩建工程,改造和新铺城区自来水管网30公里,城区自来水普及率达100%;配套实施城区排水系统规划建设,铺设河道截污管道3万米。金水河的开工建设,将增强城区防洪排涝功能,改善县城河道水质,使"活水绕城"的愿望即将成为现实。

坚持以人为本的创建理念,以宣传活动为载体,着力提高广大市民的文明素质,是该县创建工作中的特色和亮点。该县"创卫"指挥部先后印发各类科普资料20余种30多万份,编印、发放《居民健康知识问答》2万多册;组织开展了"相约健康社区行"活动、"人寿杯"健康城市知识电视大奖赛活动。

目前,该县已将县城建成区划分为87块区域,分别由87个部门(单位)负责包干整治,掀起了新一轮创建工作的热潮。

(原文刊于2008年6月26日《中国县域经济报》)

江苏金湖的产业升级之路

2300多亩鱼塘水面上,一排排多晶硅光伏组件在阳光的映衬下泛着蓝光。"装机容量100兆瓦的项目二期目前已并网发电,每天平均发电量约50万千瓦时。"江苏省金湖县振合新能源光伏发电项目负责人说,由于项目采用"渔光互补"新型光伏发电形式,下层水面全部租给当地15个农户用于水产养殖,可为每户带来近10万元的年收益。

"随着近年来的重点培育,光伏发电在产业规模和综合实力上都取得了新的突破。以新能源为代表的新兴产业,已成为金湖加速推进新型工业化进程的重要着力点。"金湖县委某领导介绍说,目前,金湖光伏发电装机容量已经超过全县最高用电负荷,成为江苏省首家光伏发电大于用电的县。

六大行业集聚千家企业

日前,一条打着"中国制造"字样、长达40多米的婴儿纸尿裤生产线,如长龙般横卧在美国强生公司的车间内,这条婴儿纸尿裤生产线,拥有金卫集团自主研发的30项专利成果,出口价值200多万美元。

"去年,我们的自主品牌'JWC'成功荣获'中国驰名商标'称号。目前,'JWC'取得了12个境外商标注册,特别是马德里协定商标国际注册,进一步稳固了公司在众多海外市场的地位。"金卫集团总经理居黛霞接受记者采访时说。

装备制造属于制造业核心,也是金湖县工业经济的重头产业。近年来,金湖县下大力气建立强大的装备制造业,提高全县综合实力,目前,该县高端装备制造产业主要包括石油机械、汽车零部件、智能化控制系统、煤矿机械、卫生巾机械、渔业机械六大行业,集聚了近1000家企业,从业人员4万人,整个产业拥有

42个国家级高新技术企业、17个省级工程技术研究中心、10个省级企业技术中心，拥有7件中国驰名商标、29件省著名商标、8个国家级重点新产品、25个江苏省名牌产品、70个省级高新技术产品。截至今年6月，金湖县高端装备制造产业的列统企业有85家，占全县列统企业总数近1/3。

作为金湖县高端装备龙头企业的金石集团，是我国最大的油气井口装备研发、生产、销售及服务企业。集团已先后获5项国家级新产品和42项国家专利技术，承担并完成了30多项国家及省科技攻关、星火计划及火炬计划等项目。世界第一台"中心孔"式新型水下采油树在金石集团诞生，仅此一台设备就有7项国家专利，省委书记罗志军在金石集团调研时高度评价该产品附加值高，是制造业中具有国际水平的高端产品，生动地体现了产业的转型升级。

快速转型形成八大产业集群

神华药业是金湖县"老字号"企业，它在全国有两块响当当的金字招牌："中国最早的真菌药物生产基地""中国最早的黄原胶生产基地"。近年来，企业成功跻身特色生物医药、保健产业领域，产品出口至美国、荷兰、英国等国家，实现年销售10亿多元。

金湖县传统产业结构不断调整优化，通过并购、兼并、参股等方式，推动大企业大集团创新品牌、提升实力、做大规模。目前，已经形成机械制造、线缆仪表、汽摩配、服装加工、油脂化工、食品、船舶修造和体育用品八大传统产业，企业数量达到2 000多家，一批龙头企业成为国内行业龙头乃至世界行业龙头。

汽摩配产业龙头江苏神舟车业集团有限公司，前身为金湖汽车配件厂，创建于20世纪70年代初期，企业在多年发展中注重品牌建设，利用高新技术提升产品档次，其"金前"牌门泵系列产品最高峰时占全国市场总需求量的70%以上，品牌效应为企业创造了较好的经济效益。

苏仪集团是金湖县"仪表界"的一家国家重点高新技术企业，集团在国内最早涉足物联网技术行业，在国内相关仪表和芯片产业上打破了国际垄断，先后完成了国家和江苏省科技项目22项，拥有30多项自主知识产权的专利产品。在苏仪示范带动下，金湖县整个仪表行业100多家企业由传统化仪表成功向智能化仪表转型。

三大行业横跨国际五大领域

今年7月3日,投资2亿元的江苏吉新电力有限公司光伏发电站一期18兆瓦工程举行开工仪式,预计今年底建成投产并网发电。截至7月底,金湖县光伏发电装机容量已达220兆瓦,占全市光伏总装机容量的70%以上。1—7月,金湖县光伏发电量13 926万千瓦时,同比增长857%。

金湖县战略性新兴产业发展驶进快车道。目前,该县战略性新兴产业主要包括医药健康行业、新材料行业及新能源行业三大行业,300余家企业从业人员近万人,拥有一个国家级实验室、一个省级院士工作站、3家国际高新技术企业,以新型金属、新能源汽车、光学仪器、保温耐火材料、离子膜等为主横跨五大领域,产品技术已经达到国际先进水平。

江苏协诚科技发展有限公司自主研发的A2级防火板获国家重点新产品称号,填补了国内在不燃(A2)级防火铝复合板领域的空白,企业是国内首家也是迄今为止唯一通过在线抽检获得国家A2级防火认证的防火铝复合板生产厂家,产品国内独有,在世界上也仅德国、日本各有一家生产厂家。华天通科技有限公司成功将核壳型金属氧化物纳米材料应用于光学树脂领域,产品不仅填补国内市场空白,而且出口欧美等国,打破了国外对我国的技术封锁。

(原文刊于2015年9月21日《中国县域经济报》)

涟水县

江苏涟水公共财政向"民生"倾斜

"113个窗口可以集中办理637类事项,进一个门、办所有事,我们再也不用为摸不着路、办不好事而'伤脑筋'了。"在江苏省淮安市涟水县政务服务中心,前来办事的刘小姐感慨道。

钱再紧也不能亏民生。近年来,涟水把公共财政更多向社会事业、困难群体、薄弱环节倾斜。除了政务服务中心外,涟水近几年建起的县医疗中心、学校、车站的规模和体量,在苏北都是首屈一指的。

"民生工作讲得再多也不为过、做得再多也不算多。"秉持这个思路,涟水县坚持"雪中送炭"的事做"加法","锦上添花"的事做"减法",把精力、物力、财力向民生倾斜,与老百姓共享转型发展成果。

家住涟水县成集镇法华村的汪大爷对此深有感触:"现在村里有了综合便民服务点,在家门口就能提取小额现金,比以前方便不少。"涟水把金融、邮政、人社等服务事项集中"打包","一竿子插到底"送到村。

据介绍,涟水县今年的十大民生实事工程已经被具体细化成40条项目化指标,摆上政府部门工作的议事日程。该县投资4 600万元对城区10万吨自来水进行深度处理,将水质控制指标由42项提升到106项,实现从合格水到优质水的转变。与此同时,该县积极实施区域供水全覆盖,推进城乡同水同质,继去年改造6个乡镇后,今年将实施10个乡镇区域供水134公里主管道铺设,受益人口超过34万人。

"前阵子跟镇里反映家门口没路灯,晚上出行不便。现在路灯安上了,心里也亮堂了……"在红窑镇刚建成的河滨公园里,群众议论着政府为群众办的好事。一边是群众的呼声,一边是一大笔电费开支,怎么办?红窑镇党委在集思广益后拍板:新上太阳能路灯。很快,近500盏路灯在三横七纵道路网上亮起来,一次性投资200万元。

新建 40 多座园林式公厕、投入 1 000 万元美化优化老小区、完成 17 条道路改扩建工程……一桩桩实事，给群众带来了看得见、摸得着的实惠。家住兴文路附近的居民赵玉刚对公厕建设感受最深："以前插不进脚，现在干净又方便。"

为了倡导绿色出行，去年 10 月，涟水在淮安市县区中率先启用城市公共自行车系统，方便了市民短途出行。目前，自行车站点达到 56 个，投放自行车 1 300 辆，已有 8 000 多人办卡。

与此同时，涟水县推行城区 70 周岁以上老人和中小学生免费乘坐公交车，这一民生大礼包赢得了越来越好的口碑。截至目前，共办理免费老年卡 2 500 多张，免费学生卡近 2.4 万张。"政府买单给孩子送关爱，家长方便多了。"朱礼文老人从接送孙子上下学的岗位上光荣"退休"，他乐呵呵地说道："这是政府为我们做的一件大好事。"

（原文刊于 2015 年 6 月 22 日《中国县域经济报》）

盱眙县

办龙虾节 兴山水城 建工业区
——江苏盱眙县域经济发展侧记

近年来,盱眙县域经济取得快速发展,主要得益于"不论先干"指导思想的不断实践和"环境立县、旅游兴县、工业强县"三大发展方略的不断推进。

小龙虾 大战略

在"以虾为媒促开放、四地联动办大节,以人为本谋发展、主动融入长三角"的办节思路引领下,自2001年至今,盱眙和浙江、上海、南京联办的中国龙虾节已成功举办了五届。龙虾节的举办,使盱眙对内不断产生向心力、凝聚力和创造力,对外不断提升知名度、开放度和美誉度。目前,该县有6万余人从事龙虾养殖销售,并且创造了盱眙的"四个80%以上",即80%以上的农产品销往长三角;80%以上的劳务输向长三角;80%以上的游客来自长三角;80%以上的招商项目来自长三角。

2005年11月,中国龙虾节被国际节庆协会评定为"中国最具发展潜力十大节庆"荣誉称号。12月,盱眙被评为"长三角最具投资价值的20个县(市)"之一。

盱眙在长三角创造的"四个80%以上",充分验证了发展"小龙虾"这一独具地方特色的经济发展战略,是完全符合盱眙实际的。"五湖四海闯荡,红红火火终身"的龙虾,也正在成为盱眙人务实进取的最佳写照。

山水城 兴旅游

近年来,盱眙县从建设山水旅游城市的规划思路出发,按照"显山、露水、拓绿"的建设目标,先后建成了2.9公里长的淮河风光带,将第一山国家森林公园由原来的12公顷扩大到200余公顷,新开辟了占地1.8平方公里、容纳5万人的山地广场及容纳2 000人观景的都梁公园,还新建了包括女骑警基地在内的自然生态园,整个县城被评定为省级风景名胜区。

在抓县城旅游开发的同时,盱眙县政府还重点开发了明祖陵、铁山寺、八仙台和黄花塘新四军军部旧址等4个旅游风景区。自2001年以来,"一城四区"共实施各类旅游基础设施及景点建设项目146个,累计投入3.08亿元。游客由2000年的20余万人次上升到了去年的110多万人次。

旅游业的发展,也使盱眙人的思想观念发生了巨大变化,农民由守家恋土变为主动出去打工。该县劳务输出由2000年的6万人上升到目前的16万人,不仅带动了盱眙第三产业的快速发展,也带动了绿色、生态及旅游农业的发展。目前,该县已注册绿色品牌农产品58个,年销售额10亿元以上。

开发区　强工业

2001年10月破土动工的盱眙县工业开发区,已由最初规划的3平方公里扩大到23.1平方公里,基础设施建设累计投入5.6亿元,竣工投产项目累计达320个,在建项目100个。

4年多来,县工业区初步取得了三大成功,即成功地对区内被征地农民实施了基本生活保障,构建了区内群众无上访、无信访的和谐发展环境;从2003年开始,每年成功地实施一个规模与档次不断提升的"三百工程"(固定资产投资1 000万元以上、项目竣工投产100个、开工在建100个、正式签约100个);成功地围绕机械、电器、汽摩配件、凹土和食品5个特色产业开展招商工作,目前区内已有竣工和在建的5个特色产业企业200余家。2005年,县工业区实现销售收入近20亿元,纳税5 600余万元。工业区的发展,有力促进了农业产业化发展,形成了年加工60万亩花生、20万吨意杨枝丫材、5万亩中药材和30万亩优质稻米等一批龙头加工企业,形成了"西部旅游区、中部商贸区、东部工业区"的城市格局。

盱眙县域经济的发展有一条基本经验:处于农业主导型向工业主导型转变初期的县域经济,必须坚持重点重抓,重点突破。实践已充分证明,重点可以撑起全面、托起全盘、活起全局。如果说"十五"期间盱眙县域经济有了全面、长足发展,就是因为重点重抓了"办龙虾节、兴山水城、建工业区"三件大事。

"十一五"期间,盱眙人将继续瞄准"把盱眙建成苏北旅游第一县、县城建成中等城市和县工业开发区建成国家级开发区"的三大目标,按照"财税经济为统领,工业经济为主导,民营经济为主体,城镇经济为支撑,园区经济为核心,旅游经济为带动"的基本思路,重点重抓招商引资,大力推进社会主义新农村建设,实现盱眙县域经济健康持续快速发展。

(原文刊于 2006 年 6 月 15 日《中国县域经济报》)

小龙虾蹚出县域经济发展"大路"

"山不在高,有仙则名。水不在深,有龙则灵。"这些年,山不高、水也不深的江苏盱眙县凭借活力十足的小龙虾蹚出了一条县域经济快速发展之路。

借虾造势　盱眙实现新突破

做大做强中国龙虾节,是增强县域经济实力的需要,盱眙县借虾造势,实现了新突破。强县强在财力,财政壮大主要依赖工业。提高县域经济实力同样要有比较雄厚的工业做基础,以强大的财政做保障。中国龙虾节的成功举办,引来了大批客商,引进工业项目400多个,到位资金50亿余元,实现了工业强县新突破。在中国龙虾节的推动下,盱眙山水旅游城市特色凸显,县城建成区面积由2000年的16.9平方公里增加到35.7平方公里(含工业开发区),人均绿地面积由13平方米增加到22平方米,基础建设实现新突破。中国龙虾节为盱眙带来了八方游客,从2001年第一次举办中国龙虾节开始,7年间旅游人数翻了十几番,盱眙人以"盱眙龙虾"这一原生态典型为"饵",用"第一虾"相继钓出"第一山"、"第一泉"和"第一陵",连缀出旅游、生态和文化一串串亮点和卖点,成功地推动了生态旅游产业的发展。

龙虾产业助农增收致富

中国龙虾节作为一大品牌、一张特色牌、一块金字招牌,带动农民增收致富是全方位的,必须充分发挥这一优势。发挥中国龙虾节变资源为财富的优势,龙虾产业已经成为盱眙农民增收致富的重要产业。全县仅从事龙虾捕捞、收购、贩运、加工、烹饪及调料加工、销售的就达十多万人,形成了一条龙虾经济产业链。目前当地盱眙龙虾经销户和经纪人超过2 000人,外出经营盱眙龙虾品牌店和做厨师的近万人。其中至少造就了本土200名以上的百万富翁、十多名千万富翁。

杨四阳在盱眙不出名,但提起他的杨四饭店却是无人不知、无人不晓。退伍军人出身的杨四阳20世纪90年代创办了杨四饭店,是盱眙十三香龙虾的创始人之一。2002年,他投资300多万元在盱眙县城建起了一家集餐饮、宾馆、桑拿、娱乐为一体的杨四大酒店,同时在南京、苏州、扬州、淮安等大中城市开有多家分店。"杨四龙虾"已成为一个品牌,叫响大江南北。

红叶饭店是下岗工人叶安国、张玉兰夫妇用仅有的240元租下了一间10平方米的平房开的小吃店。后来他们率先用十三香烧制龙虾,推出美味爽口、回味无穷的"红叶十三香龙虾",在县城引起轰动,叶安国也成了"十三香手抓龙虾"烧、炒两大流派中"炒派"的代表人物。从此红叶饭店也一夜成名,来往客人络绎不绝。他的红叶饭店最多的一天烧制并销售了2 000公斤"红叶龙虾",创下同行业龙虾日销量之最。

随着盱眙声名鹊起,劳动力转移的速度加快、质量提高,盱眙劳务输出超过了16万人。特别是通过加大有组织输出力度,培植劳务输出基地,发展劳务经纪人,打造了盱眙特色的家政、保安和"盱眙龙虾"制作大师等劳务品牌,提高了务工人员的收入水平。同时,通过引导农民创业,发展三产,促进农民就地转移,仅开发区吸纳用工就达2.2万人。

借力"龙虾节" 发展促和谐

盱眙县每年以迎接中国龙虾节为契机,着力实施"三个推进"。一是推进环境优化,坚持以"四化"(道路硬化、城乡绿化、城区亮化、城镇净化)为重点,全面整治城乡环境,初步建立城市长效管理机制。该县提出乡镇要围绕"五个一"目标,即建成一条商业街、一个有特色的专业市场、一个民营工业小区、一批上档次的农民集中居住区、一批清洁卫生的示范村,全面提升村镇建设和管理水平。二是推进文明创建,创新开展"五好家庭"创建,并与文明行业、文明村镇、文明小区、文明单位等创建活动有机结合起来,推动全社会文明创建,不断提高全民素质;以举办中国龙虾节为契机,盱眙人的主人翁意识明显增强,诚实守信氛围日渐浓烈,好人好事不断涌现。三是推进社会稳定。自举办首届中国龙虾节以来,盱眙坚持以"六无村(居)"(无计划外生育、无适龄儿童失学、无群众上访、无群体性闹事、无群众犯罪、无党员干部违纪）创建为基础，一手抓打击，一手抓防范，加大群防群治力度，实现了平安创建目标，成为省社会治安安全县。

发展龙虾经济　融入"长三角"

龙虾经济推动了产业发展，拓展了就业渠道，带动了全县劳动力转移，加快了盱眙的城市化步伐，目前全县城市化水平已经达到了约40%，超过苏北的一些中等城市。盱眙城市化战略立足于区域资源和环境条件，着力加强盱眙县小城镇特别是重点中心镇建设，把"龙虾热"有效地转化为城市发展和建设的动力。同时，盱眙县跳出淮安看盱眙，在"长三角"区域发展中找准自身位置，寻求更大的发展空间。在规划上，盱眙不仅仅局限于城区，而是顺应"长三角"和南京都市圈区域一体化发展的趋势，以加快推进工业化、城市化和现代化为目标，对整个县域统筹规划，重点编制好城镇体系规划。该县按照突出重点，城乡一体，配套完善的要求，加大基础设施建设的力度，尽快建立起系统化、网络化、现代化的基础设施主体框架，着力优化盱眙现有的城镇经济结构，利用"龙虾经济"进一步提升知名度，完善县城的综合功能，使盱眙成为迎接"长三角"产业梯度转移的基地。

（原文刊于2007年6月11日《中国县域经济报》）

镇江市

句容市

句容开放型经济再提速

近几年来,江苏省句容市把开放型经济作为地区经济发展的"龙头经济"来抓,随着五大经济板块发展战略的启动,句容的开放型经济越发显现出生机与活力。去年,句容市主要经济指标及增幅均创历史最高水平,实现地区生产总值149.17亿元,增长15.4%;财政总收入17亿元,增长35.1%,全市30%以上的GDP、30%以上的税收、25%的固定资产投资都来自境外投资。2008年,该市计划完成实际到位境外投资突破2.5亿美元,注册利用境外投资6亿美元。目前,该市有20多个总投资1000万美元以上的境外投资项目正在加快建设推进。

大项目建设形势喜人

句容市把经济开发区建设作为跨越发展的重要抓手,围绕打造大项目建设"第一载体"目标,举全市之力推进经济开发区做大做强,使之成为该市经济发展的龙头和新的增长极。

今年3月5日,GPS(全球定位系统)项目正式签约落户句容市宝华镇。项目的落户标志着该市特别是宝华镇高新技术产业发展的规模和层次有了一个新提升,也标志着该市对外引资的地域有了新的拓展。据悉,去年,句容市规模以上工业项目竣工251个,总投资34.7亿元;在建270个,总投资70.2亿元。总投资80亿元的华电火力发电一期上报国家发改委,立成强机械投入试生产,大全铁路电气、永久机电二期等一批项目相继开工。

主攻项目,引进客商。句容市将开发区建设列为工作重点,投入5亿元,会战100天,完成22万平方米村庄拆迁;淮源路、花园路竣工通车,文昌路西延伸段、崇明路西延伸段加快推进,"三纵三横"的道路骨架基本形成,供水、供电等基础设施同步配套到位。

句容市市长尹卫东对记者说,到2012年,句容地区生产总值将实现倍增,财政总收入将增长两倍,分别突破300亿元和50亿元,句容将结束在苏南长期落后的历史,成为经济实力明显增强、产业特色更加鲜明的苏南后起之秀。

特色农业开辟致富路

日前,句容市后白镇二圣村村民周冬成家又盖了三间房,他今年发展了6亩大棚蔬菜、养了十多头猪、养殖5亩多水面的鱼,全年经济收入可望突破5万元。据了解,句容市像周冬成这样依靠特色农业走致富道路的农户有8.7万余户。

据了解,该市坚持用发展现代工业的思路谋划发展现代农业,逐年加大对农业发展的财政支出,仅去年,财政预算内支农支出已经达2.3亿元,其中,纯农业支出达1.35亿元。为加大培植农业优势主导特色产品力度,该市今年开发了5个总投资在1 500万元以上的农业项目。其中,优质葡萄生产基地建设项目规划5年建设生产基地7 000亩,总投资3 450万元。目前已建成3 000亩,并成立专业合作社3个;灌木型彩叶观赏苗木繁育基地项目规划4年建成1万亩;茅山境外投资生态观光农业项目总投资1 000万美元,规划2年建成2 000亩现代农业科技示范园和生态观光园,带动1 000户农民调整农业结构,目前已移栽首批种苗,并开工建设相关配套设施。据统计,2007年,句容市农民人均纯收入达到5 405元,其中工资性收入达到3 159元,占到总收入的56%,成为农民主要的收入来源。

打造环南京旅游休闲度假带

句容是中国优秀旅游城市,现有茅山、宝华山、九龙山、赤山湖、南山农庄等2个国家4A级旅游区、1个国家级风景名胜区、1个全国红色旅游经典景区、1个国家级农业旅游示范点、2座全国重点开放寺庙和1个国家级森林公园,集道教、佛教和革命三大圣地于一体,全省独此一家,发展旅游经济潜力巨大。

如何放大旅游产业优势?句容市市长尹卫东说:"句容旅游业要更好地发挥资源优势,必须着力打造环南京旅游休闲度假带,加快旅游业从一般观光型向休闲度假型发展模式转变。"

正在快速发展的长三角城市群有着中国最强劲的旅游消费需求。随着宁杭、宁常以及城际轻轨等一系列交通设施相继建成,句容与南京的同城效应将不断放大。据统计,南京人口总数约600万,去年城镇居民出游率达84%,农民出游率达 56%；全国各地来宁游客有 3 800 万人。

"环南京旅游休闲度假带"的建设使得句容市旅游业发展势头迅猛,去年全年接待游客 480 万人次,增长 30%。据了解,目前茅山风景区总体规划已修编完成,茅周、茅后旅游专线已竣工通车,茅延线开工建设,茅山风景区拆迁整治全面推开；宝华山北大门也修葺一新,建成 40 公里游步道；九龙山配套设施建设正在加快推进。该市的乡村旅游蓬勃发展,新建农家乐旅游点 90 个、休闲农庄 30 家。宝华主动呼应南京辐射,彰显宜居宜游特色,自身价值不断提升。商贸、金融、保险、邮政、通信、烟草、交通运输等行业发展态势良好。

(原文刊于 2008 年 5 月 19 日《中国县域经济报》)

句容农业合作社"以农富农"

江苏省句容市天王镇戴庄村两年前成立了有机农业合作社,探索改革经营机制和经营方式,大力发展有机农业、创办"真正的合作社"、实施城乡联动的销售方式,走出了农业发展的"以农富农、共同富裕"的"戴庄模式"。

55岁的江苏句容农民杜中志,种着8亩有机田和60亩有机桃园,超过14万元的年收入,让他成了天王镇戴庄村的致富带头人。他说,"是有机农业让咱农民发家致富!"

戴庄村位于句容市最南端,是典型的丘陵地形,曾是最为贫困的村庄。2003年,在镇江农科所原所长赵亚夫的指导下,开始发展高效有机农业。

整村推进有机农业奔小康

当时,大多数村民并不知道有机农业是咋回事,不过杜中志觉得赵亚夫既然是知名专家,肯定在技术上有两下子,他就跟赵亚夫搞起了有机农业,种了几十年田的他开始了新的农耕生活:在桃林里养羊、养鸡,水稻成熟后田里改种青葱;种稻、种菜不再用农肥农药,追肥改用秸秆、菜饼、米糖、畜禽粪便,除虫改用秸秆醋液、米醋液和糖醋诱杀……不过让他高兴的是,发展有机农业,他家的年收入很快突破了10万元。

村民们见老杜种有机田富了,纷纷加入有机农业的行列中。村上的范淑英等42个贫困户,很快也靠种有机田实现了增收脱贫。如今,戴庄80%以上的农民从事有机农业的种植和养殖。村民今年的人均收入有望达到8 000元。

有机农业的发展,大大提高了土地产出的效益。水田一般亩效益(有机水稻+有机蔬菜)2 000多元,岗坡地3 000多元,分别比以前提高4~8倍,促进了农民收入的大幅度增加。2007年全村农民人均纯收入已达到7 500元,比2003年的3 400元增长1.21倍。

农户张德根说,他明显地感到现在有"三多":就是土壤中的蚯蚓多了,农田中的青蛙多了,水洼里的白鹭多了。

这是真正的合作社

有了好产品还得能卖出去,而且随着有机农业规模的扩大,农民对市场销售、技术等都有了新要求。为适应需要,2006年2月,戴庄村成立了江苏省首家有机农业合作社——句容市天王镇戴庄有机农业专业合作社。

戴庄有机农业合作社从成立起,就严格按"统一销售,对内服务,对外经营"的原则运作,并实行社员入股。合作社民办、民管、民受益,社员大会一人(户)一票投票决定大事;将科技人员、村委会和农民"绑"在一起。这种"复合式"合作社在资源整合上,充分发挥了各方优势,达到了农民、基层组织和科技人员三方共赢的效果,被社员们称为"真正的合作社"。

合作社的服务意识和良好前景使村民信心大增,入社村民从2007年的500多户达到目前的700多户,基本实现全村覆盖。

城乡互动的销售模式

细心的赵亚夫发现这几年农家乐已经到了炙手可热的地步,而在句容白兔镇等鲜果发达的乡镇,已经出现了城里人下田体验采摘乐趣的销售现象,并且这种"观光型销售"份额正逐年增加。受到这个启发,戴庄最终形成自己的销售模式"戴庄有机农业朋友会"。"朋友会"在观光型销售基础上进行提升,它不仅包括邀请城里人到戴庄来观光消费,而且包括农民主动进城拜访"客户"。

赵亚夫说,也许在某个周末的早晨,句容市区的小区内,市民们就会碰到带着草鸡、大米、山芋等土产品的戴庄农民,他们西装革履,介绍着自己的产品。

(原文刊于2008年10月30日《中国县域经济报》)

扬中市

江苏扬中 "四千四万"破题新农村建设

地区综合实力连续11年跻身全国百强的江苏扬中市,正以"四千四万"(千户兴业、千元增收、千河疏浚、千埭整治;万人保障、万木增绿、万家洁净、万户文明)为抓手,破题新农村建设,力求"江中明珠"再放异彩。

"确是一个民心工程"

扬中市委书记王守和介绍,新农村建设是个系统工程。扬中把"四千四万"作为抓手,破题新农村建设,既突出了地方特色,符合民情民意,也基本涵盖了中央提出的"生产发展、生活宽裕、乡风文明、村容整洁、管理民主"目标。

接受记者采访的扬中各界人士则反映,"四千四万"都是当地农民最关心、收益最直接的事,确是一个民心工程。

该市农办的同志以"千河疏浚"为例,对此加以了诠释。扬中现有3512条河道,多数已十余年未清淤,引排不畅且水质差,两岸人家不仅不能饮用、游泳、搞水产养殖,而且夏天散发着阵阵臭味,居民甚至不愿去河里洗拖把。疏浚、整治河道曾多次被列入该市两会议案和提案。去年,该市78名人大代表和政协委员调研"三农"问题后,再次发出整治河道、改善农村环境的呼吁。今春举办的扬中籍在外人士茶话会上,不少与会者也提出"扬中有数千河道,希望政府根据水乡实际,花大力气整治"的意见。

"千河疏浚"(每年整治1000条河道沟渠)的实施情况也表明,该项目深得人心。虽然市财政投入50余万元,集中购置了100只泥浆泵,并把乡镇合并中产生的富余人员和水利农机部门的骨干组织起来,成立专业河道疏浚队伍从事这项工作,但因工程必须赶在汛期来临之前完成,很多农民自觉参与当义工、搭帮手,有的村甚至数十人一起上阵。

"指标确定都有依据"

"四千四万"是不是人为凑的数字？扬中市副市长顾小俊说，不是，指标确定都经反复论证。以农民增收为例，扬中有 21 万农民，人均增收千元即 2.1 亿元，同比需增长 13.4%，确实不容易，但确定这一指标有科学的依据。

扬中农民九成是劳务，其中四成在企业，工资性收入是增收主途径。今年，该市将全面推行工资协商制度，规范企业用工行为，让务工农民收入与企业利润增长"同频"。近年来，扬中企业利润增长幅度均在 10% 以上。今年若保持这一幅度，务工农民应能增收 1.1 亿元以上。此外，通过"财政投入、集体协助、个人出资"，规范全市 3 800 多家企业的参保行为，确保今年参加社保的农民增加 1 万人以上，由此可给农民增收近 1 000 万元。

扬中工业企业用工多年靠引进。今年，全市农村富余劳动力转移目标是 3 000 人，职业技能培训 2 000 人，由此预计能给农民增加 2 000 余万元收入。

今年，扬中相继出台了《关于进一步加快民营经济发展的若干意见》等 5 个促进全民创业的政策文件，在投资准入、税费征收等方面为农民营造宽松的创业环境，确保实现"千户兴业"的目标(去年该市新增民营企业 420 家、个体工商户 1 215 户)，由此预计能给农民增加 4 000 余万元的收入。

通过加大财政对农田水利基础设施建设、农业综合开发的投入，出台扶持和奖励政策，发展高效农业、生态农业及其他农村服务业，发展农村经济合作组织并提供跟踪服务，全年预计能给农民会员增加 4 000 万元收入。

"不让农民增加负担"

扬中实行"四千四万"，投入巨大，但农民和农村均无摊派。

以"千河疏浚"为例，全市 86 个村配 100 台泥浆泵及电费、人员工资所需的 100 万元，都由市财政支付。村与村之间的河港疏浚，村里组织实施，经费由市财政以奖代补。疏浚后的管护工作，由市水利、农林部门牵头，组织乡镇农机站富余人员负责。此外，通过两岸企业和社会能人的捐助，解决一部分资金。

"万木增绿"也是如此。市财政每年拿出 100 万元的专项经费用于购买苗木。乡、村按市绿化计划栽种、管护，经费由各乡镇支付。

考虑到有的建设项目会影响到个别农民的利益，该市水利局还专门制订了补偿方案，目前正广泛征求镇人大代表的意见。

"巩固成果长效管理"

热一阵子就草草收兵，是当地一些农民对实施"四千四万"的顾虑。为此，扬中市委、市政府采取了一系列措施，以确保年年有行动，一年实现一个阶段性目标且"巩固成果长效管理"。

按照"强村先行、典型带动，由点到面、梯次推进"的原则，该市选择10个基础条件较好的村进行新农村示范创建，以此带动全市100多个村和社区的新农村建设，力争通过5年的努力，全市社会主义新农村示范村总数达到30个以上。

该市还把"四千四万"的各项任务分解到相关的7个牵头部门和22个职能部门，与各镇逐一签订目标责任状，建立半年初评通报、年终考核总评的考核机制，促使相关人员真正投入新农村建设的实践中。

资源配置形式由专项配置为主变为常规配置为主。市财政每年除安排不少于500万元的新农村建设专项基金外，每年新增的教育、卫生、文化等事业经费用于农村的比例不低于70%，土地出让平均纯收益的15%用于农业土地综合开发，村庄整理所产生土地纯收益的20%以上用于农村基础设施建设。

目前，上述指导思想在该市相关部门和乡镇正在得到贯彻落实。如有关部门积极推广村收集、镇转运、市处理的垃圾长效管理机制，以巩固"千埭整治"的成果；由各乡镇农机站富余人员组成的河道管护队伍也在建立，以巩固"千河疏浚"的成果。

（原文刊于2006年3月23日《中国县域经济报》）

扬中全力转变发展模式

"以科学发展观统领经济社会发展全局,创新发展理念,转变发展方式,进一步调优经济结构,争创产业优势,推进沿江开发,统筹城乡建设,切实改善民生,全面提升区域综合竞争力,为加快扬中新崛起、率先基本实现现代化奠定坚实基础。"这是日前江苏省扬中市刚刚提出来的新思路、新做法。

以人为本 不断提高群众满意度

作为苏南率先实现全面小康的9个市(县)之一,江苏扬中率先基本实现现代化的现实的基础和条件:2007年底,该市人均GDP将超过7 000美元;优越的区位优势,便捷的交通与产业发展的互动效应,以及优良的深水岸线资源,已越来越受到外界和投资者的关注;辉煌硅能源、奇能镍氢电池、兴隆码头、邦建造船、润昌重工等一批重大项目的快速推进,使扬中推进产业的优化升级具备了可靠的基础。此外,扬中的高水平小康建设也迈出坚实步伐,群众的创业热情普遍高涨,创业氛围日益浓厚。

扬中这5年的变化,有太多的亮点值得回味。在群众评选中,无一例外的是,每个人都把"实现全面小康"摆在了第一位。该市人大常委会开发区工作委员会主任杨万祥在接受本报记者采访时介绍:"说起成就,2007年我们的政府工作报告给我印象最深刻的有四点。一是成为全省率先实现全面小康;二是岸线开发实现新突破;三是新农村建设取得了很大成效;四是人民生活质量有了很大的提高。"

扬中市政协副主席陈启华长期关注扬中市的经济社会发展,他有很多独特的见解。他认为,促进三大产业的结构完善和产业链的长足发展,可以组织成立一个"三大产业办公室",帮助企业做一些调研分析,在与企业密切接触的过程中长期反映情况,进行信息的传播,宏观指导三大产业的发展。此外,市政府要加强政策扶持和业务辅导,帮助企业尽快开拓资本市场。

优化布局　促进社会公平和谐

扬中市委、市政府认为:未来5年,是扬中加快新型工业化、提升核心竞争力的重大转型期,也是扬中加快富民进程、迈向基本现代化的重要过渡期,更是扬中加快强市步伐、提升综合实力的加速扩张期。

在这样一个重要时期,扬中市重点推进沿江工业集中区、新坝科技园区、油坊精细化工区、八桥西来桥船舶制造集中区"四大板块"建设,以促进产业合理布局;深入推进以城带乡,发挥城市的辐射功能和传导效应,促进农村和城市的同步、协调发展。

该市还将致力做强先进制造业、做活现代服务业、做特高效规模农业,坚持三业并举,进一步优化经济结构;进一步推进全民创业、扶持"本土经济"、提高开放水平,以增强发展活力;进一步扩大城乡居民增收来源、健全城乡社会保障体系、完善弱势群体救助制度,推进富民增收机制的长效化。

在采访快要结束时,扬中市三茅镇[①]三茅村三组村民鄂霖发自内心地对记者说:"近年来,扬中市经过整治、改造,城乡面貌也有了大变样,农村的水泥路多了,整齐的居民点多了,裸露的荒地绿了,这些让每一个市民都看在眼里、甜在心里,的确看到了扬中市优化布局和社会的公平和谐。"

(原文刊于2008年1月14日《中国县域经济报》)

[①] 2011年,撤销三茅镇,分为三茅街道和兴隆街道,下同。

江苏扬中：多元融合显张力

江苏省扬中市，一座面积只有332平方公里的江中小岛。早在2006年，就率先实现全面小康，成为江苏省9个率先实现全面小康的县市之一。"十二五"以来，扬中坚持创新转型，在不断做优做强传统电器产业的同时，通过发展高新技术、高附加值的新型工业，形成规模化产业集群，拓展经济增长空间，实现了工业经济总量与质量的双提升。

发展新局面　综合实力显著增强

预计2015年，扬中市GDP将由2010年的246.98亿元提升到480亿元，人均GDP近14.5万元；公共财政预算收入由2010年的14.75亿元提升到32.5亿元，是"十一五"期末的2.2倍；服务业增加值占GDP比重达44.7%，比"十一五"期末提高5.7个百分点；全社会研发经费支出占GDP比重达2.71%，万人发明专利拥有量达13.1件；高新技术企业总数达100家，高新技术产业产值占规上工业产值的比重达75.1%，列江苏省第一。

产业新突破　三大支柱擎天而立

截至"十一五"末，扬中已经形成智能电气、新能源、装备制造三大支柱产业，成为扬中产业转型升级道路上的"三驾马车"。

在"十二五"经济下行的大环境下，扬中再续辉煌。五年来，该市智能电气、新能源、装备制造三大主导产业占全市工业经济比重超过90%，产业整体规模超千亿，工程电气产业入选全国首批"产业集群区域品牌建设试点"，大全集团居中国电气工业百强首位。目前，扬中共有智能电气类企业近600家、新能源企业近30家、装备制造规模以上企业34家，2014年产出规模分别达600亿元、120亿元和近百亿元。

从工程电气脱胎换骨的智能电气，正在产业转型升级的浪潮中以崭新的面貌抢占发展先机。首先破题的是智能电气与光伏产业的集成创新——"微电网"。

抢抓"一带一路"机遇，扬中市大航集团与华北电力大学、新疆生产建设兵团就新能源微电网合作项目达成战略协议，这标志着扬中市推动智能电气产业与新能源产业协同发展取得新进展。在推进新能源微电网具体项目的同时，扬中还致力打通智能微电网上下游环节，在微电网运营保护、并网控制等领域开展关键性技术研发，抢占产业细分市场。历经五年的脱胎换骨，扬中市智能电气产业占全市电气产业总产值的比值已经达到80%，在全市工业总产值中占1/3。

智能电气与新能源融合、嫁接发展成为"转型"与"趋势"的最新代名词。扬中率先提出的绿色能源岛的建设目标，将在全国先行先试，重点建设屋顶分布式光伏发电、风电、生物质能等清洁能源项目。

装备制造产业同样迈出了重要一步。2015年12月15日，继6 200吨化学品船、国内首艘内河纯LNG动力船成功交付后，江苏大津重工再传捷报，企业建造的全球首座自升式碎石桩基海洋平台交付船东方中交二航局，开启扬中市海工和船舶制造的新篇章。

从"十一五"起步到"十二五"发力，扬中市的装备制造业以海洋平台、海工船舶、海底电缆等海洋重装产品为发展重点，一举成为江苏造船工业的主要基地之一。

创新新思路　开拓升级新空间

一个只有332平方公里的小岛，有限的资源一度制约了经济的发展。为破解瓶颈，扬中在"高效"上做足了文章，推进企业园区集中、产业高端集聚、资源集约利用。

高起点修订完善特色园区产业发展规划、空间布局规划和各功能区总体规划，最终确定了11个重点规划建设的特色产业园区，其中包括3个先进制造业特色园区,4个现代服务业集聚区和4个现代农业产业园区。此外,逐步推进商业楼宇向产业楼宇转型,2015年,该市各类创新创业载体、中小企业孵化器竣工面积突破50万平方米,投入运营超过30万平方米。"十二五"期间,扬中获批江苏省创新型试点乡镇1家、省级科技企业孵化器1家,创成国家级科技企业孵化器1家,建成省智能电气研究院,新坝镇成为江苏省高新技术产业开发区。

而且,"十二五"期间,扬中企业上市从无到有,实现了零的突破。津荣激光从开工生产到产出效益,不到四个月的时间,实现纳税销售突破千万。扬中市正全力推进该企业上市,目前企业已经完成股改、资料上报,预计本月能在上股交E板挂牌。

经过大半年的攻坚,沉寂5年的资本市场"扬中板块"再次活跃起来,到2015年末,该市共签约挂牌协议23家,其中已上市挂牌企业5家,已申报待审企业4家,还有6家企业完成材料申报,另有8家企业正在推进。

(原文刊于2016年1月19日《中国县域经济报》)

再绘江岛新奇迹 "四千四万"又出发

2019年全国百强县市第23位、全国绿色发展百强县市第5位……总面积332平方公里、人口仅34万的江苏省扬中市,近年来的表现再次吸引着经济界的目光。

扬中,因地处扬子江中而得名,是万里长江中仅次于崇明岛的第二大岛屿。但自成洲以来,因四面环江,经常遭受洪涝灾害,封闭、贫穷曾是江中小岛相当长一段时间的真实写照。

十一届三中全会吹来了改革开放的春风。"连温饱都难以解决,何谈发展?一定要走出去!"滚滚长江挡不住小岛人迈向开放的步伐。

第一批走出小岛的是以篾匠、瓦匠、木匠、漆匠、缝衣匠为主的"五匠",他们农闲时外出闯荡、谋生,农忙时返乡务农。衍生出"农忙在家种田,农闲外出赚钱"的模式,走出小岛闯荡的人员被当地称为"外勤人员"。

由于"外勤们"见多识广、信息灵通,有的率先办起小作坊,从"匠人"转身成为"手工业主";有的则成了走南闯北、外购外销的"业务员"。一时间,"村村点火,户户冒烟",小作坊小企业如雨后春笋般涌现,"供销员"大军也应运而生。他们一次次走出小岛,采购原料、推销产品,解决了原料供应和产品销售的大难题,在二十世纪七十年代末、八十年代初人民公社时期,率先办起了轰轰烈烈的"社队工业",当时,扬中社队工业产值在江苏名列前茅。

1983年10月,扬中全县①上下喊出了一个响亮的声音:县乡村组户五个层次一起上,农林牧副渔、工商运服建十个轮子一起转。

供销人员走出江中小岛、走进岛外,孕育了"两头在外"的供销员经济现象,

---

① 1994年,撤销扬中县,设扬中市,全书同。

全县由企业到乡镇先后成立供销员组织,层层级级开展供销人员表彰奖励活动。县委县政府因势利导,1990年农历正月初八,扬中县隆重召开首次供销员代表大会,表彰了近千名优秀供销员,并把供销员独创的"踏遍千山万水,走进千家万户,说上千言万语,吃尽千辛万苦"的"四千四万"精神,提升为扬中团结拼搏的创业精神。

从此,"四千四万"成为扬中供销员特有的代名词,供销员大军很快由原来的几千人发展到数万人之众。

这"四千四万"精神激励和引领着扬中人创造出一个又一个千军万马搞建设、千思万想谋发展的岛园奇迹。

——自筹资金造大桥!1992年5月8日,30万扬中人盼望已久的"扬中长江大桥"开工了!经过两年多建设,于1994年10月6日建成通车,彻底改写了扬中千年孤岛的历史。这是万里长江上首座由地方集资建设的跨江大桥,筹款总额高达1.62亿元,全岛7万多户农民,几乎每家每户都参与了集资捐款。

——建了大桥修大道。1996年11月20日,扬中大道全线开工,20多公里长的战线上云集着大道沿线的三茅、八桥等7个镇5万多人,经过10天奋战,挑土100多万方,土路基一次形成。扬中大道建成后,与南江的大桥、北江的汽渡相连接,使扬中成为名副其实的联结苏南、苏北的"江中走廊",也为后来扬中全境"三横四纵"的交通网系统拉开了框架。

——修罢大道筑大堤。1998年11月20日,扬中120公里的环岛江堤达标土方工程大会战正式打响,这是数百年来扬中历史上任务最重、用工最多、耗资最大的江堤建设工程。参加土方大会战的每天都有5万余人,最多的一天超过8万人。短短20余天,一条高10米、顶宽6米多的环岛长堤基本形成,扬中人终于有了一个可以保障自己依江而居、富裕安康的"水上长城"。

……

昔日贫穷而饱受苦难的孤岛,终成了万里长江中最为璀璨的一颗"明珠"。

随着改革发展的深入推进,区域经济发展出现了千帆竞发的态势,扬中人又迅速扬弃了"村村点火,户户冒烟"的粗放式经营,超越供销员经济,调整岛园经济的发展模式。他们将"四千四万"的着力点从找原料、争市场及时转换到"千差万别抓创新、千头万缕促转型",大力发展科技型、集约型、开放型经济,实现了从"扬中制造"到"扬中智造"的根本转变。

为实现区域化布局、专业化生产、集约化经营的发展战略,扬中先后建成了全国规模最大的"中国工程电器岛"、全国唯一的光伏全产业链"绿色能源岛"和江苏省高技术、高附加值的船舶产业主要基地之一,拥有智能电气、新能源、装备制造三大主导产业。科技对扬中县域经济增长的贡献份额一直处于江苏省领先地位,荣膺"全国县域经济最具创新力50强"第1名。

经济发展与生态保护并重,扬中一直致力于建设长江生态岛。从20世纪90年代的全国首批"国家级生态示范区",到如今的"国家生态市""国家卫生城市""国家环保模范城市""国家园林城市""工程电气岛""绿色能源岛"——扬中人向长江母亲河交出了一份份满意的答卷。

进入新时代,随着长江经济带、扬子江城市群、宁镇扬一体化战略的深入实施,扬中独特的承接东西、链接南北的区位优势,扬中人自强不息、奋发图强的精神财富,在一系列重大机遇的时代背景下逐步凸显。扬中按照推进高质量发展战略目标,结合江苏省委相关要求,提出了新"四千四万"精神:积极适应时代的"千变万化"、主动经受创新的"千锤万炼"、在发展的前沿展现"千姿万态"、在新的征程上奔腾"千军万马"。

一个时代有一个时代的精神。创造出"四千四万"发展奇迹的扬中人,正积极融入长三角一体化发展,并以自己高质量发展的实践,不断创造着新的奇迹。

(原文刊于2019年12月3日《经济日报》)

宿迁市

沭阳县

沭阳"三来一加"节地又富民

为做好"藏富于民"文章,江苏沭阳千方百计为百姓拓宽就业渠道,着力引导和帮助农民多形式创业、多渠道就业、多项目致富,充分利用农村闲置的旧厂房等资源,兴办"三来一加"(来料加工、来样定做、来件装配、农副产品包装加工)工业项目,这既方便了农民在家门口就业打工,又降低了企业生产成本、规避了土地供应"瓶颈"矛盾和"用工荒"困扰。

沭阳县本着凡能分散到农户家中加工的,一律进村入户的原则,对一些可以分散组织生产的项目进行压缩、梳理,这一做法使遍布乡、村、组的"三来一加"项目显示出了勃勃生机。沭阳开发区的安阳工艺有限公司将工艺品组装"下放"到该县塘沟、胡集等8个乡镇的28个加工点。公司不但节省出了可观的资金用于扩大生产,而且每个加工点月均产值近百万元,带动"点"上农户月增收10余万元,公司经济效益、知名度、美誉度得到了提升。

截至7月底,沭阳县分布在乡(镇)工业集中区、村级示范点和农户庭院中的"三来一加"项目有4 200多家,今年实现销售收入超过106亿元,带动从业人员21万多人,一年可为从业人员发放工资20余亿元,其规模体量和社会效益相当于在沭阳民间还蕴藏着一个省级开发区。"三来一加"这种"藏企于民"的发展模式,已实实在在加快了该县的"藏富于民"进程。

一些看准了农村潜在劳动力资源的企业家,也纷纷把办企业的热情投向农村。宿迁申联塑胶玩具有限公司是由苏州客商投资6 000多万元创办的塑胶玩具制造企业,5年前,公司决策层果断把厂子办到了距县城近百里的高墟镇,公司总经理薛建平告诉记者:"我们把企业办在乡下这几年,生产远销欧美的TVC吹气玩具不但产量年年增加,效益大幅提升,而且从来不用为招工犯愁。"来自高墟、湖东①等十里八村的400多名妇女常年在该厂打工或领料回家加工。古泊村40多岁的妇女程岚说,她每月可以拿到1 300多元的工资,而且基本上不影响家里5亩水稻田的除草、施肥。

湖东镇莲河村党支部书记李良富则利用闲置的村学校教室办起了毛绒玩具厂,不但让闲置校舍有了用武之地,还吸引60多名本村妇女在家门口就业。高墟镇人大代表、原马沟村党支部书记范帮常,几年前利用自家庭院、宅基地办起木材加工厂,不但安置村里20多名劳动力就业打工,还带动马沟村成了全镇首屈一指的木材加工专业村。

据悉,为了组织、动员全县上下推进"富民、强村"目标,沭阳县还专门出台了相关政策,鼓励企业下基层、进民间;引导各部门通过政策扶持,优化用电、办证等服务,促进企业延长产业链,推动"三来一加"向纵深发展。目前,"村村上项目,户户搞经营,人人挣工资"热潮,正呈方兴未艾之势。

(原文刊于2011年9月5日《中国县域经济报》)

---

① 2021年,撤销高墟镇、湖东镇,设新的高墟镇,下同。

向问题叫板　让人民叫好
——沭阳推动党的群众路线教育实践活动深入开展

在江苏沭阳全县上下迅速展开的党的群众路线教育实践活动,宛如春风拂面,让城乡大地焕发勃勃生机和活力。

沭阳县委副书记、县长、县委教育实践活动副组长胡建军指出:"群众路线是我们党的生命线和根本工作路线。向问题叫板、让人民叫好应该永远成为党员干部的自觉追求。"

目前,沭阳所有参加教育实践活动的单位已全部完成了动员部署工作。如今,该县正按照"规定动作到位、自选动作务实"的要求,以"工作要求从严、工作标准从高、工作内容从实、工作节奏从紧"为指导,推动党的群众路线教育实践活动深入开展。

高标准推进,注重以上率下

"县委常委会是全县的领导核心,在教育实践活动中一定要为全县树好旗帜、立好标杆,为全县作出榜样、放出样子。"在县委常委会学习会上,县主要领导多次强调。

活动中,该县各位县委常委注重以上率下,带头接受学习教育,县委常委会率先自学相关材料并专门组织4次县委中心组(扩大)学习会,通过交流讨论、观看专题片、邀请专家开展讲座、到联系点开展调研等活动,做到学习教育先一步、理论武装深一层。县委主要领导带头召开两次征求意见座谈会,邀请老干部代表、企业家代表、网民代表等社会各界人士,听取他们对党员干部工作作风问题和涉及群众利益问题的反映。该县还坚持边查边改、即知即改,针对查找出的问题进行立项交办。建立县级领导参与活动有关工作提醒制,过细排定活动计划,并由县委教育实践活动办公室根据计划定期向县级领导发放工作提醒单,定期提醒县领导参与教育实践活动的各项工作。

在县委常委会的带领下,该县各乡镇场(街道)和各部门各单位都排定了科学的学习计划,明确"什么时间什么人做什么事、要达到什么样标准",确保让大家都能够知道该干什么、怎么干,学习教育、听取意见环节等各项工作正在有条不紊地深入推进。

严字当头,确保认识到位

"准备不充分的坚决不允许召开动员大会!"县委常委、组织部部长、县委教育实践活动副组长兼办公室主任杨云峰要求。

在筹备工作中,该县先后对县委督导组和各乡镇场(街道)和各单位各部门的分管负责人进行了培训,并对实施方案、学习教育、听取意见环节实施办法和主要负责人在动员大会上的讲话稿严格把关。对思想认识不到位、政策把握不到位的单位坚决退回重写,并及时通知单位主要负责人,确保活动方向不偏、措施不空、目标不虚。在相关材料审核过程中有12家单位的材料被退回重写,64家单位的材料被审改了3次以上。

在全县动员大会后,县委又立即召开"一把手"集体约谈会,通过上级"一把手"给下级"一把手"拎耳朵、上发条,提高"一把手"的思想认识。

扎根群众,突出务实推进

"我以为'欢迎群众提意见'的热线电话是糊弄人的,没想到我打了一个电话后,当天晚上就帮我解决了我反映的小区内摆摊设点的问题。"沭阳南苑小区的一位群众感慨地说道。

沭阳坚持问题导向、解决突出问题,紧紧抓住反对"四风"这个重点不放,着力解决关系群众切身利益的问题和联系群众"最后一公里"问题,切实让改进作风的要求落地生根,让广大群众真正受益。该县通过开展"欢迎群众提意见"活动,运用花乡沭阳网、"书记网络会客厅"、沭阳党建网、百度沭阳吧、"沭阳新声"政务微博、12345政府热线、"欢迎群众提意见"热线电话、"百姓问政"电视栏目、领导干部微信群和单位网站等平台,对征集到的"群众不满意"信息进行梳理汇总,健全群众"不满意"快速回应机制,及时处理群众关注的热点、难点。对不能按时解决问题或向群众解释清相关情况的单位,给予单位主要负责人通报批评。

该县还建立了问题整改和惠民实事周报告、月通报制度。各单位对党员干部查改问题和兴办惠民实事情况进行梳理汇总、按周上报,县委教育实践活动办公室按月通报,对拒报的追究相关责任人责任,对虚报或瞒报的,作为反面典型由县委教育实践活动办公室巡回督查组会同县委督导组进行重点解剖,并在全县通报。

坚持从严要求,把整风精神贯穿教育实践活动全过程,从严抓好学习教育,从严开展批评和自我批评,从严正风肃纪,祛歪风,压邪气,倡新风,树正气……当下,一系列以"照镜子、正衣冠、洗洗澡、治治病"为目的的活动在沭阳大地全面铺开。

(原文刊于 2014 年 3 月 27 日《中国县域经济报》)

沭阳:政府热线顺民意解民忧

"小区没有物业,墙体经常瓷砖脱落,半年多也没人管。政府热线管了!""学校校车班次太早,孩子没有充足的休息。原本只是发发牢骚、提提建议,没想到一个电话也能起作用!""办理退休手续,人事劳动部门要最原始的出生地证明,时间太久,几乎是不可能的事。但一打热线,自己没费力就有人帮着办了!"

这一件件曾经让群众头疼的事情,如今在江苏沭阳县12345政府热线的帮助下,都迎刃而解。从办理流程看,最快的立即解决,最长的办结时间没有超过3天。群众反映的问题都有详细的记录、准确的转派、有效的回应。接听、记录、转办、受理、回复、办结,任何一个环节都可以在网上随时查看、监督。

"要运行好12345政府热线等载体,构建政民互动平台,及时解决群众反映问题。"沭阳县委书记胡建军说。

近年来,沭阳县以12345政府热线建设为切入点,将受理群众诉求、解决现实问题与群众路线教育实践活动督导工作相结合,努力打造独具特色的民生服务品牌。自去年9月正式开通以来,共受理群众来电7.38万件,日最高受理突破315件,办结率达99.7%,服务满意率达90.4%。

走进12345政府热线的工作大厅,一声声充满温暖的话语萦绕在耳旁,记者看到,话务员正在忙碌地接听热线,键盘的敲击声同步记录着来电的内容。该县要求,要时刻保障热线打得通、服务好、办理快。话务员在做好服务的同时,尽力让市民享受到的服务更加便捷、超值。正是这样的追求,沭阳12345政府热线越来越赢得市民的认可,使热线真正成为群众值得信赖的贴心人。上个月,市民万某的孩子检查出是智力残疾,但是一直未领取到残疾证。他到医院咨询,院方表示材料已转交到相关部门。无奈之下,万某通过12345政府热线求助。接到求助电话后,热线立即转办残联,残联对此问题高度重视,随即与反映人电话联系解释，并立即审核，为万某的孩子办理残疾证。

不但如此，沭阳政府热线还广泛宣传发动，铺设了民生服务的"快车道"。热线先后联合县卫生局、县移动公司等单位一同走进社区、街道，开展"听民生解民忧，12345就在您身边"宣传活动。通过宣传咨询、免费医疗、上门走访、文明劝导、家政服务等形式，把惠民服务的套餐送进了街道社区的千家万户，把温暖送到了群众门槛前、心坎上。让群众不仅能"见得到面、找得到人"，更能"交得上心"。

沭阳县委副书记、代县长卞建军认为，只有强化监督考核，才能拧紧解决问题的"保障阀"。沭阳12345政府热线对受理中心、管理中心和各级承办单位的办理时限、过程、结果进行全程监督，实现了诉求办理的提前黄灯预警、违规红灯报警。同时跟踪督办群众不满意诉求，采取短信提醒、电话催办、现场调查、专报警示等督办形式，对不作为、慢作为、乱作为等违纪违法行为进行问责，即知即改、立行立改。

一头连牵着百姓，一头连牵着党委、政府，沭阳12345政府热线，解决了群众身边一个又一个难题，顺了民意、暖了民心，在花乡大地描绘了一幅和谐的美丽图景。

（原文刊于2014年12月4日《中国县域经济报》）

泗洪县

关口前移　为干部增强"免疫力"
——江苏省泗洪县反腐倡廉出新招

如何打造出一支"想干事、能干事、干成事、不出事"的干部队伍？江苏泗洪县将关口前移，增强领导干部的"免疫力"。

电视承诺倡廉保洁

预防和减少"节日病"的发生，泗洪县组织热点岗位中层干部到县电视台，面对全县群众公开承诺廉洁过节。每年春节前后，泗洪新闻结束后，都会播发中层干部拒绝接受他人赠送礼物的表态发言。该节目一经播出，立刻引起很大的反响。

泗洪县领导决定将这种电视承诺向相关行业延伸。今年高考结束后，县纪委会同教育部门组织泗洪中学、淮北中学2010届高三毕业班教师举行"拒绝谢师宴"电视公开承诺活动。全县200余名高三毕业班老师们均作出郑重承诺。为确保收到实际效果，泗洪纪委又在电视及本地报纸上公开了举报电话，接受社会各界监督。

时刻敲响廉政"警钟"

今年9月27日，泗洪县文化大世界隆重上演大型四幕廉政话剧《太湖濯缨》。此剧是由泗洪县纪委自编自导的，紧扣反腐倡廉主题，突出表现纪检监察干部依纪依法安全文明办案，调查中刚柔并济，动之以情，晓之以理，最终使调查对象彻底交代问题，此剧故事情节情感交融，跌宕起伏，催人泪下。同时该剧舞台感染力强烈、视觉艺术效果震撼,汇聚了法律、道德和人性的多重教育意义,2 000多名党员干部观看后感悟至深,倍受教育。

此外,泗洪县每年组织科级以上的党员干部到泗洪县看守所、洪泽湖监狱等特殊地方参观学习,开展警示教育活动,督促广大党员干部自警、自励、自珍、自爱。

原汁原味直播"暗访大片"

泗洪县纪委安排、县软建办牵头,不定期组织人员对乡镇及县直机关单位日常工作状态进行暗访,并在全县相关会议上播放。

暗访的内容主要围绕以下几个方面:曝光工作人员纪律松懈、公共服务单位服务水平差;工作人员不作为、慢作为、乱作为问题;有诺不践、轻诺寡信,服务承诺制落实不力;基层站所和工作人员巧立名目乱收费、乱罚款、乱摊派、吃拿卡要等恶劣行为;机关工作人员以权谋私,行政执法人员以权代法、执法犯法现象。

自去年以来,全县共暗访查处涉软违纪违规人员近200人,其中党政纪处分49人,组织处理100余人。

零距离质询"挑刺"

县纪检监察机关会同县委组织部、农工办以及民政、信访等部门出台相关规定,对乡镇机关站所以及村级组织公开质询议事活动进行规范。规定全县每个村(居)和乡镇站所全年至少召开两次公开质询议事会,包括"五个板块",分别为"村(站)情发布、述职述廉、群众质询、民主议事、现场测评"五个环节。警惕"小人物"违法乱纪,营造透明阳光的办公环境。

只要群众的质询询问不涉及个人隐私或工作规定的保密事项,被质询对象均要现场回答。民主评议公开唱票,当场公布结果,对被测评干部勤廉情况作出"非常满意、满意、基本满意和不满意"评定,而且每次质询会上的评定结果都与干部工资挂钩。去年以来,全县村居、基层站所共召开公开质询会400多场次。

(原文刊于2010年11月4日《中国县域经济报》)

江苏泗洪：民声成为县委主题报告"风向标"

6月22日,泗洪县召开全县领导干部调研成果汇报会。

6月20日,泗洪县委、县政府邀请老干部代表、客商代表、部分党外人士、人大代表、政协委员,在宏源国际大酒店会议室召开泗洪县经济社会发展座谈会。

6月中旬以来,泗洪县委、县政府组织县乡领导干部轻车简从,进村入户开展调研。在泗洪县第十一次党代表会召开前夕,泗洪县乡两级领导干部纷纷赶赴基层,问政于民、问计于民、问需于民。

"前不久,泗洪县委、县政府领导班子刚刚调整。本月底,将召开泗洪县第十一次党代表会。要想快速推进泗洪新一轮发展,就必须理清发展思路,完善工作举措,多多听取基层社会各界群众的意见和建议。"泗洪县委书记徐德说。

据介绍,泗洪从四个方面拓展"问政于民、问计于民、问需于民"的渠道,最大限度听取民声,收集民意。书面征集:各单位通过向服务对象、"两代表一委员"、社区党员群众代表等发放征求意见表、调查问卷等书面形式,以及通过报纸、电台、电视等各种媒体,广泛征求基层群众的意见建议;网上征集:以泗洪县政府网站为平台,开通书记、县长信箱以及网站论坛、社区博客、短信参与等多种形式,不断扩大征求意见覆盖面;座谈征集:各级党政组织和领导班子成员结合工作分工,分头召开征求意见座谈会;调研征集:结合领导干部联系点建设,通过实地调研、交流座谈、登门走访等形式,进百家门、听百家言、知百家情,真心诚意征求群众意见。

问政于民方知得失,问需于民方知冷暖,问计于民方知虚实。"近年来泗洪的经济社会发展速度迅猛,但是从总体上看,也存在着一些不足之处,尤其是体现在干部队伍的精神状态和进取精神方面。希望新一届领导在推动经济社会发展的同时,进一步抓好干部队伍的作风建设,彻底解决中间梗阻问题,真正整治'门难进、脸难看、事难办'问题……""招商引资目标要瞄准新兴产业,一些单位不能为了完成任务而放低门槛,让一些高耗能或者打了擦边球的企业落户……""汴河风光带环境现在很差,基础设施被破坏严重,直接影响了泗洪形象。这说明管理出现了漏洞,应该责成相关部门迅速维修到位、管理到位。"在调研中,对群众说到的"痛处",徐德、代县长徐勤忠等县领导当即表态如何采取措施。

"群众的期盼就是我们的工作目标。对群众提出的好想法、好思路、好建议、好意见,我们将认真梳理归类,深入研究,充分采纳,并将一些重要的内容写进县委工作报告中。同时,将'三问'活动长期坚持搞下去,实实在在解决存在的问题,进一步建章立制,为县委、县政府的科学决策提供依据……"徐德说。

(原文刊于 2011 年 7 月 7 日《中国县域经济报》)

"面子""里子"同样精彩
——江苏泗洪县保障性住房建设纪实

"一年只交几百元租金,就能住上这样的楼房,我这辈子做梦也没有想到啊!"家住江苏泗洪县天星花园的71岁老人宋爱珍高兴地说。截至目前,泗洪县已有4 500户居民入住廉租房、公租房、经济适用房等。"5年来,泗洪县投入15亿元,建设保障性住房建设面积达148.3万平方米,我县连续4年荣获省政府颁发的'全省住房保障工作综合先进单位'……"泗洪县住房和城乡建设局局长汪荣中自豪地说。

民生之要,即是政府之必须

"保障性住房建设关系到弱势群体、低收入群体的最基本保障,要把保障性住房建设作为当前民生之要。"泗洪县委书记徐德说。

随着泗洪经济的快速发展,城市建设步伐的加快,全面解决城市低收入家庭的住房困难摆上了泗洪县委、县政府工作的议事日程。2007年至目前的4年间,泗洪县先后出台13个文件,具体指导保障性住房工程建设。

只要群众有所需要,政府一定倾力满足。每年,由住建局、民政局、青阳镇政府等多部门联手,安排专人深入社区,逐家登记了解情况,摸查住房困难群众,然后因地制宜地确定需求对象。

"十一五"期间,该县新增廉租住房1 093套,新开工经济适用住房51.8万平方米,新增公共租赁住房1 316套(间),发放廉租住房租赁补贴1 612户次,实物配租331户,完成危旧房改造面积40.42万平方米。如今,在泗洪,凡是符合条件的城市低收入家庭,全部都已经纳入了住房保障范围。

"我租住的房子50多平方米,每月一平方米只要上交8毛钱租金,而政府呢,每个月给我300元低保金。前不久,还给我送来物价补贴。党和政府为我们考虑得多周到呀!"居住在天星花园的张文英老人激动地说。

设施"高配",安居成"康居"

走进泗洪东方花园保障性住宅小区,崭新的住宅楼,宽阔的水泥路面,绿草茵茵,生态景观、健身场地、休闲小广场点缀其中,让人丝毫感觉不到保障性住宅小区与商品房住宅小区的差异。

"在不断加大保障性住房建设'量'的投入的同时,泗洪还着力加强对安居工程'质'的提升,努力让保障性住房'面子'和'里子'同样精彩。"代县长徐勤忠说。

事实的确如此,泗洪县按照便民利民的标准,编制了城区保障性住房建设分布图,在小区整体规划方面,泗洪县先后邀请了南京、连云港等地专业公司进行针对性设计,不断提升整体规划水平;在局部设计方面,由建筑设计院专业人士按照合理实用的原则,精心做好结构设计、单体设计和布局设计;在室内装修方面,统一规划、统一选材,确保配套材料质量;在工程质量方面,严把工程队伍选择关、监理关和验收关,确保保障性住房工程成为精品工程。

在安居工程实施过程中,泗洪县明确要求相关配套设施与主体工程同步设计、同步推进,除了正常的路、水、电、气等配套设施外,还为每一个保障性住宅小区规划设计户外活动场所,添置运动器材;铺设草坪、种植花草树木,绿化率全部达到35％以上;安装路灯、建立围墙,设立足够的环卫设施,营造优美整洁的居住环境。

"晚上有保安负责治安巡逻,白天有专职的物业管理,地上干净整洁。有的商品房小区的环境还没有这里好呢……"居住在天星花园廉租房的张玉兰高兴地说。

想民所想,弱势群体"拎包入住"

"我是2009年9月搬进这里的,进来之前,政府已经给我们的室内贴上地板砖,安装上门窗。就连卫生间的马桶,也配备齐全。我们拎包就能入住。"廉租房住户张文英激动地说。走进他家,55平方米的房子,卧室、客厅、厨房、卫生间一应俱全,墙壁光亮,地板整洁。在张英文所在的小区,已经有260户入住廉租房。

既要让群众住得舒心,还要方便群众出行,早在规划前夕,泗洪主政者就考虑如何便民。县里及时调整城区公交线路,专门在保障性住宅小区附近增设公交站台,一元票价到底站。此外,在小区边上建立幼儿园、便利超市等,为入住群众提供全方位的便民服务。总投资10亿元、占地225亩、规划建筑面积51万平方米的青阳镇高庄公租房成为全省十大示范项目之一。

2011年,泗洪县选定黄河花园、杉鑫小区、富康花园北区、天星花园西区、牡丹花园等进行保障性安居工程建设,总建筑面积约131.6万平方米。建成后,可提供保障性住房1.35万余套。此外,在经济开发区新建一个建筑面积1.5万平方米蓝领公寓项目,可解决约2 000名进城务工人员的住房问题。

(原文刊于2011年11月28日《中国县域经济报》)

小小篮球赛　赛出"两省三县"一家亲

嘟……随着裁判的一声哨响,一只篮球被高高抛起,两名身着不同队服的球员奋力跃起,伸长右臂,争抢篮球。

日前,在淮河岸边的江苏省泗洪县四河乡潼河村,来自江苏、安徽两省三县的9支篮球代表队已经在这里博弈2天了。

"我们潼河村牵头举办的篮球联谊赛,已经整整十四届了。"潼河村民委员会主任吴从阳告诉记者。

潼河村与安徽省蚌埠市五河县朱顶镇的三塘村、五河县城关镇的东卡村以及本县双沟、上塘等乡镇的9个村接壤,素有"鸡鸣闻两省,狗吠听三县"之称。

一个小村庄,何以举办"跨省"篮球联谊赛?

"20世纪60年代起,我村就兴起篮球运动。以前,我们村里5个组都有篮球队,每年的春节初二到初六之间,5个小组之间打篮球比赛。从1989年开始,由村委会牵头,向安徽省与我们邻边的村,以及本县接壤的乡村,发出了篮球联谊赛首届邀请。"现年46岁的村民潘大海说。

"通过举办篮球邀请赛,一来可以让大家认识,促进了解,增进友谊;二来遇到什么棘手的事情,相互间可以商量……"时任党支部书记,如今已经65岁的老人吴善勤告诉记者。

"刚开始的时候,两年举办一次。最近几年,每年举办一次……"正在现场忙碌的吴从阳,忙中偷闲透露"底细"。

十四届,21年,小村里的篮球联谊赛办得红红火火。

"全村1500多人,有大小企业近10个,村民在本村就能上班赚钱。大家手里有钱了,也希望丰富一下文体活动。所以,村民们都非常支持村里组织篮球赛。"现任潼河村党支部书记吴善旭说,"从村里出去赚到钱的老板,每年都主动关注比赛的事,有捐比赛球衣的,有捐篮球的,也有捐比赛奖品的……"

小小篮球赛,的确丰富着村民春节期间文化生活。虽然时值寒冬,但每天比赛现场都被本村以及附近的群众围得里外三层。就连平时掌管家务的大妈,也要等比赛结束后,才和儿女们一起回家烧饭。"我们虽然属于两省,但参加潼河村篮球赛,已经成为我们这几个村过年的一个传统项目了,过年不比赛,就跟没过年一样。进入腊月,我们就着手准备参赛了……"安徽省五河县朱顶镇三塘村支部书记蔡飞说。

彼此间的交融"渗透",增进了邻村间的友谊。"说实话,牙齿和舌头还有闹别扭的时候呢,更何况分属两省的群众呢!以前,我们两村的群众会因为一些琐事发生争执。参加篮球联谊赛后,不管遇到什么纠纷,篮球队员一到场,没有解决不了的。"五河县城关镇东卡村党支部书记罗太平深有感触。

事实确实如此。去年冬季,四河乡种植大白菜遭遇"烂市"。眼看就要烂在田间的大白菜,牵挂着安徽三塘村、东卡村以及本县双沟镇、上塘镇等乡镇干群的心。他们纷纷带着亲友驾车过来,尽最大力量购买,力所能及帮助四河乡菜农消忧解愁。众人拾柴火焰高,过年之前,四河300多万斤滞销的大白菜被两省三县干群抢购一空。

"别小看这个篮球,作用可大呢!多年来,潼河村治安案件一年难有1起,刑事案件发案率为零……"泗洪县公安局四河派出所所长石成喜告诉记者。

"我们牵头举办的春节篮球联谊赛,已经持续了十四届。多年来,我们村'两委'干部交班前有个约定,将来不管是谁担任下一任村干部,都把篮球联谊赛坚持下去……"吴善旭说。

(原文刊于2012年2月20日《中国县域经济报》)

城乡面貌脱胎换骨
——看泗洪县域发展如何演绎"高富帅"

"高富帅"是时下人们对身材、财富、相貌等完美无缺男人的评价。耐人寻味的是,"高富帅"正在与江苏泗洪县深情"对表":高效农业如雨后春笋般涌出,富民项目成为城乡干群的摇钱树,脱胎换骨般的城乡气质。

高效农业搭上现代化班车

泗洪是传统的农业大县,农业耕作多以户为单位,长期以来,农田规模小、效益低、质量不高等问题一直制约着泗洪农业的发展。

为了寻求新突破,泗洪县从去年下半年起,大力推进土地、人口、工业项目"三个集中"。在土地适度规模流转过程中,重点解决农业问题,保障农民持续增收,大力新建高效农业基地,形成产、供、销一体化的产业基地。

泗洪县青阳镇万亩现代农业示范园是集设施园艺、餐饮休闲、旅游度假为一体的观光型现代农业示范园。目前,已建成全自动连栋温室大棚、双层自动卷放大棚等6 800亩,苗木花卉基地2 200亩,每年可实现产值1亿多元,带动农户增收1 000多万元。

不远处,就是泗洪农业产业园,蔬菜墙、植物雕塑、立体花卉长廊等让人目不暇接。"农产品加工区仅已经建成的2 000亩面积,就引进投资17.7亿元,年总产值近20亿元,总利润达到了2.6亿元。"该园负责人介绍道。

据了解,该园采用"合作社+基地+农户"的模式,建立产供销一条龙产业链。目前现代农业产业园已带动农户增收1 500万元,就近安排3 000多人就业,年创效益近2亿元。

近年来,泗洪县已经吸引了蒙牛乳业、江苏雨润等一大批国家、省级农业龙头企业安家落户,形成了企业和经济合作组织引领,基地与农户联动的现代农业发展新格局。

富民项目让农民变"蓝领"

"以前是迫不得已,为了生计外出打工。现在不同了,在家就能找到一份好工作,还可以照顾家庭,兼顾责任田,并且工资也不比外出少……"在泗洪县经济开发区打工的上塘镇小伙子李爱伟说。

就在几个月前,李爱伟还在上海一家企业上班。据了解,去年以来,泗洪县返乡务工人员多达2.6万人。

正午实业有限公司宽敞的车间里,统一着装的工人们熟练地操作机器,忙碌而又有序。"我们项目计划总投资6亿元,全面投产后,年产值将突破10亿元,实现利润1亿元,而且我们大部分职工都是本地人,有效解决了农民工就业问题。"该公司老总陈桂清对企业的未来侃侃而谈。在泗洪经济开发区,像正午实业这样达到一定规模的企业已有352家,仅开发区就吸纳6.18万农民就业。

城里的企业为农民进城提供大量就业岗位;而农村,工资性收入同样逐渐成为农民增收的新渠道。

吕德宝夫妻俩一年前还是石集乡农民,现在则是乡工业集中区的工人,两人每月工资加起来接近5 000元。

方兴未艾的创业热潮,不但让一部分农民变身老板,还让许多农民过上了"两栖"生活。今年以来,全县农村新增就业农民2万多人,他们一边打工一边种田。

"厚德"名片飞扬八方

"泗洪不仅城市变美了,更重要的是,人的内在气质高雅了。"前不久,南京游客赵军感慨地说。

打开泗洪风情网,有这样一幅感人的画面:在泗州大街上,瓢泼大雨中,一位驾驶员蹲在地上更换车轮。一名辅警撑着一把伞给驾驶员遮雨,而他自己大半个身体任凭雨水浇灌。

表象的背后,是泗洪人内在素质的不断攀升。这种素质,已经攀升到"厚德"的高度。

为了挽救一名患有白血病的女孩,网名"人生无悔"的网友在泗洪风情网上发出求救倡议后,几天时间,收集到了大量匿名捐款。本地一位老板捐款20万元,婉拒媒体报道。几年来,泗洪县先后涌现出一大批"感动中国"英雄、全国见义勇为英雄、全国道德模范、"中国好人"、江苏省道德模范等典型人物。

(原文刊于2012年9月10日《中国县域经济报》)

"兄弟俩"的对接
——记泗洪、泗县打破行政界限共谋双赢发展

连接江苏省泗洪县县城与安徽省泗县县城的是一段32公里的道路,但现在人们却深切地感觉到:距离正在慢慢缩短。近年来,随着泗洪"北扩西进"战略以及泗县"东向发展"战略的实施,这条公路成了两县打破行政界限,跨省对接、共谋双赢的见证。

其实,不只名字相近、地域相邻,泗洪县与泗县确实有一些"渊源":在20世纪50年代之前,泗洪县只是泗县的一个镇。泗洪建县划归江苏后的几十年间,两个"兄弟县"在不同的政策环境下,开启了各自的县域经济发展之路。

泗洪的发展可谓"跨越式"。2005年之前,"两瓶酒"(双沟、分金亭)几乎撑起了县财政的一片天。仅用7年时间,泗洪财政收入便从2005年的4.42亿元提高到了2012年的51.6亿元,翻了11倍。该县县长徐勤忠表示,泗洪县域经济的快速腾飞,是宏观政策和自身努力相结合的结果。"十一五"期间,泗洪抓住南北挂钩、产业转移等重大发展机遇,对产业结构进行了调整布局,扭转单一结构,重点培育纺织服装、食品加工、机械制造、电子电器四大产业。产业集群初具规模后,又通过积极开展"补链招商"推动产业链向两头延伸,产业层次向高端发展,四大主导产业产值占到该县工业总产值的80%以上。

虽然无法与泗洪的发展态势相比,但泗县也在自己的发展轨迹中实现着提升。近5年来,泗县以"开发立县、工业强县、项目立县"为指引,一批乡镇工业园、省市级经济开发区相继建立。"规模不大,但在产业转型升级和承接江浙沪产业转移上迈开了一大步,5年间,共引进重大项目276个,总投资达170亿元。"泗县县委书记王娟表示,得益于紧紧抓住项目建设的"牛鼻子",泗县经济发展在逐步加快。2012年,泗县实现生产总值120亿元,财政收入6.5亿元。

无论从地理位置、自然条件，还是经济基础上来说，两县都只有细微差别。由所处省份不同所带来的政策、经济环境差异，便成了两地县域经济出现差距的主要因素之一。不过，这并没有磨灭两县地域相近、人缘相亲的关系。记者了解到，近年来泗洪持续推进"北扩西进"城市发展战略，全力打造"苏皖边界工贸旅游城"；而泗县则正在积极实施"东向发展"战略，以开发区向东，加快扩张，积极跟跑泗洪。

泗洪县委书记徐德说："泗洪属于后发快进的城市，在发展过程中坚决向东看、向南看，但是，泗洪向东发展受到洪泽湖天然屏障的制约，而向西发展则兼有历史、文化、地缘相融互通等优势。从交通上来看，泗洪是安徽泗县、五河、灵璧这些邻县东向发展的必经之地和南下北上的重要通道；从经济上来说，泗洪开放早、水平高、基础好，同时受苏南的辐射和拉动，经济发展水平明显高于这些安徽邻县。拥有这样的地理和经济优势，泗洪完全可以加强与西边的合作，进一步增强辐射力，把这些地方的人流、物流、资金流吸引过来。而且，我们与泗县属于同一个区域，区域经济的发展将使我们共同受益。"

泗县县长王法立表示，近年来，泗洪一直是该县"东向发展"的标杆、追赶的目标。泗县提出奋力"跟跑泗洪"，与江苏"无缝接轨"，加强与泗洪在交通、旅游、文化、资源开发等多领域的对接联动，进而推动泗县县域经济实现新突破。

一系列的跨省对接"动作"陆续上演。从政府到民间，泗洪与泗县的往来不断。从项目招商学习，到交通设施合作建设，再到农产品、劳动力、旅游产品、土地、市场等资源的融合整合，两个县城正相向发展，努力共同改善投资环境，这其中包括以特色产业集群建设为重点，构筑两县产业分工体系等。

如今，在位于宁宿徐高速路泗洪出口处，投资5.8亿元的农机大市场、投资3.6亿元的集休闲、餐饮、小商品批发零售于一体的圣玛可购物广场，以及农资大市场、建材大市场、商贸广场、红利来家具广场等项目已经陆续完工，一个功能齐全、商品种类齐备、总规划面积达100万平方米的商贸市场群已经在泗洪县城西部崛起。泗县也重点实施了以招商引资、园区开发、产业链发展、优化环境等为重点的"七个第一"策略，积极与泗洪展开全方位对接。

"这两年很多泗县人都到泗洪打工了，他们那边厂子多，工资不比苏南低，还离家近啊！"采访中，一位泗县村民告诉记者。伴随着两地的相向发展，泗县的大量劳动力资源在泗洪找到了出路，而泗洪也有一大批创业者开始在泗县投资兴业，这些人成了两地交往的友好使者和互动发展的推进力量。

除此之外，泗洪、泗县镇与镇之间的对接也如火如荼。自2009年开始，两县乡镇之间便陆续开通农班车线路，绕开县城中心，镇与镇之间直接相互考察。

"将相互学习深入到镇,受益最大的将是两县的农业产业发展。"王法立说,"泗县农产品资源充裕,是安徽重要的粮油生产基地、畜牧养殖业大县,泗洪的现代农业也一直走在江苏省前列,双方加强交流,不仅能进一步增强泗县农业实力,而且有助于打开江苏及长三角地区的巨大消费市场,将泗县打造成与长三角互动发展的农产品加工基地。"

(原文刊于2013年10月17日《中国县域经济报》)

凝神聚力补"短板"
——江苏泗洪实施工业强县战略缩影

"工业经济是一个地区加快发展的重要基石,也是泗洪实现新常态下跨越赶超的核心支撑。能否如期建成高质量全面小康社会,关键在工业,核心靠工业。目前,我们工业总量小、规模企业少、产业层次低等'短板'问题还很突出,加快突破工业经济已经迫在眉睫、刻不容缓。"江苏省泗洪县委书记徐德说。

泗洪补齐"短板",举措多多。

四个"聚焦"精准发力

补齐"短板",泗洪瞄准四个"聚焦"。聚焦项目招引,把招商引资作为加快工业经济发展的核心抓手、第一抓手,紧紧围绕"2+1"特色产业发展定位,坚持不懈地推进园区招商、专业招商、产业招商"三位一体"招商模式,推动招商引资转型升级、提质增效。

聚焦企业培育,按照"小微企业进规模、规模企业上台阶、骨干企业促上市"的培育路径,重点加大对小微企业、中小企业培育扶持力度,形成从无到有、从小到大的全过程、全方位孵化体系。对现有企业进行摸底排查,分档建库,分层培育,"一企一策"精准化扶持。全面激活面广量大的创业群体,强化创新与创业结合、线上与线下结合、孵化与投资结合,鼓励发展"三来一加"、网络创业等全民创业项目,形成"大众创业、万众创新"的生动局面。

聚焦园区建设,园区是工业经济发展的火车头、主引擎,也是产业集聚的主战场、主阵地。泗洪以创建国家级经济开发区为目标,举全县之力持续推进开发区二次创业、转型升级,加快推进常泗工业园、青阳工业园与开发区一体化发展，构建以县经济开发区为龙头，5个特色园区、6个重点乡镇工业园为补充的"1+5+6"产业集聚载体，全面提升基础设施承载能力和公共服务配套功能。

聚焦特色产业。特色产业是区域比较优势的集中体现，也是加快新型工业化的着力点和突破口。泗洪突出规划引领，编制完善"2+1"特色产业专项发展规划，立足产业现状和发展趋势，明确产业细分方向和目标路径。出台了扶持特色产业集聚发展的政策体系，设立特色产业发展专项基金，引导各类资源要素、科技人才向特色产业集聚，加大对产业链的核心环节、关键支点、公共服务配套的扶持力度，不断做粗拉长产业链条，确保年内塑膜新材料、机械制造两大产业产值双双突破100亿元，电子信息产业产值突破80亿元。

多方联动释放活力

泗洪县委、县政府成立了由主要领导任组长的工业经济发展领导小组，定期分析研判，加强要素调度，及时会办解决重大问题；县分管领导则是扑下身子，始终冲在工业经济发展的第一线；县直机关相关全力实施"四大助企行动"。

实施政策助企行动，经信、发改、商务、科技、市场监督管理等部门深入研究产业政策，最大限度地向上争取项目资金。实施要素助企行动，金融、国土、组织、人社等部门大胆改革创新，加大资金、土地、人才等方面的资源要素倾斜力度，帮助企业解决难题、渡过难关，特别是金融部门要抢抓前段时间央行降准的重大机遇，主动作为、大胆创新，帮助企业解决融资难、融资贵等问题。实施销售助企行动，积极拓宽"市县内+市县外"销售渠道，建立"线上+线下"销售模式，帮助企业谋求更大发展空间。实施服务助企行动，深化行政审批制度改革，提升审批效能和便利水平，最大限度激活企业发展活力。同时，政法部门也积极为企业发展创造和谐稳定的社会环境。

考核奖惩机制催生动力

泗洪县进一步突出督查考核重点，强化督查考核力度，尤其对今年下达的各项目标考核任务，采取现场督办、月度分析、季度观摩、年度总评的方式，及时掌握工作进度，及时发现存在问题。同时，将保障企业发展要素等方面工作纳入年度部门个性化考核目标体系。该县明确规定，进一步强化考核结果的运用，坚持在工业突破的主战场锻炼、考验、培养、选拔干部，对抓工业有激情、有思路、有实绩的干部，高看一眼、优先重用，真正把各级干部的注意力和积极性凝聚到工业突破的主战场上来。

（原文刊于 2015 年 5 月 25 日《中国县域经济报》）

泗阳县

天更蓝了 秸秆也成"金"了

又到了一年一度的麦收时节。但与以往不同的是,由于多个部门的集结联动和大力支持,今年江苏泗阳的天空不再"硝烟弥漫"。更让老百姓高兴的是,为合理利用资源,禁止秸秆焚烧,切实保护环境,建设生态泗阳,打造"绿色奥运",今年,江苏省泗阳县支出800万元专项经费,用于秸秆禁烧工作的补贴和奖励。另外,为进一步提高秸秆综合利用效率,对2008年省级项目补助计划指标内购买秸秆回收综合利用的机械,除按省补标准外,又准备200余万元专项资金,对购买此类设备的投资人给予经济补助。

据了解,早在今年5月份,该县就组织环保、城管、公安等部门,研究出台了《秸秆禁烧与综合利用实施办法》,办法要求县财政以8元/亩的补贴,对乡镇进行补助,鼓励乡镇采取组建清运队伍或组织收储大户清运秸秆等措施,确保不发生焚烧秸秆行为。为了让办法的实施更加顺畅有力,该县还实行保证金制度,要求乡镇党政主要领导分别上交1万元保证金,如果有乡镇在全年内发生10起(含10起)以上秸秆焚烧的,保证金将予以没收,10起以下的全额退还,并从补助资金中分别给予1万元奖励。

在此基础上,县政府还派出17个督察巡察组分赴各乡镇指导督察秸秆禁烧工作,县直挂钩乡镇督巡查工作组与乡镇实行捆绑考核,所挂钩乡镇全年发生秸秆焚烧未超过10起的,从补助资金中给予工作组1万元奖励,其余补助资金由乡镇制订补助奖励方案。为了加大督察力度,县政府要求各乡(镇)政府积极配合环保、公安等部门组成的联合执法组,发现焚烧秸秆行为的,依据有关法律法规对行为人处以每起200元罚款;对造成重大污染事故,财产遭受重大损失或导致人身伤亡的,依法追究有关责任人的刑事责任。

环保部门：禁烧办法的实施效果非常好

办法实施以来，全县范围内几乎没有出现秸秆焚烧现象，只是个别乡镇的个别农户在麦收刚刚结束后，受往年的惯性思维影响，有焚烧秸秆的想法，但在工作人员的教育与劝解后，均主动放弃了这一念头，整体效果非常好。

财政部门：政府买单推广秸秆综合利用机具

为进一步加大秸秆禁烧力度，提高秸秆综合利用效率，增加农民收入，依据政府出台的有关文件精神，积极筹集资金，对2008年省级项目补助计划指标内购买秸秆回收综合利用的机械，除按省补标准给予补贴外，县财政再给予补贴。另外，在县计划内购买高性能及小履带联合收割机的，县财政给予1万元/台的经济补助。

农户：秸秆能换钱我们很开心

泗阳县王集镇徐渡村的倪前光家，今年种了两亩多地的小麦，往年，麦子收割结束准备插秧的时候，他家地里的秸秆也会被烧掉。"我们家根本不用自家去点火，整块地里只要有一家去点火，其他家的就会被火势影响到。现在家家都有煤气灶了，几乎不用烧草做饭，所以，我们也不心疼，也就更没有人去追究是谁放的火了。今年不一样了，听说现在专门有人过来到家门口收麦草，还给钱，那我们还烧它干什么呀？不等于烧钱吗？"当记者问他对秸秆换钱有什么看法时，他哈哈大笑地说，"现在天更蓝了，空气质量好了，秸秆也成金子了，我们农民当然很开心。"

（原文刊于2008年6月16日《中国县域经济报》）

看泗阳如何脱贫攻坚

10月16日上午,位于江苏省泗阳县王集镇的宿迁新盛工艺制品有限公司里,来自周边各村的500多名村民正在紧张忙碌着。该公司是一家民办企业,专业从事木质玩具、礼品、文具等各类杨树终端产品生产,公司租赁该镇标准化厂房5 800平方米,租金26万元,自今年7月落户以来,已优先安排160多名贫困劳动力就业,月可增收1 500元以上,成为泗阳县脱贫攻坚进程中,围绕带动更多贫困农户长效增收致富,资产式扶贫的一个亮点。

随着泗阳工业的兴起,越来越多的贫困劳动力"洗脚上岸",成为"两栖"农民,他们在增加自己收入的同时,也有力推动了当地农村工业化的发展、富裕了农村经济。

作为经济欠发达地区的泗阳县,辖16个乡镇246个村居,拥有105万亩耕地,18.03万农户,70.9万农村人口,其中省定重点经济薄弱村45个,贫困农户为6.66万家,贫困人口22.58万,是全省脱贫攻坚重点县之一。

在实施脱贫攻坚工程中,如何做到脱贫攻坚资金"一次投入、周转使用、滚动发展、保值增值",带动更多贫困农户长效增收脱贫,泗阳县结合实际进行了富有创新性的探索和尝试。

"我们立足县情,将各方帮扶资金有效整合,捆绑使用,集中投向带动农民就业多的产业项目,引导贫困户通过租赁、合作经营等方式,实现贫困户稳定增收和持久脱贫。"泗阳县委书记赵深如是说。

该县按照省委、省政府脱贫攻坚工程的决策部署,加大投入,把脱贫攻坚纳入全县发展大局统筹推进,纳入乡镇经济"4+1"工程(培育一批规模骨干企业、发展一批现代高效农业、推进一批镇村建设项目、壮大一批村级集体经济和引进一个开发区亿元以上项目)重点推进,提出了"五年全面脱贫,力争提前一年完成"的目标。2008年以来,按照"帮扶到村、落实到户、具体到人"的要求,科学实施产业化帮扶、"五位一体"(县级领导班子包片帮扶、扶贫工作队驻村帮扶、机关挂村帮扶、机关干部结对帮扶、村企挂钩帮扶)、整村推进、小额扶贫贷款投放、贫困劳动力培训等"五大工程",目前,已有13个省定经济薄弱村达到指标,3.61万户11.48万人脱贫,脱贫率达到50%。

泗阳县县长李荣锦介绍,泗阳脱贫攻坚,就是紧紧依托当地资源,围绕让农民就业增收,让扶贫项目落地生根,使农民长久扎实受益。实践中通过建立起脱贫攻坚资金项目的使用管理、工作责任、金融服务、统筹协调等"四个机制",创新探索形成了产业带动、岗位提供、设施租赁、项目合作、爱心传递"五种模式"。

产业带动型。以少量的资金投入,撬动更多的民间资本投入,在泗阳脱贫攻坚中优势凸显。该县今年以来投入财政奖补资金0.65亿元,带动社会资金3.9亿元,共实施了脱贫产业园等41个项目。项目通过贫困农户自营、企业、大户、合作社经营带动,使较多贫困户增收脱贫。今年新引建的大禾农业、云禾源科技、成子湖禽业二期等产业园已在脱贫攻坚中成为主角,实现贫困劳动力转移就业8 460人,直接带动贫困人口脱贫2.87万人,真正实现了"老板省资金、政府得税金、村集体得租金、贫困户得薪金"的四方共赢目标。

提供岗位型。通过注入财政奖补资金为贫困户提供就业岗位,是泗阳促进贫困户增收脱贫的新尝试。该县三庄乡蝗虫养殖基地总投资1 400万元,一期投入使用后,乡政府帮助招收95名贫困劳动力在基地务工,年均收入8 500元。以后随着基地的扩大发展,还将为贫困劳力提供一定岗位,县里于是按有关规定,为其投入脱贫攻坚奖补资金80万元。

设施租赁型。泗阳还积极引导经济薄弱村以租赁形式增加村集体经济收入。该县八集乡利用1 270万元脱贫攻坚奖补资金建设1.2万平方米标准化厂房,租赁给云禾源科技公司使用,年资金80万元。所得资金一方面用于村扩大资产,再建标准化厂房和高效农业设施,无偿提供给贫困户使用,一方面用于未入园务工贫困户的生产补贴,实现了"资金转化为资产、资产转化为租金、租金转化为贫困农户收益"的良性循环。截至目前,全县共兴建标准化厂房12万平方米,每年可为120个村增加租金收入480万元,惠及贫困户7 000余人。

项目合作型。在泗阳县李口镇开源山羊养殖基地,老板支干银介绍,该项目他本人投资1 100万元、镇投入60万元奖补资金,当地农户则以到企业务工、提供饲草、利用废弃秸秆编织工艺品等形式加入合作,这种"基地+农户"的运行方式,可带动160户农户、300余名贫困人口脱贫。部分贫困户在脱贫项目建设中,还获得了每亩700元左右的土地流转收益。这个以土地流转、资金投入、技术入股、资源参加等形式,实现各生产要素的有效联合,共建大项目,是该县实现大脱贫的又一新举措。

爱心传递型。该县高效益使用财政奖补资金建设的高效农业设施,一部分无偿提供给贫困户使用1~2年,脱贫后再转给另一个贫困户使用,以脱贫爱心接力的方式促贫困户脱贫。三庄乡投资140万元,建设236个大棚,先期无偿使用奖补资金的李洪珠等220户贫困农户现在已全部脱贫。李洪珠笑呵呵地说:"我们泗阳这种扶贫方式就是好,我现在脱贫后,还留在扶贫基地帮助管理大棚,每月还拿近1000块钱的工资呢!"

(原文刊于2010年11月1日《中国县域经济报》)

多彩文化"映"泗阳

在江苏泗阳,每逢大集和周末晚上,淮海戏、舞狮、跑驴、花船等蕴含地方特色的文化大戏就会准时上演,平日里市民讲坛、农家书屋、村头电影等群众文化场所热闹非常,多彩文化源源不断地滋润着百万泗阳人的精神文化生活。

"墙体画" 画出村庄新气象

在泗阳农村,随处可见一幅幅"孝亲敬老""文明礼仪""创业创新"等反映农民新生活的"墙体画"。这些"墙体画"夸张、形象、生动,在给人带来视觉享受和精神动力的同时,也成了泗阳文化"大观园"一道优美靓丽的风景。

"活跃农村文化气氛,丰富农民文化生活,是我们制作'墙体画'的根本动因。"泗阳县文广局局长王东成告诉记者:"'墙体画'赶走了视觉中的'小广告',根治了墙体上的'牛皮癣',既美化了农村环境,又展示了农村新貌。"

在泗阳县众兴镇境内的245省道西侧,22幅"创业创新图"吸引着众多行人驻足观看。据悉,在"墙体画"题材选择上,泗阳以乡镇为单位面向社会广泛征集遴选作品8 100余幅,每幅"墙体画"都能紧扣"描绘新农村、梦想新生活"这个主题,以鲜活的农村生活为背景,采用卡通画、漫画等绘画手法,让百姓喜闻乐见。

在绘制"墙体画"过程中,该县按照"高效农业村庄侧重科技画、平安创建村庄侧重法治画、和谐文明村庄侧重精神画"的思路,让"墙体画"既有针对性,又好看实用。王集镇南圩村党支部书记王召亮说:"这些画,不仅让村庄变美了,还提升了大伙的精气神。"

"周末大舞台" 唱出市民好心情

每到周末夜晚,泗阳县淮海剧团的"周末大舞台、欢乐天天唱"就会在市民广场准时开演。众多市民、特别是戏迷、歌友们和着节拍晃动,台上台下歌声、掌声、笑声连成一片。

由泗阳县委宣传部牵头主办、县淮海剧团承办的"周末大舞台、欢乐天天唱"文化活动,作为泗阳"多彩文化"之一,从另一个侧面引导着人们的精神生活。

"周末大舞台,欢乐天天唱"进社区、进村庄,是该县群众文化的一大亮点。县淮海剧团副团长庄雄狮告诉记者,剧团每年送戏下乡160多场次,阴雨天也不例外。许多剧目都是根据老百姓需要排演的,如淮海戏《三拜堂》《催租》《骂鸡》和小品《爱讨巧的泼辣嫂》《走访》等。裴圩镇单庄村村民张同松说:"戏里演的都是老百姓身边的人和事,我们听得懂,看得过瘾。"

随着"周末大舞台、欢乐天天唱"的推进,"裴圩舞龙、舞狮""高渡跑驴""里仁花船""穿城腰鼓"等蕴含泗阳特色文化的民间文艺团体也纷纷参与其中。在泗阳,"村头维也纳、村民乐翻天"的场景随处可见。

"小村春晚" 演绎百姓美生活

进入腊月以来,泗阳县张家圩镇新民村农民黄恒丰又像往年那样忙开了。这些天,他正在组织本村的文艺爱好者排演文艺节目,筹办2012年"新民村春节联欢晚会"。60岁的黄恒丰告诉记者,从1995年开始,他每年都要组织"村民演员"在正月初五前搞场演出,被村民誉为"小村春晚"。

为了筹备"春晚",黄恒丰每年要花几个月工夫琢磨,把发生在身边的好人好事、尊老爱幼、创业致富等典型写成剧本,再编导成小品、踩高跷、跑旱船、三句半、小跑驴、快板剧等剧种。

村民李明亮说,每年"春晚"演出时,场地坐满了黑压压一大片观众,就连他家西边人家平房顶上也站满了人,有的孩子干脆爬到了树上。特别是《四大嫂夸儿媳》《大操大办害死人》等幽默诙谐的节目,更是让观众笑得前仰后合。

黄恒丰说:"我搞'春节联欢会'的最大心愿就是把'草根文化''乡土文化'发扬光大,让大家伙在春节期间玩得更开心一些。把那些打麻将、搞歪门邪道的人引上正路。"

(原文刊于2012年1月12日《中国县域经济报》)

田间地头书写民生答卷

"真没想到,马书记前脚刚走,你们今天就来帮俺解决了厂子用地难题,现在的干部真好!"日前,江苏省泗阳县众兴镇村民陈雷拉着镇工作人员的手,千恩万谢,言语中流露出他对众兴镇党委书记马伟的感激之情。

这是泗阳县开展机关干部"走基层、务民生、解难题"众多精彩画面中的一个镜头。

笔记本写满"民情民意"

去年8月以来,一场声势浩大的"走基层、务民生"活动在泗阳县展开,全体机关干部纷纷背起行囊奔赴村庄,吃农家饭,住农家铺,干农家活,谈农家事,解农家难。

原县委常委、组织部部长吴小雨介绍:"我们把了解民情民意,破解发展难题,化解社会矛盾作为干部走基层的出发点,通过走基层,促进干群关系融洽,促进基层发展稳定,促进机关作风转变。"

前任县委书记赵深进驻庄圩乡淮河村之后,与基层群众同吃同住同劳动,到40多个村民家中走访座谈,寻找淮河村13年换6任村支部书记的根本原因,帮助淮河村理清发展思路。同时对淮河六号排灌站不能排灌、淮河村小学道路无法行走、村集中居住点规划等5个民生难题逐个予以解决。在他的民情日记上,写满了与百姓之间的真情实感。

如今,"以村为家"正在成为泗阳干部的时尚话题,他们带着深厚感情,带着政治责任,带着敬畏之心,察民情、听民声、解民忧,用实实在在的行动浇铸党和国家的根基。

田间地头才是真正的办公室

泗阳机关干部围绕"为什么、干什么、留下什么"开展"走基层、务民生"活动,广袤的田野处处留下了他们跋涉的足迹,一份份"民生答卷"展现在"田间地头"。

"田间地头才是真正的办公室!"这是王集镇党委书记汤沛河的肺腑之言。走基层过程中,汤沛河了解到南圩村蔬菜大户王宝家改造蔬菜大棚遇到了资金难题后,当天下午就召集王集农村商业银行负责人、南圩村书记王召亮和王宝家等人,现场会办王宝家的贷款问题。"一分钱难倒英雄汉,汤书记这忙真是帮到了点子上啦,比及时雨还及时啊。"王宝家万分感激。

在泗阳,把办公地点"搬"到田间地头成为该县干部"走基层、接地气"的一道风景。群众最关心、最直接、最现实的利益问题在干部"走基层"过程中得到了解决。活动以来,泗阳对排查出来的问题进行集中会办和交办督办,先后为老百姓解难题、办实事 3 680 件。

形象在黄土地上树立

"那些坑洼不平的路,车子陷下去可以抬出来,若是民心陷下去了,是抬不出来的。"这是张家圩镇镇长陈小勇在"民情日记"里写的一段话。

进驻小史集村后,陈小勇发现五斗灌溉水渠破损严重,老街东西路坑洼不平,不时会有行人的车子陷进烂泥里。此情此景,令陈小勇无比揪心。天大地大,民生事大!他立即组织现场会办,老街东西路前期工程测量与项目招标已经完成,近期将开工建设。同时,五斗渠改造工程也被列入秋季农田水利设施项目。

去年 9 月 25 日,是南刘集乡庄滩村村民难忘的一天。因为这天上午,他们盼望已久的颜倪河电灌站修复工程全面启动,1 800 亩农田灌溉有了保障。

"走基层、务民生"最大的受益者不仅仅是农民,作为"走基层"主体的机关干部也"受益匪浅",通过开展一次走访、参加一次生产劳动、集中一次问题会办、写好一篇"民情日记"等"九个一"活动,干部对服务"三农"有了更深的认识,自身受到了一次再教育,在百姓心中的良好形象得到重新树立。

如今,干部"走基层、务民生"被泗阳县委以制度形式固定下来,一个以服务发展、服务基层、服务民生的长效机制正在形成。

(原文刊于 2012 年 1 月 5 日《中国县域经济报》)

"三新"推进泗阳春季绿化造林

早春二月的苏北泗阳,处处可见人们在庄前房后、沟渠路边挖塘植树的身影,一场声势浩大的"春季绿化突击月"热潮正在这里涌动。与往年不同,泗阳今年的"春季绿化突击月"呈现出三大"新看点"。

新目标:3年植树1000万株

"平原林海是我县独特的资源品牌、生态品牌,同时也是我县形象品牌、旅游品牌。没有杨树资源生态就会迅速退化,木材产业就无以为继。县委、县政府决定3年再植1000万株杨树,既是现实需要,也是长远考量,是一项造福当代、荫及子孙的大事要事。"这是泗阳县委书记李荣锦于2月20日就春季绿化作出的批示。

作为全国平原绿化先进县,泗阳历届领导都把绿化作为促进经济跨越发展的头等大事。年初,该县围绕扩大"百亿级杨树产业"板块,县分管领导和农委科技人员多次深入乡村调研,科学制定泗阳县2012年农村绿化方案,提出3年内全县新植杨树1000万株,今年新植杨树350万株、创建16个省级绿化示范村的总体目标。

该县农委提供的资料显示了春季绿化造林的详细指标:重点对黄河故道进行大面积林木改造,其中插干造林面积5000亩;完成四旁植树191万株,完成生态保障林57.9万株,完成245省道、黄河故道、淮沭河、六塘河等重点造林地段栽植工作,完成裴圩镇、穿城镇、庄圩乡等乡镇3.75万亩的农田林网栽植任务。

日前,记者在该县南刘集乡庄滩村近2公里的条河沿线看到,30多个村民正在挥锹开挖树塘。村干部告诉笔者："村里将在条河沿线建造200亩林网和80亩成片林,所有树塘都是按照'四大一深'标准开挖,树苗都是'南林895'的好品种。"

新举措:建设97个"林果村庄"

"建设'林果村庄'、发展'林果经济'是我们今年春季绿化造林的最大亮点。"该县副县长刘娟说:"发展桃、李、杏、枣等'林果村庄',不是削减杨树,而是为了更好地发展杨树产业。"

年初,泗阳县委、县政府为了改变杨树"独步天下"的局面,决定在全县建设97个"林果村庄",旨在优化林木树种,减轻杨树病虫害。该县按照每个乡镇建设5个"林果村庄"的目标下达了栽植任务,栽种桃、杏、李、枣、柿、石榴、葡萄等9个品种果树,同步栽植月季、紫薇等花卉苗木,总计栽植果树14.55万株。

为了科学布局"林果村庄",确保"林果村庄"疏密相间,该县林业中心左其峰、孙国光、韩天、严相进等17名技术人员分成3个小组,每天深入乡镇、街道,与基层干部一道规划栽植村庄,提供技术指导。

来到三庄乡王老庄村,村民们正在刘三路两侧栽植柿树、桃树、杏树、梨树等果树。乡党委书记胡卫宇告诉笔者,王老庄村今年计划栽植林果苗木1.5万棵,为了栽好树,村里专门请扬州农业大学专家指导,目前已经完成80%左右。

正在这里检查工作的县农委副主任庄进涛介绍:"这些林果苗木,管理好的当年即可开花结果,3年内每棵收入不会低于100元,成年树每棵收入将超过300元。"

新机制:领导干部"挂村推进"

"挂村推进"是泗阳县加快春季绿化造林进度的一项新举措。该县政府办提供的一份资料显示:县四套班子和81个"三进三出、3年挂村"部门、250名乡科级干部每人都有一个挂钩村,每人都有一个植树点。

在王集镇武集村,来自该县交通局的负责人正在现场指导栽植果树。负责人告诉笔者,武集村是交通局"三进三出、3年挂村"联系点,也是"林果村庄"示范村,为了帮助村里栽好果树,县交通局安排专人进村服务。眼下,该村路西组五六十户人家的门前已经栽上了1 100多棵桃树、杏树、枣树、柿树等果树苗木。

为了高标准、高质量完成春季绿化造林任务,泗阳县各级领导根据"挂村推进"要求,抓住当前有利时机,早落实、早安排、早行动;县直各部门也纷纷深入挂钩村,规划栽种一块连片不少于 80 亩的成片林,每个挂村的乡科级干部在各自村里自购苗木种植不少于 30 亩的苗木。同时安排县督查办、组织部逐日督查通报。

(原文刊于 2012 年 3 月 26 日《中国县域经济报》)

泗阳"一棵树"长成"百亿级"产业

最近,从"中国杨树之乡"——江苏省泗阳县传出喜讯:2011年,该县杨树产业产值达到102亿元,一举成为泗阳"六大产业"中的"巨无霸"。那么,泗阳"一棵树"何以迅速成长为造福一方的"第一产业"?

从"一棵树"到"平原林海"

泗阳县王集镇刘滩村村民石学和是个"绿化迷",他家宅子四周和田头地边全是杨树。谈到绿化的好处,石学和显得有些激动:"我家每次卖树收入不低于四五万元,有句话说得好,'家有十行树,能奔小康路;家有树十行,跟上小银行'。"

杨树既能"绿化"、又能"摇钱"的"双重功效",激发了泗阳人种植杨树的巨大热情。"十一五"以来,泗阳以建设"生态泗阳、绿色家园"为目标,持续开展"杨树产业年"活动。目前,全县拥有杨树苗木繁育基地2.5万亩,杨树成片林60多万亩,四旁植树5 000多万株,106万亩耕地实现农田林网化,杨树保存总量1.2亿株,年产量100多万立方米,活立木蓄积量600万立方米,全县境内森林覆盖率42%,位居全国平原地区第一,成为名副其实的"平原林海"。

提高植树的综合效益,是泗阳保持森林高覆盖率、实现"百亿级"产业板块的重要因素。该县在提出每年植树380万株、3年之内植树1 000万株目标的同时,积极发展"林—菜""林—菌""林—禽""林—畜""林—药"等林间种养模式,提高复种指数,亩均年增收2 200多元。如今,杨树已成为泗阳名副其实的"生态树""摇钱树",成为农民家门口的"绿色银行"。

"百亿级"产业板块背后的"科技魔方"

"平原林海"不仅优化了泗阳的生态环境，还催生出强县富民的支柱产业，以杨树为原料的木材加工企业随处可见。该县木业行业协会会长葛顺和说："杨树加工由'低层次'走向'高端化'，得益于'科技杠杆'的力量。"

在该县禾记木制玩具有限公司，记者看到，员工正在把一块块杨树板材加工成各式儿童益智拼图玩具。公司负责人介绍，同样的杨树木材，做成玩具比加工板材的利润高出近10倍。

注入"科技因子"，让木材产业产值呈几何倍数攀升，这是泗阳杨树产业突破"百亿级"的关键。近几年，该县与中国林科院木材工业研究所、南京林业大学、东南大学等20多家科研院所建立技术合作关系，建成市级以上工程技术研究中心十多个，着力解决杨树产业技术难题，承担"人造科技木大径材""漆化珍贵薄木贴面胶合板产品开发"和"杨木绿色(高档)家具表面装饰技术研究与开发""人造板无醛胶研究与开发"等国家863计划、省星火计划项目、科技攻关项目58项，先后获得国家级科技计划项目立项22项，省级科技计划项目立项55项，获省级高新技术产品认定26个，开发出枫林、东升、德华兔宝宝、多丽世家等13个新知名品牌。

"科技杠杆"使泗阳"杨树产业"如鱼得水。该县以德华、顺洋等为龙头的杨树加工企业发展到720家，其中规模以上企业147家；木材加工能力超过150万立方米，其中精深加工能力30万立方米，年产值超过102亿元；泗阳从事木材加工者近10万人，科技木、益智玩具、细木工板、地板等30多个产品远销美国、新加坡等40多个国家和地区，每年创汇6 000多万美元。

"文化元素"放大"绿色效应"

如果说是木材加工成就了泗阳杨树的"百亿级"产业版块，那么，该县实施的"杨树文化"工程则提升了这一产业的"软实力"。

"林中自驾游"作为"杨树文化"工程之一，在让人们享受"天然氧吧"的同时，带动了旅游、餐饮、交通等相关产业的发展。位于该县境内的国家级3A级平原林海旅游风景区，每到春夏，景区内鸟雀争鸣，绿草茵茵，白鹭翻飞。远景近物相映成趣，人与自然和谐共生的美丽景致，令众多游客流连忘返，陶醉其中。

建设全球唯一"中国杨树博物馆"、连续举办三届高水平"杨树节"，邀请国内书法美术界名流到林采风作画,开发杨树根雕等艺术作品,泗阳把"杨树文化"做到了极致。通过以树为媒、以节会友,泗阳迎来了新一轮客商投资热。为做强"杨树产业",该县高水准规划了占地23.4平方公里的木业园区,志在把泗阳建成"淮海经济区木业走廊"和"全国第四大木地板生产基地"。

如今在泗阳,意杨已不仅仅是一棵树、一片林、一个产业,它的坚韧、顽强、充满生机和青春活力已成为一种精神、一种文化、一种象征。

(原文刊于2012年5月28日《中国县域经济报》)

绿色发展的"泗阳实践"

江苏省泗阳县堪称苏北小绿洲,对于每一个初到这里的人而言,48%的森林覆盖率,除了让人满眼绿色,更有身临氧吧的体验,感受到空气的清新与呼吸的顺畅。

然而在泗阳,"绿"不仅仅是景色,更是发展理念。"生态立县、绿色兴县"的战略,已经在泗阳县域经济发展中得到全面体现。

以"绿"为脉　打造苏北最美县城

泗阳是"中国杨树之乡",由于大面积种植杨树,森林覆盖率位居全国平原地区第一,坐拥"平原林海"的美誉。

泗阳原本是一个缺林少材的地方,新中国成立初期,泗阳的成片林仅有大运河堤上一些参差不齐的杂树和零星果园,面积不足万亩,全县森林覆盖率不足2%。

泗阳与"绿"结缘,始于20世纪70年代。最初是出于改善环境的考虑,泗阳引种推广南方型杨树,积极进行杨树的繁育和种植,继而又建起国内首家以杨木为主要原料的村办木材加工企业。进入21世纪以来,随着种植规模的扩大,加工能力的提高,一条从杨树良种繁育、规模造林、集约经营到木材深加工和出口贸易的杨树产业链已经形成。目前,泗阳全县杨树成片林达60万亩,全县拥有木材加工企业748家,去年的产值达到187亿元。

多年来,走绿色生态发展之路的理念一直在泗阳延续,创建"天蓝、地绿、水净、气清"的美好家园、打造"苏北最美县城"成为该县历届决策者的共识。

泗阳县作为苏北一个经济欠发达县,近5年来每年都安排不低于10%的新增财力用于生态创建和环境保护,投入美丽乡村、生态家园建设,投入资金已累计超过20亿元。

以"绿"为本　构建生态产业体系

如何处理好经济发展和生态建设的关系？既要环境、又要发展,泗阳县的选择始终坚定不移。

在位于泗阳经济开发区的国信生物能发电厂,记者看到,两台15兆瓦发电机组正在满负荷运行。一捆捆稻麦秸秆顺着传输带进入燃烧间,转化成电能输入电网。

这是一个典型的生态发展的项目。发电厂在全县建成3万吨收储基地2个、乡镇收储站30个、村居收储点537个,1 120名农民从事秸秆收购。这些秸秆经纪人将收购的稻麦秸秆集中到收储点,然后统一运送至发电厂,形成了秸秆"收购—储存—运输—发电"生态产业格局。

像这样的典型事例在泗阳还有很多。在招商引资中,他们对项目的产业集聚、技术水平、资源利用效率、污染物排放和环境管理高度约束,优先引进具有高附加值、低能耗、无污染的项目。仅仅是近两年,泗阳先后将32个高成本、高耗能、高排放的大项目拒之门外,而这些项目的总引资规模超过200亿元。同时,该县加快淘汰高耗能、高污染企业和落后产能装备,仅2014年就淘汰落后产能企业7家,淘汰落后高耗能设备657台(套),完成节能与循环经济技改项目16个。

绿色照明、绿色能源、绿色装备等六大绿色产业已经成为泗阳县域经济支柱。去年,泗阳实现地区生产总值328.06亿元,增长10.4%;财政收入60.71亿元,增长21.2%。今年1—8月,六大绿色产业产值达337.6亿元,占全县规模工业的90.8%。

以"绿"为基　省委书记的嘱托

9月10日,江苏省委书记罗志军到泗阳调研经济社会发展情况,对泗阳坚持绿色发展给了高度评价,并嘱托刚刚上任不久的泗阳县委书记徐勤忠,继续走绿色发展之路,进一步开创泗阳经济社会发展新局面。

"今年是'十二五'收官之年,明年将开启'十三五'新征程,到2020年全面建成更高水平的小康社会是今后5年泗阳的主要奋斗目标。"该县县委常委、宣传部部长蔡军表示,绿色化发展是全面建成小康社会的基石,泗阳县将"生态立县"确立为重要发展战略,并将始终坚持"绿水青山就是金山银山"的发展理念,把维护生态、保护环境贯穿于泗阳经济社会建设各方面和全过程。

在《泗阳县生态红线区域保护规划》中,科学划定了7个生态红线区域,总面积362.74平方公里,占全县面积的25.58%。对划定的生态红线区域,禁止一切开发建设行为。另有数据显示,泗阳县近3年年均栽植杨树350万株、果树20万株。目前全县活立木蓄积量超600万立方米,已经建成省级绿化示范村20个。

(原文刊于2015年9月17日《中国县域经济报》)

宿城区

江苏宿迁耿车镇：新农村里新事多

20年前以"耿车模式"闻名大江南北的江苏省宿迁市宿城区耿车镇，在新农村建设的大潮中，会呈现出怎样的面貌呢？日前，记者来到宿城区耿车镇采访。在这里，我们看到一幅幅让人心动的画面。

入住小区成时尚

占地46亩的耿车镇府前小区规划建造10栋楼。在已经建成的6栋中，已有80％的房子被农民订购或居住。入住该小区的红卫村村民王中一高兴地说，原先打算在老宅上翻建楼房，看到府前小区环境舒适、功能齐全，购买费用跟在家建房差不多，就在这儿买下了。入住小区，过上和城里人一样的生活，在这里已经成为农民追求的一种时尚。在该镇大同村建设工地，工人们正在紧张施工，年底前才能完工的一期136套住房目前已有70％被农民预订。耿车农民住小区的热情，也坚定了开发商的投资信心，目前，该镇的锦绣安置等小区也都纷纷启动建设。

小轿车开进农家院

在当地，小轿车进农家已不是什么新鲜事了，但从一个村开出200余辆私家车，就免不了要引起大家的惊叹了。耿车镇耿车村有近800户人家，其中500户左右从事塑料制品的生产、销售。富裕起来的农民纷纷买起了私家车。据耿车村党支部书记张健介绍，该村有家庭轿车130多辆、面包车80多辆，是个名副其实的"轿车村"，村民们开着私家车不断把自家的生意做强、做大。该村村民赵远见一家拥有两辆私家车。今年初，他与浙江客商投资2 000万元创办了宿迁市远见塑业有限公司。他说,开着私家车跑生意方便、快捷,省了不少麻烦事。

企业进驻循环经济园

在耿车镇循环经济园内的丰润塑业厂,记者看到,高大明亮的4 000平方米厂房内,工人正在认真作业;企业生产产生的污水不再随意排放,而是流到了污水沉淀区,这些污水经沉淀等处理后,再次被利用,截留下来的杂质等将被统一处理。随行的耿车镇工作人员介绍,该企业没进循环经济园之前,基本上是露天作业,污染较大,水资源浪费严重。耿车镇的废旧塑料产业有近30年的历史,年货物吞吐量120万吨以上。该镇有近6 000户农户从事塑料产业的经营、生产等,但传统的经营、生产带来的却是低水平、低效益、高污染。为此,近几年来,该镇积极制订优惠政策,鼓励发展循环经济,建设循环经济示范园。园区实行统一管理,集中供水、供电、供地,统一污水处理,已先后建起了120座污水处理池。这样一来,有效减少了污染,节约了水资源、土地资源,有利于塑料产业的长期发展。目前,该镇已有60多家塑料企业在园区发展。

(原文刊于2006年11月27日《中国县域经济报》)

宿城发展之道：不比总量比质量

"古老又年轻"——江苏省宿城区副区长程闾捷这样为我们介绍脚下这片土地。说它古老,是因为宿城历史源远流长,很早就有人类在此繁衍生息。而宿城区是伴随着1996年地级宿迁市的设立而成立,作为一个相对独立完备的行政单元,迄今只有14年时间,此谓年轻。

"欠发达"——程闾捷对宿城的第二个定位。许多人都知道苏北贫穷,经济远不及苏南,而宿迁更是苏北最穷的一块土地。由于底子薄弱,中心城市、大型企业和社会事业几乎是零起步,宿迁主要经济指标一直排在全省末位。到2000年,人口占全省6.9%的宿迁,GDP和财政收入总量仅分别占全省的2.3%、1.3%。

作为一个年轻的城市,宿城怎样实现后起跟进?程闾捷表示:不比总量比质量。

令人欣喜的是,近年来,宿城坚定不移地实施"工业强区"战略,逐步实现了从无到有、从贫穷到富裕、从落后到先进的变迁。

把产业龙头"请回家"

功能性面料、仿真丝、家纺面料、记忆布……在恒力(宿迁)工业园的产品展示厅里,苏州恒力集团宿迁分公司总经理吴国梁热情地向我们介绍着各类产品。他指着琳琅满目的面料告诉记者,这些只是公司一期的产品,另一个大项目还在如火如荼地建设中。吴国梁所说的大项目是投资总额达25亿元的德力20万吨涤纶长丝项目。2007年,宿城成功引进江苏恒力一期德顺纺织并促成全部投产,主要生产各类高档时装面料及家纺产品。与此同时,宿城全力加快了恒力二期德力化纤设备的引进、建设步伐,该项目已于今年初在宿城经济开发区破土动工。

恒力这个产业龙头的"光顾",带来的是一大批中下游企业纷至沓来。今年以来,江苏力帛纺织、江苏汇丰纺织①等投资过亿的纺织企业相继落户投产,他们看中的正是企业的基本材料——涤纶长丝可以借由恒力实现"本土化"供应。一个以恒力(宿迁)为龙头的百亿元级纺织产业园规模初具。

宿城纺织产业规模不断壮大,品牌效应随之逐步凸显。江苏箭鹿集团是一家本土纺织企业,2009年实现销售近10亿元,是宿城发展最快、规模最大、效益最好的本土企业。今年初,"箭鹿"被授予中国驰名商标。然而,箭鹿并未沾沾自喜,止步不前。集团相关负责人告诉记者,目前公司正进一步放大品牌效应,与解放军总后勤部军需装备研究所共同开发具有保健、防护、抗皱保型等功能的PTT/PET复合弹性纤维的毛料、仿毛料、衬衣布及牛仔布技术,该项目被列为省级重大科技成果转化项目,未来两年,箭鹿销售将突破30亿元。

如今,在宿城经济开发区,像恒力(宿迁)这样被"请回家"的"龙头"还有很多:7亿元级的丰艺工业、2亿元级的长顺纺织、2亿元级的鼎锋重钢,等等。程闰捷表示,随着这些企业的陆续投产达效,宿城的产业链招商将迎来一个崭新的春天。

"挑三拣四"只为一个"新"字

"经济'裂变'发展绝非一日之功,欠发达地区谋求发展,必须有大的投入、大的项目。"宿城区委书记杨明强如是说。于是,宿城区随处可见这样的口号、标语:一切为了大项目,为了大项目一切。"大招商、招大商,这是宿城谋求工业发展的突破口。但是,现代经济发展对工业还有更高的要求:不只要重量,还要重质。"杨明强说。

源于"质"的要求,宿城区在项目引进和建设中"挑三拣四",变招商引资为"招商选资",而"选"的关键就在于企业是否"新",新科技、新能源、新材料企业成了招商的热点。

去年底,元大建筑科技工业园在宿城区投资5亿元,从事新型节能建筑材料及房屋工厂化的生产和研发。企业负责人张钟元告诉记者:"随着中国房地产业的迅速发展,'房屋工厂化'理念已逐渐在北京、上海等地成为人们追求的目标。

---

① 2023年依法注销,下同。

我们看好这一前景,率先在宿迁引进了这一理念。该项目技术含量高,应用前景广,顺应了国家大力提倡'建筑节能、科技环保'的政策方针,诠释了低碳节能的建筑理念,引领了国内建筑及装修行业的发展方向。"

采访中,记者了解到,自"十一五"以来,宿城区共引进项目和技术 105 个,解决技术难题 82 个,开发新产品 108 个,实施省级以上科技创新项目 79 个,获省市科研进步奖 65 个,引进省内外高层次创新人才 25 名,企业自主创新能力不断增强,也为全区经济发展增强了动力。

传统产业"智慧转身"

20 世纪 80 年代,宿迁"耿车模式"响彻大江南北,与"温州模式""泉州模式""苏南模式"并称中国区域经济发展的样板。"耿车模式"强调的"四轮齐转",即镇、村、户、联户四个层次发展企业。然而多年来,"耿车模式"四个"轮子"基本全都围着废旧塑料的购销和加工转,以致耿车成了闻名华东地区乃至全国的"垃圾处理利用之乡"。如今,耿车"垃圾产业"发展虽势头不减,但利用率低下以及带来的环境等问题却让当地陷入了痛苦的境地。

从事塑料产业的个体户朱永启曾经是"耿车模式"的受益者。近年来,朱永启逐渐意识到简单的塑料回收、加工的单一生产模式在经济发展过程中必将逐渐衰落,必须提高废旧塑料的利用率。经过认真的研究和考察,他瞄准了依靠技术创新的道路,创办了宿迁市润丰塑业有限公司。这家集塑料回收、加工、成品研发、生产为一体的企业,彻底摆脱了过去耿车镇单一的回收、加工分类废旧物品的模式,通过调整产业结构,加强对塑料回收、加工,特别注重产品研发力度,走出了废品回收的新型模式。

同样作为传统企业,宿迁市天辰纺织集团董事长陈玉龙在接受记者采访时用"爬山"来形容天辰纺织的发展。他告诉记者,纺织产业劳动成本高、利润空间小,甚至连起码的用工需求都难以得到满足,企业转型已经迫在眉睫。陈玉龙"跳"出产业圈子,把目光投向了纺织行业之外,并敏锐地找到了一条新路——新能源。去年底,经过多方调研后,天辰纺织与北京有色金属研究总院[①]进行技术合作,建设江苏省金苏能源科技有限公司,主要生产能量密度大、使用寿命长的动力锂电池,用于自行车和汽车。目前该项目一期工程已经于近期投产。陈玉龙对新领域十分看好,他自信地向记者描绘了公司的广阔前景:经过 3～5 年的

---

① 今中国有研科技集团有限公司,下同。

发展将产生一个大裂变,而传统的纺织行业也将在6~7年后逐步退出。

润丰、天辰的成功仅仅是宿城区通过产业新路引导全区经济"智慧转身"的一个缩影,这样的转型企业在宿城区已经越来越多。找准路子,"华丽转身",为传统企业的发展积蓄了后劲,让企业焕发出勃勃生机。

(原文刊于2010年11月29日《中国县域经济报》)

宿豫区

宿豫:"扶贫先扶富"的新模式

在较为贫困的苏北地区,扶贫已"扶"了近二十年,然而,有的地方却改观不大,甚至个别地方出现"越扶越穷"的怪现象。那么,面对扶贫开发和建设社会主义新农村的新形势,如何有效调动和充分发挥群众增收致富的积极性和主动性,积极探索扶贫开发的长效机制?江苏宿豫有自己一套独特的模式。

江苏宿迁市宿豫区蔡集镇田洼村一组的黄朝荣,常年瘫痪在床,全家6口靠种田为生,家境十分贫困。今年3月,由村支部书记吴耀忠领头创办的面粉厂优先安排了黄朝荣的儿媳苗施云进厂做工,每月收入600多元,几个月过去了,老黄家的日子比从前宽松多了。像这类脱贫现象,在宿豫区还有很多,这是该区创新扶贫理念,探索扶贫新模式所带来的全新变化。

一次深入走访调查,一个真实的"故事",催生一场"扶贫革命"

宿豫区是苏北著名的革命老区,也是苏北比较典型的贫困县(区)。全区68万人口中,农业人口约有51.5万。2006年初,省委、省政府加大扶贫开发力度,作出了"千村万户"帮扶工程的决定,并向宿豫区派出了扶贫工作队,瞄准经济薄弱村,锁定农村贫困户,实行"整村推进",同时把宿豫区41个经济薄弱村作为重点扶贫对象。

有一次,在关庙镇调研时,永平村党支部书记袁振渠拉住省扶贫工作队领导的手说:"你们来我们这儿扶贫,我们可是举双手欢迎啊,可是……你们不知道,以往扶贫对贫困户往往给点钱物,结果是水过地皮湿、该旱还是旱,不能真正解决脱贫问题;扶贫本来是件好事,可到头来干部挨骂也没落个好啊!"一番话引起了参与调研同志的深思与不安。

"随着社会的发展和形势的不断变化,现在的扶贫不能停留在过去的送钱给物'输血'式扶贫上,关键要帮助其增强'造血'功能和自我创造财富的能力;要在建设社会主义新农村的大背景下,促进其均衡发展、和谐发展和可持续发展,最终达到致富的目的。"宿豫区委书记许步健的一番话,道出了扶贫工作的新思路。

尔后,宿豫区又连续召开几次常委和书记办公会议,专题研究扶贫的模式、方法和运作问题,最终统一了思想,达成了共识,明确地提出了大力实施"四扶一带"工程。

许步健介绍说,所谓"四扶一带"就是指通过扶持"三来一加"经纪人,扶持个体大户,扶持技能培训机构,扶持龙头企业,全面带动贫困户致富增收。"四扶一带"实现了扶贫开发工作由直接的救济式扶贫向间接的造血式扶贫转变,由单一扶贫向多头扶贫转变,由短期扶贫向长期扶贫转变,由眼前扶贫向可持续扶贫转变,由低效扶贫向高效扶贫转变的"五个转变",从此拉开了一场前所未有的"扶贫革命",创建了一种苏北欠发达地区扶贫工作的新模式。

确保一个贫困家庭有一人做工,"三来一加"让每个贫困农户都有一份实实在在的收入

何谓"三来一加"?宿豫区委副书记、区长王柏生介绍说,所谓"三来一加"就是指"来料加工、来样定做、来件装配和农副产品加工。"

"由于'三来一加'工业具有投资少、风险小、工艺简单易学、时间安排随机性大、加工地点分散等特点,尤其是适合农村无法外出的'4050'人员以及贫困家庭,所以,宿豫区把大力发展'三来一加'作为新时期扶贫工作的重要载体和抓手。"省委扶贫工作队队长、宿豫区委副书记蔡勇说。

宿豫区王官集镇九城村,是省定41个经济薄弱村之一,全村拥有社会人口3 800人,地处偏僻,基础薄弱,全村贫困户占到整个户数的20%左右。

今年初,在省委扶贫工作队的大力支持和帮助下,村里新上了一个玩具加工项目(台资项目,总部在浙江宁波)。记者发现,村部除了一个十分简陋的接待室外,其余的房屋全部用来加工生产玩具了,有100余名妇女在不停地为加工玩具而忙碌着。

一个叫朱先平的残疾妇女告诉记者,她今年42岁,丈夫常年生病,家中两个小孩,负担很重。去年村里搞玩具厂,自己就来了,一个月不脱工的话,也能挣400块钱,补贴家用不成问题。她说,在玩具厂里,像她这样的贫困家庭能占到80%,还有13个残疾人呢!

到今年9月底,全区共形成"三来一加"加工点1 500余个,形成"三来一加"工业专业村132个,从事"三来一加"生产的人员达到8.2万人,预计今年可实现

加工费 4.2 亿元,仅此一项,可带动农村居民人均增收 250 元。

一个干部一个企业,干部结对帮扶使贫困户脱贫致富变为现实

为了贯彻"扶贫先扶富"的新理念,区里建立了鲜明的用人导向,要求村组干部人人都要有项目,个个都要成为"项目经理",尤其是村支部书记、村委会主任要成为扶贫工作的核心力量,通过他们兴办项目,"结队"帮扶,吸纳贫困劳动力就业,实现脱贫致富。

蔡集镇党委委员、镇长助理、张油坊村党总支书记刘宝华,投资 200 多万元创办的"宿迁市宝华地毯厂",使本村及周围 500 余个农民家庭和贫困户实现了在家门口上班拿工资的梦想。目前,已经形成了年产地毯 50 万平方尺的能力,实现产值 600 余万元,利税 25 万元。

井头乡贫困户高美英,家中有 3 个孩子念书,仅靠丈夫做泥水工贴补,生活很拮据。今年初经村干部推荐,她到了乡里一家针织内衣厂做工,一个月能收入 900 多元。

为了保证扶贫先扶富工作落到实处,区里出台了《宿豫区"四扶一带"工程实施意见》,完善激励机制,进一步加大对能人大户和村组干部的帮扶力度,并分别与他们签订了"帮扶协议",根据吸纳贫困劳动力就业的情况,确定支持无息贷款金额,多带多支持,少带少支持。今年以来,全区共发放小额贷款 2 200 万元,其中直接发放给"三来一加"大户和有带动贫困户就业的村组干部 438 万元。

截至目前,全区已有近 5 000 个贫困家庭通过"三来一加"项目走上了就业岗位,获得了实实在在的收入。

(原文刊于 2006 年 10 月 16 日《中国县域经济报》)

宿豫区:"产城融合"打造生产性服务业集聚中心

近日,记者走进江苏省宿迁市宿豫区,在位于洪泽湖东路北侧、环城东路东侧的宿迁建设产业集聚区内,看到一派热火朝天的建设景象。

宿迁建设产业集聚区是按照集中布局、集群发展、集约利用、集聚功能的理念,于2011年规划并启动建设的江苏省首家以建筑企业为核心、集聚全产业链企业的发展平台,被宿豫区定位为"建设产业集聚发展示范区、行政审批制度改革先行区和专业招商引资突破引领区"。园区与京东信息科技产业园隔路相望,占地370亩、规划建筑面积62万平方米,涵盖主体商务办公和公寓住宅两大功能区。目前,商务办公区在建大楼31栋,已封顶20栋;已完成基础设施建设投资8 000万元,新修道路3公里、供排水管网3公里。在该区日前举行的建设产业集聚区招商推介会上,园区独特的区位、完善的配套和优惠的政策吸引了一大批企业签约入驻。

近年来,宿豫区按照产城相融、人城互动、协调并进的要求和中心城市的发展规划,积极实施"东向发展战略",重点打造宿迁中心城市特色休闲购物、田园生活体验和生产性服务业集聚"三大中心",加快提升城市发展质态,拓展城市发展空间,加快生产性服务业集聚,打造宜居宜业特色城市。

在"东部新城"建设中,该区以建设产业集聚区、京东信息科技园、京东淮海经济区电子商务运营中心、华东农机汽车城等项目为带动,重点引进科研、培训、中介、咨询等现代服务业项目,发挥好宿新高速曹集互通和高新区互通的优势,加速集聚一批现代物流企业,打造宿迁中心城市生产性服务业集聚中心。

该区积极推进"生产性服务业集聚中心"建设,由宿豫文化公园、京东信息科技产业园、宿迁建设产业集聚区、华东农业大市场、华东农机汽车城和汽车4S店以及新新家园、豫东新城等项目共同组建而成的生产性服务业集约集聚、特色鲜明，正在成为该区城市规划建设的三大中心之一。

如果说宿豫区是宿迁中心城市的"东大门"，那么宿迁建设产业集聚区则代表宿豫的传统优势产业，是"东大门"上的一个"门环"。而代表现代生产性服务业的京东信息科技产业园则是另一个耀眼的"门环"。

京东信息科技产业园占地570亩，总投资45亿元，建筑总面积73万平方米，包含京东商城全国客服、信息研发处理、财务结算、物流管理四大中心，目前已进驻员工4 000多人。其配建的新新家园项目，总建筑面积45万平方米，一期工程已经封顶，二期工程正在有序推进，不仅满足了员工的生活需要，也成为该区城乡居民置业投资的热选，进一步带动了生产性服务业人气商气聚集。

宿豫区文化公园项目是该区政府高度关注的重点工程，也是一项民生工程。在该区相关部门大力配合下，目前，工程推进较为顺利，一期工程已竣工并投入使用。该区主要领导就文化公园项目推进情况、项目用电接入、项王东路北侧半幅道路铺设、设施采购、文化公园公交首末站建设等事宜召开了多次会办会议，并逐一明确了工作责任和具体要求，确保项目工程高质量顺利推进。

按照相关规划，目前，宿豫区生产性服务业集聚中心各重点项目有序推进，建筑产业集聚区已签约入驻企业43家、金融机构3家，区政务服务中心、招标办等也将入驻，加之已经投入运营的华东农业大市场、华东农机汽车城等专业市场，以及正在推进的宿豫中学、文化公园等重点工程，一个各种业态齐聚，功能丰富、潜力巨大的生产性服务业集聚中心城市新地标即将呈现在宿迁大地。

（原文刊于2015年1月5日《中国县域经济报》）

江苏宿迁宿豫以电子商务倒逼农业产业融合发展

一手握锄头,一手握鼠标,在江苏省宿迁市宿豫区,越来越多的农民投身"一村一品一店"(网店)建设,走出了增收新路径。

今年以来,宿豫区依托京东的资源优势,探索"一村一品一店"发展格局,同时以电子商务倒逼农业产业融合发展。

电子商务市场那么大,"一村一品一店"卖什么?宿豫的答案是,打造特色农业产业体系,加强农产品品牌创建,卖特色产品,卖绿色品质。

今年2月5日,京东农村电商全国首个示范县(区)在宿豫揭牌。宿豫区依托党群活动中心、村居便民服务站和个体商户等平台,在全区共建立216个京东电商乡村合作点,每个合作点分别配备一名专职推广员和义务宣传员。区里还协调京东开通宿豫地产品网店销售绿色通道,大兴花生、陆集粉皮、新庄莲藕等地方特色产品。

今年上半年,宿豫区138个村居共建成"一村一品一店"115个,帮助农民完成订单1.7万个,上线销售产品230余种,实现网上购买额600余万元,网上销售额2.5亿元。与此同时,该区还建成4个网创孵化中心和一家电子商务示范街区,入驻项目200多个。

7月6日,在北京正式上线的京东"中国特产·宿迁馆"则为宿豫本土农产品企业的网上销售搭建了一个新的平台。据京东"宿迁馆"管理员李晓蒙介绍,"宿迁馆"首批入驻企业超过40家,上线特色产品2 200多种,涵盖休闲食品、生鲜、酒水饮料等品类。自试运营以来,已完成销售额2 200万元,成为惠及宿豫8 000多家电商企业和28万多名网络"创客"的增收平台。

记者在"中国特产·宿迁馆"中看到,曹集大黄桃变成了"董小妹休闲罐头",

王彬蜂蜜变成了精美的透明礼盒装,稻米油穿上了进口橄榄油的"铝皮盒",洋河酒也换上了特制的尊享包装。据宿豫区委常委、宣传部部长陈磊介绍,宿豫区依托京东农村电商注册成立网络销售公司12个,成功上线销售地产品20多种,预计2015年线上交易额可达1亿元。

在电子商务的另一端,为了实现农产品与市场的有效对接,宿豫区借助京东大数据平台分析农产品市场信息,指导农民按照市场需求,调整产业结构,科学种植,避免盲目跟风。农业龙头企业则根据京东订单组织生产经营,防止出现卖难。

宿豫区新庄镇投入资金实施年产2 000吨优质浅水藕流通新建项目,为合作社新建钢架结构交易储藏库1 476平方米,新建水泥道路6 755平方米。去年,网上卖藕100多万公斤,销售额逾140万元,年直接带动受益农户150户,人均年增收800元。截至目前,该区已有42家市级以上农业龙头企业"牵手"乡村,种植原料基地面积逾3万亩,带动基地农民人均收入净增700元以上。根据宿豫区《"百千万"网络创业三年行动方案》,将在3年内至少培育100家重点企业实施网上营销,每年新发展1 000家实体店兼营网店,每年新发展1万名创业主体。

(原文刊于2015年8月13日《中国县域经济报》)

种好文化"小盆景" 长出惠民"大风景"

从2017年起,江苏省宿迁市宿豫区在每个乡镇(街道),都打造了一个供居民从事文化娱乐、体育健身、读书休闲的"小镇客厅"。"小镇客厅"不仅满足了群众的文化生活需求,还集中展示了各个乡镇的文化产业、生态特色,成为当地独特的文化符号。

走进江苏省宿迁市宿豫区侍岭镇①"小镇客厅"的"小镇书房",记者立刻被这里浓厚的读书氛围所吸引。

侍岭镇"小镇书房"于去年底建成,共两层,建筑面积880平方米,一楼是乡情馆、历史长廊等风土人情展示,二楼则是书屋。"别看我们这里建成时间不长,每天的人流量可不少。"侍岭镇"小镇客厅"的志愿者马良梅介绍,这个小镇书房名为"百味书屋",藏书量有1.2万余册。

现在,宿豫区的乡镇普遍建起"小镇客厅",并配备了"小镇书房",成为基层新的文化阵地,为"书香宿豫"添上了浓墨重彩的一笔。

宿豫区作为县改区,下辖10个乡镇、3个街道、139个村居(社区),农村人口占比大。随着生活水平的提高,群众精神文化需求越来越旺盛。如何立足社会主要矛盾变化,满足当地群众对美好生活的需求?宿豫区委书记刘海红说:"构建完善的现代公共文化服务体系是不断改善群众精神文化生活的重要举措,也是全面深化文化服务体系改革的必然要求,要坚持以群众文化需求为导向,不断完善基层公共文化服务体系。"

据介绍,围绕高质量发展主题,宿豫区近年来积极推动"工业强区、电商名

---

① 2021年,撤销侍岭镇,原侍岭镇行政区域划归来龙镇管辖。

城、幸福家园"建设,始终把公共文化服务和文化惠民工程作为为民办实事的重点工程来抓。为进一步满足群众精神文化需求,从2017年起,该区在每个乡镇(街道)镇区或人员密集的地方,都打造了一个类似于家庭客厅,供居民从事文化娱乐、体育健身、读书休闲的"小镇客厅"。

沿着新庄镇新欣路向东,红墙红瓦的小镇书房出现在眼前,与对面的老戏台和电影院遥相呼应,颇有闹中取静之意。"现在,一到周末就有很多人来看书学习,光是借书卡就已经办理了800多张。"新庄镇"小镇客厅"的志愿者牛丽萍介绍,书房开放时间为每天上午9点到下午5点半。市民还可以凭身份证办理读书卡,把书借回去看。

新庄镇的"小镇书房"由老旧粮库改造而来,2018年5月份建成投入使用。和侍岭镇的"小镇书房"相比,这里面积更大,藏书也更多。书房开放以来,已与市、区图书馆实现了统借统还。此外,他们还定期在"小镇书房"举办"富脑袋、富口袋"知识讲座,吸引了大批周边群众参与。

宿豫区住建局党委委员倪伟凯介绍,除了"小镇书房",宿豫区还在城区设立了图书馆驿站、朗读亭以及社区图书室等方便城区居民就近读书;在乡村建设"农村十里文化圈",并建设了136个农家书屋。

"自从丁嘴镇①建起了'小镇客厅',我们休闲娱乐就有了好去处。这里有公园有水景有花草,美极了。"正在丁嘴镇"小镇客厅"参加演出排练的丁庄村村民张晓燕说。记者在丁嘴镇"小镇客厅"看到,宽敞的福禄文化广场中央是巨大的葫芦雕塑,西侧的仓基湖湖水清澈见底,岸边的白墙黑瓦倒映在湖面上,落日余晖中,湖水波光粼粼。湖边的仓基湖印象馆中设置有咖啡厅、书吧、文艺馆,附近居民在此读书、看报、下棋、品茶,一幅水墨江南的美景跃然而出。

如今,宿豫区11个"小镇客厅"已经全部建成投入使用,总占地面积39.8万平方米,总建筑面积13.4万平方米。据统计,依托"小镇客厅"等基层文化公共设施,近年来宿豫区年均举办各类群众性文化活动380余场次,常态化开展以送戏曲、电影为主的文化下乡、广场文化节等群众性文化活动,本土文化品牌活动高潮迭起。宿豫的"小镇客厅"不仅满足了群众文化生活需求,还集中展示了各个乡镇的文化产业、生态特色,成为当地独特的"文化记忆"和文化符号。

(原文刊于2019年6月6日《经济日报》)

---

① 2021年,撤销丁嘴镇,原丁嘴镇行政区域划归大兴镇管辖。

连云港市

东海县

东海驼峰农民农忙"花样"新

金黄麦浪滚滚,收割机声隆隆。正值午季"双抢"时节,江苏东海县驼峰乡抢抓夏收夏插的农民脸上比往年少了许多紧张,却多了些许轻松;在家守田的农民三三两两聚在树荫下,估算着今年小麦的产量和收益,为促进秋季增收谋划夏种;往年在外务工午季返乡抓"双抢"的农民,今年也不再往返奔波……

订单午收电话"搞定"

在浙江宁波务工的东海县驼峰乡麦南村农民杨庆江夫妇,在午收前一个月就通过电话和联合收割机户主王新剑达成了8亩小麦的收割"订单",并通过银行预付了收割费用,一个电话"搞定"了午收,使杨庆江节省往返支出500多元,增加务工收入1 000多元。许多在家午收的农民也纷纷通过"订单"午收的方式,与农机户达成订单收割意向,农机户则按照"订单"先后,依次落实收割任务,使收割机主"坦坦然然"忙收割,农户们"轻轻松松"度三夏。儿女均在外务工、年近六旬的南榴村村民张贵山满脸喜色地说:"'订单'午收,了却了我多年来一到午收就发怵的烦心事!"

整田销售 农商双赢

在上海搞废旧物资回收的下湾村农民李振玉、李振岭、张金良等,与粮食购销商签订整田销售合同,将还在田地里的小麦按亩测产计算,由购销商负责收购、包装、储运。粮食购销商如愿买到粮食,午收农民少了"忙和累",获得了商、农双赢的效果。据了解,今年驼峰乡采取"整田销售"方式实施午收的农户有100多户。

委托种管　快乐相约

耕着别人田地，管着他人庄稼。快乐在家赚钱，使驼峰乡有能力、有技术的农民在家多种地，使懂经营、会管理的农民外出多挣钱。在苏州新区务工的董马村农民马国军将自己的十多亩水稻插秧任务委托给种田大户刘显亮代理，秧苗、化肥、翻耕、插种全由刘显亮负责，马国军只需照单签付种、肥、耕、插等费用即可。同时，马国军还将农作物管理以每亩30元为酬金，委托给种田能手王松连代理。董马村拥有插秧机械的李启光等人则以每亩200元的价格承包了本村及邻村农户100余亩的水稻插秧任务。这样，外出务工及无力插种管农户的土地有人料理了，像拥有插秧机械的李启光等人也有了固定客户。

（原文刊于2007年7月2日《中国县域经济报》）

赣榆区

发展特色产业　培养农民创业意识

寻找突破口

地处苏北的赣榆县[①],全县人口107万,面积1 427平方公里。以前,由于自然、历史等主客观因素的制约,该县经济社会发展水平与全省其他县市相比,还存在一定的差距。近年来,赣榆县委、县政府大力发展特色产业,走出了一条县域经济发展的新路子,成为全国沿海开放县、渔业百强县、农业百强县和商业粮基地县。

赣榆人均耕地不足一亩,远远低于全国平均水平,要想实现农民生活宽裕的目标,就必须寻找农民增加收入的新门路。赣榆县委、县政府经多次论证,结合当地优势产业经济条件,决定以水产养殖作为发展区域经济的突破口。事实证明,正是因为这个正确的选择,赣榆县在水产养殖领域取得了长足的发展。赣榆县现已建成国家级水产良种场一个,引进墨西哥蓝对虾、东方螺等11个新品种,推广虾蟹标准化混养等新技术7项;半浮流紫菜、江蓠、贻贝等浅海域吊养获得成功,养殖面积1万亩;海参、半滑舌鳎等海珍品工厂化养殖效益突出,产量达3 500吨,产值1.4亿元,分别增长30%、15%。虾苗、河蟹苗产量居江苏省第一。

勇当"先行者"

西林子村位于赣榆县柘汪镇,全村366户。回首20多年前,这里的村民以打鱼为生,随着近海捕捞产量不断下降,村民生活变得越来越困难。变则通,

---

[①] 2014年,撤销赣榆县,设连云港市赣榆区,下同。

1986年，在村支部书记李志珍的带领下，村民以合伙入股的形式，联合购买大船发展远洋捕捞。

如今，该村已拥有大马力远洋捕捞渔船60余艘，渔船全部配备了先进的生产、安全仪器及设备，单船年最高收入50多万元，出海船员人均获利2万多元。尝到了改革甜头的村民并未因此而满足，利用西林子村海岸开阔的地理优势，李志珍带领村民又开始搞海产品养殖。在他的带动下，村里先后建成双头蛏养殖、紫菜养殖和青白蛤贝类养殖3个海水养殖基地。仅滩涂养殖一项，年产值就达1000多万元，养殖户年均获利4万元以上。目前，全村80%以上的农户都拥有渔船或滩涂养殖股份。

先富带后富

赣榆县委宣传部部长告诉记者："改革开放这几十年来，赣榆县有了翻天覆地的变化，大家的生活明显好了，而赣榆发展最快的就是这几年。原来不起眼的资源成了如今的摇钱树，最重要的是干部群众的观念也在发生着变化，先富带后富，解放了思想，统一了认识，这才是保证可持续发展的关键。"

如果说西林子村是赣榆县发展特色农业的"先行者"的话，西棘荡村则是培养农民创业意识的典范。西棘荡村是远近闻名的废旧渔网加工专业村，人人敢于向市场要钱的精神，注定了这里也将成为经济繁荣的新窗口。

记者见到村民苏成林时，他正在拆旧渔网。他说，地上堆的旧网都是从外国买来的。看着他凌乱的头发，黝黑的脸庞，很难相信眼前这位老实巴交的农民是个跑遍天南海北的老板，做的还是国际贸易，光每年的利润就在几十万元。"村里不仅帮咱们跑销售，还帮助协调贷款，没有村里的帮助，咱们的事业不会做得这么大。"苏成林说。

据该村党委书记钟佰钧介绍，为了发展塑料颗粒加工，这些年，村里引导村民把手中的资金投到颗粒加工产业上，同时，村里还成立了村企业合一的塑料颗粒公司。为了稳定生产，村里出钱给村民配套了38台变压器，而每年仅帮助村民协调贷款就是1000多万元。西棘荡村很快就发展成全国最大的再生尼龙塑料颗粒加工专业村。据统计，全村共有600户村民从事旧渔网加工，每年"吃掉"全国60%以上的废旧渔网，一个塑料颗粒生产户，低的每年净赚10万元，高的则能达到50多万元。

（原文刊于2008年8月4日《中国县域经济报》）

赣榆借"海"发力 上演"崛起"大戏

赣榆县位于江苏省最北部,北接山东,东临黄海,是我国首批沿海对外开放县。既有沿海优势,又可接受山东半岛经济圈辐射,在江苏沿海开发的大浪潮下,赣榆成了连云港市实现"跨越发展"的北翼和"学习山东、赶超日照"的前沿阵地,这个苏北欠发达县也逐步走上了一条借海发力的崛起之路。

睹,港区"芳容"

2005年,江苏省提出进行沿海大开发。在那之前的赣榆,虽有海却无港,货物运输主要依赖山东日照市的岚山港。此后几年间,随着连云港"一体两翼"战略确定赣榆为北翼,以及江苏沿海开发上升为国家战略,赣榆的建港梦,终于在2010年8月变成了现实,20.3公里的海岸线开始"热闹"起来。根据规划,赣榆港区将形成码头岸线44.2公里,建设170个泊位。

为了让我们一睹赣榆港区"芳容",港区建设指挥部工程师仲东维邀请我们前往港区建设腹地。

车子沿海堤公路前行,远远地就听到混凝土搅拌站发出的轰鸣声,一辆辆混凝土罐车忙着将拌和好的混凝土运送到西挡浪墙施工现场。"现在,6 350米的防波堤已经建成,前沿码头作业区陆域吹填也即将结束,马上就可以在这片海里造出1 500亩陆地,给4个万吨级码头泊位安家。"仲东维告诉我们。

在防波大堤上,汽车沿着7米宽的土石路颠簸着驶向港区建设腹地。赣榆港建设指挥部工程部部长刘华山正在建设工地忙碌着。他告诉记者,港口起步区工程有防波堤、航道和码头工程3个项目,包括1个15万吨级液体化工泊位和3个15万吨级散货泊位,今年年底便可开港运营,吞吐量将达到1 000万吨。

仅仅两年时间，赣榆就完成了其他一般建港县（市）历时十年的路程。

听，建港初衷

北有岚山港，南有连云港港，在两港"夹迫"下，虽有先天优势，赣榆到底用不用建港、该不该建港？作为苏北的一个经济欠发达县，建设港口的钱又从何而来？

"能不能建港，专家说了算；怎么建港口，市场说了算。过去，赣榆的工业经济欠发达，以农业经济为主导，海洋能带给老百姓的，无非是那点并不'丰厚'的养殖收益。近年来，赣榆通过主攻大项目、培育大产业、做强大园区，依托山东日照岚山港，临港产业发展取得了重大突破。产业建起后，赣榆越来越迫切需要拥有自己的港口了。"刘华山说。

"当然，还有战略层面的考虑。"刘华山说，"赣榆港是连云港'一体两翼'战略的北翼，建设赣榆港对于拓展连云港港口功能和空间，实现可持续发展，都具有重要意义。正是主观需求与现实机遇相互叠加，点燃了赣榆建港的百年梦想。"

对于建港资金，刘华山表示，去年赣榆港区被交通部列入"十二五"规划，获得了港口建设补贴2.4亿元。另外，作为连云港市尤其是赣榆县的重点建设工程，市、县两级财政投入都很大。

现，港口效应

在仲东维的陪同下，我们乘车进入港区物流中心建设现场，数十台挖掘机、工程车正轰鸣着回填与平整作业。

"两个多月前，这里还是大片的荒滩与盐田，如今已经变成了初具雏形的500亩木薯干堆场。"仲东维说，"7月初这一工程就将具备'三通一平'投入使用条件。为了尽快释放建港效应，我们已经开始着手港口配套建设了，加快口岸检验、引航、锚地、航标等配套工程的跟进，'三关一检'手续正在申报与审批。港口的管理机构及投资公司也正在筹备之中。"

如今，港口效应已经开始显现。据仲东维介绍，不少山东临沂客商已经与赣榆港商量合作事宜。而在赣榆县柘汪临港产业区，原本依托岚山港形成的石化、特钢两大临港型产业，也将随着赣榆港的建设迎来新的发展机遇和选择空间。

"当初来赣榆投资，正是看中了这里的区位、配套优势及良好的创业环境。"镔鑫特钢总工程师陈斌俊说，出于运输成本的考虑，钢铁厂选址时必须要求有码头。以前依托岚山港和连云港港,赣榆港开港运营后,物流成本势必将会进一步降低。

忆,小镇变迁

赣榆的临港产业,主要集中在该县柘汪镇。

柘汪镇党委副书记张来涛对小镇的过往今朝感慨颇深。他告诉记者,柘汪距离赣榆县城30多公里,而距离与之紧挨着的山东日照不过10分钟车程。在2005年之前,两地的经济状况可用"天差地别"来形容,那时,柘汪的老百姓大多都跑去日照打工。

"现在,情况恰恰相反了,好多山东人开始来我们这里打工了。柘汪临港产业园的工业产值、销售收入、工业用电量等主要工业指标都占到赣榆县总量的50%以上。"

张来涛说,目前镔鑫特钢的企业年产值已经突破百亿元,新海石化产值也突破了百亿元,双双成为连云港市仅有的两个跨入中国民营企业500强、中国民营企业制造业500强的企业。并且,以镔鑫和新海为龙头,一大批下游产业也已经初具规模,柘汪临港产业园已经形成了以特钢和石化两大产业为主体的产业格局。

(原文刊于2012年7月26日《中国县域经济报》)

灌南县

灌南法院推行"四公开一监督"

灌南县人民法院为了从制度上保证依法审判,建立了"四公开一监督"制度,增强了审判工作的透明度。

——公开接待。该院专门制定了接待当事人制度,规定不准在家中接待当事人,庭室之间、审判人员之间,不得为当事人相互打听案情,不得干预别人所办的案件,不准接收案件当事人礼品,不请案件当事人办事等。并把这些规定打印成文,除在各庭室张贴外,还发到每个干警家中。

——公开举证。向当事人强调公开举证的责任,发放《带证须知》。大力宣传公开举证。向当事人和群众宣传如不能举证,提不出证据,当事人就要承担不利于自己的法律后果,就可能败诉。

——公开审判。去年以来,该院除对法律规定不可公开审理的案件外,审判案件一律公开进行,对影响大的案件做到就地公开开庭,扩大办案效果。

——公开办案结果。对办案的结果,该院利用各种办法向群众公开。

——定期征求人大代表和社会各界群众意见,自觉接受监督。该院去年在本院和各基层法庭设立"群众监督箱",并向全县人民发出公开信,欢迎监督。此外还订出每半年以征求意见函或邀请有关人士座谈等形式,征求社会对干警为政清廉情况的反映。去年以来,对干警中发生的6起违纪事件,均及时查清事实,作出严肃处理。

(原文刊于1989年6月3日《淮阴日报》)

人间自有真情在

新春将至,正当灌南县棉织厂职工徐传道为儿子支付近万元的医疗费犯愁时,该县总工会、县妇联、共青团县委、县红十字会联合于元月18日向全县人民发出一封公开信。一方有难,八方支援,不到十天时间,自发者已捐助5 000多元。

1989年5月,徐传道8岁的儿子不幸患了白血病,住进了苏州人民医院,后又转入淮阴市第二人民医院治疗。夫妻俩省吃俭用的1 000多元全部付了医疗费,病情仍不见好转,徐传道夫妻只好向亲友借钱,继续为儿子治病。1990年12月底,孩子病情加重,家中再无钱为其治疗,灌南县总工会得知这一情况后,与县妇联、共育团、红十字会联合向全县广大干部、职工发出了公开信,号召他们发扬互助友爱精神,伸出援助的手。一时间,党员、团员、干部、群众纷纷解囊,没几天就捐款5 000余元,孩子所在学校、徐传道所在单位也捐了款。当徐传道夫妇收到这笔捐款时,激动得一句话也说不出来。

(原文刊于1991年2月18日《致富报》)

灌南商业总公司市场竞争力加强

灌南商业总公司以转换经营机制为动力，以调整销售网络结构为突破口，加大投入，发展多种经营，以工补商，扩大经营门类，收到良好的经济效益和社会效益。

去年以来，该公司迅速调整销售网络，扩大零售网点。公司首先投入了600万元，建起了我市目前县级最大的综合商业大楼——灌南商厦。目前这家商厦的两个分公司已经开业，另外几个分公司也准备就绪，开业在即。

近年来，不少的百货批发单位处于滑坡状态，企业无后劲。该公司领导积极帮助下属企业的百货公司出主意、想办法，找出一条以工补商的道路，先后办起了鞋厂、羊毛衫厂。对百货实行新老分开，重组机构，新单位以创效益为主，老企业以"四压"为主，将一批机制新、经营活的新企业独立核算、自负盈亏。新企业按市场经济要求，转换和建立新的经营机制。通过转制，灌南百货公司扭亏为盈，鞋厂、羊毛衫厂实现良好的经济效益。

该公司在扶持下属企业的同时，还为下属企业各大公司召开市场信息交流会，帮助企业正确分析市场行情，每月上中下旬各开一次信息会，并派出精明能干人员到苏南、上海、广州等地搞市场调查。

（原文刊于1993年8月30日《淮阴日报》）

灌南交警二中队作风建设见成效

灌南县公安交警二中队抓交警的党性教育带动行风好转,抓廉政建设促进警纪严明,在干警队伍的作风建设上抓出了成效。

针对一些干警受社会上"拜金主义"的影响而追求享乐的苗头,该中队把干警理想教育与完成党和人民交给的任务结合起来,全心全意为人民服务宗旨教育与立足本职岗位建功立业结合起来,通过学习孔繁森事迹,让党员干警找存在问题和差距,激励干警确立以苦为荣、乐于奉献的思想,通过开展创"五好交警""四好股、所、队""有困难找交警""满意在岗亭"等活动,引导干警正确处理得与失的关系,从而提高了广大干警为群众办实事的自觉性。这一时期,由于204国道断通,给淮高灌公路的路面带来压力,交警的工作量同时也增大很多。中队干警配合城区中队24小时上路执勤,为保路面畅通,该中队全体干警义务加班达100人次。交通警察经常单独执行任务,该中队在干警中开展"廉政建设"活动,扩大了教育范围。今年7月24日金坛某单位桑塔纳小车与山东一辆货车相撞,金坛县[①]小车驾驶员为骗取保险公司赔偿,冒雨赶到离中队21公里的周在沛中队长家中,从身上拿出40张五十元,硬塞到队长手中,说:"队长,这是人家给你写的信",并对周队长讲是小意思,要求给他写份假证明,好回去找保险公司报销。周队长接过这封信一看,除了2000元钱,其他什么都没有,周队长当时很生气:"这假证明我是不会写的,我们会按交通处罚有关条例执行,你回去吧",并叫他立即把钱拿走。据不完全统计,该中队今年7月份以来,党员干警拒礼、拒贿价值达3000多元。

(原文刊于1995年11月24日《淮阴日报》)

[①] 1993年,撤销金坛县,设金坛市(县级);2015年,撤销县级金坛市,设常州市金坛区,下同。

为了全县75万人的平安

——江苏灌南供电公司安全生产3 480天

3 480天,在历史长河中只是短暂的一瞬,但对江苏灌南供电公司近千名干部职工来说,却是如履薄冰、如临深渊的8万多个小时啊!

安全大似天重如山,安全细如丝小如针,安全贵在恒、重在实。为了这一天,灌南供电人付出太多太多。

安全大似天重如山——科技强网是基础

安全生产一失万无,道理人人懂,做好难上难。特别是对革命老区、经济相对贫困的灌南,要做好安全生产尤其难。首先从区位看,灌南地处新沂河和灌河夹缝中,沂淮沭泗下游,人称洪水走廊;二是东临黄海,台风暴雨恶劣天气频发;再看电网结构,1 000多平方公里近千公里长的线路,不仅年代久远而且都是单供电,天气一变化,电网就"感冒"。如此电网,怎能承载人们生命财产安全之重?

要安全,必须坚强电网! 为此,灌南供电人紧紧抓住户户通和城、农网改造及省市扶贫每一次机遇,打响了一场电力翻身仗。

投资1.78亿元、占地45亩的灌南县第一座220千伏金庄变电所建设可以称得上供电人创造的奇迹。先看速度,这样大的工程选址征地1个月,土建5个月2天;桩基68天,主控楼52天,整个工程只用10个月就一次投运成功。再看质量,由于灌南地质条件较差,变电所场地建筑及构架、主变基础处理全部采用水泥搅拌桩,整个场地桩基工作量巨大,仅深层搅拌桩就达63 640立方米。大量新技术、新材料、新设备、新工艺的运用,更使金庄变电所锦上添花。220千伏采用支持式管型母线,将防误闭锁的模拟操作合成在计算机监控系统内,所内电缆埋管取代部分二次电缆支沟,缆沟支架采用双排通长扁铁固定,使支架更牢固、整齐和美观。带电显示防误装置,使得所变电源更加安全可靠。在工艺上,建设者们采用弘形振动梁、真空吸水、机械磨光等方法,保证了工程质量。

仅近5年间,灌南就通过多种渠道,先后筹集资金4.8亿元,新建变电所6座,改造变电所10座,架设10千伏及以上线路290多公里。农村电网全部实现了"小容量、密布点、短半径",既安全优质又高效经济。县城10千伏架空线全部换上绝缘导线,变电所之间组成环网,实现了"手拉手"供电。高层建筑、大用户、重点用户全部用开闭所式变电站供电,35千伏变电所实现双电源供电,全县16座变电所全部实现了无人值班。虽然这几年洪涝风暴频繁发生,今年春天又经历一次地震,可电网安然无恙,事故率和线损逐年降低,农村线损现已降为11%,城区综合损小于5%,而供电可靠性和电压质量都分别达到99.99%和大于98%。

安全细如丝小如针——以人为本是核心

灌南供电公司有全民、集体、农电、聘用等各种性质人员近千人,素质参差不齐。公司领导清醒地认识到,安全生产关键在人,核心在提高员工的安全意识和技能。

公司首先突出一线工人在安全生产中的主体地位。每年岁末年初,该公司都要认真总结安全生产经验教训,制定计划,然后在网上公布,并组织职工认真讨论完善,最后通过局域网向全体职工公布。不仅增强了员工的责任感,而且使大家对新一年的安全生产目标责任清清楚楚。二是强化安全教育。逢会必讲安全,检查评比首谈安全,安全问题一票否决。通过多种形式营造安全氛围,对职工进行持之以恒的教育。三是对职工进行上岗前培训。坚持能者为师,以老带新,以新促老,加快知识更新。同时平战结合,坚持每日一题,结合春秋两次大检查、迎峰度夏(冬)和安全月活动,积极开展岗位练兵、反事故演习、技能竞赛,提高员工应变能力和素质。四是抓常规管理,并努力做到常抓常新。对全体人员进行安规考试,坚持不合格者不让上岗。通过每周一安全活动日,学习各级安全简报、事故快报,结合自身情况进行安全分析,开展百问百查,做到警钟长鸣。五是针对农电和施工人员等重点群体,狠抓班组建设,全力反违章。公司规定,每天上班工作前,由班长主持召开一次班前会,对前一天工作进行分析、总结、讲评,表扬好人好事,批评忽视安全、违章作业等不良行为,然后才交代当天工作任务、质量要求和工作进度。同时开展危险点分析,交代安全措施和注意事项。还通过"无违章个人、无违章班组（所）"的创建活动,强化班组长的安全意识和责任意识。

在强化员工安全意识的同时,该公司还十分注重用电安全宣传。公司在全县特别是公共场所的电力设施上全部设立了警示标志,张贴宣传标语。每年除结合国家电网和省市公司开展的平安工程、和谐电力、绿色照明等活动外,公司还每年都要组织宣传车和安全用电文艺宣传队深入村组田头,用群众喜闻乐见的形式宣传安全用电知识和电力保护等法律法规。并通过与教育、农业、司法、新闻等部门联手,开展安全进校园、进家庭、进村组等多种活动,全力构筑用电安全教育立体网,收到了明显成效。

安全贵在恒、重在实——长效机制是关键

安全生产只有逗号没有句号,只要持之以恒,定能滴水穿石。为此,灌南供电公司狠抓安全生产制度建设,努力形成安全管理长效机制。

首先是建立安全管理责任体系。规定单位和部门正职是第一责任人,坚持党委管党、行政管长、工会管网、共青团管岗,条块结合,谁主管谁负责。每年年初,坚持逐级签订安全责任状,明确安全职责,落实安全责任,一级对一级负责。平时工作中坚持安全生产"五同时"（同计划、同布置、同检查、同总结、同考核）和"五全"（全面、全员、全方位、全过程、全时段）管理。

二是建章立制,努力做到凡事有章可循,凡事有据可依,既有针对性又具可操作性。一是现场勘察,"两票"（操作票、工作票）"三措"（组织、技术、安全措施）制度。规定对复杂、危险的线路进行检修或施工前,工作票签发人或所长必须进行现场勘察,确定停电范围,开展危险点分析,为编制"三措"与填写、签发工作票提供依据。在农村高低压配电线路及设备上的所有工作必须填写规范的"两票",在杆上开关、刀闸上进行倒闸操作要有专人监护且不得单人操作。对立、撤杆塔、放撤导线,地形复杂、重要交通地段、人口密集地区、复杂交叉跨越等危险性较大的线路施工或多部门班组协同作业的必须严格执行"三措",工程结束后,施工记录还要存档。第二是强化现场规范化作业制度。从开好开工、收工会,做好验电接地、规范做好"三戴"（安全帽、安全带、近电报警器）到劳动防护用品正确使用和现场监护都做出明确具体规定。对生产重点部位、关键环节和重点人群、事故现场,进行超前防范,杜绝触电、高空坠落和断（倒）杆伤害。第三是安全生产事故考核和责任追究制度。规定发生事故、障碍、异常要发通报、分析发生原因、总结教训,举一反三,杜绝类似事件再发生。同时对当事人进行认真

教育,提高认识,并按有关规定进行考核记分,还要在第一时间逐级上报,对拖延、隐瞒和阻碍事故报告的严肃追究责任。另外,该公司还对安全器具管理、职工教育培训管理等都制定了详细的管理制度。

  为防止制度流于形式,该公司几任总经理、党委书记不仅身先士卒,带头到一线领着职工干,还多次在恶劣气候条件下连夜巡查线路,检查工作,在职工中产生了很大的影响力。同时,公司还专门成立一支由纪检监察、安监等部门组成的安全生产督查组,定期或不定期地对安全生产情况进行督查,并将结果与工资奖金挂钩。同时,坚持每月发一次安全简报,收到了很好的效果。

  持之以恒地抓安全,终于结出了丰硕成果。公司供电量连续四年增幅居省市前茅。今年上半年,用电量增幅25.26%,又居全市第一。公司不仅获得了全国安康杯竞赛优胜企业、全国学习型企业,连续20年省文明单位,省安全生产先进单位等多种荣誉称号,公司领导班子也多次被评为省市优秀领导班子。截至7月14日,公司已实现安全生产3 480天。

(原文刊于2007年8月13日《中国县域经济报》)

灌河开发　灌南经济的腾飞之梦

灌河,这条苏北最大的入海河流,具有长、宽、深、直等优势,东入黄海,素有"苏北黄浦江"之称。灌南充分利用独特资源优势,积极响应江苏省沿海开发和连云港市"一体两翼"战略,全面启动实施灌河开发这一宏伟工程。

2005年11月,灌南县与苏北发展办公室联合举办了首届"灌河发展论坛",对开发灌河构筑临港产业带进行了科学定位,依托灌河岸线资源发展船舶修造产业,依托灌河航运优势发展石化产业,依托灌河交通条件发展港口物流产业。灌南县先后委托深圳规划设计院、上海第九船舶设计院、上海航道设计院、河海大学等国内知名规划院所和科研机构,完成了包括灌河半岛临港产业布局、岸线布局、港口布局、重点区域控制性详规等在内的较为完善的规划体系,在260平方公里半岛区域内,实际形成了现代物流加工、船舶工业园、化工产业园、再生资源加工临港大工业区,堆沟港新城、长茂新区的"5+2"产业新布局。

灌河开发需要具体的项目支撑,为此,灌南将灌河半岛临港产业区作为全县经济建设主战场,倾力实施战略东进,大力发展船舶制造、港口物流、冶金机械和石油化工等重型工业。灌南将发展船舶工业作为发展临港产业的重要支撑,借助外力,通过与中国通用集团等国内大企业、大集团的合作,为现有船舶制造业提供信息、技术、信誉、资金平台和一系列服务,形成了国内知名造船企业集聚灌河的良好效应。今年8月,中国通用集团总裁来灌南考察后,与灌南县签订灌河开发战略协议,成立灌河投资发展公司。该公司的成立,在灌河开发史上写上了浓墨重彩的一笔。接着,世界500强的大日本油墨、韩国珂司克、美国博龙和中国石化集团、中交集团等一批"国"字号造船项目纷纷落户。今年前8个月,投资3.5亿元的恒成船业,投资20亿元的江苏中达宏冠船业,投资15亿元的红旗船业及投资分别为10亿元的宏大、名洋、海中洲及江胜船业,总投资已超过120

亿元。

在全力招引重大项目的同时,灌南切实加强对投资企业的服务,推行零距离服务、零障碍办事,及时解决项目推进中出现的问题和矛盾,争取项目早建成、早投产、早达效。按照"适度超前,突出重点,分步实施"的原则,根据半岛总体规划和进区企业需要,灌南重点做好临港产业开发的基础工作,投入30亿元,启动了滨河大道、新港大道、盐河三级航道整治工程,并对从堆沟港镇大嘴渡口向上游10公里,向北纵深600米范围内的3000户农民进行了拆迁,先后完成区内拆迁安置1600多户,与此同时,临港产业区在堆沟港镇和长茂镇分别规划10公里、能承载10万人的堆沟新城和长茂新区作为临港产业区的后方生活基地和综合配套区,在长茂[①]三兴、浦兴、佑兴,五队乡三队村、六队村,堆沟港镇五荡村设立新农村建设集中点,作为拆迁农民的集中安置区。由于服务到位,首家进驻临港产业区的恒成船业已投入资金1.3亿元,并启动5万吨级船坞和3个万吨级船台建设,签订34艘4600吨至3.25万吨的国内外船舶订单,其中和丹麦、俄罗斯、德国、挪威等国家签订了14艘规格要求较高的大吨位船只订单。在新建的船舶当中,总吨位为2.25万吨的货轮是目前连云港市船舶建造史上最大吨位、最大规格的造船产品,它的总长接近160米,宽20多米,深13米,将航行于我国近海航区,连云港市历史上第一艘万吨级轮船即将从灌河扬帆启航。

(原文刊于2007年10月29日《中国县域经济报》)

[①] 2013年,撤销田楼乡、长茂镇,设田楼镇,下同。

灌南医改核心在"控费"

"全民医保"逐渐到位,然而医疗保险基金却面临医药费用不断上涨的压力。灌南县卫生局审时度势,把县域医改作为突破口,对医改的关键部位"控费"进行了全面改革,取得了明显成效。

控费新政:按病种收费、按床日付费、总额预付

医药费用涉及千家万户,事关人民群众的身体健康和生命安全。如何让老百姓少花钱呢?对此,灌南县卫生局推出了控费新政:"按病种收费、按床日付费、总额预付"的新农合支付方式综合改革方案。

在三口镇中心卫生院门诊大厅里,记者见到了拿着药品准备离开的三口镇后河村村民陈小,他手中的收费单引起了记者的注意。收费单共有三栏,药品总额:38元;退款:23.32元;实际收费:14.68元。在大厅里,挂号、收费处的旁边还有一个窗口:药品零差价退款处。

据三口镇中心卫生院贾院长介绍,之前,三口镇所辖范围的病人外看的较多,他们认为医院的收费高,门槛多,医院往往留不住病人。这不但使卫生院的医疗资源大大浪费,也增加了老百姓的就诊费用。针对这一情况,医院在组织人员外出考察、学习后,开始筹划实施药品零差价,即将药品进行"裸价"出售。在县卫生局的指导和财政支持下,2009年7月8日开始,600多种药品纳入三口镇中心卫生院的"零差价"销售目录。

郑加林局长告诉记者:"所谓按病种收费,是指医疗机构提供医疗服务的过程中,以病种为计价单位收取费用。对费用相对稳定的疾病,如阑尾切除、子宫肌瘤切除、剖腹产等就可以实行按病种付费;精神类疾病的治疗费用相对固定,

可以采用按日付费方式;而对就医频次高、就诊量大、病种比较杂的门诊,除了沿用过去的按项目付费外,还会考虑按次均费用或按总额预算支付。"

配套实施:临床路径管理体系

医药费用降下来了,并不意味着百姓接受医疗服务的质量和水平降低。怎么办?该县卫生局党委书记刘旭东告诉记者,针对这个问题,灌南县卫生系统已经建立了全程质控系统和与收支结余脱钩的绩效奖励措施,医生的绩效考核主要以工作效率的考核为主。如内科系统主要考核一个考核周期内出院人次与主要病种出院人次而非"用药总额"。

记者在灌南县北陈集镇卫生院看到,一本厚厚的回访记录簿上,患者的姓名、地址、联系方式、接诊医生和回访结果都被一一记录。回访结果分为四栏:环境卫生、服务态度、医生技术、药品价格,详细记录着患者对就医情况的满意程度。

卫生院院长孙云孝说:"对于回访的结果,我们坚持认真对待,不断改进。对于医院工作人员,如病人有一次不满,将扣除责任人当月绩效工资,三次以上不满将扣除其全年的绩效工资。同时,我们医院要求,医生必须与前来就诊的病人进行沟通,必须知道病人的姓名与住址,视病人如亲人,坚持将人性化的服务放在第一位。"

北陈集镇卫生院的病房里,病房设备虽然简单,但却干净整洁。王口村村民夏永兰因为膝盖处长了一个肿瘤,前几日在卫生院进行了一个小手术,现在已经住院5天了。被问及为何要选择在这里动手术时,她表示,镇卫生院离家近,比较方便,平时都来这里看病,对孙院长的技术非常信任,工作人员的服务态度也非常好。

郑局长表示,实行按病种付费制度需要配套实施临床路径管理体系。这套管理系统可以将工作流程表格化、医嘱信息菜单化,为治疗、护理及质量监控建立了一个信息平台。

从源头上遏止"过度医疗"

过去,医保付费方式主要采用按项目付费——按实际使用金额按比例报销。这种支付方式对医院和患者而言均会得益,但对医保基金而言,按项目付费难以控制基金支出,造成极大的浪费。在现有的补偿机制下,按项目付费只会激励医院和医生通过多开药、多开检查来支撑医院的生存和发展。尤其在医院补偿机制并未完善,"以药补医"仍然存在的情况下,医院更有花钱的动机。

郑局长强调,付费方式的改革,打破了过去按项目收费的付费制度,改变了医保部门在按项目付费中的后置地位,强化了医保部门对医疗机构的监督作用,有效地控制了医药费用的不合理增长,从源头上遏止了"过度医疗"的现象、切断老百姓的不合理消费。总额预付则可以锁定医保上限,有效控制医保基金的风险。

编后:"有啥也别有病,像我们这种收入不高的老百姓,有了病看不起啊!""辛辛苦苦几十年,一病回到脱贫前。"一直以来,看病贵都是民生不能承受之重。近年来,虽然农民有了新农合,但昂贵的医疗费用仍压得他们喘不过气来。控制医疗总费用不合理的快速增长,关系到医改能否可持续,关系到老百姓能否得到看得见、摸得着的实惠。否则,报销水平提高了,老百姓承担的费用依然会增加。灌南能做到,相信别的地方也能做到,这可是最大的民生。

(原文刊于 2012 年 2 月 27 日《中国县域经济报》)

临港产业成发展"主心骨"
——沿海开发助力灌南经济腾飞

为加强对县域经济、社会发展的研究和宣传报道,经济日报县域经济研究中心和中国县域经济报社2009年启动了县域经济调研点活动。目前已在全国设立9个调研点,对被设立为调研点的市县,本报给予了长期关注,还根据调研点发展需要,组织了专家进行跟踪调研,并适时进行宣传报道。

本期关注的是本报调研点江苏省灌南县的发展。灌南县位于江苏省徐连经济带腹部,东临黄海,西连沭阳。灌南是海滨开放城市连云港的南大门,是国家111个生态示范县之一。2005年,连云港市委、市政府把位于灌南境内的灌河及临港产业区纳入全市"一体两翼"总体规划,作为连云港港的配套港、分流港,灌南临港产业逐渐成为拉动灌南经济发展的"主心骨"。

厚积薄发　产业布局渐趋完善

与内陆经济开发区的规划建设相似,在沿海开发中,产业布局同样是重要环节之一,这关系到临港经济的发展方向与质量。因此,为呼应江苏沿海开发战略,灌南把灌河下游南临灌河、北依新沂河的260平方公里区域确立为"灌河半岛新区",作为全县沿海开发的主战场,并按照连云港市"一体两翼"的总体构想,深入推进灌河开发。

根据《江苏沿海地区发展规划》和灌河岸线成为江苏沿海开发"三级一带多节点"中重要节点的发展要求,灌南专门聘请了江苏省社科院、河海大学和上海第九规划设计院等单位,高标准完成具有前瞻性、可操作性的半岛新区总体规划、城乡一体化发展规划、产业发展规划以及长茂、堆沟两个新城区建设规划。

这一切，都使得临港产业"躯干渐丰"。

此外，在按照"大交通支撑大物流、大港口牵引大产业、大产业带动大城区"的发展战略前提下，"灌河半岛新区"重点打造了船舶工业园区、化工产业园区、金属精加工园区、现代物流园区四大工业园区。灌河半岛新区党工委书记王成忠告诉记者，这些举措都旨在建设灌南沿海的堆沟港新城、长茂新区两个"10平方公里、10万人口"规模的滨海新城。这样一来，便将临港开发子规划涵盖了各个领域，减少了资源浪费和重复建设，为灌河半岛新区科学发展明确了方向。

灌河半岛临港产业区自成立以来，一直按照"竣工项目抢投产、在建项目抢进度、签约项目抢开工、意向项目抢落实"的要求，在重大项目建设和推进上实现有效突破。数据显示，灌河半岛临港产业区内共集聚规模企业和超亿元项目300多个，聚集了3万名产业工人，吸引了大日本油墨、韩国珂司克、中化化学等众多知名企业落户。此外，总投资120亿元的亚邦产业园、总投资30亿元的兴鑫钢铁等重特大产业项目也正在紧张实施中。"十二五"期间，灌河临港产业区将进入千亿园区行列，化工新材料等特色产业形成百亿规模。

羽翼渐丰　基础设施与物流建设日趋成熟

临港开发如果没有过硬的沿海基础设施与物流运输作为支撑，再好的规划也不过是空中楼阁。为完善临港产业的配套设施，灌南首先在建设资金上下功夫。

为应对融资运作难题，灌南一方面充分利用金灌投资、扬帆港务、半岛置业和化工园区投资公司等载体，积极搭建融资平台；另一方面则坚持"多元投入、滚动发展"的原则，充分整合有效资源，市场化运作岸线、土地，同时采取BT(Build Transfer，即建设-移交)、BOT(Build Operate Trasfer，即建设-运营-移交)等方式搭建更宽广的资本运作平台，为基础建设提供资金保证。

自临港产业区形成以来，灌南先后投入资金260余亿元，旨在建设"三横、四纵"的大交通框架，将滨河大道、新港大道、产业大道三条平行轴线连接半岛及灌南县城；另外，经过灌南境内的204国道、沿海高速、沿海铁路、226省道四条纵向快速交通也在半岛内实现互通联系。除此，还建成了万吨级码头4个、5 000吨级码头5个，另有8个万吨级码头正在建设中。

"我们的污水处理厂、地表水厂、供热中心、消防站、电力、通信等配套设施齐全完善，足以保证各项目的正常进行。"王成忠告诉记者。

物流运输发达与否也是衡量港口发展成熟与否的一个重要标准。灌南一直致力于加快完善物流产业发展规划,近两年来,灌南不断组织专人走进国内各大高校招聘物流专业人才,为加快产业发展提供坚强的智力支撑。

走访中记者了解到,为充分利用已有物流运输的优势,灌南不断投入人力布置专题研究物流产业发展规划、优惠政策、市场建设、税收管理等工作。

"我们的宗旨是从财政奖补、税收返还、金融扶持等方面研究制定相关优惠政策,激励物流企业增加投入,尽快形成集聚效应。"灌南县委副书记夏苏明说。

其实,在发展物流这一块,灌南早有先见之明,那便是依托现有主导产业和陆海河联运优势,集中力量打造支撑灌河港口大进大出的海河联运区,充分发挥地处盐城、淮安、连云港、宿迁四市交界的区位优势,建设服务经济开发区产业发展的综合物流园。在半岛新区,记者看到了正在建设中的以服务兴鑫钢铁原料采购、生产销售为主的金属物流园和以粮食存储、加工、运输为主的中储粮物流园。到2015年,物流服务业增加值比重预计将达到32.4%。

(原文刊于2012年7月9日《中国县域经济报》)

"带着感情来，不带遗憾走"
——第一书记给贫困村带来新活力

"这条路马上就通了，我们以后进出村更方便啦，小王书记果真有两下子！"说这话的，是江苏省灌南县张店镇小圈村十组村民孙桂同。他脚下这条1.7公里长的乡间小路，是贯通小圈村的唯一主路。过去，由于道路狭窄，根本没法错车，特别是农机进出田地，给大家伙出了不少难题。现在，路从3米扩宽到了5.5米，还安装上太阳能路灯。

牵头拓宽这条路的，正是孙桂同口中的"小王书记"——江苏省委驻灌南县帮扶工作队队员、小圈村第一书记王超。王超拓宽这条路，不仅为了方便百姓出行，还想为特色产品运输及发展乡村旅游做配套。这位"85后"年轻人要谋划一盘大"棋"，这条路是其中的一颗"棋子"。

派驻省委帮扶工作队对扶贫重点县实施帮扶，是多年来江苏省扶贫工作的一个惯例。今年2月25日，刚满30岁的王超从苏州市姑苏区的一名公务员，变成了为期两年的"第一书记"。

"一个来自大城市，连韭菜和麦子都分不清的年轻人，怎么干好农村工作？"村民的质疑，是王超面临的第一道"考题"。他迅速调整好心态，抓紧一切时机入户调研，全面排摸脱贫攻坚现实需求。短短3个月，他就走访了农户258户，召开座谈会6次。

王超的努力和真诚慢慢取得了村民的信任，他在这样的调研和座谈中，渐渐清楚了扶贫方向：要将眼前这个经济薄弱村打造成"一二三产业融合发展示范村"。为此，他制定了今年具体任务：实施"点线面"三结合精准帮扶项目。"点"是指村部改造工程；"线"是指以拓宽中心路为主，亮化美化村庄，改善村容村貌；"面"则是以产业圈为面，实施产业帮扶工程。

精细的规划获得了姑苏区的认可和支持。今年以来,该区已经累计提供帮扶资金700余万元,用于村里"点线面"精准帮扶项目。

目前,产业帮扶工程正有序推进。一产方面,与苏州市蔬菜研究所合作的10亩优质蔬菜种植基地和50亩优质稻米种植基地上半年已开始种植,起到了良好的示范作用;二产方面,2 000平方米工业厂房主体已经完工,不仅可以解决当地返乡创业人员开办的吉他、孔明灯、灯笼等企业扩大生产的需求,还可以每年为村集体增加近30万元收入,解决村里100多户低收入户就业;三产方面,600平方米电商综合服务中心正在加快建设,之后会引入专业电商服务团队运营管理,重点开展电商人才培训,当地特色产品也将借助网络销售。

"带着感情来,不带遗憾走。"这是王超刚到小圈村时立下的誓言。如今,在他的不懈努力下,小圈村精准脱贫的步伐越走越快。

(原文刊于2016年12月5日《人民日报》)

江苏灌南掀起化工园区整改风暴

近期,一场环保整治攻坚战正在位于江苏省灌南县的连云港化工产业园区全面打响。为了确保整治取得实效,该县聘请环保部[①]特邀专家吴庭安教授团队和南京大学环规院专家团队组成专家组,开展为期两个月的指导查验。自专家组 4 月 25 日进驻以来,共进入企业现场指导 1 873 人次,提出整改意见 2 931 条,帮助企业制定整改方案 104 个。

去年 7 月中央环保督察组进驻江苏督察以来,结合上级系列整改要求,灌南县委、县政府高度重视,以脱胎换骨的决心,筹措十多亿资金,强力推进各项问题整改,努力把化工园区十几年的历史欠账一次性还清,确保园区生态环境根本好转。

该县出台《关于连云港化工园区环保整治攻坚实施方案》,将 12 大类 19 个方面问题分解到园区和县环保、安监、发改、经信、交运、水利、财政和公安等部门,要求确保按照时间节点推进落实到位。之后,又列出责任清单,主动作为、一抓到底。今年以来,灌南县连续召开环保整改工作会议,组织园区环保部门及部分企业负责人赴浙江上虞、江苏泰州化工园区考察学习,并对 30 家重点企业停产整治,打响最后攻坚战。

据连云港化工产业园区相关负责人介绍,专家组进驻园区,主要开展五方面工作:一是根据企业环保整改情况,对企业进行逐家"体检";二是两个专家团队对企业初验情况进行集中会诊,开出"处方";三是由专家组形成一致意见,对不同问题程度的企业作出在试生产过程中进行整改、限期停产整改、停产整改的决定;四是对所有企业通过过程跟踪、跟进的方式推进整改,实行动态监管;五是参

[①] 2018 年,撤销环境保护部,设中华人民共和国生态环境部,下同。

照企业环保监察内容,制定验收标准,明确量化考核指标。

自专家组进驻以来,每一个阀门、每一条管线、每一道工序,专家们都精细指导、找准根源,指导企业精准整改、根除顽疾。从指导整改到初步验收再到动态监管,直到正式验收,每一个企业专家团队要上门4次以上,有的甚至达到10次之多,收到了良好成效。

(原文刊于2017年6月8日中国经济网)

江苏："小额贷"助农户吃上生态饭

望着屋顶刚装好的光伏发电设备，江苏省灌南县田楼镇头图村低收入农户成善柱笑了，以后光伏发电每年可以给他家额外带来1 000多元的收入。据了解，灌南县通过小额贷款扶持屋顶光伏发电项目，预计今年将增加扶贫小额贷款发放4 000万元，全年直接带动2 000户低收入农户户均增收1 000多元。

长期以来，财政贴息扶贫小额贷款在落实金融扶贫工作中发挥着重要的作用，但因项目载体选择难以及贷款期限短等原因，导致扶贫小额贷款发放难、发放规模不大，也使低收入农户不能充分享受金融扶持政策。为切实突破这一瓶颈，灌南县以精选项目载体、落实担保责任等举措促进扶贫小额贷款发放，扩大金融扶贫成效，帮助低收入农户实现收益脱贫。

该县采取激励措施鼓励引导低收入农户充分利用扶贫小额贷款政策；实施光伏到户项目，低收入农户以光伏电站并网售电收益偿还贷款本息；对具备条件的低收入农户安装3 kW～5 kW屋顶光伏发电项目的，县扶贫部门按每户1 000元标准给予一次性奖补。为解决扶贫小额贷款使用期限短的问题，灌南县充分调动光伏项目施工企业积极性，动员企业承担低收入农户申请小额贷款担保责任，由企业向农商行按贷款规模的10%至15%缴纳小额贷款担保金，为低收入农户提供10年期扶贫小额贷款偿还担保。目前，灌南县已有28个经济薄弱村的500多户低收入农户安装了屋顶光伏发电设备。

（原文刊于2017年7月18日《经济日报》）

江苏省委推出"最美基层共产党员"邵中国

7月21日,江苏省重大典型"最美基层共产党员"事迹发布会在江苏省连云港市灌南县举行,发布的重大典型"最美基层共产党员"名叫邵中国。

邵中国是江苏省灌南县李集乡和兴村人,现为灌南驻杭州流动党委书记,被称作"打工书记"。1998年,曾当过11年村支书的邵中国,随着打工潮到杭州务工。为了能让农民工党员正常参加组织生活,他萌生了成立一个流动党支部的念头。2000年6月,在灌南县委组织部和杭州市下城区朝晖街道党工委的支持下,他和其他15名灌南籍党员成立了"江苏灌南县李集乡打工人员驻杭州市流动党员党支部",并被选为支部书记。从此,灌南县在杭州创业务工的流动党员有了自己的"家"。

流动党支部成立以来,积极发挥战斗堡垒作用,邵中国更是依托党组织的力量,将两百多起矛盾纠纷解决在萌芽状态,还帮助了两万多名苏北老乡在杭州就业或创业。2005年6月,流动党支部升格为党总支的同时,灌南县与下城区签订协议,建立流动党组织"共建共管"新模式,有效破解了"流出地管不到、流入地管不了"的难题。2010年4月,流动党总支又升格为流动党委,如今下辖7个党支部,党员数量从最初的16名发展到目前的158名,遍布杭州市的6个主城区。

邵中国高举党旗,带领一班人扎根他乡、回报家乡、服务老乡,走出了一条"离乡不离党、流动不流失、长期受教育、两地显作用"的党建新路,得到了党中央和江苏、浙江两省有关领导的充分肯定。

2016年7月,邵中国作为全国优秀党务工作者代表第二次进京接受表彰,出席了庆祝建党95周年大会。他所在流动党组织还先后被评为全国先进基层党组织、全国基层理论宣讲先进集体、江苏省先进基层党组织、浙江省构建和谐社会的"100个民间样本"。2017年6月,邵中国当选为十九大党代表。

发布会上,中共灌南县委受江苏省委宣传部委托,决定授予邵中国最美基层共产党员称号。

(原文刊于2017年7月21日中国经济网)

他有一颗红亮的心
——记江苏省灌南县驻苏州创业人员党支部书记赵传华

2016年7月1日,灌南驻苏州创业人员党支部正式宣告成立,在苏州打拼24载的他当选首届支部书记。

2016年11月3日,他带着灌南籍在苏州流动党员的一片爱心去苏州第一人民医院看望身患白血病的堆沟港镇农民张耀中,并将善款当面交给病人家属。

2017年7月10日上午,他带领党支部部分党员顶着酷暑,将筹集到的4.7万元爱心善款送到癌症患者、灌南县新安镇吴庄村村民徐小丽手中,并鼓励她树立信心,早日战胜病魔……

他就是赵传华,今年46岁,灌南县田楼镇新盘村人。经过25年的努力奋斗,他终于从一个单打独斗的打工仔成长为如今的抱团发展、并能用自己的努力帮助更多的人的乐道领导者、灌南驻苏州创业人员党支部支部书记。

1990年高中毕业的他在父亲的安排下进了镇兽医站工作,但热血澎湃的他总觉得这份相对稳定的工作过于安逸,看着越来越多的人加入南下打工的热潮,他终于在三个月的平静后作出影响他一生的决定——前往苏州寻找自己的人生:先是在建筑工地打零工,即使辛苦,他还是十分地努力踏实。两年后,他入职一家中外合资鞋厂,从车间工人到领班,再到中层管理人员,勤奋乐学的他掌握了包括企业管理在内的很多知识。在此期间,他还用实际行动积极向党组织靠拢,尤其是在向家乡的党组织递交入党申请书后,他更是经常、主动地向党组织汇报思想、工作和学习情况,积极接受党组织的培养教育和考察,最终于2014年被吸纳入党,成为一名真正的共产党员。

在打工的日子里,赵传华积累了一定的创业资源,于是决定从批发劳保防护安全用品开始自己的创业之路,凭着认真踏实的工作态度,靠着诚信待人的创业信念,吃尽千辛万苦的他终于从无数创业者中脱颖而出,成为在苏州打拼的灌南籍人中创业成功的佼佼者。

2013年,赵传华加入了灌南老乡QQ群。初入QQ群,语音聊天时那充满乡土气息的浓重的乡音,文字聊天时那家乡方言的特殊表达,久违的亲切感直达这位身在异乡的游子内心并转化为满满的激动,工作之余,他总爱进群闲聊几句。

"聊了个把月吧,我觉得聊天的内容总是围着日常生活转,与我最初入群时的初衷不太符合。"赵传华说,"能不能利用QQ群的有效资源,发挥老乡的抱团作用,做一些有意义的事情呢?"

想到此,在群里他发起吸引更多灌南籍在苏州打拼人士入群的倡议,群外则积极组织各种活动帮助老乡相互熟悉。在赵传华的组织带动下,群里群外,聊得更多的变成了工作与创业,遇到瓶颈时说一说,遇到发展机遇时碰一碰……越来越多的人觉得这个因QQ群而聚集起来的群体对于自己的发展起到了很大的帮助,也因此更信任赵传华。在此基础上,2015年4月赵传华参与组织成立的苏州连云港商会,将在苏创业的灌南籍人士更为紧密地联系在了一起。

随着各种应用软件的广泛推广,赵传华成立了苏州乐道电子商务有限公司并建立了乐道吧公众号,在网上经营自己的劳保、防护、清洁用品,同时积极与灌南商务局联系经营家乡的淮山药、粉丝等土特产。因为运营得当,公司的年销售额始终在2 000万元以上。

作为一名入党时间不长的新党员,赵传华在事业成功的时刻没有忘记党组织的培养,他想用自己的乐道吧影响更多的创业人士,为更多的灌南籍在外务工人员提供创业就业的机会。

"我希望,我们在外创业的人不仅能够相互支撑,还能够抱团发展并帮助更多需要帮助的外出打拼的人。"陷入回忆的赵传华憨厚一笑,"能帮助我们实现抱团发展梦想的只能是党组织。"得知灌南在苏州还没有流动党支部的消息时,他找到了灌南商务局和灌南县委组织部的领导,向他们表达了支持家乡电子商务发展,支持推动在外流动党组织建设的想法,得到了领导的充分认可。2016年5月,灌南商务局党委正式批复同意成立灌南驻苏州创业人员党支部。2016年7月1日,新成立的灌南驻苏州创业人员党支部20名党员一致推选赵传华为首届支部书记。

在赵传华的带领下,支部从成立之日起就坚持把组织发展工作放在首位,同时开展形式多样的活动,如"两学一做"座谈会、"争做合格党员"等,力促党员干部及时掌握工作中所必需的新知识、新本领,不断提高处置各种困难和问题的能力，全力提升党员队伍的整体素质，以努力实践、锐意进取的精神，更好地发挥好党员的先锋模范作用。

"我们将吸收、团结广大的灌南籍在苏党员以及更多在苏发展的灌南老乡积极为苏州的经济社会发展做出贡献，希望在灌南县委组织部和苏州高新区工委组织部的共建共管下，灌南驻苏州创业人员党支部将再创佳绩，为服务他乡、服务家乡发挥真正的桥梁和纽带作用！"提到支部的发展方向，赵传华又加了一句，"当然，'服务老乡，向困难老乡献爱心'也将是我们支部不变的工作理念。"

（原文刊于 2017 年 8 月 8 日中国经济网）

江苏灌南：返乡创业带动家门口就业

近日在江苏灌南百禄镇农民工返乡创业园内，回家乡创办企业的龙沃纺织品有限公司董事长魏加兵说："在家乡办企业，不仅可以顾家，还可以带动家乡的劳动力就业，一举多赢。"作为该县数百名返乡创业者之一，魏加兵的服装加工企业已带动当地200余名劳动力实现家门口就业。目前，该县回乡创业者已有262人，直接带动就业5 785人，吸引返乡就业4 729人。

灌南曾是劳务输出大县。今年以来，该县认真贯彻落实关于促进就业和鼓励创业的各项方针政策，把服务园区企业用工，促进返乡创业就业作为工作主线，把创业政策宣传、创业载体建设作为工作抓手，将"热爱灌南 奉献家乡"主题行动作为工作契机，加快推动"大众创业 万众创新"，努力营造良好的创业与创新环境氛围。

为营造宽松优越的就业创业环境，该县相继出台多项政策，在金融扶持、税费减免、平台搭建、大学生创业就业、小微企业扶持等方面新出台21项措施。截至目前，发放创业小额担保贷款共计3 825万元；支持成功自主创业780人，扶持农村劳动力自主创业495人；引领大学生创业135人。

同时，该县通过建、转、改并举，快速形成了双创载体空间格局。目前，全县已有各类双创载体22家。建成百禄、田楼返乡农民工创业园、张店小圈电子商务产业园、现代农业菌菇园等6家创新创业基地，全县创业孵化体系雏形初步形成。

（原文刊于2017年11月20日《经济日报》）

江苏灌南迈向"两争一前列"目标

灌南,位于江苏省北部,古称"海西",历史悠久,文化底蕴深厚,素有"菌都花城""千年酒乡"美称。近年来,中共灌南县委宣传部深入学习贯彻习近平新时代中国特色社会主义思想,扎实推进全县宣传思想工作在守正中创新发展,不断取得新成效,呈现新亮点。"两个中心"顺利建成,文明实践蓬勃开展,文明创建高位推进,文艺事业日益繁荣。"热爱灌南 奉献家乡"主题行动获省创新提名奖,原创大型现代淮海戏《孟里人家》赴京展演,"激情八月·活力灌南"广场演出周、江苏广播百名主播诵经典·灌南诗会、中国·灌南魔术文化艺术节等大型活动精彩纷呈,剪纸、书画等文化品牌亮相国际舞台。

党的十九届五中全会提出了建成文化强国的宏伟目标,习近平总书记殷切寄望江苏实现"两争一前列"。在光荣使命与崇高责任面前,灌南县委宣传部将以更加饱满的政治热情和昂扬的精神状态,谋划新一年,深耕"十四五",奋进新时代。

构建三大体系,以新思想领航发展新征程

紧抓学习新思想这个首要任务,着力在抓深化、抓消化、抓转化上下功夫。

"五大载体"浓氛围。用活用好"中心组学习""党员冬训""学习强国 APP""新时代文明实践中心""融媒体中心"等载体,以巡学旁听促进中心组学习不断规范、以"菜单式"送学提升党员冬训精准度、以"两中心一平台"建设推动理论宣讲走向大众化、生动化。

"四大课堂"强根基。依托"惠泽大讲堂""海西大学堂""书记上党课""海西会客厅"四大课堂,开展"十百千宣讲""百名书记说""理论+文艺巡演""青年理论沙龙"等特色学习活动,邀请专家学者宣讲新思想,组织"一把手"、年轻干部、

大学生村官上讲台,谈感受、讲问题、议对策,不断提升党员干部的理论水平。

"三大考核"验成效。以"网上答题、活动评比、年底考评"三项为切入点,组织党员干部"全会精神"和"新思想"网上大测试,广泛开展"十佳学习型党组织""学习强国"学习标兵评选,把理论武装纳入党建责任和年终综合考核,以考促学,以评促用,确保真学真信、入脑入心。

把牢三个导向,以新标杆牵引文明新提升

坚持重在建设,以立为本,久久为功,推动形成与时俱进的思想观念、精神面貌、文明风尚。

推动文明创建向纵深发展。按照干净整洁、宜居宜业、文明美丽的创建要求,持续用好挂钩挂联、共建共创、督查督办三项机制,抓好"六大专项提升"和"十大重点行动",做到抓常态、抓全域、抓细节,全面提升城市的硬环境和软实力,确保高水平迈入全国文明城市行列。深入开展各级各类文明创建活动,组织"文明+"系列评选,推动社会文明程度不断迈上新台阶。

推动文明实践向精准对标。建好用好3 000平方米的县级新时代文明实践中心,继续深入开展镇村所站标准化建设。组织新时代文明实践所长系列访谈,融合"灌南发布""文明灌南"新媒体平台,精准谋划志愿服务项目,推动文明实践供需精准对接,常态开展志愿服务,打造志愿服务品牌。

推动文明风尚向全域发力。推进"书香灌南"建设,深化全民阅读主题活动,让阅读成为习惯。开展移风易俗宣传,大力倡树人情减负、喜事新办、厚养薄葬,以及"公勺公筷""文明一米线"等文明新风。大力培树各类先进典型,推动月度推荐、季度评选、年度表彰制度化、常态化,做好表彰和礼遇工作,不断擦亮"尚德灌南"品牌。

厚植三大板块,以新视角刷新文化新高度

聚焦"更丰富的精神文化生活"目标,主动融入大运河文化带建设,深挖地域资源,丰富文化内涵,彰显"汉韵海西、水秀惠泽"的灌南文化特质。

文化挖掘有深度。深耕"河网密布、海河相连"的水文化,"南国汤沟、千年佳酿"的酒文化,"承恩祖居、二郎故里"的西游文化,"烽火东灌沭、峥嵘上马台"的红色文化,"品质超一流、美食成一绝"的菌菇文化,形成特色文化标识。打造酒文化博物馆、红色影视基地,培育魔术、剪纸等特色文化产业,实施海西古城遗迹

考古工程,继续办好菌菇美食节、灌江口龙王庙庙会,举办城市卡通形象、境内跨盐河的桥梁名称征集活动,推出志书《灌南革命史》、歌曲《运河古渡》、微视频《红色印记》、电影《曙红》、专题片《异乡客故乡情》等文艺作品。

活动开展有热度。深化"文化三送",紧扣全面小康、建党100周年等重大时间节点,举行淮海戏《孟里人家》巡演、国际魔术节、庆祝建党100周年大型诗会等重大活动,开展"激情八月·活力灌南"广场文化演出周、首届江苏省"元宵灯谜大会""文化惠民村村行""魔术戏曲进校园"等特色活动。

人才培养有力度。围绕"出精品、出人才"的导向,用好县文化发展扶持资金,实施"名师带徒""产业培育""三带人才"计划。依托海西文化创业园、海西文化会客厅,整合13个文艺创作基地,鼓励地方名人、名家开设工作室,扶持淮海戏《孟里人家》、魔术杂技剧《二郎传奇》、百幅系列剪纸《中国梦·复兴之路》等文艺精品,全力冲刺省文华奖、"五个一"工程奖。

聚力三大抓手,以新实招激发工作新动能

绘就蓝图是前提,抓好落实是关键。我们将坚持提高站位,苦干实干,推动宣传思想工作走深走实。

抓改革促创新。改革创新县淮海剧团等文化企业的管理体制,提升市场竞争力。激活海西文化产业园、县网络传播协会、史志研究协会等社会组织力量,增强基层宣传思想文化工作合力。

抓历练强素质。持续深化"四力"教育实践工作,继续推进"你讲我听微课堂""走走看看微调研"等活动,大力践行"快实严好"的优良作风,加强思想淬炼、政治历练、实践锻炼、专业训练,增强担当作为的过硬本领。

抓督办提质效。以综合考核为杠杆,按照项目化推进要求,排出"年度重点工程""部长督办事项",细化各项任务。强化过程管理,建立难题会办、问题交办、跟踪督办等工作机制,助推项目实施,确保序时进度,用有力的行动和崭新的业绩,把一项项重要决策变为生动实践,一幅幅宏伟蓝图变成美好现实,为江苏"两争先一前列"贡献生动的灌南样本,谱写精彩的灌南篇章。

(原文刊于2021年1月11日《中国县域经济报》)

灌云县

和谐电力 服务城乡

为体现供电企业的真诚服务,大力营造和谐的供用电氛围,江苏灌云县供电公司配合"和谐电力,服务社会"活动的开展,从5月1日起,组织供电营销人员走进社区、深入农家田头,面对面地解决用电难题,把供电人的温暖送到客户的心坎上,受到广大群众的一致好评。

"这样的活动,我们欢迎!"

5月8日上午,当灌云县供电公司把"用电咨询服务台"设在县城东门小区时,居民像赶集一般,纷至沓来,把咨询台围得严严实实。大家就当前最关心的用电事项问个不停:电价会不会上调？今年夏季是否还会"闹电荒"？居民最为关注的还是分时电表什么时候能全面安装到户,以及节能电器的选购和使用等。

针对居民的疑问,营销人员耐心细致地给予一一解答,并当场对部分节电产品进行展示和宣传,还用电磁炉进行无火烹饪演示,让居民目睹应用电能给生活带来的经济和环保。

许多居民兴奋地说:"供电单位这次活动很符合我们的口味,让我们学到了很多用电常识,希望他们今后能多搞一些这样的活动!"

带着资料下乡来

5月10日上午,伊山镇山前村农民迎来了一批特殊的"客人",她们无论走到哪一家,都主动与客户交流,热情地递上用电宣传材料。这是供电公司营业大厅的同志专门到农村来普及用电业务知识。

领队的是供电公司营销部副主任何学梅,在村民任之东家,当听说该户想申请动力用电时,何学梅就给他讲解了有关知识,并现场受理申请。任之东感激地说:"你们供电单位的服务真是太到位了,瞧,我不出门你们就帮我办妥了,了却了我的一桩心愿!"

"大爷,我们当前开展的'和谐电力,服务社会'活动,就是为居民解决用电上的难题,今后,你有什么问题尽管说。"何学梅的一番话,让任之东乐得合不上嘴。

"红马甲"在行动

"红马甲"志愿者义务为居民服务,成为"和谐电力,服务社会"活动中一道亮丽的风景线。

5月11日下午,由该公司8名供电职工自发组成的"红马甲"志愿者来到县城新村居委会,他们分头来到每个住宅楼,认真检查,发现问题,当场处理。对个别病灾户、困难户做到"特事特办",每登门一户,志愿者都主动交给客户一张便民服务联系卡,还签订了上门服务协议,在今后做到定期走访。

(原文刊于2007年6月4日《中国县域经济报》)

灌云县千名打工者回乡办实体

"现在俺自己开公司当老板,要在以前可是想都不敢想啊。以前只想今后能吃饱饭就知足了,哪里能料到如今这样子:一家人每年稳赚个几十万块,还带着镇上的100多个老百姓一起挣钱。"江苏省灌云县龙苴镇青年农民陆毅,借助在外打工获得的收入及与客商建立的关系,回乡创办了昊源电子厂。如今,在灌云像陆毅这样,利用外出打工而掌握了一定精湛的技术后,选择返乡创业当老板的就有1000多人,自主创业中小型项目千余个,带动村民在家门口当起了工人。

当记者来到与之相隔不远的该镇南李村龙瑞鞋厂并见到返乡创业当老板的郑步昌时,他正在生产车间察看生产情况。"没办法,外贸公司那边催得急,现在每天生产1000多双拖鞋才勉强赶上进度,这个月还得加班加点生产。"他边忙碌边乐呵呵地对记者说:"最近,我们将陆续向青岛等地的外贸公司发货,这些工艺拖鞋通过他们公司全部出口欧美。"

"我十多年前就一直在江南一家大型鞋厂打工,在外工作不仅使我获得了丰厚的经济收入,还学到了一整套生产工艺拖鞋的好手艺。去年春节回来,看到家乡优越的投资环境,加上不少离不开家的妇女农闲时无所事事,便萌生了回乡自己当老板的想法。于是,便和镇政府取得了联系,并得到了大力支持。春节后,我便投资40多万元在村创办了龙瑞鞋厂。今年我还打算进一步扩大生产规模,使更多的乡亲不出家门就能实现增收。"郑步昌充满信心地说。

"工资按月领到,孩子每晚辅导、老人能够关照,多了在家的亲情,没了在外的奔波和烦恼,而在家门口打工,出满勤的话,一个月也能挣1000元以上。"当谈起再也不用东奔西走外出打工挣钱,在家门口就能就业的好处,在龙瑞鞋厂上班的李娟如数家珍。

大批农民能在家门口创业、务工,主要得益于灌云县委、县政府招商引资、工业兴县的务实举措。灌云县是劳务大县,劳务输出一直是农民增收的主要渠道。多年来,该县常年在外务工经商的有24万多人,每年实现经济总收入近20亿元。他们在外从事服装加工、机械电子、建筑和餐饮等多个行业,通过多年的打拼,他们中涌现出一批具有现代经营理念、善于捕捉市场信息的经济能人。

特别是近两年来,该县通过软环境集中整治,进一步降低返乡创业"门槛",动员、鼓励外出打工致富人员投资兴建企业、反哺家乡经济。全县各乡镇纷纷建起外出创业明星档案,召开在外人员恳谈会,动员他们回乡创业。随着灌云县招商引资力度的加大以及返乡创业热潮的蓬勃兴起,一大批劳动力密集型的项目纷纷落户城乡,为本地农民提供了众多就业机会,实现了部分农民就地就近转移。

同时,该县还制定出台鼓励"凤还巢"创业优惠政策,对返乡创业人员在信贷支持、场地安排、工人培训等方面给予诸多优惠,并对返乡创业者积极加以引导和扶持,在办证办照、技术辅导等方面一路"绿灯",实行一条龙服务,全力为外出打工人员返乡创业搞好服务,营造宽松环境。

穆圩乡农民李启霞,在苏南一家服装生产企业打工的十多年时间里,从普通的缝纫工逐渐成为厂里的技术骨干。去年上半年,她在回乡探亲的过程中,"不敢相信灌云县居然发生了这样大的变化",于是毅然回乡领办了一家服装厂。长期在外打工的伊山镇桃垛村村民钱同生与村民彭增福前年回乡共同投资创办了压缩板厂,如今,一年销售额达100多万元,还带动80多名乡亲在家门口拿工资;东王集乡元邦村务工青年何习军,凭着在外学到的渔网加工技术和掌握的信息,返乡建起了康发渔网厂,现在一年销售额达到上百万元,吸纳了30多名富余劳动力进厂就业……外出打工人员返乡创业的积极性空前高涨,形成了外出打工学技术、积攒钱,返乡兴办企业,反哺家乡的良性循环。

这些返乡创业的经济能人充分利用家乡农村劳动力资源丰富的优势,大多兴办服装、鞋帽、电子加工等投资小、见效快的劳动密集型项目,加之这些项目技术要求低,当地村民经过简单的培训即可进厂工作,这也为他们今后进一步扩大生产规模创造了优越的条件。同时,百姓参与招商的氛围更加浓厚,带来了一批又一批外地老板到灌云县合资或独资办厂创业。下车乡跳口村村民戴海在常州创业后引来客商兴办了云城饮料厂,在苏州从事劳务的焦生成引来苏州客商胡老板兴办了腾达饮料厂,在该乡兴办酒厂的周吉生引来常州客商兴办了香海电器公司。此外,本地一些有经济头脑的青年纷纷到乡村厂里学习生产技术,在掌握全部生产工艺后,便另起"炉灶",纷纷加入创业行列中来,掀起了新一轮投资创业的热潮。

目前,该县通过"筑巢回引工程",已有1 000多名外出打工人员回到家乡兴办私营个体经济实体,为农村富余劳动力搭建起了就业平台,吸纳万余劳动力就地上班,足不出村赚钱。

(原文刊于2008年2月21日《中国县域经济报》)

灌云人打的就是"灌云牌"

江苏省灌云县是外出劳务大县,常年有20多万外出务工人员在外创业。金融危机中,他们的工作有没有受影响?又是如何在危机中求发展的?带着这些问题,记者在灌云县外工委的协助下,远赴灌云县外出务工人员密集的上海、无锡、南京、天津等地,进行调查走访。

执着灌云品牌

上海市闵行区虹桥机场东侧的空港一路虹桥枢纽东站,有一排简易的工棚,这里就是上海隧道股份轨道交通10号线15标项经理部。在金融危机的影响下,因为劳资、管理、工艺等诸多问题,隧道工程正常施工的只有徐兴运带领的这支"灌云"队。

"我的公司只招用灌云人,我要打造灌云品牌,我要让上海干地铁隧道工程的提到灌云人就竖大拇指。"严峻的形势也改变不了连云港力腾建筑工程有限公司总经理徐兴运的决心。工作不能出错,不能砸了灌云牌子,毁了灌云人的声誉,正是有了这种信念,才让徐兴运的灌云品牌声名远播,不仅是在上海,就连南京的一些隧道工程都会跑来找他做。

坚信市场会复苏

黄卫东是最早在无锡创业的灌云人之一,也是创业最成功的人。在这场危机中,他从事的有色金属销售事业受到的冲击最为明显。他的以锌锭销售为主的恒旺达物资有限公司,锌锭价格已从每吨3.6万元降到了1万元以下。

虽然损失重大,但他对目前的市场状况并没有丧失信心。"金融危机既是危机也是机遇,现在各种材料价格已经降至历史最低点,我已经不再销售而是进行物资储备,相信市场复苏的时候一定能赚回现在的损失。"黄卫东的"算盘"仍然打得啪啪响。

与黄卫东相比,同样在无锡打拼的张步谦似乎受危机影响并不大,他开办了汇通快递服务公司。"尽管每斤邮件服务费从8元降到5元,但是每月仍有两万元的收入。"张步谦对自己目前的状况很满意。不过,他仍有忧虑,所以他不仅下大力气开拓市场,更加努力提高服务质量。"快递这一行,名声很重要,周到快捷的服务才能赢回大批回头客。"行有行规,张步谦在危机中更重视行规。

灌云工程队要转向

受危机影响,南京许多外贸型企业举步维艰,建筑业方面受冲击也比较大,许多工程队处于停工状态。如何危中求机?"最关键的就是做好手头工程,保证项目工程的质量,打出灌云工程队的名声,为以后承接工程打下基础。"于溪荣是灌云县陡沟村人,来南京发展近30年,目前他手下有400余人在全国各地承揽建设工程。

"承包工程变少,部分工人开始回乡。"但他话锋一转,"国家政策的调控就是最大的机遇,目前我的工作主要以拓展市场,抢抓国家项目为主,承接的工程不再局限于南京,而是面向全国。广西、湖北、贵州、安徽都是我的新阵地。"

最高建筑奖花落灌云工程队

"价钱打折,服务不打折",这句话用在灌云建筑安装工程公司天津分公司身上很恰当。经过12年的艰苦创业,该公司成为天津华苑产业园内举足轻重的企业,年接工程额数亿元,2007年创收近4 000万元。天津市明星企业鑫茂集团总裁助理王耕生给予其很高的评价:"鑫茂集团两个最大的园区都是灌云公司承建的,在资金少、工期紧的情况下,不仅做得好,其中的数幢建筑还获得了天津市和江苏省最高建筑奖。"

后记:在全球经济危机的影响下,各地的灌云人不但坚守着自己的阵地,还积极发挥才智开拓市场,这些也赢得了当地政府部门的信任和支持。小伊乡的李春国在承建南京港务工程时,资金出现短缺,在南京党支部的帮助下,筹得百万资金,顺利完成工程。带领白蚬工程队在昆山承建工程的曹军,由于多方问题,出现资金、器械、人员不足的困境,在向当地党支部求援后,已顺利渡过难关……自信、自强的灌云人不久就会迎来自己事业的春天。

(原文刊于2009年2月23日《中国县域经济报》)

燕尾港起锚远航

——江苏省灌云县壮大造船业发展海洋经济

一个月交付船东4艘万吨巨轮,这是位于黄海前沿的江苏省灌云县,积极应对金融危机的精彩答卷。据灌云县燕尾港船舶工业园区主任孙克洪介绍,创建3年来,园区依托边建设边造船的创新思路,在寸草不生的荒岛——团港及5公里的滩涂岸线上,引进超10亿元的造船企业6家,过亿元配套企业2家。从2008年11月第一艘万吨海轮下水至今,灌云海洋船舶制造从无到有,现已交付船东的万吨轮船达12艘。其中,今年元月交付意大利、澳大利亚船东的海轮各1艘,交付中国香港船东2艘。除了船台7艘在建外,全年已接订单40万吨,预计全年将实现利税7亿元。

跨越发展"样板田"

江苏灌云的万吨海轮制造,几乎与金融危机同生伴行。2009年初,刚开始造船的连云港五洲船舶重工有限公司,也曾在金融危机中"闪了腰":储存的造船钢材降价过半、原先已交定金的国外船东取消了购船计划,加之市场萎缩、资金短缺,企业举步维艰。然而,困难吓不倒善于突破、志争一流的灌云船舶人,市场萎缩,园区领导与企业一起跑市场;产品过剩,组建海运公司搞运输;资金短缺,搭建银企合作平台尤其是江苏沿海大开发、国家船舶制造行业的振兴规划,让地处沿海产业带和陇海经济带相互交会战略要冲的灌云,看到了自身区位、良好港口岸线、大片滩涂腹地的优势,抢抓战略新机遇,大力发展造船业,已成为灌云争创省市经济跨越发展先行区、特色区、示范区的"样板田"。

拓展空间延长产业链

置身"苏北黄浦江"——灌河口的五洲船业,因此也成为该口岸几十家船厂中建厂时间最迟、造船数量最多、吨位最大、效益最好的企业。

"今年市场转好,计划生产船舶总吨位25万吨,预计将实现销售收入20亿元。"接受采访的五洲船舶董事长叶云竹告诉记者,"船台在建的5艘船舶已'名花有主',现在正抓紧进料,确保年内20多艘船舶按期下水。"节约造船生产成本,延长造船产业链,追求利益最大化,已成为临港船舶企业当下加大基础设施投入的主要动因。即便是在金融危机给国内造成资金短缺、市场萎缩期间,五洲船业还是率先成立了自己的研发中心,积极提升产品质量,降低生产成本,并通过采取组建五洲船舶海运公司、与船东合股经营等方式,保障了公司的生存空间和产业的持续发展。

据悉,该公司今年除了建造20多艘万吨巨轮,还扩建了总投资1.5亿元的8万吨船坞,现已完成2.64万平方米的负10米坞槽开挖、坞体浇筑和部分塔吊安装。计划先期投入1.6万元的20万吨船坞也已完成坞槽开挖,相关设施正在加紧实施中。

进入海洋经济新时代

"现在全国从事近海、远洋运输行业的大多数是外国商船,国内商船不足15%。"连云港和利通船舶副总经理于勇分析道,"长江、内河船舶需要更新换代,国家对造船行业出台了新的惠利政策,造船、海运必将迎来新的商机。"据他讲,和利通地处灌河水域的最前沿,进入国家规划大盘的灌河口开发,定会为和利通的发展提供强力支点。作为初创企业,将以驳船生产和运输为突破口,从不断壮大中寻找新的机遇,为企业跻身船业巨头打下基础。

为了进一步优化和提升灌云造船企业的发展环境、技术能力,灌云船舶园区积极强化产业服务,除了采取定人包企、跟踪解决问题,还利用例会和休息时间,组织国家产业政策分析会、员工技术集训。仅受聘的上海交大教授来此讲课就达十余次。据孙克洪介绍,按照园区发展规划,5年后,燕尾港船舶仅税金将达15亿元。

如今,灌河拦门沙整治工程已全面实施,随着以连云港为核心的港口群建设的全面推进,造船业必将在加大统筹协调力度、完善灌河综合开发规划、实施沿海大开发战略规划中大受裨益。也正如市委常委、县委书记唐铁飞所说:"《江苏沿海地区发展规划》,对包括我们灌云在内的全市发展具有里程碑式的划时代意义,不仅标志着连云港正式进入了国家发展战略层面,也必将把连云港加快带入海洋经济新时代。"

(原文刊于2010年4月19日《中国县域经济报》)

灌云发展重在品质

如何融入和借力沿海开发，更好地推进经济发展方式转变，推进城乡经济社会协调发展，让沿海临港的优势得到充分发挥，让沿海百姓享受发展带来的好处？近年来，江苏灌云县委、县政府坚持"港、区、城三位一体统筹推进"的发展思路，加快了临港开发的速度，提升了沿海开发的品质。灌云县县长尹哲强说："港口是沿海开发的龙头，产业园区是沿海开发的核心，城镇是沿海开发的支撑，三者缺一不可，互为支撑。只有坚持'港、区、城'三位一体联动并进，才能整体发挥沿海开发的内在意义，达到以工兴港、港工互促、统筹发展的效果，实现高层次开发的目的。"

强化辐射带动

作为灌云县的出海口和多年的老渔港，在沿海开发热潮中，一直从事渔业生产的燕尾港港口焕发了新的生机。据临港产业区常务副主任邱兆勤介绍，正在建的是燕尾港3万吨级码头，设计年吞吐量为200万吨的一期工程已于3月6日开始打桩，年底将建成投入使用。在规划中，燕尾港港口将建设28个万吨级以上泊位，其中5万吨级的4个，力争通过3到5年的努力，形成大中小泊位相配套、海河联运相促进的港口集群。

邱兆勤告诉记者："下一步，我们将坚持建设与招商同步推进，加快建设港口企业专用仓储区和大型仓储物流中心，着力招引大型物流企业落户园区，加快建立集仓储、加工、包装、配送、信息、管理等于一体的现代综合物流服务基地，为临港产业发展提供强有力的支撑。"

做强发展引擎

近年来,临港产业区紧紧围绕"崛起苏北争一流,建设美好新灌云"的新定位,强势推进园区各项建设,完成基础设施投入31.5亿元,65平方公里的建成区达到"九通一平",建成了总长190公里的"五纵九横"道路网络,日供水5万吨的自来水厂、日处理5万吨的污水处理厂以及集中供热站建成投入运行。

为了加快优化产业结构,产业区坚持重大项目建设、主导产业培育和大企业培植一体化,充分发挥10平方公里船舶工业园区、60平方公里工业集中区和20平方公里的沿海高新技术产业园等载体优势,积极实施大企业战略,通过与南大、南林大等著名、知名高校合作,搭建技术服务和技术创新平台,增强企业核心竞争力。

目前,园区已经形成船舶制造、精细化工、新能源三大产业,整个船舶工业园到今年底累计将有33艘船舶建成下水,总载重将超过75万吨。据介绍,截至目前,该区累计引进投资建设项目416个,其中超10亿元15个,竣工投产项目232个。预计2010年园区可完成固定资产投资160亿元,实现销售收入400亿元,财政收入达到21亿元。

加快沿海开发,关键是产业。据了解,该县临港产业区以"打造绿色海岸、绿色园区、绿色企业"为载体,优化产业结构,提升核心竞争力,抬高企业进区的环保和投资强度的门槛,先后拒绝100多个不符合环保条件的企业进区。江苏远征化工有限公司经过技术改造,现已经形成多个产品的废料循环,过去的废水如今变成宝贵的原料,今年产值将突破5亿元。

快速有序推进

伴随着港口、产业建设发展的快速推进,临港产业区从启动当日就开始按"10平方公里、10万人口容量"的规模规划建设海滨新城,老镇区搬迁只是其中之一。为了突出生态环境,海滨新城还规划了5平方公里的生态休闲区,建设了湿地公园和生态廊道,在建设中切实保护沿海湿地和自然资源。

据介绍,从2007年7月份启动建设以来,燕尾新城区已经完成基础设施投入6.5亿元,2.1万平方米的商务中心及广场、海滨学校、宾馆群楼部分已建成投入使用,40万平方米的安置小区、30万平方米的"时代花园"小区、3万平方米的低密度专家楼别墅区以及二级医院、农贸市场、客运站等配套设施正在快速有序推进。

随着一期工程的陆续竣工,燕尾新城二期也在同步设计规划中,并在近期启动了燕尾安置小区、灌西盐场、黄海水库景观打造、江苏省海洋资源研究院中试基地和淮海工学院大学科技园实验基地等新一批重点工程。预计两年后,一座具有鲜明海滨特色、江苏沿海一流的海滨新城将展现在黄海之滨。

(原文刊于2010年6月10日《中国县域经济报》)

江苏灌云"第一书记"待得住干得好

二十世纪九十年代起,江苏省灌云县开始选派优秀干部下乡挂职"第一书记"。近十年来,该县不断完善"第一书记"选派管理体制,累计下派89名优秀干部到经济薄弱村、软弱涣散村挂职锻炼,为农村发展注入了新鲜血液。

同兴镇李庄村曾是灌云县一个典型的落后村,经济薄弱,信访矛盾突出。近十年间,村书记像走马灯一般,调整了22位,干得最长的不过2年,最短的仅2个月。

2012年春,时任同兴镇劳保所所长的茆军被下派到李庄村担任"第一书记"。面对这个"穷摊子",茆军把家里仅有的8万元全部拿出来,又通过借贷、"一事一议"等途径,筹集了50多万元,为村里新铺水泥路1 200米,新建防渗渠1 000米、电灌站2座,疏浚沟渠1 500米。为了提高农民收益,他组织部分农户到山东、苏南等地观摩高效农业,又通过挨家挨户做工作成功流转100亩土地示范种植大棚西瓜。目前,全村已流转500亩土地发展设施农业,新扩浅水藕300亩,发展规模养羊6 000只,农民人均纯收入达8 600元。李庄村从落后村一跃成了同兴镇的文明村、先进村、平安村,连续三年目标考核进入全镇前五名。

灌云县委常委、组织部部长刘盾介绍说,选派年轻干部到经济薄弱村、软弱涣散村担任"第一书记",就是要他们做好群众的贴心人、班子的带头人、发展的开路人,促进农村经济发展和社会稳定。

对于"第一书记"人选,灌云县"量体裁衣",确保人岗相适。对组织涣散的村,从党务工作经验丰富的干部中选派;对基础设施差的村,从交通、水利等部门选派;对矛盾纠纷突出的村,从政法部门选派;对经济发展滞后的村,则从涉农部门选派。

为了让"第一书记"待得住、干得好,灌云县创新实施"四个一"管理模式,即一张清单、一本日记、一个平台和一项机制。据刘盾介绍,"一张清单"即责任清单,将执行方针政策、做好群众工作、推进农村党建、促进经济发展、遵守纪律规定作为5项主要职责任务;"一本日记"即民情日记,包括派驻村基本情况、手绘驻村地图、驻村计划、日记、季度小结等内容,帮助记录工作动态、理清工作思路;"一个平台"即网络交流平台,建立驻村工作QQ群,及时发布各类信息,帮助"第一书记"及时了解政策资讯,加强工作沟通交流;"一项机制"即建立以市县组织部门牵头管理、乡镇(街道)党(工)委主责管理和"第一书记"分组管理的管理机制,保证管理有序到位。

"第一书记"岗位,不仅为基层发展带来了活力,也是一个培养机关干部的"大熔炉"。灌云县教育局原干部张乃鸿下派到穆圩乡孙港村担任"第一书记"期间,先后为村里26户贫困农民"量身定做"帮扶项目,帮助实现脱贫致富。现任县信访局局长的他负责全县面上的信访工作。他说:"如果没有挂职锻炼的经历,现在处理复杂信访矛盾问题不会这么有底气。"

和灌云一样,全国许多县(市)都推出了机关干部下乡挂职的举措。但少数地方干部在挂职工作中存在着一定问题:有的束手束脚、不敢干事,唯恐有失误;有的"水土不服",心有余而力不足;有的心猿意马,在挂职的同时经营与职无关的"副业";有的则把挂职历练"畸变"成提高身价的"筹码",整天"混日子"。

灌云县为了杜绝上述现象发生,早在挂职干部选拔阶段,便从政治素质、工作能力、工作经验等方面严格把关,并注重"量体裁衣",统筹考虑选派干部素质能力,让他们发挥优势,各尽所能。而且,通过创新推行的"四个一"管理模式,既让"第一书记"明确自己的职责、任务所在,通过考核给他们一定压力,同时也通过搭建各种交流平台,为"第一书记"们干事创业提供帮助和支持,让他们尽情施展才华和抱负。

去年,灌云全县选派人员带头争取资金785万元,新修、整修通村公路31.5公里;修建电灌站30座,疏挖沟渠29.3公里;改造升级15个软弱涣散村综合服务中心;化解村级债务129.2万元。

(原文刊于2015年8月27日《中国县域经济报》)

江苏灌云发展家庭农场提升农业品质

江苏省灌云县通过强化政策服务、加强业务培训、突出示范引领等方式,大力发展农村家庭农场。截至目前,全县已注册登记的家庭农场达658家,经营总面积超过10万亩,在带动农民增收、提升农业生产标准化、规模化、机械化等方面取得了新的突破。

去年以来,灌云高度重视新型农业经营主体培育,出台了关于积极推进家庭农场发展的实施意见、鼓励扶持粮食生产和蔬菜种植类家庭农场发展实施方案等政策性文件,以粮食生产和蔬菜种植类为主,大力推动农村家庭农场发展,以点带面深化农村改革,激发农业农村发展新的活力。

灌云县通过设立家庭农场发展专项资金,鼓励农村种粮大户、技术能手等带头发展家庭农场,县财政每年安排300万元家庭农场发展专项扶持资金,对新注册登记的家庭农场流转土地按照面积给予一次性奖补。同时实行家庭农场贷款财政贴息政策,对家庭农场用于农业生产的贷款给予贴息补助,切实解决家庭农场发展中农户资金短缺问题。此外,还在落实用地政策、整合农业项目支持、创新农技服务方式、人才支持、品牌创建、优化金融信贷服务、新建储藏烘干设施等方面,对家庭农场的发展给予政策倾斜和支持鼓励,为家庭农场快速发展提供动力保障。

在家庭农场发展过程中,灌云县坚持把培育"有技术、善管理、懂经营"的家庭农场主作为一项重要工作,先后组织农场主参加各种学习班、培训班,着力提高家庭农场的发展经营水平。积极邀请省市专家开展专题教育培训,先后围绕家庭农场发展策略、品牌创建、电子商务、合同管理、财务管理等方面对家庭农场主开展了8次集中培训,参训人员达到2 000多人(次)。相关部门还组织技术人员为家庭农场生产提供蔬菜园艺、鲜切花、稻麦栽培和管理技术以及病虫害防治技术等方面的技术服务,建立基层农技人员结对指导制度,全县家庭农场主的经营理念和技术水平显著提高。同时积极推动家庭农场与农村电商的联合与合作,实现大批量农产品的网上展示和销售。

此外,灌云县通过制定《家庭农场认定管理和工商注册登记工作办法》,向农民发放家庭农场申请明白纸,让群众全面了解家庭农场设立程序、工商注册登记所需材料。严格按照程序,采取农户自愿申请、乡镇农经部门审核、县农办复查把关、工商部门注册登记的方式层层把关,全面规范家庭农场发展。在此基础上,县有关部门还进一步简化办理程序,提高工作效率,组织相关人员深入村组为家庭农场的注册登记提供指导和帮助,为有意发展家庭农场的农户提供高效服务。灌云县委、县政府每年对获得县级以上示范性家庭农场的农户进行表彰奖励,并给予专项奖补,支持其发展壮大,通过示范创建,全县家庭农场建账率达到100%。

良性发展离不开政府推动

近年来,家庭农场作为我国大力倡导的农业现代化方向,在中央和地方政府的支持下实现了快速发展。尽管我国家庭农场发展已初具规模,但仍存在自身实力弱、技术和经营管理水平偏低等问题,更面临土地流转不规范、社会化服务体系发育滞后、政策支持不完善等诸多障碍。

从灌云家庭农场的发展实践来看,政府在其中起了很关键的作用。比如,培育农场主,提高家庭农场主综合素质,提升家庭农场管理水平,引导其发展标准化、生态化、专业化。

此外,推行行政指导,助力家庭农场发展。为规范家庭农场认定程序,稳步推进家庭农场发展,并对有关操作规定进行了进一步的细化,确保成熟一家发展一家、办一家成一家,为家庭农场快速发展夯实基础。

当前,我国家庭农场还处在发展的起步阶段,政府还需鼓励、支持,并在实践中不断探索、逐步规范。

(原文刊于2015年12月3日《中国县域经济报》)

绿色发展在灌云

日前,从第四届中国旅游产业投资论坛上传来喜讯,江苏省灌云县大伊山景区被中国文化旅游中心、中国城市旅游发展战略联盟、亚太旅游投资发展协会、全国乡村旅游发展研究会等单位联合授予"中国最具魅力旅游景区"和"中国最具投资价值旅游经济区",这是灌云县推进绿色发展的一个生动缩影。

灌云县地处江苏省东北部,位于沿海经济带等诸多国家战略的交叉辐射区,区位优势独特,历史底蕴厚重,资源禀赋充足。近年来,灌云县委、县政府审时度势,科学决策,从加强顶层设计入手,摆脱传统路径依赖,充分发挥资源优势,全面拉开生态优先、绿色发展、后发先至的战略布局,致力于做好"绿色发展"文章,努力争创全省绿色发展示范县,构建崇尚自然的生态功能体系、富民强县的生态产业体系和宜居宜业的生态城镇体系,实施环保突出问题集中整治、绿色循环园区创建、生态修复建设、农村面源污染治理和环保基础设施建设等五项行动,并以此作为绿色发展的总体思路,全县上下,万众一心,奋力开创全县绿色发展新局面。

以"打造全国最美县,争创全省绿色发展的标兵、转型升级的样板、后发先至的典范"作为"创建全省绿色发展示范县"战略愿景,灌云咬定目标,力争绿色发展的整体水平走在全市、苏北和全省的前列,力争全市率先、苏北创先、全省争先,实现灌云的绿色崛起,力争在绿色发展上创造出具有灌云特色、可以复制推广的新模式、新样板、新经验,不做跟随者,争做探索者、引领者。

作为绿色发展的战略重点,构建"生态功能体系、生态产业体系、生态城镇体系"是牵动绿色发展全局的关键。为此,灌云县已把生态红线区域由原来的272.04平方公里,扩大到354.95平方公里,在坚守空间红线的基础上,着重打造沿路、沿河、沿海三大生态屏障,形成覆盖全县的生态功能网络。初步规划在近 300 公里的国省干道和高速、高铁两侧 250 米、361 公里骨干河道两岸 500 米建设防护林、经济林、景观林，打造生态走廊、水墨画廊；沿海重点开发、建设和保护好滩涂湿地。

灌云县还依托自身的禀赋条件、现实基础和未来趋势，在严把项目入口关、严守环保底线的基础上，初步考虑全力集聚扩张"先进制造、乡村旅游、现代物流、电子商务和高效农业"五大产业，并力争把先进制造作为绿色发展的支柱产业、把乡村旅游作为绿色发展的标志产业、把现代物流作为绿色发展的先导产业、把电子商务作为绿色发展的新兴产业、把高效农业作为绿色发展的基础产业，努力构建生态产业体系。

按照宜居宜业的方向，灌云县以县城为核心，建设凸显山水特色的现代化中等城市，打造东部燕尾海滨新城、中部杨集物流新城、北部下车产业新城，建设圩丰、四队、同兴、小伊、南岗、龙苴等各具风韵的特色小城镇。

为更好更快地推进绿色发展，灌云县着手实施"五项行动"。

持续推进临港化工园集中整治。抓好"三个一批"落实，凡是技术工艺落后、产品落后、装备落后和环保不配套、安全生产不完善的，一律取缔。同时，以市场为纽带，以政策为激励，推动区内企业整合重组，形成医药、染料和农药中间体等三类高端精细化工，确保今年全部整治到位。

创建绿色循环园区。临港产业区、经济开发区、乡镇工业集中区和现代农业园、渔业园都以清洁生产、集约开发、循环利用为目标，争创省级绿色循环示范园区。

农村面源污染治理。重点抓好"一禁、两清、三改"。"一禁"，就是全县范围内禁止分户分散式的畜禽养殖，力争 2～3 年全面取缔农户生猪圈养。"两清"，就是清洁村庄，健全完善村庄垃圾集疏运体系；清洁河塘，治理城乡黑臭水体。"三改"，就是深入推进改厕、改灶和改进化肥农药施用技术。

抓好生态修复建设。实施一批以绿化造林、水土涵养、河道疏浚等为重点的生态修复建设工程，争创国家级生态县、生态乡村。

加大环保基础设施投入。重点改扩建城镇、园区、企业垃圾、污水、废气和集中供热处置设施，年内确保所有乡镇污水处理厂全部达标运行、城乡各类生产生活垃圾无害化处理。

生态兴则文明兴。党的十八大以来，灌云县自觉地把生态文明建设纳入全县经济社会发展战略布局中，"既要绿水青山也要金山银山，绿水青山就是金山银山"正在灌云生动演绎。

——坚持把加快旅游业发展作为推进转型升级、全面建成小康的重中之重，以打造"伊山伊水伊甸园，真情真意真灌云"旅游品牌为主题，强势推进"一年破题，两年成形，三年出彩，五年成名"行动计划，灌云旅游发展进入了一个强势上涨的新纪元。

——围绕"全景建设，全域旅游"，江苏省灌云县打造镜花缘小镇、温泉小镇、伊尹小镇、童话小镇、农趣小镇、风车小镇、空港小镇等一批叫得响的乡村旅游特色品牌。

——把乡村旅游与特色小镇、美丽乡村、现代高效农业发展结合起来，伊山镇川星村、同兴镇伊芦村、杨集镇刘圩村显现出省级四星级美丽乡村的雏形，采摘园、农家乐、民宿民居等休闲观光农业同步发展。

——2016年以来，灌云整合农家果林资源，先后建成伊甸园、伊芦山、潮河湾三大乡村旅游景区。2017年国庆黄金周，全县共接待32.5万名游客，同比增长近8倍，旅游业已经成为全县最活跃的产业，由单独的"景点旅游"变成了"全域旅游"，从单纯的三产服务业变成一二三产融合的新兴产业。

如今的灌云，全县上下已经形成共识，那就是，绿色发展是灌云崛起振兴的必由之路。宏图已绘就，跨越正当时。灌云将以更加宽广的视野、更加务实的目标、更加振奋的精神状态，向着更为美好的绿色发展目标奋力前进。

（原文刊于2018年4月19日《经济日报》）

用绣花功夫谋脱贫之策
——江苏省委驻灌云县帮扶工作队助力灌云脱贫攻坚决战决胜

10月15日,苏北的农村已经十分清冷。江苏省灌云县同兴社区的驻村"第一书记"戚国义一大早便开始了他的例行工作:从村东到村西,从村南到村北,仔仔细细转一圈。"看看田里的庄稼,问问贫困户的情况,心里也好有个数。"戚国义说。

戚国义是江苏省委驻灌云县帮扶工作队的一员,在他的办公室墙上,"2018—2019年省委驻灌云县帮扶工作队项目计划表"十分醒目,表上排满了两年期间扶贫队要在同兴社区完成的产业帮扶项目、基础设施项目和民生实事项目等扶贫任务。"在部队打仗要在地图上划据点、做标记,理清思路。如今,'挂图作战',摸排情况,同样是拿下扶贫攻坚这场硬仗的前期准备。"这位曾经的军人言语铿锵。

戚国义来自江苏省税务局。对于灌云,他并不陌生。2016年初到今年2月,戚国义就曾在灌云扶贫两年。今年4月,新一轮省委帮扶工作开始,还有两年即将退休的戚国义主动请缨,再次成为一名"扶贫战士"。这次,与他一起并肩奋战在灌云"扶贫战场"上的还有26位同志,分别来自省级机关、高校院所、省部属企业和苏南县(市、区),他们每人入驻一个省定经济薄弱村,担任村"第一书记"。

"进驻后,全体帮扶队员迅速转变角色、开展工作,自觉做到'四个一':即一进驻就确立'相融'思维;一进驻就进入'扎根'状态;一进驻就形成'挂图作战'模式;一进驻就贯彻'严管'要求。我们要用绣花功夫,谋精准之策,助力灌云脱贫攻坚决战决胜。"灌云县委副书记、江苏省委驻灌云县帮扶工作队队长严志明告诉记者。

开展调研摸底是帮扶工作的第一步。队员们坚持多渠道、立体化、贴近式，主动了解镇村实情和发展规划；深入田间地头，查看道路状况、水利设施和村庄布局；走进贫困家庭嘘寒问暖，了解人口状况、致贫原因和脱贫意愿；与村两委座谈交流，了解班子建设、集体收入情况和低收入户建档立卡情况。通过民意调查表、村民代表微信群等，拓宽与基层干部、贫困群众的沟通渠道，尽量摸清实情。三个月功夫，工作队累计召开各类调研座谈会120多个，走访低收入户1 500多次，征集梳理意见建议280多条。

在深入调研的基础上，扶贫思路逐渐清晰。据严志明介绍，帮扶工作队紧盯"村集体收入"和"建档立卡户收入"两个核心指标，注重产业项目带动，同时组建帮扶项目专家智库，实行项目汰劣评审机制，确保每个帮扶项目实施时可操作、效益上可预期。工作队共确定帮扶项目144个，计划投资1.026亿元。其中，产业帮扶项目34个，基础设施项目39个，民生实事项目48个，其他帮扶项目23个。目前，已启动19个产业设施类项目的招投标程序，启动实施41个民生实事类项目。

在灌云县南岗乡岗东村新建的高产莴苣基地，100余亩绿油油的莴苣长势喜人。"多亏了'第一书记'陈新年，带领贫困户种莴苣，还联系了连云港超特食品有限公司350吨莴苣订单，仅这一项，今年就可以给岗东村带来50万元收益，30户低保户有望因此脱贫。"岗东村支部书记殷建杨激动地说。在陈新年看来，扶贫绝不是简单的给钱给物，而是要"造血"，给村里留下"会下蛋的鸡"，真正带领村民们走上脱贫致富路。

当然，扶贫队员绝不是一个人在"战斗"，背后是后方单位的全力支持。在灌云县龙苴镇范庄村，由扬中市援建的村级便民服务中心已经初见雏形，正在加紧施工，预计元旦前就能够交付使用。龙苴镇镇长蒋桂美告诉记者，扬中市与灌云县是多年来的南北挂钩合作共建县(市)，此次帮扶工作，扬中市再次派出两名干部挂职龙苴镇。扬中市援建的范庄村标准化厂房也即将投入使用，可为村里带来40万元的年收益，范庄村预计今年底就可实现省定经济薄弱村"脱帽"。

(原文刊于2018年10月16日《经济日报》)

守住我们内心的"开山岛"

王继才,江苏灌云人,曾任江苏省开山岛民兵哨所所长,从 26 岁上岛到 2018 年 7 月在执勤时突发疾病去世,他与妻子坚守孤岛 32 年。尽管岛上条件艰苦,王继才还是义无反顾,与海水为邻,与孤独做伴,尝遍酸甜苦辣,在日复一日、年复一年中完成了自己的使命,践行了"开山岛是我国的领土,我一定会把它守住"的承诺,实现了"一生守岛,直到守不动的那一天"的铮铮誓言。

从古至今,用生命与鲜血践行自己甘愿奉献之铮铮誓言的英雄无数:有"人生自古谁无死,留取丹心照汗青"的文天祥,有"苟利国家生死以,岂因祸福避趋之"的林则徐,还有现代"人民的好公仆"焦裕禄等等。他们呕心沥血,被世人永远铭记,成为国家和民族的脊梁,王继才也不例外。每一个铮铮誓言的确立与实现背后,都是爱国精神的支撑,而精神则是一个民族赖以长久生存的灵魂。

作为一名老新闻工作者,我与王继才有过多次深入接触,对于他的英雄事迹,不论是上岛原因、岛上生活,还是守岛经历,我都熟稔于心,他的事迹深入我心,他甘于平凡、任劳任怨的赤子情怀以及坚守岗位、无私奉献的爱国精神也深深感动和影响了我。

人无精神则不立,国无精神则不强。作为全国时代楷模的主要发现者、推介者、见证者,许思文与王继才相识多年,了解深入并对其精神实质进行过长期的多角度思考,他同青年学者许默涵、王李蟠一道,融事迹于精神,寓精神于时代,从宏大视野、现实思考、发展考量等,诠释、梳理王继才精神弘扬践行,从纲目到内容,从创作到成稿,数易其稿、反复修改,最终形成了厚重、深度、可读、启人的理论读物《人民楷模王继才精神研究》。

这本书是国内第一本系统、全面、深度研究王继才事迹及精神弘扬践行的著作,从王继才精神的形成背景开始,深入研究王继才精神的源流、实质内涵及时代价值,深度探讨王继才精神与青年成长成才、与党员干部队伍建设、与国防和军队建设等,深入思考弘扬王继才精神、构建新时代城市精神、推动城市经济社会发展等。

信守承诺、无私奉献的爱国精神。"守岛就是守家,国安才能家安""领导说,岛上必须得有人去守,我也答应了领导,答应了就要做到。"一应一守就是32年。王继才克服了常人难以想象的艰难困苦,默默坚守,与父母分别、与孤独为伴,错过女儿的婚礼、错过双亲床头尽孝,投身海防事业,这是一种什么样的力量,能让一个人不计得失、不计名利,将一生最美好的年华都奉献在一座远离人群的孤岛?广大青年要像王继才一样坚定信念、坚守理想,广大党员干部更要学习王继才在艰难困苦面前坚定信念、咬牙坚守,守住信仰的"开山岛",守住奉献的"开山岛"。

勤于自律、爱岗尽职的敬业精神。"家就是岛,岛就是国,开山岛虽小,却是祖国的东门,你不守我不守,谁守?"这就是王继才舍我其谁的担当精神。王继才夫妇升旗、巡岛、观天象、护航标、写日志……32年间,他们每天坚持做好两个必须:必须保证岛上有人值班,必须完成守岛日记的记录。无人监督,从未间断。这是一种怎样的职业操守,能让他们数十年如一日重复着同样的动作,真抓实干、不厌其烦?广大青年要像王继才一样自律自立、履职尽责,广大党员干部更要学习王继才勤于自律、爱岗敬业的崇高境界,坚守人生价值,守住自律的"开山岛",守住使命的"开山岛"。

勇于担当、不畏艰难的开拓精神。在岛上的32年,王继才夫妇以岛为家、不等不靠、就地取材,主动修缮营房、建设码头、维护航标、垦荒种菜、美化家园,使原本荒芜的小岛绿树成荫。这是一种怎样的高尚情操?广大青年要像王继才一样勇于担当、勤于实践,广大党员同志更要学习王继才在荒芜贫瘠面前以岛为家、扎根海岛的使命担当,努力提高自身能力素质,为推进国家建设发展贡献力量,守住担当的"开山岛",守住开拓的"开山岛"。

全面建设社会主义现代化国家呼唤英雄精神,社会变革需要价值标杆,《人民楷模王继才精神研究》以翔实、一手、可信、可敬的资料材料,展现了立体、全面、深刻的人民楷模英雄事迹和英雄精神,为新时代青年、广大党员干部学习践行"人民楷模"王继才精神、坚守新时代奋斗者的价值取向提供了有益而真切的思考启迪,帮助更多党员干部真正了解王继才、走进王继才,继而在更高视野、更广视角、更深层面弘扬践行"人民楷模"王继才精神,守住我们内心的"开山岛",勇毅前行奋进新征程、豪情满怀建功新时代,为全面建设社会主义现代化国家砥砺奋进。

(原文刊于2023年4月24日《中国县域经济报》)

海州区

海州:创新思路发展都市农业

作为江苏连云港市的南大门,海州区腹地开阔,土壤肥沃,山水资源丰富,素有"吃住海州不羡仙"之说。近年来,海州区坚持"以城带乡、以工促农、城乡互动、产业富民"的发展思路,大力发展乡村游、农家乐、生态园等休闲农业,精细蔬菜、优质瓜果、特种养殖、花卉苗木等主导产业系列化、品牌化,成了连云港市区重要的"菜篮子",也掀起了乡村旅游和客商投资的热潮。

园区发展产业化

按照"近郊发展花卉苗木、远郊发展精细蔬菜"思路,海州区围绕新坝、锦屏、板浦三个万亩农业园区的对接连片,重抓农业园区提档升级,加快推进板浦设施农业标准园、锦屏生态农业观光园、新坝特色农业示范园等农业园区建设。其中,新坝现代农业产业园区分种植、养殖、加工、沼池、物流、观光等六大循环功能区,涵盖三大产业基地,正在创建省级现代农业产业园区。

种在地里是风景,卖出去的是农产品,海州生态农业在旅游观光功能方面动足脑筋。围绕打造204国道和环锦屏山两条休闲观光农业带,该区大力发展"农家乐""生态园"等休闲观光产业,拓展各个农业园区休闲观光、体验参与等功能,不断延伸现代农业产业链条,促进农村一、二、三产协调发展。

海州区渐渐走出单一农产品生产的局限,打造一条基于"农"的鲜活产业链。该区以无公害农产品基地和特色种植养殖基地为主要发展方向,以"海州裕苗蔬菜生产基地"为龙头企业,运作胸山无公害蔬菜基地,加强宁海黄圩、锦屏康顺等规模化养殖场和养殖小区建设,据介绍,年内标准化规模养殖场将达到42个。

拳头产品创效益

品牌即是效益,该区充分发挥独特的自然优势和传统农产品优势,大力推进无公害农产品建设,培育了一批区域特色品牌,提高农产品的市场竞争力,同时,积极开展证明商标注册、优势产品原产地标志创建等,扩大"汪恕有滴醋"、"李记明章"、"拿比特"西瓜、新坝牌集体商标等品牌的市场知名度,扩大板浦豆丹、宁海草鸡等特色农产品影响力,提高农业的特色品牌效益。

市场对品牌的认可度,质量是核心要素。海州区以质量兴产业、塑品牌,加强农产品质量安全建设,构建农产品质量安全可追溯体系,全面提升质量安全建设水平。推进标准化生产,严格农产品质量全程监控,抓源头、促中间,把监管延伸到产出地,扩大到加工、流通领域,逐步把海州的农产品打造成质量安全、市场认可、顾客称赞的放心品牌。

农产品品牌的建设和推广,需要有雄厚的资金支持和广阔的经销平台。该区突出抓好农业招商引资,确保年内新增农产品加工企业5家,利用境外投资1200万美元,并进一步完善四季农产品批发市场的建设和升级改造,着力推进储存、质量安全、检验检测等公益性设施建设,推进品牌农产品直营超市、直供基地建设,提升现代化的流通业态。

创新道路显活力

走创新农业、科技农业之路,海州区深入实施农业科技创新工程,以科技引领现代农业发展。大力实施农业人才培训工程,以种养能手、科技带头人、农村经纪人和专业合作社负责人为重点,加快职业农民和农村实用人才培训,提高农业从业人员素质。年内,培训农民1.2万人(次),培育科技示范户1000户。

在海州区的大农业之路上,创新灵活的机制是发动机。该区规范发展农村"三大合作",突出完善土地股份合作机制,加快构建农业园区、合作社与农户之间利益紧密的机制;建立土地承包经营权流转市场,允许农民以转包、出租、互换、转让等形式流转土地承包经营权,实现土地由分散经营向农业产业化企业和种养大户规模化经营集中;加快农业适度规模经营步伐,推进整村式适度规模经营,提升农业经营整体质态。今年,将新增土地流转面积1.17万亩,农业适度规模经营面积比重达到60%。

创新的科技和先进的管理理念,促进了一批高效农业雨后春笋般涌现。该区并先后建设新坝生态农业、锦屏港兴鸽业、板浦豆丹养殖等一批高效农业基地,高效渔业面积达3 780亩,高效农业面积5万余亩。

(原文刊于2012年9月30日《中国县域经济报》)

江苏汤沟两相和酒业有限公司

江苏汤沟酒厂 狠抓"双基"教育 提高企业素质

近年来,江苏汤沟酒厂①坚持两个文明一起抓,扎扎实实开展双基教育工作,促进了企业发展,收到良好的效果。

这个厂拥有 2 500 多名职工,其中青工占 35%,自 1990 年 3 月以来,该厂党委把双基教育工作列入工作重要内容,采取脱产为主、自学为辅、正规办学、系统灌输的方法,对全厂 35 周岁以下青工进行了轮训,到目前已办培训班 17 期,青工参加市统考合格率达 99%。

该厂在培训过程中,坚持教育与上党课相结合,着力提高青年党员干部的政治素质;教育与上团课相结合,着力于团员青年的思想教育;教育与业务培训相结合,在提高青工政治素质的同时提高其业务素质,并制定了严明的纪律。

这个厂为了保证双基教育落到实处,由党委书记亲自挂帅,配备 4 名专职教师,还根据教学内容的实际需要,选出 3 位政治水平较高,具有一定教学能力的同志到市里参加培训,形成了一支强有力的教师队伍。包装车间一位女工对计划生育想不通,一心想生个男孩,通过学习后,愉快地到医院做了结扎手术。1990 年,该厂被评为计划生育"四无"单位。自开展教育以来已有青工 97 人向党组织递交入党申请书、十几位同志光荣地加入了中国共产党。

4 月初,厂党委、厂部发起"大干二季度,奉献迎'七一'"劳动竞赛,全厂青工锐意拼搏,使全厂 1—5 月份实现产值、税利双超千万元,创历史最高纪录。

(原文刊于 1991 年 6 月 29 日《淮阴日报》)

---

① 今江苏汤沟两相和酒业有限公司,下同。

汤沟酒厂产值、利税创历史最高纪录

今年以来,江苏汤沟酒厂狠抓产品结构调整,强化内部管理和销售,企业稳步发展。1—6月创工业总产值6 423.43万元,占年计划的85.65%;实现税利1 608.56万元,占年计划的84.22%,分别比去年同期增长172.9%、192.13%,创历史同期最高水平。

该厂根据市场分析,抓普酒,稳优酒,扩大适销对路的普酒产量,普酒生产能力从1990年的57班,扩大到122班,新开发了价格低廉的新品种45度特酿,大力提高53度、55度普酒生产能力,出现产销两旺、产品供不应求的好势头。

今年初该厂主动和江苏省糖酒公司挂钩,实行工商联营销售,汤沟系列产品由省公司总经销,大大提高了酒的知名度,产品覆盖面从原来占省内70%扩大到100%,产品销售由去年同期的6 863.99吨,增加到今年同期的12 657.88吨,成为省内曲酒生产企业销售之首。

1990年下半年以来,该厂拿出113万元用于技术改造和设备更新,新建了具有5 000吨生产能力的白酒车间,此外,还新建了52 000平方米厂房,维修了5 400平方米生产厂房,更换了41个甑桶,将84台功率大、负荷小的鼓风机等设备进行了更新,改造和更新的设备扩大了生产能力,保证了生产的高速运转,一年为企业节约58.3万元。

(原文刊于1991年8月8日《淮阴日报》)

汤沟酒厂完成全年主要经济指标

汤沟酒厂不以名优作资本，而是依靠科技提高产品质量，使汤沟酒保持青春活力。今年1—8月份，该厂创工业总产值7538万元，实现销售收入7813万元，实现税利1928万元，分别比去年同期增长280%、55.57%、170%，创历史同期最高水平。

近年来，该厂投资了20多万元，购买8台气相色谱分析仪和6台微机数字处理系统及辅助器具，建成气相色谱分析室，克服了过去单靠感观品尝易出差错的缺陷；设立了产品勾兑、化验、灌装、抽验、出厂等各道把关系统，形成了全方位质量管理网络，从而使产品合格率由原来的98%提高到现在的100%。

由于该厂在科技进步方面狠练内功，使普酒综合出酒率由去年同期的41.6%提高到46.07%，优酒综合出酒率也有所提高，多酿普酒优酒463.85吨，多创产值315.42万元，同时使生产成本下降了14.4%。

（原文刊于1991年9月12日《淮阴日报》）

汤沟酒厂节能成效显著

江苏汤沟酒厂抓节能,增效益,今年1—3季度,仅煤、电两项就节约33万余元。

该厂年耗煤近2万吨,他们从节约着手,一方面加强管理,从供销合同的签订,煤炭进厂到使用都建立了严格的制度,保证了煤炭的质量和合理使用;另一方面进行技术改造。今年7月,该厂花了20多万元,对锅炉进行了改造,并对鼓引风设备进行了配套改造,降低了煤耗。今年1—3季度,该厂节约标准煤1 193.6吨,提高经济效益21.5万元。

酿造车间的42台鼓风机与42台打蛋机的电机功率过剩,存在着"大马拉小车"的现象,该厂分别将电机由7.5千瓦、5.5千瓦降低到4千瓦、3千瓦。经测算,年节约电力20万千瓦时,可增加效益6万多元。

(原文刊于1991年11月21日《淮阴日报》)

汤沟酒厂产值销售双超亿

江苏汤沟酒厂坚持以科技促质量拓市场，取得良好经济效益。1至11月，该厂完成工业总产值1.1亿元，实现销售收入1.2亿元，利税2500万元，分别比去年同期增长45.63%、43.68%和43.17%，创历史最高水平。

为提高产品质量，汤沟酒厂今年先后4次赴四川五粮液酒厂等名酒厂学习考察，并多次聘请全国著名酿酒专家来厂传授酿酒技术。他们注重智力投资，提高职工业务素质。今年以来共举办技术培训班12期，使一线工人的培训率达98%。该厂还投资50多万元，购置了检测仪、气相色谱分析仪等新型设备，并进行了一系列技术改造，克服了过去单靠感观鉴定产品易出误差的缺陷。厂里设立了产品勾兑、化验、灌装、抽检、出厂等一整套行之有效的质量监督检测体系，形成了科学的质量管理网络，使产品合格率由原来的98%提高到100%。在今年全省酒类评比中，该厂45度汤沟大曲酒荣获第一名，39度优曲被评为省优产品。

产品质量的提高，开拓了销售市场。该厂产品现已畅销国内18个省市，并远销海外市场。目前，汤沟酒厂1992年计划生产的3万吨曲酒已全部预订完毕，企业生产经营呈现良好势头。

（原文刊于1991年12月31日《华夏酒报》）

江苏汤沟酒厂　自办销售半年　利润增加近三成

由上一级烟酒公司总经销,一度是烟酒厂家的荣耀,但今年元月起,江苏汤沟酒厂主动从省烟酒公司的"襁褓"中自立出来,寻求市场,今年1—5月,创工业总产值6 850万元,实现销售收入7 150万元,实现利税2 100万元,分别比去年同期增长17.18%、21.22%、28.88%,真正实现历史最高水平。

在计划体制还占一定比例的情况下,省烟酒公司总经销确实起到了一定的作用。但随着市场经济的日益完善,这种营销体制越来越显得难以适应。汤沟酒厂"自办销售",便是在这种情况下产生的,他们一方面成立"销售总公司",同时在全国7大城市设立办事处,袁立峰厂长亲自带队摸市场,行程途经全国16个省市自治区。在5月份,他们竟销出汤沟各种系列酒1 400多吨。53度汤沟特曲提价近两倍,但销售量比去年同期增长60%。

(原文刊于1993年6月18日《淮阴日报》)

职工教育为汤沟酒厂添后劲

"南国汤沟酒、开坛十里香",这是清代著名剧作家、诗人洪昇对汤沟酒的赞美诗句。今天,汤沟人又以超前的胆识,写出了以职工教育提高全员素质,保持企业效益持续发展的新诗篇。

作为一个年产值、销售收入逾2亿元的国家大型企业、国家名优酒生产厂家,如何在市场经济竞争中不断开拓进取,如何运用现代科技手段和管理方式创建新的业绩?厂长袁立峰上任伊始,就将职工教育放在企业长期稳定发展的重要位置上,并统一领导班子的思想认识:提高全员素质是推动企业发展和加大改革力度的重要步骤。为此,他们围绕提高技能这个中心,开展职工教育,对生产、技术、管理、营销人员进行有计划的岗位培训、思想文化教育,在提高劳动技能的同时,提高他们的文化思想素质。

抓"双基"教育。组织职工学习党的基本路线,了解我国的基本国情,激发职工爱厂、爱国、爱党、爱社会主义的热情。该厂每年进行党员冬训。去年,他们请灌南县党校来厂办了五期党员及中层干部培训班,重点学习十四届三中全会精神、学习《邓选》、学习社会主义市场经济理论,提高了党员干部的思想素质。去年他们还举办了11期"双基"教育培训班,在淮阴全市统考中,该厂合格率达100%。

抓业务培训。该厂每年利用暑期高温停产之机,在全厂各部门进行业务知识培训。培训内容包括酿酒知识、制曲工艺等。为了培养职工质量意识,提高技术素质,从厂部到车间、班组,制定了翔实的质量教育计划和实施方案,先后举办了50多期全面质量管理学习班,多次请来国内著名酿酒专家来厂指导,定期开展产品质量与技术练兵比武,每年举办两期全厂职工质量智力竞赛活动。对营销管理人员,结合转换企业内部经营机制的形势,组织他们学习社会主义市场经济理论,提高他们在新的市场竞争机制中的竞争意识。到去年底,已有95%以上的人员受到培训。

该厂在进行职工教育时,制定了一整套奖学金制度,将学习培训与奖金挂起钩来。对参加学习、考试合格者,分档次进行奖励。对考试不及格者,取消当月奖金;二次补考不及格,按旷工处理。制度上的强化,使职工主动参加学习,全员素质明显提高,企业后劲大大增强。现在"汤沟"牌四个系列39个品种佳酿远销海内外,汤沟酒厂也以其辉煌的成绩而连续三年获得全国500家、全国轻工系统200家和全国同行业50家经济效益最佳工业企业的光荣称号,名列江苏省50强。

(原文刊于1994年1月19日《江苏教育报》)

质量才是消费者心中的金牌

——江苏汤沟酒厂强化质量管理纪事

江苏汤沟酒厂在品牌众多的江苏酒乡堪称是"五朵金花"之一。面对日趋激烈的市场竞争,他们不背名牌的包袱,在连续四年搞基改扩建工程,加强硬件条件的同时,紧紧围绕产品质量——这个消费者时刻关心的问题做文章,从而保持了竞争的活力,朝着"让汤沟酒成为消费者心中的金牌"的目标迈进。

向有"南国汤沟酒,开坛十里香"美誉的汤沟酒,以其"清澈透明、浓香馥郁、醇正柔和、绵软甘洌、饮后不渴、回味悠长"的独特风味畅销华东地区。江苏汤沟酒厂不以名牌作资本、作包袱,而是把培养职工的质量意识作为"登堂入室"的先决条件来抓,借此提高职工的技术素质。他们多次请全国著名酿酒专家来厂指导,先后举办了180多期全面质量管理学习班,定期开展产品质量与技术练兵比武,每年举办两期全厂职工质量智力竞赛活动,每月进行质量检查考核。厂里尤其注意选取消费者来信和市场调查发现的典型质量问题,进行专题讨论。他们瞄准国内外先进水平,先后6次派员去四川,到同行厂家学习考察,配套实施了内控标准83个和工作标准155个,从而确保国家标准和企业标准的实行。在抓质量工作中,该厂逐步健全质量管理网络,逐步强化了从原料选择、加工酿制、包装封口、经营销售以至售后服务全过程的质量控制。质量意识的增强,使得职工围绕提高质量的合理化建议层出不穷。优酒车间提出改进质量建议13条,其中11条被采用,他们针对曲酒出酒率低,曲酒香气淡等问题进行技术攻关,在投料配比、水分、酸度、温度等方面做文章,使出酒率由45%提高到50%。

售后服务、市场调查被一些企业视为麻烦事,认为"吃力不讨好",但该厂厂长袁立峰却把这件事作为获得消费者依赖和巩固扩大市场的重要措施来抓,他们坚守"跟踪服务"、"售后三包"(即出厂包合格、运输包损耗、销售包调换),定期发出征求意见信并专访全国的新老客户,让"上帝"来提建议;消费者来信均由袁立峰亲笔批复,只要有可能厂领导就登门拜访,道歉致谢。盐城市一位同志发现"53°普通大曲"酒酒瓶有破口,厂里接信后,立即派销售人员前去调换;金坛县商场营业员顾某写了关于酒质量的一封信,袁立峰立即派分管质量的厂长助理张加林亲自到 400 公里外的金坛去处理,并感谢小顾同志提出的意见……正是由于注重了以质量求生存、创效益、图发展这个"软件",引进了色谱分析设备、酶法新工艺、酯化液的提取和应用、应用微机勾兑等先进技术和完成 25 个技改项目的"硬件",使汤沟酒厂在市场竞争中牢牢站稳了脚跟,形成了以名优产品为拳头的多系列产品。其产品不仅在华东市场颇具影响,还远销新疆、内蒙古、东北三省及湖南等 19 个省、市、自治区,形成了产销两旺、供不应求的良好格局。

由于江苏汤沟酒厂扎扎实实地抓好各项基础工作和质量管理工作,从而保证了该厂产品在历次国家、部、省举行的各类质量评比会上都能取得优秀成绩。目前该厂已成为国家大型企业,是江苏省和轻工行业定点的白酒生产厂家,年销售曲酒 3 万吨,成为全国销量最大的曲酒生产厂家之一。

(原文刊于 1993 年 6 月 28 日《新华日报》)

向质量管理要"金牌"

在江苏酒乡,汤沟酒是"五朵金花"之一。早在明末清初就有"南国汤沟酒,开坛十里香"的美誉。1915年荣获莱比锡国际博览会银质奖。新中国成立后,我厂沿用传统工艺酿造的汤沟大曲,曾以其"清澈透明、浓香馥郁、醇正柔和、绵软甘洌、饮后不渴、回味悠长"的独特风味畅销华东地区。

党的十一届三中全会以来,随着经济的发展,酒坛群雄崛起,竞争渐趋激烈,我们厂遇到了前所未有的挑战和考验。厂领导意识到原地踏步,因循守旧,将被淘汰。只有积极改革,发展拳头产品,提高产品质量,才能闯出生路。于是在扩建工程,引进新设备、新技术的同时,下功夫,狠抓质量管理,向管理要金牌。

强化自身建设。只有质量,才能出效益。我们厂首先把培养职工的质量意识,提高技术素质,作为"登堂入室"的先决条件来抓,多次请全国著名的酿酒专家到厂指导,从厂部到车间、班组,制定了翔实的质量教育计划和实施方案。近4年来,先后举办了180多期全面质量管理学习班,定期开展产品质量和技术练兵比武活动,每年举办两期全厂职工质量智力竞赛,制定了每月进行质量检查考核制度。厂里尤其注意选取消费者来信和市场调查发现的典型质量问题,进行专题讨论,使干部职工认识到:质量同每一个人息息相关,质量就是企业的生存之本、发展之源、效益之母。

严格质量管理措施。我们认识到:质量管理措施是关键,没有措施一切都是空的。我们瞄准国内外先进水平,先后派员6次去四川同行业考察,学习人家的先进经验。在反复实践中,从涉及质量的各种环节上进行探索,建立了科学的质量管理方法和程序,并分别把它纳入工厂方针、部门目标、车间目标和QC管理小组计划。这些得力措施的实行,收到了显著效果。

健全质量管理网络。质量管理必须有坚强的组织保证。厂里成立了由厂长参加的全面质量管理委员会和标准化委员会,设立了质技科,各科室车间组建了质量领导小组,关键部位都成立了QC管理小组,逐步强化了从原料选择、加工酿制、包装封口、经营销售以及售后服务全过程的质量控制。

搞好售后服务。提高售后服务质量是获得消费者信赖和巩固、扩大市场的重要举措。我们坚持"跟踪服务",实行"售后三包",即出厂包合格、运输包损耗、销售包调换。同时,还定期发出征求意见信,专访全国的新老客户,让"上帝"来提建议。消费者的来信均由厂长亲笔批复。如果提出了质量问题,只要有可能,厂领导就登门拜访,道歉致谢。盐城市一位同志来信提出"53°普通大曲"的酒瓶有破口,酒类销售公司接信后,立即派销售人员前去调换;金坛县商场营业员小顾同志写了关于酒质量的一封信,厂长袁立峰立即派分管质量的厂长助理张加林到400公里外的金坛去处理,并感谢小顾同志提出的意见。

几年来,由于我们厂狠抓了质量管理,加上不失时机地引进了先进技术和进行技术改造,才使我们汤沟酒厂在市场竞争中牢牢站稳了脚跟,其产品不仅在华东市场颇具影响,而且还远销新疆、内蒙古、辽宁、吉林、黑龙江、湖南等19个省、市、自治区,形成了产销两旺,供不应求的局面。

(原文刊于1993年10月1日《群众杂志》)

综 合

酸甜与苦辣

有一回,我到邮局去取款,正好碰见一位老朋友,他出于对我的关心,也有几分好奇,朝我抬眼望了一会儿。我说:"取稿费,淮阴日报社寄来的。"他听完,与我开玩笑说:"小小笔杆,三寸长,轻轻一划就来钱。"

我只得用苦笑来作答。写文章是不大有财发的,否则人们何必为"臭老九"的待遇弹铗而歌呢?说实在的,如果一时图财的话,我早就洗手不干,去领个体户的营业执照了!

这个朋友只看到了我这一次的成功,他没有看到我家里数十上百的退稿。为了采访一个单位,真实地表现改革中的事迹,"多挖细节",我总要跑七八趟、十来趟,磨得被采访人物不耐烦,有几次甚至下了逐客令(他们的时间也确实宝贵)。回来以后,将素材归拢,思路理顺,再推敲结构,为了一个词用得不够妥帖,我总要向字典请教,有时一篇文章要查到十来次之多。

我最感到苦恼的还不是写作时花费的功夫,而是经常感到腹中空空,想写却无从下笔。

生活是激我乘风的帆、击浪的桨,如水养鱼一样激发我的"灵感"和"才华"。有一次,我正咬着笔杆,觉得无事可写,正好一位在法院工作的朋友对我说:"我们法院去执行一起违章建筑案,如有空跟我们走一趟。"随着案件深入,我越来越发现了案件内涵。有以权谋私的不正之风,有人情交换的世俗风尚,还有法盲亟待教育……几天后,我据此写出的稿件在《淮阴日报》发表,接着省法制报又做了转载。

打那以后,我的办公室就好像变成了上访办,许多人找我诉苦,同时还主动向我提供报道线索,使我大受感动,更坚定了我长期为报社写稿的决心。

我被一些报刊聘为特约记者和通讯员,并发了采访证,我像摘花采蜜一样,把一样样自己以为是上品的稿件捧献给报刊界,每当稿件见报,我心里像吃蜜一样甜,每每在采访中或街头,只要有人对我说"祝贺你,张记者",我就知道今天又有稿件见报了,他们称呼我记者,我深切体味其中人们对记者职业的尊重。因此我不光体会到身为淮阴企业记者的光荣,更加认识到当好一个人民的喉舌的责任感。

不久前,我采写了某单位的一篇稿件,在某杂志上刊登,事前,有人提醒我多替领导说几句好话,企业感到的困难少写几句,我不得不向其解释,我是以事实为基础,真实为准绳的。坚持四项基本原则,把本县一些新闻报道出去,这就是我的职责。

一个通讯员真难当,他酸甜苦辣啥味都有,但当我想起那些找我诉苦,向我表露心迹,并提供报道线索者的一张张熟悉面孔,我就在心里发誓,记者、通讯员我做定了,我愿意品尝酸甜苦辣。

(原文刊于1992年12月1日《新华日报》)

江苏强县扩权缘何"单边突破"

日前,记者在江苏某地采访时,一位县委书记说:"最近不少媒体都在报道强县扩权,但你知道江苏的强县扩权为什么走向'单边突破'吗?"这确实问住了记者,就此,我们在江苏等地展开了调查。

据悉,目前全国已有504个县(市)进行了强县扩权的改革,占县(市)总数的1/4。但由于改革涉及行政区划、事权、财权等的调整,各地推进方式不大一样。江苏强县扩权改革最终演变为财政对接的"单边突破",表明改革之路走得相当艰难。

"单边突破"的形成

20世纪80年代初,中央开始酝酿城市改革,"市管县"制度设计的初衷就是采取地市合一的办法,赋予市更高的行政级别。在这样的背景下,1983年1月18日,经国务院批准,江苏省进行了有史以来最大规模的行政区划变革。于是,江苏的城市工业得以迅速朝农村辐射,为日后被奉为经典的"苏南模式"的形成提供了制度保障。

市管县体制最初促进了城乡的初次融合,也导致农村的资源大量向城市集中。特别是1994年分税制改革后,城市集聚的要素越来越多,形势日益不利于农村发展。

财政体制的束缚可能是县最初碰到的麻烦。江苏省政协2005年10月底至11月初在省内调研发现,丹阳市2004年实现财政收入20亿元,实际可用财力不到8亿元。比较清楚的上缴款项包括省统一集中的超基数增长部分的20%,约6600万元;省市两级统筹款近4000万元。但县上缴地方和中央的财政收入都没有具体的数字。

在去年推出的全国百强县名单中,浙江省有30个县上榜,数量连续3年居全国之首,县域经济的总量已经占全省经济总量的近80%,发展迅猛。而江苏县域总人口占全省的70%左右,生产总值只占全省的50%。同时,江苏省城乡利益有摩擦,地级市和县之间的离心持续加大,地级市甚至成为县域经济发展的"抽水机",成为江苏经济发展无法逾越的障碍。有知情人士称,江苏省里为此非常着急,"江苏的出路就在于加快县域经济发展"。

江苏省财政厅的人士告诉记者,其实财政省管县已经讲了好几年,但一直难以付诸实施。今年省里下决心全面推开这项工作,以减少财政管理层次,加大省对县财政的指导和支持力度。同时明晰省、市、县之间财权事权划分,调整规范完善省、市、县财政分配关系,扩大县级管理权限,"保证县的既得利益"。

国家社科基金管理项目的承担者、江苏"省管县"改革课题组的牵头人孙学玉向记者透露,江苏近年来经济运行平稳、社会发展稳定,从财政权入手进行省管县改革,是比较稳妥的选择,此后可以逐步推进利益的再调整。不管怎么说,这一改革给了县一级更多的自主权,有利于县域经济发展。

新的矛盾待破解

尽管江苏省下了很大决心,实行财政对接的"单边突破",但这项工作在推行的过程中,也面临着不少现实的问题。

一是地级市调控力削弱。近年来,江苏的区域中心城市发展势头一直很好,苏南地区尤为明显。以苏州为例,其充足的发展势头更多源于所辖的经济强县,如常熟、昆山、吴江等的支撑作用;而无锡的发展也与江阴、宜兴的欣欣向荣休戚相关。变市辖为省辖,在一定程度上相当于对区域中心城市"断筋取肋",可能扼制区域性中心城市的高速发展势头,削弱地级市调控力,对区域中心城市发展和整个城市化进程产生不利影响。

二是城市区域化发展受限。江苏经济发达、人多地少,人口密度、城镇密度、经济密度和开发强度较大,各种关系也甚为紧密,呈现出城市区域化率先发展的态势,特别是在苏南地区,已经出现了城镇密集地区围绕核心城市发展的大都市区。推行"省管县",大都市区发展的动力、空间和政策供给将大大减少,城市区域化发展态势受到限制。

三是监督和约束力度减弱。"省管县"强化了县域发展的自主权,给予县域较之原来更为宽松的发展空间。但与地级市相比,省级行政不仅有"山高皇帝远"之虞,而且由于其管辖范围过大,机构较小,在强化对县级行政的直管上也很有可能力不从心,从而导致地级市和省级行政这两个上级行政对县的监督和约束力度都被削弱。

四是部分利益群体阻力较大。从"省管县"变为"市管县",增加了许多"位子";但从"市管县"再回归到"省管县",很可能会削减掉一些部门的权力和位置。这样一来,改革必须要面对利益群体的阻力。

这些新矛盾的出现,也使在强县扩权中受惠的县市遭遇不少尴尬。据一位试点县的领导介绍,明显表现在三个方面:地级市对扩权县、市的支持力度减弱,特别是在财政配套资金问题上,省里资金下来了,要求市里配套的部分往往难以到位;其次,垂直部门再扩权政策中定位模糊,土地、金融、工商、税务等部门各自都有一套自上而下的行政体制和管理体制,扩权政策在这种既成事实面前束手无策;再次,扩权县、市按理说与原来的"东家"已经脱钩,但依然要维护和他们的关系,县市主要领导从"一头协调"变为"两头协调",有些事反倒更难办了。

(原文刊于2006年3月1日《中国县域经济报》)

新型农村合作医疗筹资为什么这样难？

作为农村社会保障体系重要内容之一的新型农村合作医疗制度，近年来在各地农村广泛推行。近日，记者在江苏省的一些地区进行了采访，发现筹资难成为新型农村合作医疗推行过程中的一个瓶颈。既然是好事，为什么筹资这样难呢？

报销难，农民选择退保

"合作医疗我们也都入了，入了也报不了钱。你说我们是不是还要继续入？"江苏省响水县小尖镇郭庄村，村民郭家前对记者讲述了自己的遭遇。他们全家5口人都入了当地的新型农村合作医疗。2004年年底，他因为前列腺炎住院，为了以后能报销，他先后在响水县中医院等新型合作医疗定点医院就诊，共花费5 000多元，等出了院去镇里报销的时候，却被告知不能报。郭家前感到很失望。

在小尖镇新型合作医疗办公室，工作人员告诉记者，当地的报销办法是在每人10元的门诊费用之外，按照病种给予补贴，青光眼、阑尾炎手术等补贴100元，最多补贴4 000元。怕记者不相信，她向记者出示了一份最近的报销单，有一位温姓患者因乳腺疾病住院，费用2 001元，但是在报销费用中，金额却是4 000元。看病还能多报一半钱？工作人员的解释轻描淡写："我们是看病种给补贴，局长批多少就是多少。"

失败阴影大，报销比例小

"我们这个地方20世纪60年代就有了合作医疗，只是后来集体经济日趋萎缩,村卫生所放任自流,政府又没有补贴,农民的集资入不敷出,难以为继,看病难在农村成了普遍现象。"江苏省阜宁县卫生局副局长邱忠柱告诉记者,因为当地的合作医疗几经反复,所以新型合作医疗推行之初,很多农民持观望态度。阜宁县沟墩镇跃进村村民易忠彦告诉记者:"刚开始我们不敢入,后来邻居看病确实政府给报销了,我们也就放心地入了保险。得了病有个保障,不得病就当给别人集资了。"

此外,资金沉淀多,结报率低,也制约着新型农村合作医疗的推行。在筹资标准人均百元的无锡市惠山区,参加农村合作医疗的农民结报率也只有20%。阜宁县2004年度资金沉淀17.6%,邱忠柱告诉记者:"我们这也不是最高的,江苏省平均沉淀率比我们要高,主要是刚开始推行,怕出现赤字。这在一定程度上降低了农民的受益程度。"

筹资成本高,配套资金少

阜宁县卫生局副局长邱忠柱告诉记者,为了简化筹资程序,减轻村干部的负担,今年他们在农民自愿的基础上,推行新型农村合作医疗预缴费制度,鼓励参保农民用今年的报销费用参加下一年的新型农村合作医疗,迄今为止已经完成2006年度预缴费220万元。

江苏省某县领导告诉记者,与其这样,每年向农民的筹资还要作为门诊报销费用返还给农民,还不如干脆不要农民出钱,政府投入,只搞大病统筹。

不仅仅是由于成本高,地方政府出不起配套资金,也制约着新型农村合作医疗的发展。以阜宁县为例,2004年度新型农村合作医疗筹资标准是每人35元,省、市、县乡、农民个人筹资比例为10∶2∶8∶15,因为县乡财政比较薄弱,今年省里出资15元,乡镇不再出资,县里出资3元,筹资结构呈现两头大、中间小的态势。

(原文刊于2005年9月5日《经济日报农村版》)

论微博对传统媒体新闻评论的影响

摘要：微博的兴起与普及对传统媒体的新闻评论产生了十分深刻的影响。它在一定程度上弱化了传统媒体新闻评论的权威性，但又为传统媒体新闻评论的"逆势崛起"创造了条件，主要表现在提供丰富选题和推动评论形式革新上。同时传统媒体中的新闻评论员大兴微博评论实现融合互补，也是微博对传统媒体新闻评论业务的一大影响。

关键词：微博；媒体；新闻评论

新媒体时代，微博极大地改变了人们的信息接收和交互方式，同时它让"人人都有一架麦克风"，深刻影响了社会舆论的形成和发展。在微博诞生以前，新闻评论是报纸、广播、电视等传统大众媒体发表议论、激浊扬清、表达观点、引导舆论的重要手段。而微博的兴起与普及形成"技术赋权"，不仅让人人都可能成为新闻评论员，而且也给传统媒体的新闻评论带来了多方面复杂而微妙的变化。

一、微博弱化传统媒体新闻评论的权威性

在高门槛、严把关、单向度的传统媒介环境下，受众接收信息的来源相对单一，媒体上的新闻评论也往往反映的是主流意识形态，因而具有较高的权威性。然而随着网络新闻时代的到来，公民获得的不仅是远远超过传统媒体承载量的新闻信息，还获得了由网络技术所赋予的表达权，或者说对新闻的评论权。微博的诞生进一步保障和强化了公民的这一权利。

微博上评论主体的多元以及由此产生的"声音的多元"不可避免地弱化了传

统媒体新闻评论的权威性。在新媒体时代到来之前,报纸、广播、电视等传统媒体的新闻评论属于单向度的传播,广大受众对新闻评论的评论几乎没有公开表达的渠道,所以媒体上的新闻评论具有天然的"垄断优势"。但是在如今的微博上,人们完全可以根据自己的兴趣爱好确定关注的内容,也可以随时发出自己的声音,即对新闻事件、对他人的新闻评论发表自己的看法,所以微博成了真正意义上的"观点的自由市场"。传统媒体的新闻评论不再一家独大,反而要时刻接受公众的审视甚至驳斥。微博从诞生到现在还不到四年,但各方围绕某一篇新闻评论进行论战的案例却数不胜数。例如2013年5月2日,《环球时报》发表了一篇《军车需适应舆论"过度监督"》的评论,作者在文中质疑中国的监督尤其是网络舆论监督"有点走过头"。这篇评论文章甫一问世便在微博引起轩然大波,不少公共知识分子都在微博上对其展开批评,其中《中国青年报》评论员曹林与《环球时报》总编胡锡进围绕这篇文章的几番交锋更是引起网络围观。5月3日,曹林便在《中国青年报》上发表评论《别在被放大的网络舆情中误读中国》,期盼在现实中"拓展多元的表达途径"。

"传统媒体的新闻评论,是一厢情愿地将设置好的议题娓娓道来,以自以为是的姿态和口吻强行推销给受众,如报纸电视中的新闻评论。"[1]相比之下,微博上随时都存在着热烈而多元的讨论。当前微博平台上精英与"草根"共存,真相与谣言赛跑,充斥着不同的利益诉求和话语表达,议程设置的"去中心化"十分明显。当新闻事件发生后,由于媒介使用中的"渠道依赖"心理,很多人已经习惯通过微博寻找并接受相关的评论观点(公共知识分子就新闻事件发表的评论往往获得极高的认同),传统媒体在发行量和收视(听)率意义上的受众基础势必会有所缩减。而且"观点的自由市场"也不再让受众唯传统媒体的新闻评论是瞻,因为且不论媒体的新闻评论有任何纰漏都会招致网络围观和吐槽,在这个复杂又嘈杂的年代,即便传统媒体的评论声音客观、理性、专业,也不可能获得所有人的认同。

值得指出的是,虽然微博在一定程度上会弱化传统媒体新闻评论的权威性和受众基础,但这并不意味着传统媒体就要在新媒体面前缴械投降。因为只要受众存在观点需求,在努力提高新闻评论质量的基础上通过与微博等新媒体融合互补,传统媒体在新闻评论领域依然大有可为,毕竟受字数限制的微博评论只能"碎片化表达",难以深入展开和充分说理。

二、微博为传统媒体的新闻评论提供更多选题

随着网络的发展,尤其是微博等自媒体的强势兴起,媒体靠抢夺独家新闻取

胜的时代已然过去,从"卖新闻"转向"卖观点"以吸引受众在业内已经形成共识,而新闻评论则是媒体"卖观点"的不二法宝。因此,在微博时代,传统媒体的新闻评论不仅没有被削弱反而得到加强。从中央到地方,从电视到报纸,从评论类节目的增加到评论员队伍的建设,新闻评论越来越受到媒体重视。

无论对于报纸的每日评论或广播、电视的"本台短评",评论的选题是十分关键的一步。"新闻评论的选题,简而言之,即选择新闻评论所要评述的事物或要论述的问题,它规定着评论的对象与范围。"[2]选题的好坏直接决定了新闻评论价值的大小,同时体现了媒体眼界的高低。微博让国内外更多的新闻涌现在人们眼前,而且随着微博用户的急剧增长,来自微博上的声音也越来越受到重视。所以从选题来源上看,微博大大拓宽了媒体新闻评论的题材范围和评论空间。事实上,当前由微博参与并放大的新闻事件越来越多,这类事件在网络上造成声势、形成议程后往往会迫使传统媒体跟进报道,并予以评论。例如2010年轰动全国的"宜黄拆迁事件"中,钟家姐妹躲进女厕所发微博求助,《现代快报》记者发现了微博上对此事的直播后,立即进行跟踪和关注,并对当事人进行了电话采访,第二天报纸对这起由微博直播的"女厕攻防战"进行了全面报道,并配发专题评论《不能让"宜黄事件"发展成违宪恶例》。《现代快报》的报道和评论带动了多家传统媒体对这一事件的关注,使得社会舆论对宜黄当地政府恶劣行径的抨击再掀高潮,成为整个事件的一个转折点。

微博虽然如日中天,网络舆情虽然汹涌澎湃,但在众声喧哗的微博平台中,民意未必一定就是理性的,非理性亢奋一直存在甚至在某些时候还甚嚣尘上。这种情况下作为社会公器的传统媒体不应当迎合网络,反倒可以直接就那些非理性的网络声音或现象发表评论。例如2011年3月日本大地震发生伊始,微博上一度出现了一些带有强烈民族主义情绪的言论,但随着传统媒体相关报道与评论的正面引导以及网络上理性言论的发声,人们的认识开始趋于理性,对事件投以了更多的人道主义关怀和理性反思。[3]在这样的大是大非面前,媒体激浊扬清,引导舆论的作用得以彰显。又如4月21日,一张中国红十字会常务副会长赵白鸽与一名貌似红会工作人员的男子在雅安地震灾区同吃泡面的照片出现在微博上,有网友鉴定出该男子戴的是价格不菲的名表,引发了网民的阵阵声讨。而事实上,这名男子是《新京报》的记者,那手表也仅价值数百元。对于这次微博"误伤",《南方都市报》24日发表评论《该如何安放我们的鉴表热情》,"官员懂得'保护'自己之后,我们怎么办?"的问题引人深思。但令人遗憾的是,当下有些媒体为了追求发行量或收视率,在进行评论选题时没有把好关,过于微博化、娱乐化,丧失了新闻评论应有的严肃立场与正面的价值取向。

这是一个不缺新闻的时代，微博呈现新闻，甚至微博本身就是新闻。传统媒体在为新闻评论选题时必须将视野扩展至网络世界，因为某种意义上网络折射的就是现实。只要善于发现，善于辨析，微博将为传统媒体提供许多丰富而有意义的选题。

三、微博推动传统媒体新闻评论形式上的革新

微博最大的特点就是直接提供观点，没有长篇大论，这种碎片化的表达和呈现符合当下的快生活节奏以及公众浅阅读的习惯，这也推动了传统媒体新闻评论形式上的革新。从传播效果上来看，有些革新将微博特点与媒体自身特色很好地结合起来，起到了"四两拨千斤"的评论效果；但是有些革新却过分偏重微博化，以至于适得其反，未能彰显传统媒体的功能与地位。具体来看，在微博的影响下，传统媒体的新闻评论有以下三方面形式上的革新：

1. 微博式新闻评论的盛行。传统的新闻评论，尤其是报纸的评论一般都要求有规范的行文、翔实的论据、严密的论证以及鲜明的结论，因此篇幅往往较长。但近几年来微博式的新闻评论开始流行，其特点是直述观点、短小精悍，比传统的微型评论更"微"。《华西都市报》《新民晚报》《云南信息时报》等多家报纸都开设了"微评"栏目，往往针对网民在微博上反映的一些问题进行百余字的点评，字数虽少却能戳中要害。有的报纸的"微评"甚至只有一句话，却能一针见血，如2011年《中国青年报》曾对建成仅23年的辽宁省科技馆被整体爆破的新闻作了这样犀利的评论——"微评：不拆不建哪有钱赚。"

2. 直接引用微博评论或邀请微博意见领袖发表评论。相比纸质媒体，广播、电视的新闻评论更为灵活，同时也更趋"微博化"，一个流行的现象就是在节目中直接引用微博评论。微博上各种精彩的观点俯首即是，对广播、电视而言这无疑是一大富矿。《新闻1+1》是央视新闻频道颇为成功的一个新闻评论类节目，白岩松等主持人在节目中经常展示网络上、微博上对于某一事件的观点。而各地方台的新闻类节目同样有相似的举措，例如江苏卫视每天的《新闻眼》中就有一个"微博看点"环节，列举有代表性的微博言论作为自己的评论观点。而邀请知名的微博意见领袖对新闻事件发表评论也已成为电视和广播媒体常用的一招，如安徽卫视的《每日新闻报》节目就经常通过电话连线的方式邀请一些在微博上有影响力的意见领袖进行新闻评论，取得了良好的效果。

3. 微博风格在新闻评论体裁上的体现。在文学和艺术作品中，体裁往往是作品形式最直观的体现。就体裁来划分，新闻评论可分为社论、时评、编者按、杂

文等多种形式。在微博对语言环境强劲的冲击之下,不少媒体的新闻评论在体裁上也呈现出明显的微博风格,既不像时评那样鞭辟入里、有建设性,也不具备杂文那样的驳诘气质和讽刺指向。例如2011年3月15日中央电视台曝光济源双汇瘦肉精事件,3月16日《辽沈晚报》以"济源双汇!!十八道检验!!!我呸!!!"为题作突出报道,并配发了一则"咆哮体"式评论《吃瘦肉精的猪你伤不起啊!》:"多亏赶上三一五!!!!要是不曝光还得被隐瞒几年啊!!!!你们不法分子就是群祸害!!!弄得现在吃啥都不放心啊!!!苏丹红有木有啊有木有!!!三聚氰胺有木有!!!地沟油有木有!!!"[4]这样的文章让人读起来感觉不是在读新闻评论,而是在看微博。

传统媒体对新闻评论的形式积极进行新的探索值得鼓励,但革新未必一定就是创新,媒体在做新闻评论时固然要吸收微博的长处,让自己的评论更为群众喜闻乐见,但同时也应立足自身的特点坚守媒体的底线,不可盲目克隆甚至迎合微博的观点与形式,从而丧失新闻评论应有的旨趣与价值。

四、传统媒体新闻评论员大兴微博评论

2010年,以微博为载体的网络时评风起云涌,众多评论员、媒体记者乃至传统媒体本身纷纷开设微博,掀起了传统媒体人士转战微博的风潮。这些人在微博上拥有数十万甚至上百万的粉丝,频繁对公共议题和热点事件发表微博短评,并获得极高的转发量,因而成为新的微博意见领袖。而这些微博意见领袖因微博的新特点,也出现了新的变化。

第一,微博成为传统媒体新闻评论员施展评论才华,引导舆论的新舞台。虽然从技术层面上来说微博给予了每一个用户发声的机会,但在微博平台中,同样存在着明显的话语权的差异,最为人所关注且传播效果巨大的还是名人。报纸、电视的评论员已经通过各自工作的媒体在社会上获得了一定的影响力,当他们进驻微博,身上的光环同样没有褪色,反而成为他们聚拢人气的重要基础,他们说话永远不缺听众。由于版面和时段的限制,传统媒体每天只可能对少量的新闻事件进行评论,当热点新闻集中涌现时很容易顾此失彼。相比之下,微博给新闻评论员们提供了无比广阔的舞台。每天大大小小的新闻如同走马灯一样出现在微博上,而新闻评论员们可以随时随地通过微博发表自己的意见和观点。许多他们无法在自己所供职的媒体上进行评论的事件都可以放在微博上针砭分析。只不过微博有140字的字数限制,博主只能用最简单的句子将最想说的话写下,开门见山、短小精悍。

第二，很多评论员或意见领袖的微博并不只是完全的评论或观点阐述，而是经常发表一些"生活絮语"。例如在新浪微博上极为活跃的某知名评论员，经常在其微博上发表吃喝拉撒睡等极为个人化的内容。这些"闲言碎语"甚至某些时候的激愤表达，使得那些曾看似高高在上的知识精英和舆论领袖们更显鲜活可爱，具有了一种友邻般的亲和力，在这种亲和力的作用下，接受对方的观点就变得顺理成章了。正如喻国明教授所说，今天很多人判断一个事物很大程度上不是理性判断，而是情感判断，情感的共鸣比理性的说教更能影响他人。在报纸版面或电视画面中一本正经的评论员们在微博平台上爆料一点个人生活并与粉丝适时互动无疑具有培养感情的功效，让人们更乐于倾听他们的观点，而且很多时候人们对评论员的好感还会延续到他们所在的媒体身上。

第三，活跃于微博的新闻评论员能更真切地感知网络舆情，倾听更为多元的声音，对其评论写作大有帮助。微博是当下最炙手可热的新媒体，以新浪微博为例，其注册用户数量已经超过 5 亿。微博的繁荣使其已然成为网络舆论生成、扩散、斗争的核心场所，积极使用微博并参与微博讨论的新闻评论员以其敏锐的判断力和洞察力，能够发现公众真正关注的话题，感知各方利益诉求的指向以及网络民意的态势，这使得评论员在写评论文章时更能紧扣现实，做到有的放矢，贴近受众。

微博上不缺资讯，更不缺观点。正如有学者所言，"观点互动在微博平台上发挥得淋漓尽致，传统媒体的评论者正通过微博成为引导平民舆论的主要力量，同时他们也能从与网民的互动中更全面地知晓民众心声，对我国新闻评论更好发挥其促进社会良性发展的功能大有裨益。"[5]

参考文献

[1] 张月萍.微博客对网络新闻评论的影响[J].新闻大学,2010(3):118-119.

[2] 丁法章.新闻评论教程:第四版[M].上海:复旦大学出版社,2008:121.

[3] 涂光晋,吴惠凡.表达·交流·争论·整合——新媒体时代新闻评论的变化与反思[J].国际新闻界,2011(5):16-23.

[4] 钱晓文.新闻评论"微博化"探析[J].新闻记者,2012(2):71-74.

[5] 赵振宇.日趋多样化的新闻评论发展态势——2010 年中国新闻评论回眸[J].新闻战线,2010(12):60-62.

（原文刊于 2014 年第 22 期《魅力中国》）

从"有什么了不起"说起

近日,《现代快报》的一则新闻引起了人们广泛关注。报道称,江苏省扬州市宝应县望直港镇望直港村137亩农田自2008年被政府违规征用后就一直抛荒。而且,征地时非但没有土地征用手续,还找小孩代部分村民在协议上签字。而面对当地记者的质疑,望直港镇一位副镇长不仅坦承情况属实,还轻描淡写地抛出一句话:"地荒就荒了,有什么了不起,国家荒的土地太多了。"

看似轻描淡写,实则荒唐可恶。笔者看来,这位副镇长的语言和态度,集中体现了"三无"。

第一,对法律法规的"无畏"。农田被抛荒6年无人过问,没有合法征地手续,并且还找幼儿园孩子代签协议。不要说是领导干部,就是平头百姓,都知道这样的做法是不合理、不合法的。副镇长说出这样的话,无疑是对法律法规的公然挑衅,是有令不行、有禁不止的权力魅影。当然,"无畏"法律的远不是他一个人。实际上,我国《土地管理法》等法律法规明确规定,土地撂荒一年以内,管理部门要依法对土地使用权人征收一定闲置费。此外,满两年未利用的,土地管理部门可依法收回土地使用权。这一事实的背后,其实是相关部门的集体不作为。

第二,对百姓利益的"无视"。"面朝黄土,背朝天。"对于广大农民而言,土地是他们的家园,是他们的命根子。农民丧失了土地,就如同战士失去了阵地,叫他们如何建设自己的家园?可惜的是,作为人民公仆,这位副镇长置人民的利益不顾,显然是"忘记"了自己为人民服务的职责所在。

第三,对政府媒体公关的"无知"。当今社会,早已进入了全媒体时代。地方政府和官员无时无刻不在接受着人民监督。地方政府想要维护有公信力的形象,必须在媒体公关中表现出更多的责任和智慧。否则,像这位副镇长一样,在这样一个信息开放、农民维权意识逐渐增强的时代里,继续保持着唯官独大的态度和做法，必然引发民众的愤怒与不满，甚至导致更加严重的后果。

当然，正如这位副镇长所言，"国家荒的土地太多了"。近年来，尽管国家三令五申禁止，但全国各地违法征地、土地抛荒的现象依然屡禁不止，不时见诸报端。仅今年以来，江苏省泰州市高港区永安洲镇、镇江市句容市茅山镇等地就先后被媒体曝光违规征用农民土地。笔者认为，只有从根本上纠正地方官员靠"卖地"换取政绩和发展的做法，才能从根本上保护农民的合法权益，保证中央宏观调控政策的稳健实施。

（原文刊于 2014 年 11 月 10 日《中国县域经济报》）

那年的追寻是我永恒的记忆

他们从战火纷飞中走来,投身建设新中国的伟大进程中。

他们俯下身子扎根基层,将青春奉献给了祖国的建设岁月。

在新中国成立70周年、中国共产党建党98周年之际,中共中央党校出版社结集出版《新中国第一任县委书记》一书。"新中国第一任县委书记"这一特殊群体再次走入人们视野。

而作为亲身参与追寻新中国第一任县委书记这一选题,并带领实习生完成21篇报道的一名老记者,我心中尤为感慨。

尽管追寻活动已经过去了8年多,但我至今犹清晰地记得接到选题时的情形。

那是2011年4月的一天,正在江苏徐州采访的我接到报社领导电话,说有重要事情需要我立刻回报社。当我风尘仆仆地走进社长办公室,还没坐稳,就听社长说:"为庆祝中国共产党建党90周年和中华人民共和国成立62周年,报社党委研究决定开展'追寻新中国第一任县委书记'大型主题采访活动。"

紧接着,社长将这次采访活动的目的意义、指导思想、基本要求等情况一一作了介绍,并表示,编委会希望让江苏在全国率先开展。

我立刻应声:"好!就让我们江苏先做!"虽然我深知这一选题由于年代久远难度不小,但我心中没有一丝犹豫。因为我深知,这一选题意义重大,同时也是报社领导对江苏站工作的信任。

从北京回到南京后,我积极与江苏省委宣传部联络,征询他们的意见,与各县(市、区)政府对接,倾听他们建议。经过周密的商讨、策划和准备,制订了大致的采访方向。

无锡江阴,素有"锁航要塞"之称,1949年要塞起义的成功为保障渡江战役顺利进行起到了不可估量的作用。为此,我把追寻新中国第一任县委书记的首站定在了无锡,并将第一位追寻对象确定为原无锡县(现惠山区、锡山区)第一任县委书记莫珊。

追寻莫珊的过程比较顺利,因为时任惠山区委宣传部副部长马千斤的父亲是莫珊同期的无锡工作人员,在莫珊任县委书记期间,他先后任县财政局、县粮食局、县商业局的领导,对莫珊非常了解,甚至在莫珊晚年回无锡时也见过多次。而莫珊曾战斗生活过的泰兴市的史志档案局的副主任徐文光对莫珊也颇为了解,甚至还为我们提供了很多有关莫珊的历史资料。

第一个追寻目标的顺利完成,让我对此次任务信心百倍。于是我乘胜追击,在江苏省委党史办、省委宣传部以及各地方党委的大力支持下,马不停蹄,用一个月时间纵横三省一市,采写出稿件22篇。

此间,记忆最深的是追寻泗洪县第一任县委书记朱光。因为在追寻过程中,其中一天的行程超千里:上午七点从江苏泗洪出发,一路驱车到安徽泗县、濉溪、蚌埠,再回到江苏南京时,已经是第二天的凌晨时分。虽然疲惫不堪,却是收获满满。洗漱完毕后,我躺在床上,本想放松一下紧张了一天的身体,第二天再写稿件。可不知为什么却久久不能入眠,脑子里就像放电影一样,一遍又一遍地重复着白天的追寻经历以及追寻过程中了解到的朱光书记的事迹。兴奋处,我直接起身,一鼓作气写出《点点滴滴都是革命的足迹——江苏省泗洪县第一任县委书记朱光》。

再后来,我们这个"追寻新中国第一任县委书记"的专栏越来越为人们所知,每到一地,得知我们追寻采访对象的人们,总会发出种种感慨:

"我看过你们的关于新中国第一任县委书记的报道,现在,你们为我县新中国第一任县委书记而来,太让人高兴了!"

"追寻新中国第一任县委书记这个选题好啊,以前从来没有过的。"

"新中国第一任县委书记为党和人民的事业竭尽心智,做出了极大贡献,不仅是我们的骄傲,更是我们学习的榜样。对于这样的宣传,我们一定倾尽全力配合。"

"这个选题很新鲜,也很有意义,这个追寻的结果必将是非常珍贵的历史资料。"

……

类似的感慨不胜枚举,而感慨过后,便是极大的支持与配合。而这更是给了我这个追寻记者以极大的精神鼓舞,让我更有动力继续接下来的追寻工作。而我追寻的这些新中国的第一任县委书记,他们对党的无限忠诚,他们对工作的无私奉献,他们舍小家为大家的高尚品质,给身为追访人的我以深刻而生动的党史与革命史的教育的同时,也对我进行了一次又一次的革命传统与革命精神的洗礼。

在后来的无数个日子,尤其是每年的国庆或是建党纪念日,我都会想起那段追寻采访新中国第一任县委书记的时日,想起自己每一次追寻过程中的激情澎湃,想起自己因追寻而被感动的每一个片段,从而更严格地要求自己做好本职工作。

整个的追寻活动,我一共追寻了22位县委书记的足迹,虽然因为一些客观原因报社停办了那个专栏,却仍有13位县委书记的追寻文章陆续见于报端,这13篇追寻文章与社里其他同事采写的文章一经见报,便在社会上引起强烈反响。不少县(市)的领导干部纷纷打电话给我,邀请我们前往该县进行追踪采访。

各主流权威新闻媒体也对我们这次大型追寻采访活动给予了诸多关注和肯定。中央电视台就此活动及我个人进行了采访报道,人民日报、光明日报、新华社、经济日报也分别有记者电话采访了我。

新华社的报道如是写道:《永远不变是对党的信念》《"两灌"人民的骄傲》《舍"小家"保"大家"的革命者》《没有为亲属开过一次后门》……随着一篇篇稿件见诸报端,莫珊、杨肇庭、于康、何春台等一批新中国第一任县委书记重新走进公众视线,并以他们丰富的、革命的精神和顽强的斗志,给人感动、启示和激励。

《人民日报》记者陈原在他的采访报道中写道:《永远不变是对党的信念》《"两灌"人民的骄傲》……一篇篇精彩稿件问世后,一位位新中国第一任县委书记走入了大众视野,他们的事迹催人奋进,启示和激励了广大读者。

毋庸置疑,如今《新中国第一任县委书记》一书的出版,是对我们报社追寻活动的再次肯定,亦是对我个人一路艰辛追寻的最好回馈。这一段时光,也必将成为我这一生最永恒的记忆。

(原文刊于2019年12月30日《中国县域经济报》)

永远不变是对党的信念
江苏省无锡县(现惠山区、锡山区)第一任县委书记——莫珊

莫珊,1921年出生于南京,1925年全家迁居泰兴。1939年4月22日,在泰兴丁家桥加入中国共产党,先后任泰兴县委组织部部长、泰州县委书记、泰兴县委书记、紫石县委书记、东台县委书记、泰州市委书记和无锡市委常委、组织部部长。1949年7月,莫珊以无锡市委常委的身份,兼任无锡县委书记。1954年任无锡市委书记处书记。1983年到江苏省国防工办任顾问,同时担任江苏省政协常务委员。1988年担任江苏省政府经济研究中心特约研究员、江苏省政协经济科技委员会顾问,2010年逝世。

江苏省党史档案室的资料显示,中共无锡县委成立于1949年4月24日,县委书记为孙章录。同年7月,无锡市委常委莫珊兼任无锡县委书记。当时的无锡县是苏南行政区土地改革实验县,因此,同年8月,苏南区党委农村工作团便来到无锡县进行调查研究,组织发动群众,为土地改革做准备。也正是从8月开始,无锡县委书记由农村工作团团长欧阳惠林兼任,莫珊则为第一副书记,实际主持工作。待农村工作团土改工作结束后,莫珊于1950年2月接任无锡县委书记,直到1952年4月。

严格来说,欧阳惠林应该是无锡县新中国成立后第一任县委书记,但考虑到当时的特殊情况,我们将追寻的目标锁定为莫珊。

紧接着,另一个问题又出现了,无锡县在哪儿?对于无锡市,我们并不陌生。因风景秀丽而有"太湖明珠"之称,又因经济繁荣而有"小上海"之誉。然而,无锡县就是现在的无锡市吗?1949年4月23日无锡解放后,分无锡城区为无锡市,乡区为无锡县。照此说来,无锡县应是无锡乡区。只是,这一区域在此后还经历了两次变迁。1995年6月8日,无锡县撤销,并于同年8月18日设立锡山市。

2000年12月21日,锡山市撤销,设立锡山区、惠山区,分别辖原锡山市的14个和12个镇,另7个镇划归无锡市滨湖区管辖。由此可见,无锡县主要指现在无锡市的惠山区与锡山区。

弄清了这两个问题,我们从南京驱车前往无锡惠山区。

马慎之追忆莫珊:工作认真,不忘反思

惠山区宣传部副部长马千斤了解到我们的采访意图后很兴奋:"我带你们见一个人,莫珊的情况,他了解很多。"这人不是别人,正是马部长的父亲马慎之。来到马部长家中,为我们开门的正是马慎之老人。尽管年事已高,但他高大硬朗的身材,仍然散发着一种军人的威武气息。

马老很健谈:"我是1921年出生的,与党同龄,今年90岁了!"他告诉我们,他是江苏东海县人,读过两年私塾,13岁便外出做学徒。马老也确实是老革命了,20岁的时候接触中共地下党,而后北上抗日,南下横渡长江,解放无锡。

"泰州解放得早,莫珊原先在那儿担任市委书记,4月份无锡解放后,他被抽调来无锡接管新的解放区,担任无锡市委组织部部长,到无锡县做县委书记应该是在1949年7月。"马老为我们介绍道。

解放后,马慎之为无锡市军事管制委员会成员,曾参与接管财税、土改等工作,后任无锡县第一个国营米厂的第一任厂长,并先后在财政局、粮食局、商业局、总工会等部门担任领导职务。工作认真、卖力,是马老对莫珊的第一个评价。"当时无锡县机关主要由两部分人员组成,一是苏北淮海区南下干部,二是当地坚持地下工作的干部。南下会师以后,他们之间因为工作、生活习惯不同,日常相处中时有矛盾发生,在处理工作上的问题时,也是各持一面,不易一致。莫珊到无锡县可以算是'光杆'一人,与这两拨人都没什么瓜葛。因此,大家都对他寄予厚望,希望能解决好外来干部与本地干部的团结问题。这样一来,莫珊需要经常从中说服,再加上新中国成立之初土地改革、镇压反革命和日常繁杂工作,过度地消耗了他的精力,后来患上了神经衰弱症。"马老说。

告别时,马慎之老人一直将我们送到了小区门口。看得出来,他非常高兴。"真的特别感谢你们还记得我们这些老同志!"马老紧紧攥着我们的手说。

回到惠山区宣传部,办公室里已经坐着两位"客人"。原来就在我们去马部长家的时候,惠山区宣传部部委肖志岐已经为我们请来了原锡山市党史办主任顾伟伦和汤煜琴。两位主任表示,关于莫珊的情况,史料里没有太多记录,不过顾伟伦几经打听后得知一个消息,莫珊晚年居住在南京,并找到了莫珊家中的电

话。这让我们喜出望外。

然而当我们兴冲冲地拨打了这个号码后,电话那头传来的却是"此号码已停用"。不过,沮丧之余,顾伟伦又猛地回忆起一件事,正是这个线索,让我们的追寻变得"柳暗花明"。

徐文光评价莫珊:出色的组织能力

原来,顾伟伦曾见到过一本书,叫《往事感》,是莫珊于 20 世纪 80 年代末写的回忆录,这本书没有公开发行,只是赠阅。可惜的是,由于时间太久,顾伟伦那边没有找到。

回到南京后,记者多方查询,仍无任何线索。这时,记者接到了汤煜琴的电话。她说,《往事感》一书是泰兴内部出版的,你们不妨去泰兴党史办看看。

我们又马不停蹄地从南京赶往泰兴,在泰兴市外宣办副主任张建荣的带领下,见到了泰兴市史志档案局副主任徐文光。

"莫珊?这个人我熟呀,我们泰兴可以算是他的第二个'家乡'喽!"徐文光笑着说道。看着我们满脸诧异,他接着介绍,莫珊出生在南京,四五岁便跟随叔父来到泰兴,在泰兴生活了 10 多年。抗日战争爆发后,他积极参加抗日学生组织,并于 1939 年在泰兴丁家桥加入共产党。1944 年秋,他还曾担任泰兴县委书记,参加过 1945 年泰兴的抗日战争,20 世纪 60 年代也曾被下放到泰兴农村。

不过,徐文光听别人讲,莫老已于去年去世了!这样的消息让我们感觉很遗憾。

"莫珊开展组织工作很有一套,在泰兴入党后,他一直从事党务工作,秘密发展党员。"徐文光说。让徐文光印象深刻的是莫珊在抗日反攻时期出色的筹划、组织能力。1945 年,莫珊积极组织抗战反攻,他选择了泰兴严徐庄据点作为第一个攻击目标。当时,攻克这一据点,莫珊他们有极有利的军事优势,但他没有单纯使用武力,而是采用军、政攻势相结合的方法。首先以武装军民四面包围,把敌人困在碉堡内,使其吃不上饭、喝不到水,围而不打,迫其就范。在 3 天的军、政攻势下,伪营长王慕春率 300 多名士兵无条件投降。此后,莫珊又率领全县军民,陆续收复了古溪、黄桥,解放了泰兴县城。

更令我们兴奋的是,徐文光在档案室里找出了仅有的两本《往事感》,并将其中的一本赠给了我们。

记者感知莫珊：永远不变的是信念

越深入地了解莫珊，对他的景仰之情就越浓烈，因此，拿到《往事感》一书，我们都爱不释手。

"'五四'以后，廿年代初，余生于辛酉腊月，今古稀矣。历经沧桑，备受炎凉，革命奋斗，五十余载；午夜自问，对党对民，曾有所为。虽壮志犹存，惜年华已过，当老骥伏枥，尽我余热。志在精神不老，心理不老，知识不老，安度晚年耳。"

上述文字摘自《往事感》第423页，是莫珊在回忆录写作结束时总结人生并用于自勉的一段话。从中，我们不难看出他昂扬的斗志和坚定的信念。

从书中我们了解到，1940年4月，莫珊曾化名陈明章，在靖西（靖江西沙地区的简称）从事秘密工作，主要任务是发展党员。1957年，莫珊被分配到动机厂[①]当厂长，在这里，他努力调动全厂职工积极性，去北京争取项目、争取设备，工厂生产能力显著提高。1961年，莫珊在市计委生产科做一名普通干部。他写道："在基层蹲了几年，积累了一些工作经验。在机关科室一段时间，知道了一个普通干部是怎样工作的。对我来讲，确实拓宽了视野，增长了知识。我参加革命后，除了秘密工作时期做过支部工作，从创建根据地到新中国成立后，均在县以上领导机关工作，抗战胜利后，在土改工作队，做的是一个短时期的群众工作，没有在乡里、区里工作过，不可避免地存在对'下情'了解不深切，和群众联系不密切的缺点。说实在的，我之所以能比较地不拿架子、平易近人、说空话少、做实事多，与这个时期的锻炼有关。"

正是在为党为民的信念支撑下，莫珊勇敢地经历了抗日战争、解放战争；也正是这样的信念，陪伴他走过了起起伏伏却异常精彩的人生。

（原文刊于2021年5月31日《学习时报》）

[①] 原无锡动力机厂，今无锡动力工程股份有限公司。

六个月的任期　六十年的记忆
江苏省扬中县(现扬中市)第一任县委书记——陈寒

陈寒,生于 1917 年 9 月。原名陈正松,江苏扬中油坊镇人。

1938 年加入中国共产党,7 月任扬中青年抗日团分团团长,10 月参加"挺纵"战地服务团支部,1939 年 6 月任扬中师资训练班党支部书记,1940 年 2 月任扬中县抗日民主政府民运科科长,同年 12 月任民政科长。1942 年任武进县委书记。

1949 年 4 月至 10 月任扬中县委书记。此后曾任苏南区青年团工委组织部部长、无锡庆丰棉纺织厂党委书记、无锡市纺织局党委书记、无锡市委工业部部长等职。

1953 年先后调任江苏省纺织工业局局长,省纺织工业厅第一副厅长、党组副书记,省丝绸工业局局长、党组书记。1958 年任无锡纺织工业学院院长兼党委书记。1964 年调任江苏省纺织工业厅第一副厅长、党组副书记。1983 年离休。

4 月 12 日一大早,记者从南京赶往扬中,在该市宣传部副部长严峰办公室里,找到了《扬中县志》一书。据书中记载,扬中古名太平洲,民国三年(1914 年)1 月改称扬中县,1949 年 4 月 22 日解放。从 1949 年 10 月到 1951 年 6 月,在任的县委书记名叫刘汉清。不过对于这位书记,严峰表示并不了解。但为了协助我们的工作,他亲自带我们找到了该市史志办公室主任赵纪福。然而,即便是已经从事了几十年史志工作的赵纪福也同样告诉我们,关于刘汉清的情况,史料里鲜有记载,原因是刘汉清是山东莱阳人,1949 年才跟随解放军渡江南下来到扬中,任职时间不长,离开扬中后便前往外省工作。同时,由于年代久远,与其共事过的人多数已经去世了,赵纪福表示爱莫能助。寻访没有了下文,我们的心情不免有些沮丧。不过,在总结上午的采访工作时,我们想起一件事:那就是在采访中,有一个奇怪的现象,当问及新中国第一任县委书记时,扬中新闻中心和史志办的不少工作人员都在第一时间告诉我们一个名字:陈寒。

一追陈寒

下午2点半,我们再次来到扬中史志办。赵纪福主任解释道,人们口中的陈寒确实担任过扬中县委书记,时间是从1949年4月到1949年10月。确切地说,陈寒应该是新中国成立后扬中的第一任县委书记。由于他是扬中本地人,参加过抗日战争和解放战争,人们对其印象更为深刻。

为什么一个任职只有6个月的书记,却让人们有着60年的记忆?赵纪福特地为我们找来《扬中革命斗争史》和《争先腾飞路——中共扬中地方史大事记》等有关资料。

陈寒是镇江扬中油坊镇人,《扬中革命斗争史》中关于他的记载始于抗日战争时期。1937年7月7日,日本发动卢沟桥事变,开始了全面侵华战争。不久,镇江沦陷。扬中人民群情激愤,纷纷组织各种抗日救亡团体,自发抗暴御侮。1938年3月,苦于抗日无门的陈寒、王子清、孙广德等10多名爱国青年赶赴泰兴,参加了由国民党举办的抗日宣传训练班学习,结业后,经中共地下党员介绍,投入丹阳游击,后又经中共地下党员介绍,投入丹阳游击纵队(1938年9月改编为江南抗日义勇军挺进纵队,简称"挺纵")。当时,新四军在苏南敌后开辟了茅山抗日根据地积极抵御外敌侵略,而控制苏北地区的国民党则消极抗日。为扩大新四军抗日区域,积极向北发展,1938年10月至11月间,陈毅在进行了大量巡视后认为,"扬中是渡江最理想的地方",并指示"挺纵"占领扬中,"把跳板架过长江去"。此后,为推进新四军向北发展的工作,"挺纵"战地服务部支部成立,陈寒正是其中一员。1939年3月,"挺纵"占领扬中后,陈寒他们深入扬中各区,走村串户,宣传群众,发展党员。1940年1月,日本对扬中发起"大扫荡",为适应抗战需要,扬中县抗敌委员会于2月建立。4月,扬中县抗日民主政府成立,陈寒任民运科长,开展抗日宣传教育、组织游击活动、动员青年参军等工作。1942年,陈寒调任武进县委书记。

抗日战争胜利后,按照国共双方"双十协定"的规定,长江以南中共所属的军队要撤至长江以北。为顾全大局,扬中县包括县委、县政府、县独立团成员在内的共900余人先后北撤至兴化、泰兴等地继续开展革命斗争。

1949年1月,随着解放战争三大战役之一淮海战役的胜利,解放军挥师南下，直逼长江，吹响了"打过长江去，解放全中国"的号角。扬中县"江心跳板"的独特地理优势，再一次成为解放军渡江南下作战的中转站。1949年4月21日晚上9点半，主攻扬中的先头部队二十军五九师一七五团从东新港、十九圩、何家大港三处登陆，22日，扬中全境解放。

赵纪福告诉记者："其实，解放大军在江北集结待命时，扬中县的党政领导班子已经选配好了。1949年4月上旬，中共扬中县委员会、扬中县人民政府在江都县嘶马镇鲍家庄成立，担任县委书记一职的正是陈寒。"

当年党政领导班子成员之一的冯南生在后来接受该县史志办工作人员采访时也曾提到，在渡江前，由于他们这些领导干部中多数都是本地人，熟悉当地情况，因此配合解放军部队做了大量细致的准备：侦察江南地形、选择登陆点、集中木船、准备粮食等，在渡江当晚还担当了渡江大军的向导。冯南生和部队从东新港登陆，陈寒则配合主力部队从何家大港登陆。冯老回忆道："太快了！没想到国民党的防线竟然如此薄弱，渡江非常顺利，短短几个小时就实现了扬中的全境解放。"

二 追陈寒

不知不觉，天色已晚。离开史志办，严峰部长执意要陪我们一起吃饭。说到陈寒，严峰表示并不陌生，见过许多关于他的资料记载。

"陈寒哪，你可以去找一找朱鹏飞。"坐在一旁的新闻中心主任顾永生说道。

"朱鹏飞是谁？"我们问。"是一位老同志，扬中解放后任粮食局局长。上世纪70年代时还做过扬中县长。"顾永生的一句话让我们心中暗喜，严峰也连连点头说道："我给你们联系一下，如果有可能的话，明天去拜访一下朱老！"

当天晚上，我们便接到严部长的电话，说他已经与朱老联系好了。

4月13日吃过早饭后，在顾永生的陪同下，我们来到了朱老家中。尽管已是88岁高龄，但是朱鹏飞老人依旧精神矍铄，声音洪亮。他告诉我们，自己是武进人，抗日战争胜利后跟随新四军北撤到宝应县，1949年4月23日随军到达扬中。

"刚刚解放时，扬中比较穷，90%以上的人住的都是茅草房，粮食产量低，人们生活非常艰苦，陈寒他们开展起工作来也很艰难。"朱老说，"当时县委、县政府的主要任务有四个：召开群众大会，稳定社会秩序；扫清残敌，收缴枪支；搞好生产；筹集军粮，支援大军南进。我当时担任的正是粮食局局长。为了保证粮食征借，陈寒抽调了20余名机关干部到达各区，在一个多月内开办了两期会计训练班和一期乡财政干部训练班,一共培养了100多人,这些干部的主要工作便是征借粮草。我也参与其中,负责培养财经干部。"

据朱老介绍,在借筹粮草中,政府制定了征借政策并严格执行,对贫苦农民借出的粮食,政府都打了收条,等秋征时抵兑。成果也很显著,到当年6月15日,全县就筹借粮食近166万斤,并保证供应了驻扎在扬中1个多月的二十军卫生队的粮草。

"我是解放后才到扬中的,我感觉陈寒这个人工作能力很强,为人也没有架子,很有亲和力。"朱老这样评价。

对于接任陈寒的县委书记刘汉清,朱鹏飞老人也有些印象:"他是从山东莱阳调过来的,很重视理论学习,经常组织干部学习哲学、辩证法,并亲自到乡里蹲点培训干部。1950年春,扬中遭遇了罕见的'春荒',近3万人挨饿。刘汉清组织开展了生产自救,开垦荒地,种菜,发动群众网鱼虾、拾螺蛳、挑野菜,鼓励手艺人制造推销柳器、竹器等手工业品,增加农民的收入。"

离开时,朱老起身将我们送到门口并再三叮嘱,陈寒的事迹见报后一定要寄一份给他看看。

(原文刊于2021年6月7日《学习时报》)

"两灌"人民的骄傲

江苏省灌云县第一任县委书记——杨肇庭

杨肇庭,江苏灌南县人,1909年11月出生,1932年2月参加革命,同年7月加入中国共产党。1939年2月至1941年1月,先后任八路军陇海南进支队三团二营连政治指导员,宿沭海中心县委第一县委委员、宣传部部长,灌云县委委员、宣传部部长,沭阳县委委员、宣传部部长。

1945年秋天起任灌云县委委员、组织部部长,县委副书记。1949年5月至1951年12月任灌云县委书记。此后,又先后任泗阳县委书记和淮阴地委组织部部长。1958年4月至1960年7月任灌南县委书记。

离开灌南后,任淮阴地委常委、组织部部长。1973年起历任淮阴地委党校副书记、副校长,淮阴地区机关党委会书记,地委统战部部长,地委常委、纪委书记。1983年3月离休,享受正厅级待遇。2002年4月30日逝世,享年93岁。

在围绕"追寻新中国第一任县委书记"这一选题展开采访工作之前,记者先行前往江苏省党史档案室查阅了一些相关史料。翻开《中共灌云县地方史》,找到灌云县新中国第一任县委书记的名字时,不禁有些吃惊。杨肇庭?这不是灌南建县后第一任县委书记吗?

因为记者是灌南人,也了解一些家乡的历史。而灌南与灌云的关系,也甚是特别。灌南于1958年建县,正是由原灌云县与涟水县部分乡镇合并而成的。对于杨肇庭,记者略有耳闻,不过也仅限于知道其是一位老革命家而已。

为了了解更多信息,记者随即与灌云县新闻中心主任葛志亮取得了联系,他向记者提供了另一个信息:杨肇庭的老家就在灌南县北陈集镇。由于记者对灌南较为熟悉,所以决定直奔北陈集镇。

最初的寻访

四月的苏北,桃红柳绿,春意盎然。4个多小时后,车已到达北陈集镇的街头。在向路人询问去路的时候,一位倪姓老人表示,杨书记早在2002年就去世了,其家人早就全部搬到淮阴(现淮安)住了。因为杨书记参加革命太早,自己又是后搬到北陈集的,所以,虽然杨老在世时也曾回老家看过几次,但了解得并不多。问答中,围观人群渐多,却再无人提供更多线索与信息。就在将要离开的当口,一位耄耋老人叫住记者,表示自己跟杨书记有过交往。

老人名叫纪怀成,于20世纪60年代供职于灌云县内某银行。纪老在淮阴(当时的灌云归淮阴地区行政专署管)参加为期3个月的岗位培训时,一天晚上,培训主办方组织观看演出。当主持人请出淮阴地委常委、组织部部长——杨肇庭讲话时,纪怀成喜出望外,因为他早就听说杨肇庭是北陈集出来的老革命,现在能够这么近距离地倾听他的讲话,是做梦也梦不到的。杨肇庭在台上讲得激情澎湃,他则在台下听得热血沸腾。待杨肇庭讲完落座后,纪怀成便跑到他身边向他问好并简单介绍自己是灌南陈集街人。知道自己遇到了小老乡的杨肇庭很高兴,热情地向他问长问短,包括他的家庭、工作等等。知道纪怀成也是来参加岗位培训的,杨肇庭语重心长地说:"能在银行工作不容易啊,你一定要好好学,把工作干好,为我们北陈集人争光。"稍顿片刻,他又说:"这个星期天,你来我家里吃饭,改善伙食,我要亲自包饺子给你吃。"激动之余,纪怀成一口答应了。星期天,当他如约而至的时候,杨肇庭已经坐在桌前包饺子了!后来的3个月里,杨肇庭每个周末都叫他去家里吃饭……

"虽然我也不好意思去,但杨书记盛情难却,而且在他家的那些天里,他还常常教育我如何做人做事做好工作。他很关心年轻人的成长。"纪怀成老人还给记者提供了杨肇庭侄儿在淮阴的联系方式。

继续追寻

欣喜之余,记者急忙又驱车前往灌南县委宣传部,希望在宣传部的帮助下得到更多的有关杨肇庭的信息。灌南县委常委、宣传部部长在问清此行目的后,随即电话联系了县党史办同志并又特地从县新闻中心调度了一名记者陪同采访。

次日,记者赶到了灌南县党史办公室。据该办主任李锦华介绍,在杨肇庭带领下的两年多里,灌南面貌改变极大。农业生产大丰收、工业突破空白、交通闭塞局面得到改善、小学教育得到普及、全县医疗网也得以建立……

在李锦华的介绍里,我们还得知,杨肇庭做县委书记的时候,不管是大搞水利、积肥或是夏收、秋收,都是下到劳动第一线的。

1959年初,灌南县委按照中共中央和国务院的部署精神,大搞"积肥"运动。

杨肇庭与其他县委领导一道带领县直机关、企业、工厂、医院等单位500余人进行了为期4天的积肥突击。那4天里,杨肇庭与所有的劳动者一样,奋战在积肥第一线。他身先士卒、手提肩挑,一趟又一趟地往返于积肥点。在他的带领下,4天共积肥4.21万余担……

1960年夏,麦收在即。就当时的情况,农业靠天吃饭,麦收时如果遇到洪涝天气,丰收就会成为奢望。所以杨肇庭在安排好全县的麦收工作以后,深入堆沟、苏光等公社指挥麦收。而不管到哪个公社,杨肇庭都会在查看麦收情况之余,与众多老百姓一道在麦田里挥动镰刀,抢收麦子。那年,大田里的蚊虫特别多,不管怎么防备,都会被虫子叮咬。但杨肇庭根本就不在乎,他一边挥镰割麦,一边鼓励大家抓紧时间抢收麦子……就算汗流浃背,也顾不上擦一把。

赶赴淮安

几经辗转,数次联络,我们终于见到了今年已经73岁的、杨肇庭的侄儿——杨开展。老人住在淮安市区的一个名为"水畔花城"的小区,在见到记者的刹那,他显得很是激动:"真想不到,现在大家还记着我伯父。"

"我记得最清楚的就是伯父在灌南的城市建设、工农业发展上的高瞻远瞩。灌南县城的人民路和新兴路都是在1958年设计兴建的,历经50多年,到现在也不落后,因为我伯父当年就把灌南县城的规划定性为现代化的小县城。此外,现在新安镇境内的中心河、郑于大沟等都是伯父当年做的,到现在还在灌南的防洪排涝中起着重要作用。他任职的那几年里,灌南还建起了印刷厂、面粉厂、酒厂、棉织厂以及一个小型火力发电厂,这些厂子在灌南的经济发展中起到了极大的促进作用……"谈吐间,老人的骄傲之情溢于言表。

对工作,杨肇庭勤勤恳恳、一丝不苟,对同事、对朋友,亲切友好、热情洋溢,对自己和家人要求非常严格,甚至到了不近人情的地步。

杨开展的父亲是杨肇庭的亲弟弟,与杨肇庭同年参加革命,1940年护送纵队政委去山东邳北的路上牺牲。时年仅两岁的杨开展便成了孤儿。成年后,杨开展家庭经济情况较差,有一年身体不好,家庭生活捉襟见肘,快要揭不开锅了。思量多次,他准备向灌南民政申请救助。不知怎么的,这事被杨肇庭知道了。他立即打电话给民政部门,"你们不得批准杨开展的救助申请。他要是没钱看病,没钱生活,叫他打电话来找我,我负责就行了。你们要把精力放在比他更需要救助的人身上。"

2002年,杨肇庭病危,偶有清醒的时候,便对身边的亲人嘱咐再三:"你们记着,我要是有个三长两短的,一定要体谅党和政府的困难,不管自家能不能安排或者安排到什么程度,都不能给组织增添麻烦。"如此地反复多次,甚至就在其进入昏迷前还念叨着:"……不要给组织添麻烦……"

"我家伯父啊,一心就想着别人,生怕家里人给公家添麻烦……"叹息间,杨开展老人的眉宇间有掩不住的自豪悄悄洋溢。

精神永存

两天的采访,我们了解到了一个平易近人、见识高远的县委书记。乘胜追击,我们决定前往灌云县。

记者通过电话与灌云县新闻中心葛主任取得联系,并请他与当地党史办作了沟通。因此,我们离开淮安后便直奔灌云县党史办。党史办主任夏玲早已在办公室等候,并给我们讲述了自己所了解的关于杨肇庭的事情。灌云史称洪水走廊,经常为水患所害。杨肇庭任灌云县委书记时,正值该县水灾之后。由于土地严重碱化,加之耕作粗放,肥料缺乏,亩单产很低。据当时的数据统计,逃荒、断饮户占到了区总户数的近一半。

面对这种情况,杨肇庭在积极争取上级救助的同时,成立了专门的救灾机构,号召全体党员、干部,采取群众自助、生产自救等措施,克服困难,战胜灾荒。在生产自救中,杨肇庭根据不同情况,引导和组织灾民采取不同方式,因地制宜地发动群众打石子、织席子、做小生意、捕鱼摸虾、采草药、挑野菜等。

与此同时,据夏玲介绍,杨肇庭结合救灾工作,积极动员当地民工在半年时间里分三个阶段大搞水利工程。这些举措的成果是实实在在的,老百姓的参与和支持的热情都空前高涨,不少妇女也参与到了兴修水利中。

夏玲说:"除了这些,根据形势的迅猛发展,杨肇庭还积极进行恢复教育、文化、卫生事业工作,为此后灌云的快速发展奠定了坚实的基础。"

追寻工作结束后,我们回到灌南,该县县委常委、宣传部部长仔细询问了我们采访的过程。她用一句话评价杨肇庭:"他为党和人民的事业竭尽心智,无论是对于灌南还是灌云,都做出了极大贡献,是'两灌'人民的骄傲!我们怀念他,是我们学习的榜样!"

(原文刊于 2021 年 6 月 14 日《学习时报》)

听老部长讲老书记的故事

江苏省吴江县（现吴江市）第一任县委书记——鲁琦

鲁琦，1918年1月生于山东海阳。卒年不详。1936年9月参加革命，1938年2月加入中国共产党。1949年4月，任中共吴江县委员会委员、书记；1950年6月，兼任吴江县县大队政委、县独立营政委、县人武部政委；1951年7月，任中共苏州地方委员会委员、苏州专员公署副专员；1953年3月，任苏州专员公署专员；同年5月，任中共苏州市委常委、书记；1954年1月，任华东局组织部组织指导处处长；1955年2月，任党中央第四办公室工业组副组长；1957年2月，任党中央办公厅"后楼"工业组研究员；1965年8月，代理工业组长工作；1978年6月至1981年10月，任中国科学院自然科学史所代理党委书记……

4月18日，记者在吴江同里镇参加"同里之春"国际旅游文化节期间，见到了吴江市委宣传部副部长王庆。闲聊提及"追寻新中国第一任县委书记"选题，王庆很感兴趣，约我们第二天到吴江市人民政府详谈。

19日8点刚过，王庆已在办公室等候。王庆告诉我们，他确定吴江县第一任县委书记是鲁琦，为山东南下干部，其他具体细节知悉不多。这时，新闻宣传科长张洪蛟想起一个人——吴江市宣传部原副部长徐佑永。

今年70岁的徐佑永曾在担任宣传部副部长期间（1996年左右）与鲁琦有过接触，而且他参与了吴江文史资料的编写，对吴江党史部分较为熟悉。正如王庆所言，"吴江党史都装在他的脑子里"。

果然，见面伊始，老部长便为我们回忆起那个有文化、有谋略、有魄力的老县委书记——鲁琦。

稳定秩序　顺利接管

徐佑永先为我们介绍了吴江解放前夕的情况。当时,一批又一批的国民党军队从前线溃退下来,途经吴江,四处骚扰。尤其是驻扎在吴江的国民党一二三师顾锡九部队,拉夫抢粮、敲诈勒索,老百姓苦不堪言。当时,有不少中共地下党员活跃在吴江地区,分别属于中共吴嘉工委、澄锡虞工委、苏锡吴工委和丹北工委4个系统。他们发动群众起义、组织护卫守备队,积极维护社会治安。

"在这些地下党组织的配合下,1949年4月29日,中国人民解放军第三野战军第10兵团29军87师260团进驻吴江松陵镇。也在当晚,接管政权的胶东、苏北干部93人也随军南下抵达了吴江县城。这些干部的负责人正是鲁琦。他早于1949年3月就在苏北如皋被确定为吴江县委书记了。"徐佑永补充道。

鲁琦刚刚上任时的吴江,社会状况比较复杂。据徐佑永讲,吴江县的反动势力十分猖獗。虽然中共地下党组织在解放前夕多次挫败了敌人的抢劫和破坏活动,但仍有一些重要档案资料被劫走和烧毁,一些重要物资也被转移,接管工作难度很大。

徐佑永说:"鲁琦是大专学历,而且在苏北接受过干部培训,领导和解决问题的能力特别强。他根据当时情形,果断地将接管工作确定为先城镇后乡村、先北后南逐步进行。他带领县委领导干部深入城镇、乡村,广泛地向各界群众,尤其是旧职人员宣传党的接管政策,责令限期移交。同时,还加强了对接管干部的思想教育,提高他们执行政策的自觉性。由于方法得当,各项接管工作都进行得很顺利。"

借粮献粮　清匪剿匪

鲁琦在接管吴江时,正处在解放军向南急进之际。为支援南下部队及上海战役参战部队的粮草供给,鲁琦带领县委干部发起了借粮献粮运动。

徐佑永告诉我们,借粮献粮运动中也遇到了一些阻力。由于一些干部对当地土地情况了解不够,政策掌握也不够适当、灵活,造成了土地多的城镇地主负担轻、土地少的农民负担重的不合理现象。更有一些大地主少报土地数,逃避负担。除此之外,由于工农群众中的积极分子队伍还没有形成,缺乏中坚力量,借粮筹粮只能依靠保甲长去执行。一些保甲长在具体执行过程中不按政府标准,也不向群众说明,强迫、命令群众交纳粮草。

这些情况引起了鲁琦的高度重视,他认真总结经验教训,及时组织干部进行调查研究,摸清情况,并根据上级指示精神,确定新政策:自田、佃田与租业田(地主田)分开负担,以市镇地方负担为重点,减少乡村农民负担;利用地主阶级自己组织的市镇筹借粮委员会,交付一定任务,查地归户,落实任务;争取教育较开明的地主和中小地主,打击个别顽固分子。如此一来,有效推进了借粮献粮工作。

"剿匪是鲁琦在接手吴江后开展的另一项重要斗争。"徐佑永介绍,吴江靠着东太湖,处于江、浙、沪交界的三角地区,匪情较为复杂。尤其是太湖土匪,由来已久,一直以来群众中都流传着"太湖土匪捉勿尽,民不聊生苦中苦"的民谣。在头两个月中,吴江各区抢劫案频频发生,而且国民党匪特和地方恶霸相互勾结,到处制造谣言,张贴反动标语,煽动、欺骗和恐吓群众。鲁琦采取了军政并进的方法,在军事清剿的同时,向群众宣传全国胜利形势,动员群众配合剿匪,建立情报网,监视土匪的动态。经过近两年努力,历史上长期蔓延的匪患销声匿迹。

创新方法　完成土改

徐佑永说:"我撰写文史资料时,曾经访问过许多当年跟鲁琦共事过的老干部,现在这些人几乎已经都不在了。他们对鲁琦有同一个评价:做事很有魄力!"

1950年8月,吴江土地改革开始,到10月中旬,为试点阶段。这一期间,由于江南农村地主分布的特点,土改工作中不同程度地存在"和平土改""宽大无边"等偏向,有些干部存在顾虑,不敢大胆放手。还有一些农民对土改心存疑虑,怕"回山虎",对土改不起劲。

"鲁琦的魄力在这里体现了出来!"徐佑永略显激动:"他亲自带领土改工作队到农村,访贫问苦,召开农民代表会议,举办农民积极分子短期训练班,逐步把农民组织起来,调动了农民反封建斗争的积极性。同时,他还大胆创新,提出在土改中区别对待的原则。对那些罪恶深重、人民深恶痛绝的地主恶霸分子,采取人民法院公审结合群众大会控诉的办法进行;对那些罪恶较轻的不法地主,则由农会组织,开展面对面的说理斗争。在这种方式之下,农民的主动性和信任感都提升起来了。仅仅用了不到一年的时间,吴江便摆脱了千百年来的封建土地剥削制度。"

(原文刊于2021年6月21日《学习时报》)

舍"小"家保"大"家的革命者

江苏省沭阳县第一任县委书记——于康

于康(1920—1995),又名东平,化名张亦生,江苏灌云县陡沟乡深沟村人,中共党员,高师文化。1937年冬参加革命工作,1938年10月加入中国共产党。抗战初期,先后任山东省尼山地委委员,山东邹县、费县县委书记。1942年负伤后,转移至苏北工作,先后任灌东工委书记、沭阳县委书记(1946年10月—1951年4月)。1951年,离开苏北革命根据地。1952年,任华东电力建设局局长兼党委书记。1979年底,调江苏省计划委员会工作,兼任江苏省驻上海办事处主任。1985年离开工作岗位。1995年8月23日逝世,享年75岁。

5月2日,天刚微微亮,我们"追寻新中国第一任县委书记"采访组一行从南京启程,赶赴江苏省宿迁市沭阳县。

沭阳县委宣传部副部长江艳帮我们联系到了该县党史办主任韦泽洋。韦泽洋只知道于康是江苏灌云县人,无法提供更多的信息。随后,我们联系灌云县新闻中心主任葛志亮,他又帮我们联系了灌云县党史办主任夏玲。

从沭阳到灌云,55公里,驾车大约40分钟。见到夏玲后,她告诉我们:"于康是灌云县陡沟乡深沟村人,他的墓在大伊山公墓,他的后人经常来扫墓。"她拿出一本《一代雄风——灌云党史资料第三辑》,翻开了一篇于康写的文章《我的革命道路》。这让我们非常欣喜。

为获取更多信息,我们决定前往于康的故乡——深沟村。车子行到一个拐角处,一位两鬓斑白、60多岁的老人热情地帮我们指挥倒车。我们借机向他打听,没想到他竟说:"你们找对人了,于康是我本家兄弟。"

一心为党　无私奉献

老人叫于成溪。他告诉我们:"于康是我本家哥哥。我1965年参军时,他经常写信督促我好好学习,教育我作为军人要随时服从部队调遣,要有一不怕苦、二不怕死的革命精神。这句话时时激励着我,参军期间我年年都是'五好战士'。一直到现在,哥哥的话还记忆犹新。"

老人从柜子里翻出一页已发黄的纸,上面写着于康工作单位对他的评价:于康同志一向关心群众,平易近人,襟怀坦白……表现了革命老干部的高尚品德,赢得了广大干部和群众的爱戴和敬仰。我们要学习他高尚的革命精神和严谨踏实、深入细致的工作作风……

谈到于康在沭阳的情况,于成溪说:他是一个无私的人,始终想着党,想着人民。解放战争时期,于康同沭阳人民一起经历了非常艰苦的日子,革命情谊非常深厚。尽管后来离开了沭阳,但他对沭阳人民念念不忘,还经常说他为沭阳做的事情太少太少。

兄长引上革命道路

关于于康是如何走上革命道路的,于成溪说:"于康13岁的时候,他父母要他去大伊山店铺当学徒,给家里挣点生活费。但是哥哥于化琪坚持让他去外边念书,并表示弟弟的学费他想办法解决。就连'于康'这个名字也是哥哥于化琪给起的。他父母起初反对,但后来也同意了。就这样,于化琪节衣缩食供于康上了几年学。"

在于康的《我的革命道路》这篇文章中,有这样的记载:"20世纪30年代初,我的家乡灌云县十分动乱,民不聊生。原本还算宽裕的家庭也因为要供胞兄于化琪上洋学堂而典卖土地,借高利贷,过着吃了上顿没下顿的日子。父母期望于化琪好好学习,将来能再振兴门第。但是,于化琪在共产党的影响下参加革命,自己的生活都难以维持。因为无法接济家里,母亲有很多抱怨。父亲还好,能体谅他的苦衷。后来,哥哥想方设法让我在县城读了几年书。在抗日战争和解放战争时期,于化琪都在鲁南地区工作。解放后,主要搞铁道工作。60年代,因身体不好移居苏州。1984年10月,哥哥78岁时因心脏病突发而去世。哥哥的革命精神对我影响极深,正是在他的引导下,我和弟弟于明先后离家走上革命道路。"

舍"小"家，保"大"家

于成溪仔细回忆：1944年底，于康奉命被调到淮海地委参加整风学习，从此离开灌云。在这期间，敌伪势力对他的家庭采取软硬兼施的手段，不断施加压力。敌伪势力监视他父母的行动，威逼恐吓他的家属，时而放火烧杀，时而鸣枪示威。于康的父亲已年迈，受不了如此折磨，忧愤成疾，于1945年春含恨去世。

1945年秋，日本投降了。随后，国民党反动派向解放区发动了全面进攻。国民党反动军队同当地封建地主还乡团勾结起来，对人民、对革命战士家属进行凶恶的残害，灌云很快成了国民党反动派的统治区。

当时，于明（于康的弟弟）正在家乡附近打游击，家里只剩下年迈的母亲，没人照顾。于明预感到反动派会在他母亲身上打主意，就让母亲藏身于邻村一户贫苦的农民家里，但最后还是被还乡团发现了。他们把老太太软禁了起来。村里人不敢公开接她，只能冒着风险偷偷地给她送点吃的。老太太处境极其艰难，贫病交加，于1947年春夏间离开人世。

当时正是国民党反动派、地主还乡团对解放区人民频繁"扫荡"、残酷镇压的时候，于康随沭阳县武装斗争进行战斗，行踪不定。家乡打游击的人几经辗转后设法找到了于康，将母亲去世的消息告诉了他。他只能在左臂上戴上黑纱以示悼念，化悲痛为力量，继续投入武装斗争。

1946年底，国民党反动军队侵占沭阳城前夕，按照上级党组织的部署，为了更好地转入国民党侵占的后方坚持敌后斗争，县级机关的老弱病残、女同志和家属随主力部队北撤山东。于康的爱人朱达贞也在县里工作，那时他们已有两个男孩，一个3岁，另一个不满1岁。她随队北撤，经常转移住地、生活极不稳定，孩子生病无法及时治疗，两个幼儿都先后丧命。痛失双亲、儿子的于康更加坚定了同敌人斗争到底的决心。

讲着讲着，于老的眼眶湿润了，声音有点哽咽。我们的心情也都很沉重，对于康的敬佩之情油然而生。

（原文刊于2021年6月28日《学习时报》）

点点滴滴都是革命的足迹

江苏省泗洪县第一任县委书记——朱光

朱光,籍贯江苏徐州。1948年淮海战役中任泗宿县总队长兼政委;1949年10月到1951年6月任泗洪县委书记;1951年8月到1952年6月期间,任濉溪县委书记。

江苏省党史办公室资料显示,从1949年10月开始,朱光上任泗洪县委书记,1951年6月离开泗洪。泗洪县于1949年4月建县,其原属安徽宿县地委,后经区域调整,于1955年划入江苏淮阴地委。

老同志回忆老革命

5月16日上午9点,记者拨通江苏省泗洪县委宣传部副部长金同闯的电话,电话那边传来金部长的声音:"你们追寻新中国第一任县委书记的报道我看过,这个创意不错!"

9点30分,记者驾车出南京,跨长江大桥,上宁徐高速,开赴泗洪。上午11点左右,汽车驶入泗洪县城。这时手机传来金部长的声音:"到哪儿了?常委吴部长及党史办、档案局领导都在等你了。"

会议室里,泗洪县委常委、宣传部部长吴雪丽(至发稿日已调任)及县党史办副主任周秦、档案局局长助理蔡桂兰已经在等候我们了。周秦、蔡桂兰坐在椅子上,手里没拿任何材料,记者心里有点打鼓。不出所料,寒暄过后,他们表示有关朱光在泗洪任县委书记的可查资料很少,"难道这次要无功而返吗?"记者有点不甘心。

吃完午饭,记者无心休息,决定走街串巷,找年龄稍长一些的老人问问,或许能找到点儿信息。在一连得到几个"不知道"的答复后,转机发生了。在泗洪老城区人民东路上,记者见到一位散步的老者,便上前招呼,没想到,80岁高龄的裴大爷竟真对我们要寻找的朱光有些印象。这真是让我们喜出望外!

"哦,朱光呀,有点印象。他高个子,大眼睛,声音很洪亮,口才很好,他的演讲经常能赢得雷鸣般的掌声。我参加过抗美援朝前的一次镇压反革命的大会,现场听到过他的演讲!尽管是大寒天,但他那极富感染力的语言鼓动着群众,我们都感到义愤填膺。"

老人对当时的一些情况记忆犹新。"1950年夏天,泗洪境内连降大雨,洪水泛滥,大水给人民的生命财产带来了严重的损失。灾荒面前,朱光毅然把抢险救灾作为头等大事,亲自带领全体干部群众投入救灾工作。待水势下降后,他又立即组织群众生产自救,排水播种,并动员非灾区群众,支持灾民顺利度过灾荒。当时采取的是以工代赈等办法,全县迅速掀起兴修水利、抢筑围田、开挖河道的热潮。"

这时,一位女士走了过来,打断了我们的谈话,她是裴老的孙女,来接老人回家吃饭的。

晚上,党史办副主任周秦打来电话说:"泗洪县委会简明登记上记载,朱光籍贯是徐州,他可能在安徽泗县工作过,因为1955年以前,泗县的一些乡镇原来是隶属于泗洪县的,要不你们去泗县看看。"

"好,去泗县!"记者高兴地说。

跨省追寻革命足迹

首站去了泗县档案局,局长巩友连很热情地帮我们找来《泗县县志》,认真翻阅新中国第一任县委书记及其他任职履历表。遗憾的是,整本县志上面并无朱光的名字。后来,党史办主任张俊又拿出一本上千页的当地《党史志》,上面记满了密密麻麻的人名,唯独没有朱光。

记者感到非常纳闷:既然在此地从事过革命工作,为什么没有记录呢?党史办的橱柜里面堆满了各种书籍,我们希望可以从中找到有关朱光的一些事迹,可是仍然没有线索。

午饭时间,档案局巩局长打来电话,说:"据《濉溪县志》记载,朱光1951年8月到1952年6月期间,任濉溪县委书记,你们下午可以到濉溪看一看。"希望的火苗再次被点燃。随行的安徽站记者吴昊立马拨通了濉溪县委宣传部外宣办的电话,并讲明我们的意图。

匆匆吃完午餐,我们踏上去濉溪的路。

再次追寻朱光足迹

下午1点,我们出发赶往濉溪。3点20分左右,我们到达濉溪县委宣传部。外宣办主任西凤带我们来到了濉溪县党史办。党史研究室主任梁廷春从柜子里拿出濉溪县志,上面记载朱光曾在1951年8月1日到1952年6月任濉溪县委书记,其他信息没有记录。

随即我们请西凤主任带领我们去档案局。档案局副局长戴长虹介绍道:"朱光同志于1951年8月1日任中共濉溪县委书记。8月下旬,由他发动召开了县第一次工人代表大会,朱光在会议上做了形势报告。大会就宣传《工会法》《劳动保险条例》和开展增产节约劳动竞赛等活动作出决议。也正是在这次会上,该县选举成立了濉溪县工会联合会。紧接着,也就是9月上旬,濉溪县初级师范学校建立。同年12月26日—30日,濉溪县召开了第一届第二次各界人民代表大会,朱光任各界人民代表大会常务委员会主席。会议就土改、治淮、抗美援朝、发展民兵等项工作作出决定,并成立了治淮总队。1952年1月11日,成立了县'三反'运动整风委员会,朱光任主任。从那时候起,全县掀起反贪污、反浪费、反官僚主义的'三反'运动,7月底'三反'运动结束。"

戴长虹局长停顿了片刻说:"朱光在濉溪任县委书记一职时间较短,所以轰轰烈烈的大事也谈不上。不过,1952年3月,他响应党中央的号召,要求各区乡政府认真贯彻执行中央禁烟政策,依法严惩了制造、贩卖、吸食毒品等的不法分子。比较而言,这也算是件大事了。新中国成立了,接下来要做的事情就是带领人民群众积极生产。4月,朱光带领老百姓掀起工农业增产竞赛运动的高潮。同年6月,全县大力开展群众性的爱国防疫卫生运动,宣传科普知识,动员人民做好个人和环境卫生、消灭'五毒'。"

梁廷春主任提示我们,朱光曾经在安徽宿县工作过,即现在的宿州市埇桥区,那里会不会有他的信息呢?吴昊随即拨通埇桥区常务副区长徐苏北的电话并询问有关情况。很快,记者就接到了埇桥区党史办尹主任的电话,却称埇桥区查无此人。天将快黑了,记者只好从蚌埠返回南京,到家时已是晚上9点多了。

回家后,翻阅泗县赠送的《皖东北革命斗争史》,在第350页上,惊喜地找到了"朱光"的名字。书中写道:

"朱光在1948年淮海战役中任泗宿县总队长兼政委。泗宿县是地处淮海主战场的江淮二、三分区和豫皖苏三分区所属地,朱光积极在广大群众中开展思想发动工作,并认真解决好人力负担、工具牲口合理顶工,照顾民工家属家庭生产等方面的具体问题,使群众放心投入支前工作中去。泗宿县人民豪迈地提出:'前方要什么,我们就支援什么''解放军打到哪里,我们就支援到哪里''倾家荡产、支援前方''一切为了前线,一切为了胜利'。支前成了泗宿人民群众的自觉行动,涌现出许多共产党、青年团员带头作表率,父子争上前线,妻子送丈夫,青年推迟婚期当民工的动人事迹,在中外战争史上谱写了旷古未见的人民战争的壮丽诗篇。"

(原文刊于2021年7月5日《学习时报》)

没有为亲属开过一次后门

江苏省新安县(现新沂市)第一任县委书记——何春台

何春台,1911年出生于江苏省灌云县。1940年加入中国共产党,同年参加革命工作。"七七事变"后活跃于广大农村,宣传抗日救国,鼓动群众抗日,筹划购买枪支,支援抗日武装。1949年3月,何春台任灌云县委第一书记及县长。1949年8月至1953年3月,任新安(今新沂)县委书记。离开新沂后,任淮阴地委委员、宣传部部长。1954年,响应国家建设发展东北的号召,赴东北局工作。不久,调任黑龙江省鹤岗市委书记。1965年,任哈尔滨市标准计量局局长。1973年,担任哈尔滨市科委副主任。1977年病逝。

"追寻新中国第一任县委书记"采访组一大早从南京赶往徐州新沂市,到达时已是上午10点了,新沂市委常委、宣传部部长张长征特别派了市委宣传部副部长刘丙午等三位同志陪我们前往该市党史办。

"导沂整沭"工程的功臣

党史办主任时云泽告诉我们,新沂是1949年5月20日由潼阳、苏北两县撤销后组建而成的。那时,新沂并不叫新沂,而叫新安。后因与河南新安县重名,于1952年改名为新沂县,1990年2月撤县设市。何春台是灌云人,从1949年8月便在这里任县委书记,一直到1953年3月。

谈起何春台在新沂任职时的这段历史,时云泽主任表示,不能不提"导沂整沭"工程。当时,新安(今新沂)属于淮阴,位于淮、沂、沭、泗流域下游,承泄豫、皖、鲁三省约21万平方公里的来水,素有"洪水走廊"之称。而纵贯新安县的沂河、沭河,年久失修,洪患严重。淮阴地委决定于1949年11月21日开始实施

"导沂整沭"工程。为此,新安县专门成立了施工总队,何春台任总队长兼政委。

时云泽感叹道:"'导沂整沭'是一个地区性的大工程,国家当时投资4 652.7万元,参加施工的有沭阳、宿迁、泗阳、睢宁、邳睢[①]、新安、灌云、淮阴、涟水、淮宝10个县的22.8万农民工。可以说,它凝聚了无数劳动人民的智慧和心血。正是因为这项工程,我们这些后来人才得以免遭洪涝侵袭!也正是这一工程,让新沂人永远记住了何春台书记!"

时云泽给我们拿出了一本很旧的《新沂年鉴》,书上有很多老照片,记录了当时开挖新沂河时的画面。随后,党史办副主任张清斌又给我们带来一个好消息:1952年7月任新安县委副书记、与何春台共事过的老干部鲍有成如今还健在!

张清斌急忙通过电话与老人的儿子取得联系。遗憾的是,老人的儿子说,由于父亲已是92岁高龄,耳聋眼花,身体又不太好,不方便接受采访。这让我们多少有点儿失落。

没有私心杂念的革命者

结束了在新沂的采访,第二天一早,我们便驱车直抵何春台的老家灌云县,期望通过当地的党史办获得更多关于他的信息。追踪心切,我们到达灌云县城时还不到7点。没到上班时间,我们就在车内等。

此前,为追寻灌云县新中国第一任县委书记杨肇庭,我们已经来过一次灌云。

8点刚过,记者拨通了灌云县新闻中心主任葛志亮的电话。他特派了新闻中心主任助理吴淑杰协助我们采访。8点半左右,我们找到了灌云党史办夏玲主任。她非常热情,四处帮忙联络,并最终打听到了何春台老家的地址——灌云县界圩乡孙小港村何老庄。

在吴淑杰的帮助下,我们到了孙小港村何老庄。向村民打听后,我们得知一个重要"线索",一个名叫何乃东的人是何春台的侄孙。但找到何乃东后,他告诉我们自己只是何春台的远方亲戚,何春台本不是这里人,而是沂北乡何庄五组人。何乃东建议我们去邻村找一个名叫何化明的老人,他是何春台的亲侄子,可能对何春台了解更多。

由何乃东带路,车子在崎岖不平的小路上颠簸了将近1个小时才到何化明家。这是一位60多岁的老人。听说我们要采访,他显得有些小心翼翼,并再三

---

① 1953年,撤销邳睢县,划归邳县、睢宁县。

询问我们有什么意图。吴淑杰用当地方言跟他反复解释后,老人才放下心来。

何化明说:"叔父为人很正派、正直,从事过教学工作、做过地下工作者。他不怕牺牲,敢于和敌人面对面拼杀。他干了一辈子革命工作,从没有私心杂念。当时家里穷,我特别希望能进城工作。心想,我是他的亲侄儿,应该能照顾一下吧?为了这个事,我上城里找过他好几次,希望他能开个后门,但他却没有给我开这个后门。"老人说着,脸上却满是自豪。

丰富的革命斗争经历

临走前,老人给我们提供了何春台儿子的联系电话。我们希望可以通过电话联系到何春台的儿子,可惜拨打了几次都无人接听。

可喜的是,灌南县年近七旬的退休老职工宋文成,在中华人民共和国60周年华诞之际,创作的反映原东灌沭(现在的东海、灌南、灌云、沭阳、响水、涟水)地区抗日斗争、长达56万多字的纪实长篇历史小说《烽火东灌沭》中有一小段关于何春台的记载:"他的个儿不高,丰润而白皙的面庞,圆溜溜胖乎乎。他的态度和蔼,待人和气,对人毫无恶意。他为人耿直,性格豪爽,有相当的正义感。他很会说话,也喜欢与人拉呱,谈的虽是些家长里短的平常事,但他也能从中发现和认识许多道理。他说话时的声音很低,轻声慢语娓娓道来。当他说话和生气时,往往会结巴。他倾向革命,反对倒退,而对那些反动腐朽的邪恶势力尤为痛恨,并不顾一切地与之斗争。他早年在东海师范读书时,就曾积极参加过闹学潮、罢课等斗争,在任杨集小学校长期间,也曾积极参与并领导驱赶区长周趾仁的斗争。'七七事变'后,与陈东明、周春如、马建中等积极投入抗日的洪流,组织动员会,宣传抗日救国道理,积极鼓动群众参加抗日斗争。"

虽然书中仅有上述一小段记载,但我们却从中看到了这位革命者的高大形象。

(原文刊于2021年7月12日《学习时报》)

日晒夜露石为伴

江苏省句容县第一任县委书记——洪天诚

洪天诚(1921—1998),江苏省句容县[①]人。1939年9月加入中国共产党,同年参加新四军青年工作队。1945年6月任镇句县委书记。1946年10月,任镇句工委副书记。1947年,镇句工委改为茅山工委,洪天诚任茅山工委副书记。1949年4月句容解放后,洪天诚被任命为句容县第一任县委书记、县长,1951年9月调任上海全国总工会劳动保护部副部长。1958—1965年,任二机部(即第二机械工业部,1982年改名为核工业部[②])办公厅副主任。后到浙江工作,先后任浙江农业大学、浙江美术学院、浙江中医学院[③]党委书记。1993年离休,1998年病逝。

(一)

车子出了南京,行驶40公里便进入了句容。坐拥道教圣地——茅山和佛教圣地——宝华山两个4A级风景旅游区,句容这个南京"东南门户"山明水秀,无愧于"南京新东郊、金陵御花园"之美誉。

我们此行所要追寻的对象是洪天诚,他曾于1949年4月至1951年9月担任句容县委书记。

---

① 1995年,撤销句容县,设句容市(县级),下同。
② 1988年,核工业部撤销,组建中国核工业总公司;1999年,在原中国核工业总公司所属部分企事业单位基础上组建中国核工业集团公司。
③ 1998年,浙江农业大学并入浙江大学;1993年,浙江美术学院更名为中国美术学院;2006年,浙江中医学院更名为浙江中医药大学。

为了解更多关于他的情况,在句容市委宣传部同志的带领下,我们来到了句容市史志办公室。说明来意后,史志办相关领导特意为我们请来了已经退休的史志办原主任朱延生。

据朱延生介绍,洪天诚是句容本地人,很早便加入了中国共产党,从1945年6月开始,在镇句县工作,曾任镇句县委书记。镇句县是现在镇句公路(镇江—句容)以北、宁句公路(南京—句容)以东的地区,如今已经不存在"镇句"这个行政区域。1949年4月句容解放后,洪天诚被任命为句容县委书记、县长。对于洪天诚在句容工作期间的情况,朱延生尽其所知,为我们作了介绍。

国共和谈破裂后,人民解放军随即发起了渡江战役。当时,南京、镇江一片混乱,国民党政府机关、军队、警察争相逃命。4月23日下午3点多,人民解放军第34军先锋营顺利进城,几乎没有任何阻碍,句容解放。24日,为控制解放后句容城的局势,洪天诚便服简从先行入城。第二天,新组建的句容县委县政府也进驻句容城内,洪天诚担任县委书记兼县长。新中国成立初期,接管句容的多为南下干部,主要来自山东。洪天诚作为本地人,开展工作具有一定的优势。在他的带领下,县委县政府顺利地完成了对政府机关和所属机构、军警、厂矿、学校、医院等单位的接管,之后,洪天诚开始组织清剿土匪、镇压反革命,并积极帮助群众恢复生产生活。

为了更多地了解情况,我们想找到洪天诚的后代或亲属,但多方打听得知,洪天诚自1951年离开句容后,先后在上海、浙江工作,晚年一直生活在浙江直至病逝。没有线索,我们无法与他的家属取得联系。

然而,记者在翻阅《句容市军事志》《句容革命斗争史》时,惊喜地发现了一些解放战争时期关于洪天诚事迹的零星记载。尽管时间过去了很久,但我们依旧可以通过整理后的不多的文字感受洪天诚这位老县委书记的风采。

(二)

1945年10月,国共双方签订"双十协定"。为了争取和平建国,避免内战,中央决定撤出苏南解放区。当时,洪天诚任镇句县委书记,镇句县委亦在北撤队伍之列。但是,为保障南北交通安全畅通,掩护江南部队和党政机关,管辖镇句的苏中五地委布置镇句县北撤晚于茅山地区各县,因此直到10月下旬,苏南撤退结束,洪天诚才收到北撤的通知,时间极其紧迫。

洪天诚立即召集县、区领导干部开会,布置北撤。然而,布置工作尚未完毕,国民党57师170团便已经占领镇句县中心区和交通要道,开始搜捕中共军政工作人员,形势十分危险。更为严重的是,宝华、句容7区有一些应北撤人员还没有得到北撤的通知。洪天诚立即派人与他们联系,让他们分散经上海北撤至兴化。洪天诚则迅速带领干部和武装部队先撤往丹北,然后再北撤。

1946年10月,华中分局成立华中地委,下属镇江、句容等4个工委,洪天诚任镇句工委副书记。当时,国民党反动派大举进攻解放区,地委决定渡江南下坚持斗争。

1947年1月,洪天诚率领一行80多人(内有30多名武装人员)到达镇江地区的句容境内开展活动。当时,国民党反动派气焰嚣张,洪天诚刚到四五天,南京、镇江、句容的敌人就开始搜索南下人员,内警总队、保安队和特务武装配合行动,洪天诚和南下人员活动非常困难。

一次,在华家边,洪天诚一行被敌军发现,双方发生激烈交火,打死7个敌人,新四军也牺牲1人。南下人员且战且退,最后撤至空青山里隐蔽。还有一次在庙里,洪天诚等遭到了敌内警总队追赶,他们见机行事,冒充敌便衣队,混在敌人之间,才得以脱离险境。

洪天诚一行南下人员每次住过的地方,走后都会有敌人派部队去搜查,住过的人家还遭到了敲诈勒索甚至长期监禁。1947年5月是句容一带时局最紧张的时候,除了敌内警总队和特务武装外,还有叛徒凌康的"侦抚队"。

叛徒熟悉新四军活动规律,他们的反革命活动给洪天诚一行人的工作增添了新的困难和危险。考虑到不连累群众,洪天诚一行分成了三个小组。洪天诚带一个组在句容2区、7区和宝华山一带活动。

他们转到高丽山、仓山、石山头、空青山等山里头,白天隐蔽在山上,夜里下山活动,用洪天诚的话来说,"昼夜一餐无保证,日晒夜露石为伴,衣服破了补再穿,疮虱趁机也捣乱"。

在这种艰苦环境下,洪天诚他们用买来的一台收音机收听延安广播,记录下来,并油印成"通讯",署名茅山留守处,在西到汤山、南到磨盘范围内发放。有时,他们还会故意发到敌人驻地附近,把党中央和毛主席的声音、解放战场的捷报,传遍茅山地区,鼓舞民众。

(原文刊于2021年8月23日《学习时报》)

他是一座不朽的丰碑

江苏省启东县（现启东市）第一任县委书记——季新华

　　季新华，江苏崇明外沙新港镇（今启东市）人。1921年8月生。1941年加入中国共产党。1942年春，调任中共启二区组织委员，9月任中共启二区委书记。1944年4月升任启西区委书记兼区大队政委。1946年3月调任启东县委宣传委员。10月，奉命重回启西，任启西区委书记兼区游击营教导员，至1948年2月，调任启东县宣传委员。1949年1月27日，启东全境解放，任县委书记。1953年1月调离启东，任南通地委委员、组织部副部长。次年5月，调离南通，先后任建材部大连玻璃厂副厂长、党委书记，建材部洛阳玻璃厂党委书记兼厂长。1975年继任洛阳玻璃厂党委书记。1984年离休。2001年5月病逝。

　　5月18日，记者接到了启东市委宣传部常务副部长、党史办主任顾永辉的电话。他表示，自己一直都在关注着《中国县域经济报》上"追寻新中国第一任县委书记"的系列报道，打电话的目的是想邀请记者前去追寻启东新中国第一任县委书记季新华。

　　顾永辉在电话中表示，季新华老书记在启东任职期间，与百姓同甘苦，为百姓谋利益，在启东百姓心中，就是一座不朽的历史丰碑。

领导人民救灾度荒

　　记者到达启东时，顾永辉已经同启东党史办副主任陆欣、党史办原主任陈思品取得联系。陈思品曾经在党史办工作过17个年头，被称为"活字典"。如今，虽然头发花白，但身板硬朗、精神矍铄。

　　陈思品回忆道："1949年1月27日，启东全境解放，季新华任县委书记。那一年的4月至10月,启东地区遭遇了1928年以来最大的台风、暴雨、洪潮袭击。4月开始,阴雨连绵,排水不畅,大片农田积水成灾。7月,强台风过境,暴雨侵袭,决堤476处,倒塌房屋2500多间。10月初,再度阴雨不断。"

陈思品继续介绍说,"烂摊子"当前,季新华接任了县委书记一职。他上任后,确定了"发动群众、生产自救、社会互助为主,辅以必要的政府急救"的方针,团结和依靠广大人民群众,采取积极有效措施组织排水,补种晚秋作物。县委广泛地向灾民介绍度荒办法,如用粮食兑麸皮、豆饼、豆粞吃,孵长豆芽、做小豆腐吃等。这一系列举措对当时的逃荒现象起了有效遏制作用。为了防止连续出现灾害,逐步根除水患,县委县政府通过以工代赈的办法,大力兴修水利。季新华亲临抗灾救灾第一线,领导全县人民生产自救,度过了解放后第一个灾年。

新中国成立后,季新华先后兼任启东县剿匪委员会政委、人武部政委,带领全县人民剿匪肃特、抗美援朝、结束土改、恢复经济。1950年2月—5月,启东动员2150名青年参军,奔赴抗美援朝战争前线,为巩固新生的启东政权、恢复启东经济做出了重大贡献。

带领军民进行反顽斗争

作为现任的党史办副主任,陆欣对季新华的事迹也有所了解:除了抗洪救灾,不得不提"艰苦卓绝的反顽斗争"。1943年,为适应反"清乡"斗争形势需要,海启县委(海门、启东县委)将18个小区并为7个大区,启二区、启三区、海四区3个区委合并成立启西区委(下辖原3个区政府),季新华任副书记,分管海四区。1944年4月,季新华升任启西区委书记兼区大队政委。他带领区委一班人与日伪进行顽强斗争,反编保甲、撕门户牌、烧竹篱笆、镇压汉奸。当时,启东日军特工队长对人民进行疯狂的烧杀抢掠。季新华联系县行动队,经4次行动,将其消灭在久隆镇据点内,极大地震慑了海启敌伪人员。

1945年4月,季新华指挥区队和诗礼乡民兵配合东南警卫团一举攻下圩角镇。6月至8月,启西区队连续袭击日伪军,取得泰安港袭击战、汇泰路战斗、二厂伏击战等一系列胜利。

1946年3月,季新华调任启东县委宣传委员。10月,国民党军大举进攻占领启东,斗争形势骤紧,季新华奉命重回启西,任启西区委书记兼区游击营教导员,至1948年2月,调任启东县宣传委员。在长达15个月的艰苦卓绝的反顽斗争中,季新华带领启西军民与国民党返乡团展开生死搏斗,主动出击,配合县警卫团两路夹击国民党启东保安大队2个中队和1个区自卫队,镇压"透气鬼",在分区部队和县团主力支援下,进行了1年多的浴血奋战,由防守转为进攻。

生活朴素　作风严谨

对于这样一位历经艰苦斗争的革命者,战友们是如何评价他的?陈思品告诉我们,想要了解这一情况,可以去找一位名叫陈慧的老人,她的丈夫陆平是季老的战友,已经去世了。

第二天一大早,陈思品就帮我们打听到了陈慧的联系方式。几经辗转,我们联系到了陈慧。碰巧老人不在家里,去乡下看望老战友了。但听说我们为追寻季新华而来,老人热情地让我们等她1个小时,立即动身从乡下返回。

由于道路改建,我们绕了大半天才到达陈慧家——明珠新村88号。见到陈慧老人时,她也刚刚到家。老人今年84岁了,但精神极好,热情地拿水果招待我们。她说:"季新华和我爱人陆平曾同生死、共患难。我见过他几次,个子高高的、胖胖的,穿着很朴素,时常笑眯眯的,露出两个大门牙。他对人很随和,与妻子周品兰很恩爱,对同志坦诚相待,对党更是赤胆忠心。他最喜欢骑着旧自行车,自带铺盖,深入农村考察。"

陈慧老人的回忆虽然是零零碎碎的,但这些叙述拼凑在一起,启东县新中国第一任县委书记季新华的形象,却越来越完整,越来越高大。

(原文刊于2021年10月11日《学习时报》)

"他就是我们心中的焦裕禄"
——追记四十一年前在农田里倒下的江苏淮阴[①]前县委书记张义祥

41年后 乡亲们的缅怀依如昨日

江苏省淮安市淮阴区棉花庄乡[②]袁庄村有个张公园,园中有一碑一亭。1.5米高的碑身上刻着"义祥同志纪念碑"字样。四方形的小亭如同农夫斗笠,故名笠亭,其正面两侧的立柱上刻着:"一方斗笠遮风雨,几句乡音话桑麻。"亭记内容如下:"笠亭又名张公亭,乡亲为纪念张公义祥所建。张公义祥,灌南人氏,主政淮阴,驻点袁庄,躬亲农事,猝逝垄间,时为庚寅,年五十有三。乡亲追思,三十年不已,遂立碑志之。又六年,复建此亭。贤者有言,为政者,应先忧百姓之所忧,后乐百姓之所乐。言之固易,行之实难,张公行之。碑不在石,而在百姓之口,张公当之。今立亭如笠,供乡亲暂避风雨,闲话丰年,岂非张公之所愿乎。是为记,岁在甲寅。"

张义祥,1921年生于江苏灌南县三口乡。1939年参加革命,在汤曙红任团长的八路军山东纵队陇海南进游击支队第三团做宣传员,同年加入中国共产党。抗日战争期间,作为灌云一区的区委书记,他组织并发动灌河两岸的群众支援主力部队,开展抗日游击战,多次与日军浴血奋战。中华人民共和国成立后,他先后在常州、宜兴、邯郸等地和中央国家机关工委组织部工作。1961年回到家乡,先后担任灌南县县长,县委书记。1973年调任淮阴县委书记。当时按规定,县委书记配有北京吉普作为工作用车,但他总是经常骑自行车下乡,吃住在农家,

---

[①] 2001年,淮阴县更名为淮安市淮阴区,下同。
[②] 今棉花庄镇,下同。

和农民一起劳动,在干群中享有很高威望。

作为共和国历史上的一个基层党务工作者,张义祥曾在江苏的宜兴、灌南、淮阴等地担任过县委书记。1974年病逝于其蹲点的淮阴县棉花庄公社红卫大队(现棉花庄乡袁庄村)玉米间套种试验地的田头,时年53岁。

张义祥的离世距今已经整整41周年,为让世人更多地了解他的事迹,学习他的精神,2015年4月20日下午,记者在淮阴区委宣传部外宣办主任王军的陪同下,来到了棉花庄乡袁庄村村委会。表明来意后,不到一个小时时间,袁庄村会议室就被熟知张义祥的老人们挤满了。

一个头发花白、身体健壮的老人尚未开口就流下两行热泪,说话时声音里满是哽咽,"你们早就该来了解张书记了!对张书记,我有一肚子话要说啊……他去世当天还带领我们村的党员干部学习'全心全意为人民服务',从发病到离开,我只能眼睁睁地看着,却一点办法也没有,心疼死了!他给我们老百姓的实在太多了,而我们欠他的却是更多啊!"说完,老人泣不成声。

在随后的时间里,小小会议室里人越聚越多,记者耳边听到的除了乡亲们的追忆和哀思,更多的却是那无声的哽咽。那场景,就像是在追忆自己的亲人,那悲痛的氛围,那深情的述说,震撼着记者的心,那双双泪眼与张张流满了热泪的脸庞,也让记者感同身受。

在灌南县新安镇,尤其是在张义祥蹲点过的吴圩与大庙两个村寻访时,记者也经历了同样的场景。

一位逝去40多年的县委书记,何以让老百姓如此缅怀?那是因为他对群众付出得太多,奉献得太多,直到燃尽自己最后一点热量。

袁庄人心中的丰碑

1973年6月,张义祥被任命为淮阴县委书记。

曾是他秘书的郑德黎在自己的一篇回忆录中这样写着:"在我的记忆中,张义祥书记在淮阴县工作不到9个月里,从来没有利用白天召开过常委会。一般情况下,都叫我们把会议要研究的问题通知有关领导做准备,然后带着我们下基层搞调查。"

据很多当年与张义祥一起共事的同事回忆,张义祥认为只有深入实际,多听多看,了解了群众最真实的生产生活状况,才能知道老百姓需要什么,才能真正为老百姓做实事。因此,刚到淮阴,他就开始了对全县社情的摸底调查,经常带着相关工作人员骑着自行车一个公社一个公社地跑,一天下来少则三四十里,多则上百里。每到一个乡镇,张义祥不单要听汇报,还直接深入农户家实地了解情况。经常是一天跑下来,年轻人都吃不消了,而已经50岁出头的张义祥却永不言歇。即使如此,只要不出差,他回到办公室,办公室的灯光夜里十二点前都不会熄灭。每当有人建议他累了可以乘坐吉普车时,他总是说县里老干部多,他们身体不好还坚持工作,车留给他们用,自己有责任照顾好他们。

在摸底调查工作结束后,张义祥选择在"红卫大队"(现在的棉花庄乡袁庄村)蹲点工作。当时的红卫大队因为土质差导致农作物产量低,亩产只一二百斤,农民一年分得的口粮只有200来斤,老百姓的生活十分困苦,长年吃不饱肚子,到了青黄不接的时候,生活更是困苦。张义祥选择这个在当时最为贫困的大队面对面指导工作,就是希望以这个大队为样本,开展科学种田,帮助队里的老百姓早日脱掉穷帽子,使得全县人民都能尽早过上好日子。

74岁的古雨是红卫大队原大队书记,他至今仍然清晰地记得张义祥来袁庄村蹲点第一天的情景:那是1973年12月的一天,天寒地冻,北风呼啸。十多个推着自行车的干部模样的人走进村子,每个人的车架上都放着一个被窝卷儿,领头的是个高个子,脸瘦削瘦削的,身着旧中山装,外披军大衣。看着他们走进大队部那三间破旧的房子,尤其是知道那个领头的人就是县委书记时,整个大队都沸腾了。

"县委书记到我们村里蹲点指导工作,中华人民共和国成立以来头一回啊。所以刚开始几天,很多老百姓就算看到张书记,也只敢远远地看,远远地议论。后来,张书记每天安排好工作就找村干部、党员、群众谈心,还会利用早晚时间到老百姓家里走访,特别是一些特困户和五保老人家,有时一个晚上要跑五六家,两三个生产队。这样不久,大家就熟悉了,什么话都敢跟书记唠叨唠叨。"

对于张义祥刚到大队走访群众的那些情景,古雨历历在目,特别是对张书记在走访第七天结束时说的那句话,他至今没忘,"现在农村最主要的农业生产搞不上去,农民最大的困难是粮食紧张,吃不饱肚子,我们当干部就要抓住这些问题,把工作做好!"

古雨还告诉记者,在红卫大队蹲点的4个月里,张义祥带着工作队员深入实际,深入群众,及时总结经验,向全县发出了24份简报。

在很多群众的印象中,张义祥平易近人,没有官架子,不论是大人小孩,他总是未张口人先笑。老百姓是最讲实际的,时间虽短,但老百姓看在眼里,记在心里,他们一致地说,张书记这个人实实在在,确实是我们老百姓的干部!

"张书记是个好人呐,他早晚经过我家门前,就会问问我家的生活情况,有时问有没有吃的、烧的,有时问家里有没有需要他帮助的,就像我自家亲兄弟一样啊!"81岁的高汉珍老人,一边哭一边用袖口抹着眼泪,"听说他走了,我的心都碎了,我当时正在远点的地里摆玉米种,一听书记出事了,就赶紧跟在队里人后面往书记在的那块地里跑,到那边就看那块地都被站满了,大人小孩都在哭,哭我们的好书记,好领导啊!"

记挂着老百姓的温饱,在许下把红卫大队的穷帽子拿掉、让淮阴县所有百姓过上好日子的愿望之后,承担着全县大局工作并在红卫大队蹲点的张义祥全身心投入了工作。

当时,淮阴县开始推行旱改水,但要想一下把土地全部旱改水,其所需要的灌溉工程和设备等花费,一些特困大队根本就拿不出来。因此,虽然旱改水工作势在必行,但因为对于淮阴整个区域来说,传统的旱作物还是主要作物,所以张义祥决定实行旱作物和水作物两条腿走路的方针,由当时的县委副书记陈耀分管旱改水,而自己则把主要精力放在提高旱作物产量上来。

"张书记带人去阜宁学习玉米套作增产的经验,就选了我们袁庄村作试点、带人挖斜沟、种玉米。为了帮我们改善生活,我们的好书记把命都丢在袁庄了。"86岁的倪金德老人向记者提起张义祥,刚说了没几句,昏花的泪眼就已睁不开了。

"当时,老百姓观念守旧,不能接受玉米套作这种新种植方式。张书记也不勉强,他就在多种场合结合我们本地实际情况宣传玉米套作方法。"现任棉花庄乡老促会会计王乃永说:"就在3月初,眼看就要春种,张书记连续又开了十来次队干部会议和群众座谈会,让大家发言,反复征求意见,最终全队人统一思想,决定实行玉米套作种植。谁也想不到,张书记竟然就在现场会那天撒手走了!"

张义祥去世后,红卫大队的干群化悲痛为力量,按照他生前要求,全身心地投身生产,玉米套作390多亩,当年增产两成多,实现了他生前的愿望。

"我们袁庄村的老百姓一直记着张义祥书记,也时常提起他的事迹。他就像一座巨大的丰碑永远矗立在我们袁庄人的心里,袁庄人也会永远怀念老书记!"1965年出生的袁庄村现任书记刘立平告诉记者,如今的袁庄村,人们富起来了,为了让年轻一代也记住张义祥的事迹,乡亲们不仅在张书记病倒的那块玉米地里种了树、立了碑,还建了亭、修了园。每逢清明,村里人都会来祭拜他。

群众的事　再小也是大事

追寻着张义祥曾经的足迹,记者来到他的家乡——江苏灌南县。

张义祥是1961年回到家乡灌南工作的。在这里,他先后任县长、县委副书记、县委书记，时值3年困难时期，生产条件十分艰苦，人民生活非常困难。为改变家乡的贫困面貌，张义祥殚精竭虑，呕心沥血，足迹遍布灌河两岸的沟沟坎坎，庄庄村村；他时刻心系群众疾苦，深入基层，帮助群众渡过难关。在全县最穷的四条圩蹲点期间，张义祥带领群众艰苦奋斗，使其成为全县的翻身样板；他在全县开展科学种田，全县农业产量逐年提升，1965年全县实现粮食总产1.1亿公斤，为历史最高产；他带领全县干群大力发展工业经济，先后建起灌南县农机厂、棉织厂等十多家全民企业，为家乡走上工业化道路打下坚实基础；他领导兴建了一帆河大桥以及省内首座钢筋混凝土结构的单孔大跨径双曲拱公路桥——人民桥，改善了灌南的交通条件。

"一切要为群众着想，群众的事情再小也是大事！一定要认真把地方事情办好。"曾任灌南县县长、和张义祥搭班子的李鸿来回忆说，"从我1964年到灌南工作，张书记的这句话就天天回响在我的耳边，直到现在，我仍然清楚地记着并一直按照他说的来做事。"

1965年秋，张义祥在县委会上提出干部要以焦裕禄精神下乡蹲点，深入群众，为群众解决实际问题。随后，他带上行李和一部分工作人员到县里比较贫困的新安镇吴圩大队，和农民同吃同住同劳动。而县长李鸿来也去了当时较为贫困的李集大杨村蹲点。他俩通过蹲点，深入了解基层实际情况，指导全县的面上工作。至今，灌南老一辈人还会说，"六几年时，吴圩是县委，大杨是县政府。"

"要把群众放在心里，不能漏掉对每一个困难户的关怀！"灌南县民政局原局长蒋锡彦说，"每次下乡走访前，张书记总会对我们说这句话。他说只有多走多看，才能了解群众真实的生产生活情况，才能在制定或执行政策时不虚假，不走样。一直以来，我工作都很认真，自以为对本地群众的了解十分全面，直到1964年春节前的一件事让我对自己、也对书记有了更深的了解。"

那是1964年春节前一天，突降大雪，天寒地冻，县委要求各公社保证全社群众有吃有烧过好年。"全大队所有人家我都按会计的花名册逐户过堂，没有遗漏。"就在蒋锡彦拍着胸口保证全队群众都已经安排妥当的时候，张义祥打电话说长茂渡口还有一户人家生活有问题。带着点怀疑，蒋锡彦和渡口所在大队干部来到河边，大雪纷飞中，他们看到在一个塌了一角的小草舍里蜷缩着几个人。

经了解，那是一家山东来的讨饭户，两大人带着两小孩子，准备回家过年却被大雪封路。一家人全天滴水未进，孩子饿得直哭，大人心疼也没办法，只能流着眼泪抱紧家人，挤在一起、窝成一团。

蒋锡彦和大队干部分头从附近老百姓家里要点吃的送来，又给他们弄了些粮食和草，把房子破洞堵起来。一切停当，已经能听到庆贺新年的爆竹声了。

直到今天,蒋锡彦也没明白,一个管着几十万人大情小事的县委书记,怎么知道三兴河渡口有这么一户困难群众的?

1972年,在灌南工作的常州人殷阿顺肝炎并发腹水,家属陪他到淮阴地区医院求医,传染科床位紧张,无法住院。无奈之下,他们找到在该院任党委书记的张义祥,张义祥马上联系住院处,医院回复说要等有病人出院腾出床位后才能安排住院。殷阿顺准备住旅馆边治疗边等待床位,而张义祥竭力邀请殷阿顺夫妇住在自己家里,以省钱治病。肝炎病传染性极强,但张义祥却在家里只有三间住房、孩子又多的情况下,坚持把殷阿顺留住在了自己家里,直到医院空出病床。

"到现在我们村的水利工程还是他在灌南的时候修的。"宋加和到现在还记得,村里有个叫张宝玉的,有8个小孩,自己又常年生病,家庭生活十分困难。张义祥在走访时了解到这一情况,当时就从口袋里拿出了30元刚发的工资给了张宝玉,鼓励张宝玉先治病。"我们老百姓看在眼里,记在心里,张书记实在是个好人啊!"

听了宋加和老人的话,一旁的群众也纷纷点头,"是啊,张书记是我们老百姓的好领导,是党的好干部。""他称得上是焦裕禄式的好县委书记。"

淮阴区委常委、宣传部部长孙晓燕对记者感叹道:"心里装着百姓的人,百姓的心里也装着他。一心为百姓做事的人,百姓永远也不会忘了他!我们一定要发扬老书记一心为民的精神,他将永远都是我们学习的榜样。"

让我们一起回顾张义祥离世前的日子。

1974年3月初的一天晚上,他突然感到胸闷,出冷汗,医生告诉他这是心脏病的征兆,叫他第二天到医院检查,他为难地说:"最近工作忙,过些天再到医院查。"

3月12日上午,张义祥和秘书郑德黎在袁庄村走访了五六家特困户,在了解了他们的生产生活情况后,又去看了第二天要召开"全县春播现场会"的实验地块。随后为第二天的党课备课。

3月12日下午,他和社员一起挥锹铲土、平田整地,准备春播现场会,休息时,和围坐在身边的老百姓有说有笑唠着家常。

3月12日晚上,六点多才从地里回到大队部,吃饭、收拾床铺一切停当已经接近九点,他让秘书找点关于第二天党课的资料,继续备课。秘书一觉醒来,见到他仍在灯下工作,而此时已经是3月13日凌晨。

3月13日凌晨5点多,他便起床,秘书说:"书记,你还没睡足五小时吧?"他笑着说:"不觉得困哩!"

3月13日上午6点多,大队干部陆续到齐,他向大家强调"要全心全意为人民服务",会后,他又对春播现场提了几点要求。

3月13日上午8点半,刚吃过早饭的他到十一生产队预先整好的地里和广大干群一起种玉米。

3月13日9点半左右,大队长刘国宝发现他双手捂胸、满头大汗,直不起身,赶紧和身边人架起他送到地头一户叫刘星的农民家里。秘书准备叫车接他回去看病,他摆手阻止:"不碍事,不惊动大家,过一会就好了。"话音未落,他已汗如雨下,似乎已经痛楚难忍,郑秘书和数十个老百姓骑着自行车到公社打电话给地区医院求救,大队医生刘玉洪急奔过来做心脏按压,做人工呼吸,等地区医院救护车赶到时,他已经停止了呼吸。

噩耗传来,地里的老百姓全都慌了。刘星的家院,转眼间就站满了流着眼泪的群众,闻讯而来的附近村民把出事的玉米地里站得满满的,红卫大队的上空一片悲声。

遗体运走的时候,很多老百姓跟在车子后面追,有的一边追一边哭,特别是村医刘玉洪,没能救活张书记,他自责地追着车后跑,直到跑不动,瘫倒在路旁。

3月17日,只有820个座位的淮阴县革委会大礼堂里站了2000多人,会场外还站了数千名群众,人们手中举着的"你是人民的好干部""我们淮阴的焦裕禄"等挽幛在料峭寒风里迎风摇曳。很多人失声痛哭:"张书记啊,你不该走得那么早啊!"

41年的风雨岁月,41年的沧海桑田。岁月的洗礼让张义祥的身影愈发清晰,其精神更是历久弥新,成为身处新时代的县委书记们学习的榜样。

倒在田中的县委书记

一位县委书记,吃住在农民家,同农民一道下地劳动,最终倒在农田里,这是怎样一种精神?深入基层,永远和群众在一起。张义祥以自己的实际行动塑造了一位优秀县委书记的光辉形象。

有人说,县委书记虽是"芝麻官",却身挑"千钧担"。张义祥之所以被百姓念念于心40余年,不仅仅在于他与农民一起种玉米,更在于他把百姓的事看得比天大,忧民所忧,想民所想。

俗话说,"金杯银杯不如群众的口碑"。"民之所好好之,民之所恶恶之",作为县委书记,应把群众满不满意、赞不赞成作为一切工作的出发点和归宿,始终做到情为民所系、权为民所用、利为民所谋,以实实在在的行动获得群众的信任。

我国目前共有2 800多名县(市、区)委书记,中共中央总书记习近平在年初同中央党校第一期县委书记研修班学员进行座谈时提出,要做焦裕禄式的"四有"书记,始终做到"心中有党、心中有民、心中有责、心中有戒"。何为"心中有民"?对于县委书记来说,心系群众就是要摆正位置,沉下身子,干出样子。县委书记不应是"父母官",而应是"人民公仆"。只有和群众"零距离",党和政府在制定政策、执行政策时,才能真正做到不虚假、不走样。

(原文刊于 2015 年 6 月 29 日《中国县域经济报》)

后记

  时光荏苒,岁月如梭,我身边的好多记者同仁陆续达到耳顺之年、步入退休行列。他们中的许多同志选择以出版书籍的方式,为自己的新闻生涯画上一个圆满的句号。这股出书的热潮在我心中也激起了波澜。在深思熟虑后,我也决定将自己三十多年的新闻作品分区域加以筛选和汇编,并以家乡江苏为第一卷,以此回顾和总结我这一生的新闻之旅。

  当我开始着手准备时,我才意识到这项任务的艰巨性。多年前,报社还未普及数字版报刊,我的作品多数都没有电子文档,而当年的报纸我也大多未曾留存。因此,我开始了漫长的搜寻之旅。档案馆、报社的档案室,甚至家中的旧书柜和剪报集,都留下了我的足迹。我从尘封的报纸中找寻那些已经泛黄的新闻片段,过程虽然烦琐艰辛,但每一次的发现都让我感到无尽的乐趣。那些文字仿佛具有魔力,让我穿越时空,重温当年的采访与写作场景。每一次的阅读,都使那些模糊的采写经历逐渐清晰,带给我深深的感慨与追忆。

  经过数月的努力,我从海量的旧作中精心挑选了211篇作品,汇编成册。尽管无法将所有的作品都收入其中,但我相信这些作品已经见证和展现我职业生涯的轨迹和印记。

  我的新闻生涯始于县经委宣传报道组,随后在江苏汤沟酒厂负责对外宣传工作。那时,记者这个职业似乎自带光环,但其中的艰辛与不易只有我们自己能够体会。面对艰苦的工作环境和高强度的工作,我从未有过怨言和后悔。每当看到自己的作品见诸报端,那种满足和快乐是无法用言语表达的。

  1996年,我加入了由淮阴市政府主办的《淮海经济开发》杂志社,开始了我专业的新闻生涯。2004年,我荣幸地来到《经济日报》农村版工作,成为一名真正意义上的一线新闻记者,负责江苏区域的新闻报道。我长时间奔波在采访之路上，从北到南、从东到西，整个江苏大地都留下了我的足迹。虽然工作辛苦，但看到自己的报道能够对社会产生积极的影响，那种成就感让我深感所有的付出都是值得的。

在经济日报报业集团工作的二十年里，我得到了领导和同事们的认可，连续多年被评为先进工作者和优秀员工。我的作品也多次获奖，并得到了领导的批示和省级范围内的推广。这些成绩不仅是对我工作的肯定，更是对我为人的激励。

此书的出版既是对我新闻生涯的回顾和总结，也是对未来生活的一种期许和祝愿。我希望通过这本书分享我的人生经历和采写心得，激励更多有志于新闻事业的同仁们为自己的新闻理想不懈奋斗。同时，我要向那些在我职业生涯中给予我支持和帮助的友人表示衷心的感谢：中华全国新闻工作者协会原党组书记、常务副主席、书记处书记翟惠生，中共中央党校（国家行政学院）研究员、博士生导师、学习时报社原社长许宝健，经济日报社原副社长林跃然，人民日报研究室原主任夏珺，中国县域经济报社社长殷强，经济日报江苏站原站长谢文哲，中外书画艺术家张启荣先生，以及所有我采访过的地区的领导和同志们，是你们的支持和帮助让我能够走到今天。

最后，我要感谢所有读者，是你们的关注和支持让我有了继续前行的动力。希望这本书能够成为你们了解新闻行业、了解江苏经济社会发展进程的一扇窗口。

张道平

2024 年 5 月 22 日于南京